企业合理合法节税经典案例讲解

2023年版

翟继光 巩恩光

◎ 编著

·200多个纳税筹划经典案例

·500多个纳税筹划法律依据

立信会计出版社

LIXIN ACCOUNTING PUBLISHING HOUSE

图书在版编目（CIP）数据

企业合理合法节税经典案例讲解：2023年版 / 翟继光，巩恩光编著 . -- 上海 : 立信会计出版社，2023.4
ISBN 978-7-5429-7329-0

Ⅰ. ①企… Ⅱ. ①翟… ②巩… Ⅲ. ①企业—节税—案例—中国 Ⅳ. ① F812.423

中国版本图书馆 CIP 数据核字（2023）第 054146 号

责任编辑　毕芸芸

企业合理合法节税经典案例讲解（2023年版）
QIYE HELI HEFA JIESHUI JINGDIAN ANLI JIANGJIE

出版发行　立信会计出版社
地　　址　上海市中山西路 2230 号　　邮政编码　200235
电　　话　（021）64411389　　传　　真　（021）64411325
网　　址　www.lixinaph.com　　电子邮箱　lixinaph2019@126.com
网上书店　http://lixin.jd.com　　http://lxkjcbs.tmall.com
经　　销　各地新华书店

印　　刷　北京鑫海金澳胶印有限公司
开　　本　710 毫米 ×1 000 毫米　1/16
印　　张　29
字　　数　520 千字
版　　次　2023 年 4 月第 1 版
印　　次　2023 年 4 月第 1 次
书　　号　ISBN 978-7-5429-7329-0 /F
定　　价　80.00 元

前言

企业合理合法节税实质是一种税收筹划行为。税收筹划是在法律允许的范围内，或者至少在法律不禁止的范围内，通过对纳税人生产经营活动的一些调整和安排，最大限度地减轻税收负担的行为。税收筹划是纳税人的一项基本权利，是国家应当鼓励的行为。可以说，税收是对纳税人财产权的一种合法剥夺，纳税人必然会采取各种方法予以应对，税收筹划是纳税人的一种合法应对手段，而偷税、抗税、逃税等则属于非法应对手段。既然纳税人有这种需求，国家与其让纳税人采取非法的应对手段，不如引导纳税人采取合法的应对手段。

税收筹划不仅对纳税人有利，对国家也是有利的。纳税人有了合法的减轻税负的手段，就不会采取或者较少采取非法手段减轻税负，这对国家是有利的。税收筹划的基本手段是充分运用国家出台的各项税收优惠政策。国家之所以出台这些税收优惠政策正是为了让纳税人从事该政策所鼓励的行为，如果纳税人不进行税收筹划，对国家的税收优惠政策视而不见，那么，国家出台税收优惠政策就达不到其预先设定的目标了。可见，税收筹划是国家顺利推进税收优惠政策所必不可少的条件。税收筹划也会利用税法的一些漏洞，通过避税等手段获取一些国家本来不想让纳税人获得的利益，表面看来，这种税收筹划对国家不利，但实际不然。纳税人的种种税收筹划方案暴露了国家税法的漏洞，这本身就是对国家税收立法的完善所做出的重要贡献，如果纳税人不进行税收筹划，怎么能凸显出这么多的税法漏洞呢？税法的漏洞不凸显出来，如何能够通过税收立法来完善相关的法律制度呢？发达国家的税收筹划非常发达，其税法也非常完善和庞杂，两者有没有必然的联系呢？我们认为是有的，正因为其税收筹划比较发达，税法的各种漏洞暴露无遗，国家才能制定各种应对税收筹划的方案，从而完善税法制度。税法制度的完善又使得纳税人减轻自身的税收负担比较困难而必须由专业人士为其进行税收筹划，由此推动了税收筹划作为一门产业的兴旺和发达。

我国还有很多人对税收筹划存在错误的认识，包括纳税人和税务机关的工作人员。其实，税收筹划是构建和谐的税收征纳关系所必不可少的润滑剂。与发达国家相比，我国的税收筹划产业并不发达，但我国的偷税行为远比发达国家普遍。如果国家能够大力推行税收筹划产业，相信我国纳税人的偷税行为会大量减少。当然，我们一直强调税收筹划是在法律允许的范围内的活动，有些人以税收筹划为幌子，进行税收违法行为，这是真正的税收筹划专业人士所反对的，也是法律不允许的。税收筹划靠的是专家对税法的理解，靠的是专家的智慧，而不是靠非法的手段。

本书与一般的税收筹划书籍相比具有如下特点：第一，全面系统。本书全面系统地介绍了税收筹划的实践操作问题，特别是对税收筹划所涉及的各个税种、各种生产经营阶段以及主要产业都进行了详细的阐述和介绍。第二，实用性强。本书的税收筹划方案全部是从现实生活中来，而且可以直接应用到现实生活中去，具有非常强的实用性。第三，简洁明了。本书的税收筹划重在方法的阐述和操作步骤的介绍，不深究相应的理论基础，主要的方法均通过典型的案例予以讲解，让普通纳税人一看就懂。第四，合法权威。本书介绍的税收筹划方案完全是在法律允许的范围内进行的，纳税人按照本书介绍的方法进行税收筹划，不会涉及违反法律规定的问题，更不会涉及违法犯罪问题。

本书分为 14 章，分别介绍了企业投资决策税收筹划经典案例、企业经营决策税收筹划经典案例、企业融资决策税收筹划经典案例、企业重组改制决策税收筹划经典案例、企业跨国经营税收筹划经典案例、个人综合所得税收筹划经典案例、个人经营所得与其他所得税收筹划经典案例、企业增值税税收筹划经典案例、企业营改增税收筹划经典案例、企业消费税税收筹划经典案例、房地产领域税收筹划经典案例、公司股权架构税收筹划经典案例、税收筹划与反避税经典案例分析和企业涉税危机公关技巧与税企关系协调。本书列举了 200 多个税收筹划经典案例以及 500 多个税收筹划法律文件，可谓纳税人进行税收筹划的“宝典”。

本书使用的法律法规的截止时间为 2023 年 2 月 28 日。虽然编者进行了大量的调研，搜集了大量的资料，研读了大量的法律文件和相关论著，但书中仍难免有疏漏之处，恳请广大读者和学界专家批评指正，以便再版时予以修正。联系邮箱：zhaijiguang2008@sina.com。

翟继光
2023 年 3 月 6 日

目 录

第1章 企业投资决策税收筹划经典案例

1.1 法人与非法人型企业的选择 // 001
1.2 子公司与分公司的选择 // 003
1.3 分公司与子公司灵活转化 // 005
1.4 选择投资国家扶持产业 // 007
1.5 选择投资国家扶持地区 // 016
1.6 选择投资国家扶持项目 // 025
1.7 利用双层公司进行投资 // 030
1.8 恰当选择享受税收优惠的起始年度 // 031
1.9 利用国债利息免税的优惠政策 // 033
1.10 充分利用创业投资优惠政策 // 036

第2章 企业经营决策税收筹划经典案例

2.1 充分利用小型微利企业税收优惠 // 040
2.2 充分利用研发费用加计扣除税收优惠 // 043
2.3 充分利用残疾人工资加计扣除税收优惠 // 046
2.4 充分利用固定资产加速折旧税收优惠 // 051

2.5 充分利用亏损结转税收政策 // 058

2.6 充分利用公益捐赠扣除税收政策 // 061

2.7 将超标利息和业务招待费转化为其他支出 // 070

2.8 恰当选择企业所得税预缴方法 // 075

2.9 利用汇率变动趋势进行税收筹划 // 076

2.10 企业经营中的印花税筹划 // 078

第 3 章 企业融资决策税收筹划经典案例

3.1 增加债权性融资比例降低税负 // 082

3.2 长期借款融资的税收筹划方案 // 085

3.3 融资租赁中的税收筹划方案 // 091

3.4 企业职工融资中的税收筹划方案 // 095

3.5 融资阶段选择中的税收筹划方案 // 096

3.6 关联企业融资中的税收筹划方案 // 098

3.7 巧用个人接受捐赠免税政策 // 100

3.8 利用银行理财产品进行融资 // 101

3.9 利用股权投资进行融资 // 102

3.10 利用预付款与违约金进行融资 // 103

第 4 章 企业重组改制税收筹划经典案例

4.1 将利润从高税率企业转向低税率企业 // 105

4.2 兼并亏损企业的税收筹划方案 // 107

4.3 先分配股息再转让股权 // 111

4.4 合理选择企业的清算日期 // 112

4.5 企业债务重组的税收筹划 // 114

4.6 企业资产收购的税收筹划 // 117
4.7 企业股权收购的税收筹划 // 119
4.8 企业合并的税收筹划 // 122
4.9 企业分立的税收筹划 // 125
4.10 分立企业享受优惠 // 127
4.11 灵活运用企业合并分立减轻增值税负担 // 131
4.12 利用企业改制中的契税优惠 // 134

第 5 章 企业跨国经营税收筹划经典案例

5.1 外国企业选择是否设立机构场所 // 137
5.2 外国公司直接投资转子公司间接投资 // 138
5.3 通过避税港进行税收筹划 // 141
5.4 利用不同组织形式的税收待遇 // 145
5.5 避免成为常设机构 // 147
5.6 将利润保留境外 // 149
5.7 巧用国家之间的税收优惠 // 152
5.8 利用税收饶让抵免制度获得相关税收利益 // 153
5.9 利用外国公司转移所得来源地的税收筹划 // 155
5.10 通过“中国香港—卢森堡”投资模式享受税收优惠 // 157

第 6 章 个人综合所得税收筹划经典案例

6.1 充分利用企业年金与职业年金 // 161
6.2 充分利用享受优惠的商业健康保险 // 163
6.3 充分利用税收递延型商业养老保险 // 164
6.4 灵活运用子女教育专项附加扣除 // 165

6.5 灵活运用大病医疗专项附加扣除 // 166

6.6 灵活运用赡养老人专项附加扣除 // 168

6.7 充分利用非居民个人的税收优惠 // 169

6.8 充分利用短期居民个人的税收优惠 // 171

6.9 充分利用外籍人员的各项免税补贴 // 172

6.10 非居民个人平均发放工资 // 174

6.11 将工资适当转化为职工福利 // 175

6.12 充分利用公益慈善事业捐赠 // 176

6.13 充分利用年终奖单独计税 // 177

6.14 充分利用股票期权所得单独计税 // 181

6.15 综合利用年终奖与股票期权所得单独计税 // 185

6.16 预缴劳务报酬中的纳税筹划 // 186

6.17 转移劳务报酬中的成本 // 188

6.18 将部分劳务报酬分散至他人 // 189

6.19 将劳务报酬转变为公司经营所得 // 190

6.20 稿酬所得的税收筹划 // 192

6.21 特许权使用费所得的税收筹划 // 193

6.22 利用海南自贸港税收优惠政策 // 194

第 7 章 个人经营所得与其他所得税收筹划经典案例

7.1 充分利用税法规定的各项扣除 // 196

7.2 将个体工商户转变为一人有限责任公司 // 198

7.3 增加合伙企业的合伙人 // 199

7.4 合伙人平均分配合伙企业利润 // 201

7.5 利用“满五唯一”免税政策转让住房 // 202

7.6 利用直系亲属房产赠与免税政策　//　204
7.7 利用财产转让核定征税政策　//　206
7.8 利用不动产投资分期纳税政策　//　207
7.9 利用小微企业转让股权　//　209
7.10 利用双层公司分配股息　//　210
7.11 利用股权代持实现股权转让的目的　//　211
7.12 拍卖物品选择核定征税　//　212
7.13 利用借款取得公司未分配利润　//　213
7.14 利用上市公司股息差别化税收政策　//　214
7.15 增加财产租赁所得的次数　//　216
7.16 利用公司取得财产租赁所得　//　217

第 8 章　企业增值税税收筹划经典案例

8.1 恰当选择增值税纳税人身份　//　219
8.2 巧选供货方的增值税纳税人身份　//　223
8.3 兼营销售应分开核算　//　225
8.4 折扣销售应在一张发票上注明　//　227
8.5 将实物折扣变价格折扣　//　228
8.6 将销售折扣变为折扣销售　//　230
8.7 将实物促销变为价格折扣　//　231
8.8 分立农产品公司增加进项税额　//　232
8.9 巧用起征点与小微企业免税优惠　//　234
8.10 巧妙控制委托代销纳税义务发生时间　//　237
8.11 充分利用农产品免税政策　//　239
8.12 充分利用促进重点群体创业就业优惠政策　//　241

8.13 利用资产重组不征增值税政策 // 243

第 9 章 企业营改增税收筹划经典案例

9.1 选择小规模纳税人身份 // 249
9.2 分立企业成为小规模纳税人 // 251
9.3 公共交通运输服务企业选用简易计税方法 // 252
9.4 动漫企业选用简易计税方法 // 253
9.5 其他企业选用简易计税方法 // 254
9.6 利用免税亲属转赠住房进行税收筹划 // 256
9.7 利用赡养关系免税进行税收筹划 // 257
9.8 利用遗赠免税进行税收筹划 // 259
9.9 持有满 2 年后再转让住房 // 260
9.10 通过抵押贷款延迟办理房产过户 // 261
9.11 将销售额控制在起征点以下 // 263
9.12 巧用小微企业免税优惠 // 264
9.13 利用资产重组免税优惠 // 266
9.14 将资产转让转变为股权转让 // 267
9.15 清包工提供建筑服务的税收筹划 // 268
9.16 甲供工程提供建筑服务的税收筹划 // 270
9.17 利用学生勤工俭学免税优惠 // 271
9.18 利用残疾人提供服务免税优惠 // 272
9.19 利用家政服务优惠进行税收筹划 // 273
9.20 利用应收未收利息税收优惠 // 274
9.21 利用个人买卖金融商品免税优惠 // 275
9.22 农村金融机构选择简易计税 // 276

9.23 利用国际货物运输代理服务免税优惠 // 279

9.24 利用管道运输税收优惠 // 280

9.25 利用退役士兵税收优惠 // 281

9.26 巧妙转化服务性质进行税收筹划 // 283

9.27 用机器取代人的劳动 // 284

第 10 章 企业消费税税收筹划经典案例

10.1 巧用消费税征税范围 // 286

10.2 准确计算消费税的计税依据 // 288

10.3 巧用生产制作环节纳税的规定 // 289

10.4 兼营行为应分别核算 // 291

10.5 巧用白酒消费税最低计税价格 // 292

10.6 巧用啤酒消费税税率临界点 // 294

10.7 消费品包装物的核算技巧 // 295

10.8 自产自用消费品的税收筹划方案 // 297

10.9 包装礼盒的税收筹划 // 299

第 11 章 房地产领域税收筹划经典案例

11.1 降低销售价格享受免税优惠 // 301

11.2 增加扣除项目享受免税优惠 // 303

11.3 分解房地产销售与装修 // 304

11.4 代收费用处理过程中的税收筹划 // 306

11.5 利息核算的税收筹划 // 307

11.6 利用企业改制重组的土地增值税优惠 // 309

11.7 土地增值税清算中的税收筹划 // 311

11.8 转换房产税计税方式 // 315
11.9 将不动产出租变为投资 // 316
11.10 降低房产出租的名义租金 // 318
11.11 出租房屋的家具家电单独计价 // 319
11.12 利用房产交换的契税优惠 // 321

第 12 章 公司股权架构税收筹划经典案例

12.1 个人非货币性资产投资的税收筹划 // 323
12.2 个人技术成果出资的税收筹划 // 324
12.3 利用税收洼地进行股权转让或减持 // 326
12.4 利用亏损企业进行股权转让或减持 // 327
12.5 将公司股权转让转变为个人股权转让 // 328
12.6 通过撤资实现股权转让的目的 // 329
12.7 将资产转让转化为股权转让 // 330
12.8 分立企业增加销售收入 // 332

第 13 章 税收筹划与反避税经典案例分析

13.1 个人股权转让税收筹划方案分析 // 334
13.2 宗庆后税案分析 // 339
13.3 陈发树税案分析 // 341
13.4 张大中税案分析 // 345
13.5 平安保险税案分析 // 346
13.6 四川双马发行股份购买资产案例分析 // 348
13.7 上海锦江国际酒店重大资产置换案例分析 // 350
13.8 东方航空合并上海航空案例分析 // 351

13.9 东北高速股份公司分立案例分析 // 353
13.10 青岛啤酒股权转让税案分析 // 356
13.11 中国移动股权转让案例分析 // 357
13.12 关联企业转让定价反避税案例分析 // 359
13.13 利用知识产权转移利润反避税案例分析 // 365
13.14 资产定价模型反避税案例分析 // 368
13.15 向关联免税企业转移利润反避税案例分析 // 371
13.16 新加坡公司间接转让境内股权反避税案例分析 // 374
13.17 中国香港公司减持境内股反避税案例分析 // 377
13.18 中国香港公司间接转让境内股权反避税案例分析 // 379
13.19 利用协定免预提税反避税案例分析 // 383
13.20 解除低价股权转让协议反避税案例分析 // 386
13.21 境外个人所得税反避税案例分析 // 393

第 14 章　企业涉税危机公关技巧与税企关系协调

14.1 税务人员刁难企业 // 403
14.2 政策模糊导致税企分歧 // 404
14.3 企业税收筹划导致税务机关质疑 // 407
14.4 企业涉嫌行政违法行为 // 408
14.5 企业涉嫌刑事犯罪行为 // 412
14.6 刁难型危机公关技巧 // 415
14.7 政策模糊型危机公关技巧 // 419
14.8 税收筹划型危机公关技巧 // 422
14.9 行政违法型危机公关技巧 // 423

14.10 刑事犯罪型危机公关技巧 // 438

14.11 纳税人的权利与义务 // 440

14.12 税务机关的职权与义务 // 445

14.13 税企关系的基本类型 // 447

14.14 税企关系协调的基本方法 // 448

第1章

企业投资决策税收筹划经典案例

1.1 法人与非法人型企业的选择

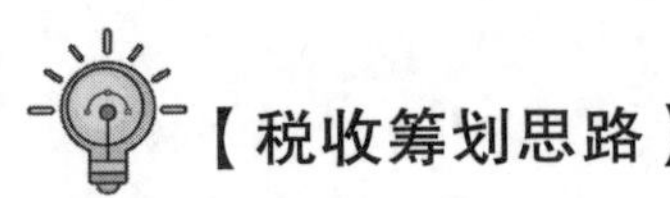

【税收筹划思路】

根据现行的个人所得税和企业所得税政策，个人独资企业和合伙企业等非法人企业不征收企业所得税，仅对投资者个人征收个人所得税。2019 年 1 月 1 日后，经营所得适用的个人所得税税率如表 1-1 所示。公司需要缴纳 25% 的企业所得税，投资者个人从公司获得股息时还需要缴纳 20% 的个人所得税。由于个人投资公司需要缴纳两次所得税，因此，对于个人投资者准备设立不享受税收优惠的企业而言，最好设立个人独资企业或者合伙企业，而设立公司的税收负担比较重。需要注意的是，由于小型微利企业可以享受诸多税收优惠，对于规模较小的企业而言，设立公司的税负可能更轻。

表 1-1　个人所得税税率表（经营所得适用）

级数	全年应纳税所得额	税率（%）	速算扣除数
1	不超过 30 000 元的	5	0
2	超过 30 000 元至 90 000 元的部分	10	1 500
3	超过 90 000 元至 300 000 元的部分	20	10 500
4	超过 300 000 元至 500 000 元的部分	30	40 500
5	超过 500 000 元的部分	35	65 500

【税收筹划经典案例】

李先生原计划创办一家有限责任公司，预计该公司年盈利500万元，公司的税后利润全部分配给股东。请对此提出税收筹划方案。

如果设立有限责任公司，该公司需要缴纳企业所得税125万元（500×25%），税后利润为375万元（500－125）。如果税后利润全部分配，李先生需要缴纳个人所得税75万元（375×20%），获得税后利润300万元（375－75），综合税负为40%［（125＋75）÷500］。

李先生可以考虑设立个人独资企业，该企业本身不需要缴纳企业所得税，李先生需要缴纳个人所得税168.45万元（500×35%－6.55），税后利润为331.55万元（500－168.45），综合税负为33.69%（168.45÷500）。通过税收筹划，李先生企业的综合税负下降了6.31%。

【法律法规依据】

（1）《中华人民共和国企业所得税法》（2007年3月16日第十届全国人民代表大会第五次会议通过，2017年2月24日第十二届全国人民代表大会常务委员会第二十六次会议修改，2018年12月29日第十三届全国人民代表大会常务委员会第七次会议第二次修正）。

（2）《中华人民共和国企业所得税法实施条例》（国务院2007年12月6日颁布，国务院令〔2007〕第512号，自2008年1月1日起实施，2019年4月23日国务院令第714号修正）。

（3）《中华人民共和国个人所得税法》（1980年9月10日第五届全国人民代表大会第三次会议通过，2018年8月31日第十三届全国人民代表大会常务委员会第五次会议第七次修正）。

（4）《中华人民共和国个人所得税法实施条例》（1994年1月28日中华人民共和国国务院令第142号发布，2018年12月18日中华人民共和国国务院令第707号第四次修订）。

1.2 子公司与分公司的选择

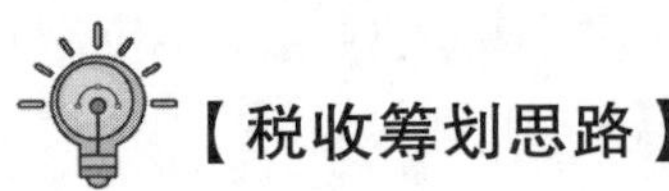

【税收筹划思路】

企业设立分支机构主要有两种组织形式：一是分公司；二是子公司（严格来讲，子公司不属于分支机构，本书采用通常理解，把全资子公司视为分支机构）。两种不同的组织形式在所得税处理方式上是不同的。分公司不具有独立的法人资格，不能独立承担民事责任，在法律上与总公司被视为同一主体。因此，在纳税方面，也是同总公司作为一个纳税主体，将其成本、费用、损失和收入并入总公司共同纳税。而子公司具有独立的法人资格，可以独立承担民事责任，在法律上与母公司被视为两个主体。因此，在纳税方面，也是同母公司相分离，作为一个独立的纳税主体承担纳税义务，其成本、费用、损失和收入全部独立核算，独立缴纳企业所得税和其他各项税收。

两种组织形式在法律地位上的不同导致两种分支机构在税收方面各有利弊，分公司由于可以和总公司合并纳税，因此，分公司的损失可以抵消总公司的所得，从而降低公司整体的应纳税所得额，子公司则不具有这种优势。但子公司可以享受法律以及当地政府所规定的各种税收优惠政策，如减免企业所得税等。因此，企业如何选择分支机构的形式需要综合考虑分支机构的盈利能力，尽量在分支机构亏损期间采取分公司形式，而在分支机构盈利期间采取子公司的形式。

一般来讲，分支机构在设立初期需要大量投资，多数处于亏损状态，而经过一段时间的发展以后则一般处于盈利状态，因此，一般在设立分支机构初期采取分公司形式，而在分支机构盈利以后转而采取子公司的形式，当然，这仅是一般情况，并不是绝对的。在某些情况下，企业本身所适用的税率与准备设立的分支机构所适用的税率不同时，企业对其分支机构选择分公司还是子公司的形式差别很大，一般来讲，如果本企业所适用的税率高于分支机构所适用的税率，则选择子公司形式比较有利，反之，则选择分公司的形式比较有利。

自 2019 年 1 月 1 日至 2021 年 12 月 31 日，对小型微利企业年应纳税所得额不超过 100 万元的部分，减按 25% 计入应纳税所得额，按 20% 的税率缴纳企业所得税；对年应纳税所得额超过 100 万元但不超过 300 万元的部分，

减按 50% 计入应纳税所得额，按 20% 的税率缴纳企业所得税。

自 2021 年 1 月 1 日至 2022 年 12 月 31 日，对小型微利企业年应纳税所得额不超过 100 万元的部分，减按 12.5% 计入应纳税所得额，按 20% 的税率缴纳企业所得税。

自 2022 年 1 月 1 日至 2024 年 12 月 31 日，对小型微利企业年应纳税所得额超过 100 万元但不超过 300 万元的部分，减按 25% 计入应纳税所得额，按 20% 的税率缴纳企业所得税。

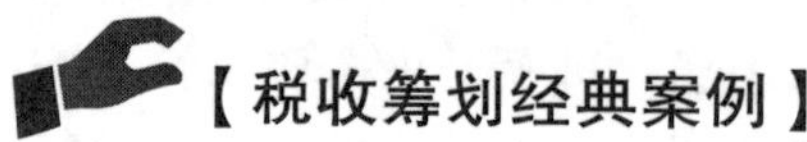

【税收筹划经典案例】

总部位于西安的甲公司准备在北京设立一分支机构，原计划设立全资子公司。预计该子公司从 2020 年度至 2023 年度的应纳税所得额分别为－1 000 万元、－500 万元、1 000 万元和 2 000 万元。该子公司 4 年缴纳企业所得税分别为 0、0、0 和 375 万元。请对此提出税收筹划方案。

由于该子公司前期亏损，后期盈利，因此，可以考虑先设立分公司，第三年再将分公司转变为子公司。由于分公司和全资子公司的盈利能力大体相当，可以认为该公司形式的变化不会影响该公司的盈利能力。因此，该分公司在 2020 年度和 2021 年度将分别亏损 1 000 万元和 500 万元，上述亏损可以弥补总公司的应纳税所得。由此，总公司在 2020 年度和 2021 年度将分别少纳企业所得税 250 万元和 125 万元。从第三年开始，该分公司变为子公司，需要独立纳税。2022 年度和 2023 年度，该子公司应纳税额分别为 250 万元和 500 万元。从 2020 年度到 2023 年度，该分支机构无论是作为子公司还是分公司，纳税总额是相同的，都是 375 万元，但设立分公司可以在 2020 年度和 2021 年度弥补亏损，而设立子公司只能等到 2022 年度和 2023 年度再弥补亏损。设立分公司使得该公司提前两年弥补了亏损，相当于获得了 250 万元和 125 万元的两年期无息贷款，其所节省的利息就是该税收筹划的收益。

【税收筹划经典案例】

甲公司计划在全国增设 10 家分公司，经测算，每家分公司每年应纳税所得额约为 100 万元，均符合小型微利企业的标准，请为甲公司提出税收筹划方案。

设立分公司，则需要与甲公司汇总缴纳企业所得税 250 万元（100×10×

25%）。如果能设立 10 家子公司，每家子公司独立纳税，则其均可以享受小型微利企业的税收优惠，10 家子公司合计缴纳企业所得税 25 万元（100×10×12.5%×20%）。

【法律法规依据】

（1）《中华人民共和国企业所得税法》（2007 年 3 月 16 日第十届全国人民代表大会第五次会议通过，2017 年 2 月 24 日第十二届全国人民代表大会常务委员会第二十六次会议修改，2018 年 12 月 29 日第十三届全国人民代表大会常务委员会第七次会议第二次修正）第五十条、第五十二条。

（2）《中华人民共和国企业所得税法实施条例》（国务院 2007 年 12 月 6 日颁布，国务院令〔2007〕第 512 号，自 2008 年 1 月 1 日起实施，2019 年 4 月 23 日国务院令第 714 号修正）第一百二十五条。

（3）《财政部　税务总局关于实施小微企业普惠性税收减免政策的通知》（财税〔2019〕13 号）。

（4）《财政部　国家税务总局关于实施小微企业和个体工商户所得税优惠政策的公告》（财政部　税务总局公告 2021 年第 12 号）。

（5）《财政部　税务总局关于进一步实施小微企业所得税优惠政策的公告》（财政部　税务总局公告 2022 年第 13 号）。

1.3 分公司与子公司灵活转化

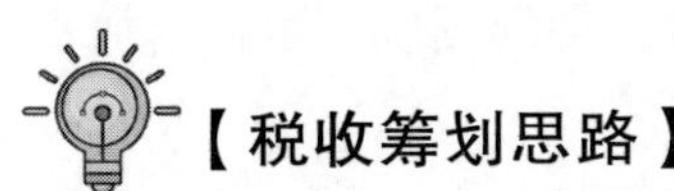

【税收筹划思路】

根据我国现行的企业所得税政策，符合条件的小型微利企业，减按 20% 的税率征收企业所得税。自 2019 年 1 月 1 日至 2021 年 12 月 31 日，对小型微利企业年应纳税所得额不超过 100 万元的部分，减按 25% 计入应纳税所得额，按 20% 的税率缴纳企业所得税；对年应纳税所得额超过 100 万元但不超过 300 万元的部分，减按 50% 计入应纳税所得额，按 20% 的税率缴纳企业所得税。自 2021 年 1 月 1 日至 2022 年 12 月 31 日，对小型微利企业年应纳税所得额不超过 100 万元的部分，减按 12.5% 计入应纳税所得额，按 20% 的税率缴纳企业所得税。自 2022 年 1 月 1 日至 2024 年 12 月 31 日，对小型微利企业年应纳税所得额超过100万元但不超过300万元的部分，减按25%计入应纳税所得额，按20%的税率缴纳企业所得税。

根据现行企业所得税政策，企业的下列所得，可以免征、减征企业所得税：①从事农、林、牧、渔业项目的所得；②从事国家重点扶持的公共基础设施项目投资经营的所得；③从事符合条件的环境保护、节能节水项目的所得；④符合条件的技术转让所得。

国家重点扶持的公共基础设施项目，是指《公共基础设施项目企业所得税优惠目录》规定的港口码头、机场、铁路、公路、城市公共交通、电力、水利等项目。企业从事国家重点扶持的公共基础设施项目的投资经营的所得，自项目取得第一笔生产经营收入所属纳税年度起，第一年至第三年免征企业所得税，第四年至第六年减半征收企业所得税。

符合条件的环境保护、节能节水项目，包括公共污水处理、公共垃圾处理、沼气综合开发利用、节能减排技术改造、海水淡化等。企业从事符合条件的环境保护、节能节水项目的所得，自项目取得第一笔生产经营收入所属纳税年度起，第一年至第三年免征企业所得税，第四年至第六年减半征收企业所得税。

符合条件的技术转让所得免征、减征企业所得税，是指一个纳税年度内，居民企业技术转让所得不超过500万元的部分，免征企业所得税；超过500万元的部分，减半征收企业所得税。

企业在投资以及生产经营过程中应当充分利用上述减免税优惠政策，这是一种重要的税收筹划手段。在利用上述税收优惠政策的过程中也应当进行税收筹划，例如，对于享受定期减免税优惠的企业而言，应当尽量增加享受减免税期间的所得，而减少正常纳税期间的所得。从支出的角度而言，企业在享受减免税期间应当尽量减少开支，而在正常纳税期间则应当尽量增加开支。

【税收筹划经典案例】

某公司在外地设立一分公司，预计该分公司每年盈利100万元。由于分公司没有独立法人资格，需要与总公司合并纳税。该分公司每年需要缴纳企业所得税25万元（100×25%）。请针对此情况提出税收筹划方案。

假设该公司在设立分支机构之前进行了税收筹划，认为该分支机构在设立当年即可盈利，且盈利额不会太大，符合《中华人民共和国企业所得税法》小型微利企业的标准，因此，设立了子公司。由于小型子公司和分公司形式的差异对于生产经营活动不会产生较大影响，因此我们假设该子公司三年盈

利水平与分公司相似，这样，该子公司每年只需要缴纳企业所得税 2.5 万元（100×12.5%×20%）。通过税收筹划每年可减轻税负 22.5 万元（25 － 2.5）。

【法律法规依据】

（1）《中华人民共和国企业所得税法》（2007 年 3 月 16 日第十届全国人民代表大会第五次会议通过，2017 年 2 月 24 日第十二届全国人民代表大会常务委员会第二十六次会议修改，2018 年 12 月 29 日第十三届全国人民代表大会常务委员会第七次会议第二次修正）第二十八条。

（2）《中华人民共和国企业所得税法实施条例》（国务院 2007 年 12 月 6 日颁布，国务院令〔2007〕第 512 号，自 2008 年 1 月 1 日起实施，2019 年 4 月 23 日国务院令第 714 号修正）第九十二条。

（3）《财政部　税务总局关于实施小微企业普惠性税收减免政策的通知》（财税〔2019〕13 号）。

（4）《财政部　国家税务总局关于实施小微企业和个体工商户所得税优惠政策的公告》（财政部　税务总局公告 2021 年第 12 号）。

（5）《财政部　税务总局关于进一步实施小微企业所得税优惠政策的公告》（财政部　税务总局公告 2022 年第 13 号）。

1.4 选择投资国家扶持产业

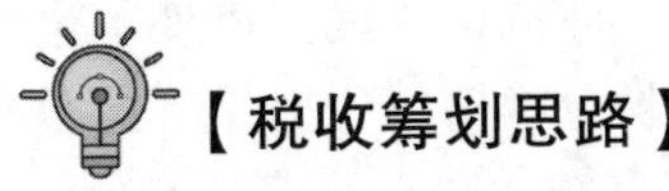

【税收筹划思路】

税收筹划强调整体性，往往从投资伊始就要进行相应的筹划。投资决策中的税收筹划往往是整体税收筹划的第一步。投资决策是一个涉及面非常广的概念，从企业的设立到企业运营的整个过程都涉及投资决策的问题。投资决策中需要考虑的因素非常广泛，其中任何一个因素都有可能对投资决策的最终效果产生影响甚至是决定性的影响，因此，投资决策是企业以及个人的一项非常慎重的活动。

企业或者个人进行投资，首先需要选择的就是投资的产业。投资产业的选择需要考虑众多因素，仅就税收因素而言，国家对于不同产业的政策并不是一视同仁的，而是有所偏爱的。有些产业是国家重点扶持的，而有些产业则是国家限制发展甚至禁止发展的。国家对产业进行扶持或限制的主要手段之一就是税收政策。在税收政策中，最重要的是所得税政策，因为所得税是直接税，一般不能转嫁，国家减免所得税，其利益就直接进入了企业或个人的腰包。流转税由于是间接税，税负可以转嫁，国家一般不采取间接税的优惠措施，但由于流转税影响产品的成本，减免流转税同样可以刺激相关产业的发展，因此，也有少量间接税优惠措施。

目前，国家通过减免所得税的方式来扶持的产业主要包括以下几个方面：

（1）高新技术产业。根据现行企业所得税政策，国家需要重点扶持的高新技术企业，减按 15% 的税率征收企业所得税。国家需要重点扶持的高新技术企业，是指拥有核心自主知识产权，并同时符合下列条件的企业：产品（服务）属于《国家重点支持的高新技术领域》规定的范围；研究开发费用占销售收入的比例不低于规定比例；高新技术产品（服务）收入占企业总收入的比例不低于规定比例；科技人员占企业职工总数的比例不低于规定比例；高新技术企业认定管理办法规定的其他条件。

（2）技术先进型服务企业。自 2017 年 1 月 1 日起，对经认定的技术先进型服务企业，减按 15% 的税率征收企业所得税。享受上述企业所得税优惠政策的技术先进型服务企业必须同时符合以下条件：在中国境内（不包括港、澳、台地区）注册的法人企业；从事《技术先进型服务业务认定范围（试行）》中的一种或多种技术先进型服务业务，采用先进技术或具备较强的研发能力；具有大专以上学历的员工占企业职工总数的 50% 以上；从事《技术先进型服务业务认定范围（试行）》中的技术先进型服务业务取得的收入占企业当年总收入的 50% 以上；从事离岸服务外包业务取得的收入不低于企业当年总收入的 35%。从事离岸服务外包业务取得的收入，是指企业根据境外单位与其签订的委托合同，由本企业或其直接转包的企业为境外单位提供《技术先进型服务业务认定范围（试行）》中所规定的信息技术外包服务（ITO）、技术性业务流程外包服务（BPO）和技术性知识流程外包服务（KPO），而从上述境外单位取得的收入。自 2018 年 1 月 1 日起，对经认定的技术先进型服务企业（服务贸易类），减按 15% 的税率征收企业所得税。上述所称技术先进型服务企业（服务贸易类）须符合的条件及认定管理事项，按照《财政部 税务总局 商务部 科技部 国家发展改革委关于将技术先进型服务企业所得税政策推广至全国实施的通知》（财税〔2017〕79 号）的相关规定执行。其中，企业须满足的技术先进型服务业务领域范围按照《技术先进型服务业务领域范围（服务贸易类）》执行。

（3）污染防治企业。自 2019 年 1 月 1 日起至 2023 年 12 月 31 日，对符合条件的从事污染防治的第三方企业（以下称第三方防治企业）减按 15% 的税率征收企业所得税。第三方防治企业是指受排污企业或政府委托，负责环境污染治理设施（包括自动连续监测设施，下同）运营维护的企业。第三方防治企业应当同时符合以下条件：在中国境内（不包括港、澳、台地区）依法注册的居民企业；具有 1 年以上连续从事环境污染治理设施运营实践，且能够保证设施正常运行；具有至少 5 名从事本领域工作且具有环保相关专业中级及以上技术职称的技术人员，或者至少 2 名从事本领域工作且具有环保相关专业高级及以上技术职称的技术人员；从事环境保护设施运营服务的年度营业收入占总收入的比例不低于 60%；具备检验能力，拥有自有实验室，仪器配置可满足运行服务范围内常规污染物指标的检测需求；保证其运营的环境保护设施正常运行，使污染物排放指标能够连续稳定达到国家或者地方规定的排放标准要求；具有良好的纳税信用，近三年内纳税信用等级未被评定为 C 级或 D 级。第三方防治企业，自行判断其是否符合上述条件，符合条件的可以申报享受税收优惠，相关资料留存备查。税务部门依法开展后续管理过程中，可转请生态环境部门进行核查，生态环境部门可以委托专业机构开展相关核查工作。

（4）农业。根据现行企业所得税政策，企业从事下列项目的所得，免征企业所得税：蔬菜、谷物、薯类、油料、豆类、棉花、麻类、糖料、水果、坚果的种植；农作物新品种的选育；中药材的种植；林木的培育和种植；牲畜、家禽的饲养；林产品的采集；灌溉、农产品初加工、兽医、农技推广、农机作业和维修等农、林、牧、渔服务业项目；远洋捕捞。企业从事下列项目的所得，减半征收企业所得税：花卉、茶以及其他饮料作物和香料作物的种植；海水养殖、内陆养殖。企业从事国家限制和禁止发展的项目，不得享受上述规定的企业所得税优惠。

（5）公共基础建设产业。根据现行企业所得税政策，企业从事国家重点扶持的公共基础设施项目投资经营的所得可以免征、减征企业所得税。国家重点扶持的公共基础设施项目，是指《公共基础设施项目企业所得税优惠目录》规定的港口码头、机场、铁路、公路、城市公共交通、电力、水利等项目。企业从事上述规定的国家重点扶持的公共基础设施项目的投资经营的所得，自项目取得第一笔生产经营收入所属纳税年度起，第一年至第三年免征企业所得税，第四年至第六年减半征收企业所得税。企业承包经营、承包建设和内部自建自用上述规定的项目，不得享受上述规定的企业所得税优惠。

目前，国家对软件产业和集成电路产业实行以下所得税优惠政策：

（1）集成电路线宽小于0.8微米（含）的集成电路生产企业，经认定后，在2017年12月31日前自获利年度起计算优惠期，第一年至第二年免征企业所得税，第三年至第五年按照25%的法定税率减半征收企业所得税，并享受至期满为止。

（2）集成电路线宽小于0.25微米或投资额超过80亿元的集成电路生产企业，经认定后，减按15%的税率征收企业所得税，其中经营期在15年以上的，在2017年12月31日前自获利年度起计算优惠期，第一年至第五年免征企业所得税，第六年至第十年按照25%的法定税率减半征收企业所得税，并享受至期满为止。

（3）我国境内新办的集成电路设计企业和符合条件的软件企业，经认定后，在2017年12月31日前自获利年度起计算优惠期，第一年至第二年免征企业所得税，第三年至第五年按照25%的法定税率减半征收企业所得税，并享受至期满为止。

（4）国家规划布局内的重点软件企业和集成电路设计企业，如当年未享受免税优惠的，可减按10%的税率征收企业所得税。

（5）符合条件的软件企业按照《财政部　国家税务总局关于软件产品增值税政策的通知》（财税〔2011〕100号）规定取得的即征即退增值税款，由企业专项用于软件产品研发和扩大再生产并单独进行核算，可以作为不征税收入，在计算应纳税所得额时从收入总额中减除。

（6）集成电路设计企业和符合条件软件企业的职工培训费用，应单独进行核算并按实际发生额在计算应纳税所得额时扣除。

（7）企业外购的软件，凡符合固定资产或无形资产确认条件的，可以按照固定资产或无形资产进行核算，其折旧或摊销年限可以适当缩短，最短可为2年（含）。

（8）集成电路生产企业的生产设备，其折旧年限可以适当缩短，最短可为3年（含）。

（9）上述集成电路生产企业，是指以单片集成电路、多芯片集成电路、混合集成电路制造为主营业务并同时符合下列条件的企业：在中国境内（不包括港、澳、台地区）依法注册并在发展改革、工业和信息化部门备案的居民企业；汇算清缴年度具有劳动合同关系且具有大学专科以上学历职工人数占企业月平均职工总人数的比例不低于40%，其中研究开发人员占企业月平均职工总数的比例不低于20%；拥有核心关键技术，并以此为基础开展经营活动，且汇算清缴年度研究开发费用总额占企业销售（营业）收入（主营业务收入与其他业务收入之和，下同）总额的比例不低于5%；其中，企业在中国境内发生的研究开发费用金额占研究开发费用总额的比例不低于 60%；汇算清缴年度集成电路制造销售（营业）收入占企业收入总额的比例不低于 60%；具有保证产品生产的手段和能力，并获得有关资质认证（包括 ISO 质量体系认证）；汇算清缴年度未发生重大安全、重大质量事故或严重环境违法行为。

（10）上述集成电路设计企业是指以集成电路设计为主营业务并同时符合下列条件的企业：在中国境内（不包括港、澳、台地区）依法注册的居民企业；汇算清缴年度具有劳动合同关系且具有大学专科以上学历的职工人数占企业月平均职工总人数的比例不低 40%，其中研究开发人员占企业月平均职工总数的比例不低于 20%；拥有核心关键技术，并以此为基础开展经营活动，且汇算清缴年度研究开发费用总额占企业销售（营业）收入总额的比例不低于 6%；其中，企业在中国境内发生的研究开发费用金额占研究开发费用总额的比例不低于 60%。汇算清缴年度集成电路设计销售（营业）收入占企业收入总额的比例不低于 60%，其中集成电路自主设计销售（营业）收入占企业收入总额的比例不低于 50%；主营业务拥有自主知识产权；具有与集成电路设计相适应的软硬件设施等开发环境（如 EDA 工具、服务器或工作站等）；汇算清缴年度未发生重大安全、重大质量事故或严重环境违法行为。

（11）上述软件企业是指以软件产品开发销售（营业）为主营业务并同时符合下列条件的企业：在中国境内（不包括港、澳、台地区）依法注册的居民企业；汇算清缴年度具有劳动合同关系且具有大学专科以上学历的职工人数占企业月平均职工总人数的比例不低于 40%，其中研究开发人员占企业月平均职工总数的比例不低于 20%；拥有核心关键技术，并以此为基础开展经营活动，且汇算清缴年度研究开发费用总额占企业销售（营业）收入总额的比例不低于 6%；其中，企业在中国境内发生的研究开发费用金额占研究开发费用总额的比例不低于 60%；汇算清缴年度软件产品开发销售（营业）收入占企业收入总额的比例不低于 50%〔嵌入式软件产品和信息系统集成产品开发销售（营业）收入占企业收入总额的比例不低于 40%〕，其中：软件产品自主开发销售（营业）收入占企业收入总额的比例不低于 40%〔嵌入式软件产品和信息系统集成产品开发销售（营业）收入占企业收入总额的比例不低于 30%〕；主营业务拥有自主知识产权；具有与软件开发相适应软硬件设施等开发环境（如合法的开发工具等）；汇算清缴年度未发生重大安全、重大质量事故或严重环境违法行为。

（12）国家规划布局内重点集成电路设计企业除符合上述集成电路设计企业的一般规定，还应至少符合下列条件中的一项：汇算清缴年度集成电路设计销售（营业）收入不低于 2 亿元，年应纳税所得额不低于 1 000 万元，研究开发人员占月平均职工总数的比例不低于 25%；在国家规定的重点集成电路设计领域内，汇算清缴年度集成电路设计销售（营业）收入不低于 2 000 万元，应纳税所得额不低于 250 万元，研究开发人员占月平均职工总数的比例不低于 35%，企业在中国境内发生的研发开发费用金额占研究开发费用总额的比例不低于 70%。

（13）上述新办企业认定标准按照《财政部　国家税务总局关于享受企业所得税优惠政策的新办企业认定标准的通知》（财税〔2006〕1 号）规定执行。

（14）上述获利年度，是指该企业当年应纳税所得额大于零的纳税年度。

（15）上述集成电路设计销售（营业）收入，是指集成电路企业从事集成电路（IC）功能研发、设计并销售的收入。

（16）上述软件产品开发销售（营业）收入，是指软件企业从事计算机软件、信息系统或嵌入式软件等软件产品开发并销售的收入，以及信息系统集成服务、信息技术咨询服务、数据处理和存储服务等技术服务收入。

（17）上述国家规划布局内重点软件企业除符合上述软件企业的一般规定，还应至少符合下列条件中的一项：汇算清缴年度软件产品开发销售（营业）收入不低于 2 亿元，应纳税所得额不低于 1 000 万元，研究开发人员占企业月平均职工总数的比例不低于 25%；在国家规定的重点软件领域内，汇算清缴年度软件产品开发销售（营业）收入不低于 5 000 万元，应纳税所得额不低于 250 万元，研究开发人员占企业月平均职工总数的比例不低于 25%，企业在中国境内发生的研究开发费用金额占研究开发费用总额的比例不低于 70%；汇算清缴年度软件出口收入总额不低于 800 万美元，软件出口收入总额占本企业年度收入总额比例不低于 50%，研究开发人员占企业月平均职工总数的比例不低于 25%。

（18）国家规定的重点软件领域及重点集成电路设计领域，由国家发展改革委、工业和信息化部会同财政部、税务总局根据国家产业规划和布局确定，并实行动态调整。

（19）软件、集成电路企业规定条件中所称研究开发费用政策口径，2015 年度仍按《国家税务总局关于印发〈企业研究开发费用税前扣除管理办法（试行）〉的通知》（国税发〔2008〕116 号）和《财政部　国家税务总局关于研究开发费用税前加计扣除有关政策的通知》（财税〔2013〕70 号）的规定执行，2016 年及以后年度按照《财政部　国家税务总局　科技部关于完善研究开发费用税前加计扣除政策的通知》（财税〔2015〕119 号）的规定执行。

（20）集成电路生产企业、集成电路设计企业、软件企业等依照规定可

以享受的企业所得税优惠政策与企业所得税其他相同方式优惠政策存在交叉的，由企业选择一项最优惠政策执行，不叠加享受。

（21）依法成立且符合条件的集成电路设计企业和软件企业，在 2018 年 12 月 31 日前自获利年度起计算优惠期，第一年至第二年免征企业所得税，第三年至第五年按照 25% 的法定税率减半征收企业所得税，并享受至期满为止。

自 2020 年 1 月 1 日起，集成电路产业和软件产业实行以下所得税政策：

（1）国家鼓励的集成电路线宽小于 28 纳米（含），且经营期在 15 年以上的集成电路生产企业或项目，第一年至第十年免征企业所得税；国家鼓励的集成电路线宽小于 65 纳米（含），且经营期在 15 年以上的集成电路生产企业或项目，第一年至第五年免征企业所得税，第六年至第十年按照 25% 的法定税率减半征收企业所得税；国家鼓励的集成电路线宽小于 130 纳米（含），且经营期在 10 年以上的集成电路生产企业或项目，第一年至第二年免征企业所得税，第三年至第五年按照 25% 的法定税率减半征收企业所得税。对于按照集成电路生产企业享受税收优惠政策的，优惠期自获利年度起计算；对于按照集成电路生产项目享受税收优惠政策的，优惠期自项目取得第一笔生产经营收入所属纳税年度起计算，集成电路生产项目需单独进行会计核算、计算所得，并合理分摊期间费用。国家鼓励的集成电路生产企业或项目清单由国家发展改革委、工业和信息化部会同财政部、税务总局等相关部门制定。

（2）国家鼓励的线宽小于 130 纳米（含）的集成电路生产企业，属于国家鼓励的集成电路生产企业清单年度之前 5 个纳税年度发生的尚未弥补完的亏损，准予向以后年度结转，总结转年限最长不得超过 10 年。

（3）国家鼓励的集成电路设计、装备、材料、封装、测试企业和软件企业，自获利年度起，第一年至第二年免征企业所得税，第三年至第五年按照 25% 的法定税率减半征收企业所得税。国家鼓励的集成电路设计、装备、材料、封装、测试企业和软件企业条件，由工业和信息化部会同国家发展改革委、财政部、税务总局等相关部门制定。

（4）国家鼓励的重点集成电路设计企业和软件企业，自获利年度起，第一年至第五年免征企业所得税，接续年度减按 10% 的税率征收企业所得税。国家鼓励的重点集成电路设计和软件企业清单由国家发展改革委、工业和信息化部会同财政部、税务总局等相关部门制定。

（5）符合原有政策条件且在 2019 年（含）之前已经进入优惠期的企业或项目，2020 年（含）起可按原有政策规定继续享受至期满为止，如也符合本公告第一条至第四条规定，可按本公告规定享受相关优惠，其中定期减免税优惠，可按本公告规定计算优惠期，并就剩余期限享受优惠至期满为止。符合原有政策条件，2019 年（含）之前尚未进入优惠期的企业或项目，2020 年（含）起不再执行原有政策。

（6）集成电路企业或项目、软件企业按照本公告规定同时符合多项定期减免税优惠政策条件的，由企业选择其中一项政策享受相关优惠。其中，已经进入优惠期的，可由企业在剩余期限内选择其中一项政策享受相关优惠。

（7）上述规定的优惠，采取清单进行管理的，由国家发展改革委、工业和信息化部于每年 3 月底前按规定向财政部、税务总局提供上一年度可享受优惠的企业和项目清单；不采取清单进行管理的，税务机关按照财税〔2016〕49 号第十条的规定转请发展改革、工业和信息化部门进行核查。

（8）集成电路企业或项目、软件企业按照原有政策规定享受优惠的，税务机关按照财税〔2016〕49 号第十条的规定转请发展改革、工业和信息化部门进行核查。

（9）上述所称原有政策，包括：《财政部　国家税务总局关于进一步鼓励软件产业和集成电路产业发展企业所得税政策的通知》（财税〔2012〕27 号）、《财政部　国家税务总局　发展改革委　工业和信息化部关于进一步鼓励集成电路产业发展企业所得税政策的通知》（财税〔2015〕6 号）、《财政部　国家税务总局　发展改革委　工业和信息化部关于软件和集成电路产业企业所得税优惠政策有关问题的通知》（财税〔2016〕49 号）、《财政部　税务总局　国家发展改革委　工业和信息化部关于集成电路生产企业有关企业所得税政策问题的通知》（财税〔2018〕27 号）、《财政部　税务总局关于集成电路设计和软件产业企业所得税政策的公告》（财政部　税务总局公告 2019 年第 68 号）、《财政部　税务总局关于集成电路设计企业和软件企业 2019 年度企业所得税汇算清缴适用政策的公告》（财政部　税务总局公告 2020 年第 29 号）。

（10）上述政策自 2020 年 1 月 1 日起执行。财税〔2012〕27 号第二条中“经认定后，减按 15% 的税率征收企业所得税”和第四条“国家规划布局内的重点软件企业和集成电路设计企业，如当年未享受免税优惠的，可减按 10% 的税率征收企业所得税”的规定同时停止执行。

【税收筹划经典案例】

某企业准备投资 5 000 万元用于中药材的种植或者香料作物的种植。预计种植中药材每年可以获得利润总额 500 万元，种植香料每年可以获得利润总额 560 万元。假设无纳税调整事项，从税收筹划的角度出发，企业应选择哪一项目？

由于中药材种植可以享受免税优惠政策，企业投资中药材每年可以获得净利润 500 万元。由于香料作物种植可以享受减半征税的优惠政策，企业每年需要缴纳企业所得税 70 万元（560×25%×50%），净利润为 490 万元（560 － 70）。种植中药材的利润总额低于种植香料的利润总额，但种植中药材的净利润（即税后利润）高于种植香料的净利润，企业应选择种植中药材。

【法律法规依据】

（1）《中华人民共和国企业所得税法》（2007 年 3 月 16 日第十届全国人民代表大会第五次会议通过，2017 年 2 月 24 日第十二届全国人民代表大会常务委员会第二十六次会议修改，2018 年 12 月 29 日第十三届全国人民代表大会常务委员会第七次会议第二次修正）第二十七条、第二十八条。

（2）《中华人民共和国企业所得税法实施条例》（国务院 2007 年 12 月 6 日颁布，国务院令〔2007〕第 512 号，自 2008 年 1 月 1 日起实施，2019 年 4 月 23 日国务院令第 714 号修正）第八十六条、第八十七条、第九十三条。

（3）《财政部　国家税务总局关于进一步鼓励软件产业和集成电路产业发展企业所得税政策的通知》（财税〔2012〕27 号）。

（4）《财政部　国家税务总局　发展改革委　工业和信息化部关于软件和集成电路产业企业所得税优惠政策有关问题的通知》（财税〔2016〕49 号）。

（5）《财政部　税务总局　商务部等关于将技术先进型服务企业所得税政策推广至全国实施的通知》（财税〔2017〕79 号）。

（6）《财政部　税务总局　商务部等关于将服务贸易创新发展试点地区技术先进型服务企业所得税政策推广至全国实施的通知》（财税〔2018〕44 号）。

（7）《财政部　税务总局　国家发展改革委　生态环境部关于从事污染防治的第三方企业所得税政策问题的公告》（财政部　税务总局　国家发展改革委　生态环境部公告 2019 年第 60 号）。

（8）《财政部　税务总局关于集成电路设计和软件产业企业所得税政策的公告》（财政部　税务总局公告 2019 年第 68 号）。

（9）《财政部　税务总局　发展改革委　工业和信息化部关于促进集成电路产业和软件产业高质量发展企业所得税政策的公告》（财政部　税务总局　发展改革委　工业和信息化部公告 2020 年第 45 号）。

（10）《财政部　税务总局关于延长部分税收优惠政策执行期限的公告》（财政部　税务总局公告 2022 年第 4 号）。

1.5 选择投资国家扶持地区

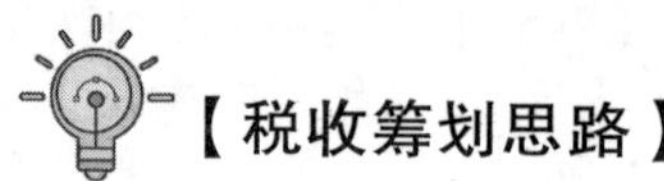

投资的地区也是投资决策中需要考虑的一个重要因素，不同地区设立企业所享受的税收政策以及其他方面的政策是不同的。税收政策的不同也就相当于设立企业的税收成本是不同的，在进行投资决策的过程中应当将税收成本作为重要因素予以考虑。目前地区性的税收优惠政策主要包括经济特区和西部地区。

根据现行企业所得税政策，法律设置的发展对外经济合作和技术交流的特定地区内，以及国务院已规定执行上述地区特殊政策的地区内新设立的国家需要重点扶持的高新技术企业，可以享受过渡性税收优惠。法律设置的发展对外经济合作和技术交流的特定地区，是指深圳、珠海、汕头、厦门和海南经济特区；国务院已规定执行上述地区特殊政策的地区，是指上海浦东新区。对经济特区和上海浦东新区内在 2008 年 1 月 1 日（含）之后完成登记注册的国家需要重点扶持的高新技术企业（以下称新设高新技术企业），在经济特区和上海浦东新区内取得的所得，自取得第一笔生产经营收入所属纳税年度起，第一年至第二年免征企业所得税，第三年至第五年按照 25% 的法定税率减半征收企业所得税。国家需要重点扶持的高新技术企业，是指拥有核心自主知识产权，同时符合《企业所得税法实施条例》第九十三条规定的条件，并按照《高新技术企业认定管理办法》认定的高新技术企业。经济特区和上海浦东新区内新设高新技术企业同时在经济特区和上海浦东新区以外的地区从事生产经营的，应当单独计算其在经济特区和上海浦东新区内取得的所得，并合理分摊企业的期间费用；没有单独计算的，不得享受企业所得税优惠。经济特区和上海浦东新区内新设高新技术企业在按照规定享受过渡性税收优惠期间，由于复审或抽查不合格而不再具有高新技术企业资格的，从其不再具有高新技术企业资格年度起，停止享受过渡性税收优惠；以后再次被认定为高新技术企业的，不得继续享受或者重新享受过渡性税收优惠。

2011 年 1 月 1 日至 2020 年 12 月 31 日，对设在西部地区以《西部地区鼓

励类产业目录》中规定的产业项目为主营业务，且其当年度主营业务收入占企业收入总额 70% 以上的企业，可减按 15% 的税率缴纳企业所得税。上述所称收入总额，是指《企业所得税法》第六条规定的收入总额。企业应当在年度汇算清缴前向主管税务机关提出书面申请并附送相关资料。第一年须报主管税务机关审核确认，第二年及以后年度实行备案管理。各省、自治区、直辖市和计划单列市税务机关可结合本地实际制定具体审核、备案管理办法，并报国家税务总局（所得税司）备案。凡对企业主营业务是否属于《西部地区鼓励类产业目录》难以界定的，税务机关应要求企业提供省级（含副省级）政府有关行政主管部门或其授权的下一级行政主管部门出具的证明文件。企业主营业务属于《西部地区鼓励类产业目录》范围的，经主管税务机关确认，可按照 15% 的税率预缴企业所得税。年度汇算清缴时，其当年度主营业务收入占企业总收入的比例达不到规定标准的，应按税法规定的税率计算申报并进行汇算清缴。

对设在西部地区以《西部地区鼓励类产业目录》（国家发展和改革委员会令第 15 号）中新增鼓励类产业项目为主营业务，且其当年度主营业务收入占企业收入总额 70% 以上的企业，自 2014 年 10 月 1 日起，可减按 15% 的税率缴纳企业所得税。

已按照《国家税务总局关于深入实施西部大开发战略有关企业所得税问题的公告》（国家税务总局公告 2012 年第 12 号）第三条规定享受企业所得税优惠政策的企业，其主营业务如不再属于《西部地区鼓励类产业目录》中国家鼓励类产业项目的，自 2014 年 10 月 1 日起，停止执行减按 15% 的税率缴纳企业所得税。

凡对企业主营业务是否属于《西部地区鼓励类产业目录》中国家鼓励类产业项目难以界定的，税务机关可以要求企业提供省级（含副省级）发展改革部门或其授权部门出具的证明文件。证明文件需明确列示主营业务的具体项目及符合《西部地区鼓励类产业目录》中的对应条款项目。

根据《财政部　国家税务总局关于执行企业所得税优惠政策若干问题的通知》（财税〔2009〕69 号）第一条及第二条的规定，企业既符合西部大开发 15% 的优惠税率条件，又符合《企业所得税法》及其实施条例和国务院规定的各项税收优惠条件的，可以同时享受。在涉及定期减免税的减半期内，可以按照企业适用税率计算的应纳税额减半征税。

总机构设在西部大开发税收优惠地区的企业，仅就设在优惠地区的总机构和分支机构（不含优惠地区外设立的二级分支机构在优惠地区内设立的三级以下分支机构）的所得确定适用 15% 的优惠税率。在确定该企业是否符合优惠

条件时，以该企业设在优惠地区的总机构和分支机构的主营业务是否符合《西部地区鼓励类产业目录》及其主营业务收入占其收入总额的比重加以确定，不考虑该企业设在优惠地区以外分支机构的因素。该企业应纳所得税额的计算和所得税缴纳，按照《国家税务总局关于印发〈跨地区经营汇总纳税企业所得税征收管理暂行办法〉的通知》（国税发〔2008〕28 号）第十六条和《国家税务总局关于跨地区经营汇总纳税企业所得税征收管理若干问题的通知》（国税函〔2009〕221 号）第二条的规定执行。有关审核、备案手续向总机构主管税务机关申请办理。

总机构设在西部大开发税收优惠地区外的企业，其在优惠地区内设立的分支机构（不含仅在优惠地区内设立的三级以下分支机构），仅就该分支机构所得确定适用 15% 的优惠税率。在确定该分支机构是否符合优惠条件时，仅以该分支机构的主营业务是否符合《西部地区鼓励类产业目录》及其主营业务收入占其收入总额的比重加以确定。该企业应纳所得税额的计算和所得税缴纳，按照国税发〔2008〕28 号第十六条和国税函〔2009〕221 号第二条的规定执行。有关审核、备案手续向分支机构主管税务机关申请办理，分支机构主管税务机关需将该分支机构享受西部大开发税收优惠情况及时函告总机构所在地主管税务机关。

根据《财政部　国家税务总局关于赣州市执行西部大开发税收政策问题的通知》（财税〔2013〕4 号）的规定，对赣州市内资鼓励类产业、外商投资鼓励类产业及优势产业的项目在投资总额内进口的自用设备，在政策规定范围内免征关税。自 2012 年 1 月 1 日至 2020 年 12 月 31 日，对设在赣州市的鼓励类产业的内资企业和外商投资企业减按 15% 的税率征收企业所得税。鼓励类产业的内资企业是指以《产业结构调整指导目录》中规定的鼓励类产业项目为主营业务，且其主营业务收入占企业收入总额 70% 以上的企业。鼓励类产业的外商投资企业是指以《外商投资产业指导目录》中规定的鼓励类项目和《中西部地区外商投资优势产业目录》中规定的江西省产业项目为主营业务，且其主营业务收入占企业收入总额 70% 以上的企业。

自 2021 年 1 月 1 日起执行以下西部大开发企业所得税政策：

（1）2021 年 1 月 1 日至 2030 年 12 月 31 日，对设在西部地区的鼓励类产业企业减按 15% 的税率征收企业所得税。本条所称鼓励类产业企业是指以《西部地区鼓励类产业目录》中规定的产业项目为主营业务，且其主营业务收入占企业收入总额 60% 以上的企业。

（2）《西部地区鼓励类产业目录》由发展改革委牵头制定。该目录在本公告执行期限内修订的，自修订版实施之日起按新版本执行。

（3）税务机关在后续管理中，不能准确判定企业主营业务是否属于国家鼓励类产业项目时，可提请发展改革等相关部门出具意见。对不符合税收优惠政策规定条件的，由税务机关按税收征收管理法及有关规定进行相应处理。具体办法由省级发展改革、税务部门另行制定。

（4）上述所称西部地区包括内蒙古自治区、广西壮族自治区、重庆市、四川省、贵州省、云南省、西藏自治区、陕西省、甘肃省、青海省、宁夏回族自治区、新疆维吾尔自治区和新疆生产建设兵团。湖南省湘西土家族苗族自治州、湖北省恩施土家族苗族自治州、吉林省延边朝鲜族自治州和江西省赣州市，可以比照西部地区的企业所得税政策执行。

（5）上述政策自 2021 年 1 月 1 日起执行。《财政部　海关总署 国家税务总局关于深入实施西部大开发战略有关税收政策问题的通知》（财税〔2011〕58 号）、《财政部　海关总署 国家税务总局关于赣州市执行西部大开发税收政策问题的通知》（财税〔2013〕4 号）中的企业所得税政策规定自 2021 年 1 月 1 日起停止执行。

某些地区性的税收优惠政策也值得关注。例如，根据《新疆维吾尔自治区促进股权投资类企业发展暂行办法》（新政办发〔2010〕187 号）的规定，合伙制股权投资类企业的投资收益，依法可采取“先分后税”的方式，由合伙人分别依法缴纳个人所得税或企业所得税。合伙制股权投资类企业的合伙人应缴纳的个人所得税，由合伙制股权投资类企业代扣代缴。合伙制股权投资类企业的合伙人为自然人的，合伙人的投资收益，按照“利息、股息、红利所得”或者“财产转让所得”项目征收个人所得税，税率为 20%。合伙人是法人或其他组织的，其投资收益按有关规定缴纳企业所得税。

根据《新疆金融工作办公室、经济和信息化委员会、工商行政管理局、国家税务局、地方税务局关于鼓励股权投资类企业迁入我区的通知》（新金函〔2010〕87 号）的规定，为加快落实《新疆维吾尔自治区促进股权投资类企业发展暂行办法》（新政办发〔2010〕187 号，简称《暂行办法》），鼓励股权投资类企业迁入我区发展，现就有关操作问题解释并通知如下：股权投资类企业迁入我区，是指我区以外的企业，为参与国家西部大开发和新疆跨越式发展，享受国家规定的鼓励政策，将企业迁入新疆，并将法定工商注册地变更至《暂行办法》第四条规定的喀什经济开发区、霍尔果斯经济开发区、乌鲁木齐经济技术开发区、乌鲁木齐高新技术开发区或者石河子经济技术开发区。迁入我区的公司制或者合伙制股权投资类企业，符合《暂行办法》规定的备案条件的，2010 年至 2020 年，按照《暂行办法》第二十一条的规定，纳入自治区支持中小企业社会化服务体系，依法享受国家西部大开发各项优惠政策和《暂行办法》规定的各项鼓励政策。迁入我区的公司制股权投资类企业，公司的股权 70% 以上由自然人持有且自然人承诺选择我区作为其个人所得税缴纳地的，按照中发〔2010〕9 号文件和自治区人民政府的有关规定，2010 年至 2020 年，享受企业所得税“两免三减半”优惠政策。享受企业所得税“两免三减半”政策的公司向股东分红时，自然人股东缴纳个人所得税后，不再给予《暂行办法》第二十一条第（2）项规定的财政奖励。迁入我区的公司制股权投资类企业申请变更为合伙企业的，按照《自治区工商行政管理局关于有限责任公司变更为合伙企业的指导意见》（新工商企登〔2010〕172 号）办理。迁入的公司符合企业所得税“两免三减半”政策条件的，迁入时可以直接变更登记为合伙企业。不符合企业所得税“两免三减半”政策条件的，先办理公司迁入手续，再按国家有关规定办理有限责任公司变更为合伙企业。

为推进新疆跨越式发展和长治久安，根据中共中央、国务院关于支持新疆经济社会发展的指示精神，新疆困难地区有关企业所得税优惠政策如下：

（1）2010 年 1 月 1 日至 2020 年 12 月 31 日，对在新疆困难地区新办的属于《新疆困难地区重点鼓励发展产业企业所得税优惠目录》（以下简称《目录》）范围内的企业，自取得第一笔生产经营收入所属纳税年度起，第一年至第二年免征企业所得税，第三年至第五年减半征收企业所得税。

（2）新疆困难地区包括南疆三地州、其他国家扶贫开发重点县和边境县市。

（3）属于《目录》范围内的企业是指以《目录》中规定的产业项目为主营业务，其主营业务收入占企业收入总额 70% 以上的企业。

（4）第一笔生产经营收入，是指新疆困难地区重点鼓励发展产业项目已建成并投入运营后所取得的第一笔收入。

（5）按照上述规定享受企业所得税定期减免税政策的企业，在减半期内，按照企业所得税 25% 的法定税率计算的应纳税额减半征税。

（6）财政部、国家税务总局会同有关部门研究制订《目录》，经国务院批准后公布实施，并根据新疆经济社会发展需要及企业所得税优惠政策实施情况适时调整。

（7）对难以界定是否属于《目录》范围的项目，税务机关应当要求企业提供省级以上（含省级）有关行业主管部门出具的证明文件，并结合其他相关材料进行认定。

为推进新疆跨越式发展和长治久安，贯彻落实《中共中央　国务院关于推进新疆跨越式发展和长治久安的意见》（中发〔2010〕9 号）和《国务院关于

支持喀什霍尔果斯经济开发区建设的若干意见》（国发〔2011〕33 号）精神，新疆喀什、霍尔果斯两个特殊经济开发区有关企业所得税优惠政策如下：

（1）2010 年 1 月 1 日至 2020 年 12 月 31 日，对在新疆喀什、霍尔果斯两个特殊经济开发区内新办的属于《新疆困难地区重点鼓励发展产业企业所得税优惠目录》（以下简称《目录》）范围内的企业，自取得第一笔生产经营收入所属纳税年度起，五年内免征企业所得税。第一笔生产经营收入，是指产业项目已建成并投入运营后所取得的第一笔收入。

（2）属于《目录》范围内的企业是指以《目录》中规定的产业项目为主营业务，其主营业务收入占企业收入总额 70% 以上的企业。

（3）对难以界定是否属于《目录》范围的项目，税务机关应当要求企业提供省级以上（含省级）有关行业主管部门出具的证明文件，并结合其他相关材料进行认定。

2011 年 1 月 1 日至 2030 年 12 月 31 日，对在新疆困难地区新办的属于《新疆困难地区重点鼓励发展产业企业所得税优惠目录》范围内的企业，自取得第一笔生产经营收入所属纳税年度起，第一年至第二年免征企业所得税，第三年至第五年减半征收企业所得税；对在新疆喀什、霍尔果斯两个特殊经济开发区内新办的属于上述目录范围内的企业，自取得第一笔生产经营收入所属纳税年度起，五年内免征企业所得税。

自 2020 年 1 月 1 日起执行至 2024 年 12 月 31 日，为支持海南自由贸易港建设，实行以下企业所得税优惠政策：

（1）对注册在海南自由贸易港并实质性运营的鼓励类产业企业，减按 15% 的税率征收企业所得税。鼓励类产业企业，是指以海南自由贸易港鼓励类产业目录中规定的产业项目为主营业务，且其主营业务收入占企业收入总额 60% 以上的企业。实质性运营，是指企业的实际管理机构设在海南自由贸易港，并对企业生产经营、人员、账务、财产等实施实质性全面管理和控制。对不符合实质性运营的企业，不得享受优惠。海南自由贸易港鼓励类产业目录包括《产业结构调整指导目录（2019 年版）》《鼓励外商投资产业目录（2019 年版）》和海南自由贸易港新增鼓励类产业目录。对总机构设在海南自由贸易港的符合条件的企业，仅就其设在海南自由贸易港的总机构和分支机构的所得，适用 15% 税率；对总机构设在海南自由贸易港以外的企业，仅就其设在海南自由贸易港内的符合条件的分支机构的所得，适用 15% 税率。

（2）对在海南自由贸易港设立的旅游业、现代服务业、高新技术产业企业新增境外直接投资取得的所得，免征企业所得税。新增境外直接投资所得应当符合以下条件：从境外新设分支机构取得的营业利润；或从持股比例超过 20%（含）的境外子公司分回的，与新增境外直接投资相对应的股息所得。被投资国（地区）的企业所得税法定税率不低于 5%。旅游业、现代服务业、高新技术产业，按照海南自由贸易港鼓励类产业目录执行。

（3）对在海南自由贸易港设立的企业，新购置（含自建、自行开发）固定资产或无形资产，单位价值不超过 500 万元（含）的，允许一次性计入当期成本费用在计算应纳税所得额时扣除，不再分年度计算折旧和摊销；新购置（含自建、自行开发）固定资产或无形资产，单位价值超过 500 万元的，可以缩短折旧、摊销年限或采取加速折旧、摊销的方法。固定资产，是指除房屋、建筑物以外的固定资产。

【税收筹划经典案例】

某企业原计划在广州设立一高科技企业，预计该企业每年取得利润总额为 1 000 万元。经过市场调研，该企业设在广州还是深圳对于企业的盈利能力没有实质影响，该企业在深圳预计每年取得利润总额为 900 万元。假设无纳税调整事项，请对该企业的投资计划提出税收筹划方案。

该企业可以在深圳设立高科技企业，因为高科技企业在经济特区内取得的所得，可以享受下列税收优惠政策：自取得第一笔生产经营收入所属纳税年度起，第一年至第二年免征企业所得税，第三年至第五年按照 25% 的法定税率减半征收企业所得税。按照该企业每年利润总额 1 000 万元计算，如果设在广州，该企业五年需要缴纳企业所得税 1 250 万元（1 000×25%×5），税后利润为 3 750 万元（1 000×5 － 1 250）。如果设在深圳，该企业五年需要缴纳企业所得税 337.5 万元（900×25%×50%×3），税后利润为 4 162.5 万元（900×5 －337.5）。故应当设立在深圳。通过税收筹划，可增加税后利润 412.5 万元（4 162.5 － 3 750）。

【税收筹划经典案例】

新疆股权投资企业优惠政策于 2010 年 8 月 25 日开始实施，当年主要进行宣传，迁移新疆和新注册的企业很少。2011 年迁移入驻新疆的股权投资企业逐步增多，2013 年形成了热潮。亚太科技 2013 年 1 月 13 日的限售股份上市流通公告表明，公司第六大股东湖南唯通资产管理有限公司、第七大股东深

圳兰石创业投资有限公司，已分别于 2011 年 9 月和 2011 年 3 月变更为新疆唯通股权投资管理合伙企业（有限合伙）与新疆兰石创业投资有限合伙企业，两企业分持亚太科技 538.2 万股和 292.5 万股，均已解禁流通。长信科技第二大股东 2011 年 3 月进驻新疆，名称由芜湖润丰科技有限公司变更为新疆润丰股权投资企业（有限合伙）。东方电热第四大股东上海东方世纪企业管理有限公司，根据 3 月 8 日公告，其名称已变更为新疆东方世纪股权投资合伙企业，其所持占东方电热 9.9% 的 890 万股，将于 2012 年 5 月 18 日解禁上市流通。请分析上述企业迁移所带来的税收筹划利益。

根据上述新疆税收优惠政策，上述企业迁移前税负为 40%，迁移后税负为 28%，降低税负 12%。个人持有上市公司限售股，解禁后转让，需要就差价缴纳 20% 的个人所得税。投资公司持有上市公司限售股，解禁后转让，需要就差价缴纳 25% 的企业所得税，个人股东从该投资公司取得股息还要缴纳 20% 的个人所得税，综合税率为 40%。个人持有新疆合伙企业股权，合伙企业持有上市公司股权，解禁后个人按照 5% ～ 35% 的税率缴纳个人所得税。地方退税 20%。综合税率低于 28%。个人持有新疆公司股权，新疆公司持有上市公司股权，解禁转让后，新疆公司享受“两免三减半”优惠不纳税，个人取得股息缴纳 20% 的个人所得税，地方退税为 20%，实际税负为 16%。与个人直接持股上市公司相比，税负降低 4%。与个人通过公司间接持有上市公司相比，税负降低 24%。

全国多数影视公司均在霍尔果斯设立了子公司，有超过一半的公司注册在了同一个地方——霍尔果斯市北京路以西、珠海路以南合作中心配套区查验业务楼 8 楼，同一楼层里超过 100 家公司办公。在霍尔果斯能享受如此优惠政策的不仅仅是影视传媒公司。凡是被列入《新疆困难地区重点鼓励发展产业企业所得税优惠目录》的行业都能享受以上优惠政策。

【法律法规依据】

（1）《中华人民共和国企业所得税法》（2007 年 3 月 16 日第十届全国人民代表大会第五次会议通过，2017 年 2 月 24 日第十二届全国人民代表大会常务委员会第二十六次会议修改，2018 年 12 月 29 日第十三届全国人民代表大会常务委员会第七次会议第二次修正）第五十七条。

（2）《中华人民共和国企业所得税法实施条例》（国务院 2007 年 12 月 6 日颁布，国务院令〔2007〕第 512 号，自 2008 年 1 月 1 日起实施，2019 年 4 月 23 日国务院令第 714 号修正）。

（3）《国务院关于经济特区和上海浦东新区新设立高新技术企业实行过渡性税收优惠的通知》（国务院 2007 年 12 月 26 日发布，国发〔2007〕40 号）。

（4）《财政部　国家税务总局关于执行企业所得税优惠政策若干问题的通知》（财税〔2009〕69 号）。

（5）《国家税务总局关于西部大开发企业所得税优惠政策适用目录问题的批复》（国家税务总局 2009 年 7 月 27 日发布，国税函〔2009〕399 号）。

（6）《财政部　海关总署 国家税务总局关于深入实施西部大开发战略有关税收政策问题的通知》（财税〔2011〕58 号）。

（7）《国家税务总局关于深入实施西部大开发战略有关企业所得税问题的公告》（国家税务总局公告 2012 年第 12 号）。

（8）《财政部　国家税务总局关于赣州市执行西部大开发税收政策问题的通知》（财税〔2013〕4 号）。

（9）《新疆维吾尔自治区促进股权投资类企业发展暂行办法》（新政办发〔2010〕187 号）。

（10）《新疆金融工作办公室、经济和信息化委员会、工商行政管理局、国家税务局、地方税务局关于鼓励股权投资类企业迁入我区的通知》（新金函〔2010〕87 号）。

（11）《财政部　国家税务总局关于新疆困难地区新办企业所得税优惠政策的通知》（财税〔2011〕53 号）。

（12）《财政部　国家税务总局关于新疆喀什霍尔果斯两个特殊经济开发区企业所得税优惠政策的通知》（财税〔2011〕112 号）。

（13）《国家税务总局关于执行〈西部地区鼓励类产业目录〉有关企业所得税问题的公告》（国家税务总局公告 2015 年第 14 号）。

（14）《财政部　税务总局　国家发展改革委关于延续西部大开发企业所得税政策的公告》（财政部公告 2020 年第 23 号）。

（15）《财政部　税务总局关于海南自由贸易港企业所得税优惠政策的通知》（财税〔2020〕31 号）。

（16）《财政部　税务总局关于新疆困难地区及喀什、霍尔果斯两个特殊经济开发区新办企业所得税优惠政策的通知》（财税〔2021〕27 号）。

（17）《西部地区鼓励类产业目录（2020 年本）》（国家发展和改革委员会令第 40 号）。

1.6 选择投资国家扶持项目

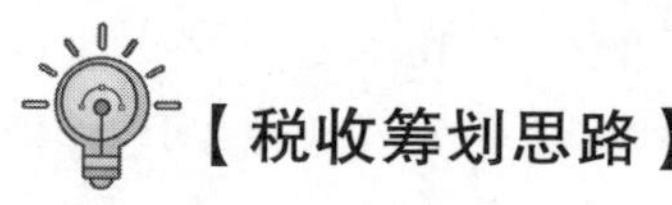

【税收筹划思路】

根据现行企业所得税政策，企业从事符合条件的环境保护、节能节水项目的所得可以免征、减征企业所得税。符合条件的环境保护、节能节水项目，包括公共污水处理、公共垃圾处理、沼气综合开发利用、节能减排技术改造、海水淡化等。企业从事上述符合条件的环境保护、节能节水项目的所得，自项目取得第一笔生产经营收入所属纳税年度起，第一年至第三年免征企业所得税，第四年至第六年减半征收企业所得税。

企业开发新技术、新产品、新工艺发生的研究开发费用可以在计算应纳税所得额时加计扣除。研究开发费用的加计扣除，是指企业为开发新技术、新产品、新工艺发生的研究开发费用，未形成无形资产计入当期损益的，在按照规定据实扣除的基础上，按照研究开发费用的50%加计扣除；形成无形资产的，按照无形资产成本的150%摊销。

为进一步激励中小企业加大研发投入，支持科技创新，提高科技型中小企业研究开发费用（以下简称研发费用）税前加计扣除比例政策如下：

（1）科技型中小企业开展研发活动中实际发生的研发费用，未形成无形资产计入当期损益的，在按规定据实扣除的基础上，在2017年1月1日至2019年12月31日，再按照实际发生额的75%在税前加计扣除；形成无形资产的，在上述期间按照无形资产成本的175%在税前摊销。

（2）科技型中小企业享受研发费用税前加计扣除政策的其他政策口径按照《财政部　国家税务总局　科技部关于完善研究开发费用税前加计扣除政策的通知》（财税〔2015〕119号）规定执行。

（3）科技型中小企业条件和管理办法由科技部、财政部和国家税务总局另行发布。科技、财政和税务部门应建立信息共享机制，及时共享科技型中小企业的相关信息，加强协调配合，保障优惠政策落实到位。

企业开展研发活动中实际发生的研发费用，未形成无形资产计入当期损益的，在按规定据实扣除的基础上，在2018年1月1日至2020年12月31日，再按照实际发生额的75%在税前加计扣除；形成无形资产的，在上述期间按照无形资产成本的175%在税前摊销。

制造业企业开展研发活动中实际发生的研发费用，未形成无形资产计入当期损益的，在按规定据实扣除的基础上，自2021年1月1日起，再按照实际发生额的100%在税前加计扣除；形成无形资产的，自2021年1月1日起，按照无形资产成本的200%在税前摊销。制造业企业，是指以制造业业务为主营业务，享受优惠当年主营业务收入占收入总额的比例达到50%以上的企业。制造业的范围按照《国民经济行业分类》（GB/T 4574-2017）确定，如国家有关部门更新《国民经济行业分类》，从其规定。收入总额按照《企业所得税法》第六条规定执行。

科技型中小企业开展研发活动中实际发生的研发费用，未形成无形资产计入当期损益的，在按规定据实扣除的基础上，自2022年1月1日起，再按照实际发生额的100%在税前加计扣除；形成无形资产的，自2022年1月1日起，按照无形资产成本的200%在税前摊销。

企业综合利用资源，生产符合国家产业政策规定的产品所取得的收入，可以在计算应纳税所得额时减计收入。减计收入，是指企业以《资源综合利用企业所得税优惠目录》规定的资源作为主要原材料，生产国家非限制和禁止并符合国家和行业相关标准的产品取得的收入，减按90%计入收入总额。

自2019年6月1日起至2025年12月31日，提供社区养老、托育、家政服务取得的收入，在计算应纳税所得额时，减按90%计入收入总额。社区是指聚居在一定地域范围内的人们所组成的社会生活共同体，包括城市社区和农村社区。为社区提供养老服务的机构，是指在社区依托固定场所设施，采取全托、日托、上门等方式，为社区居民提供养老服务的企业、事业单位和社会组织。社区养老服务是指为老年人提供的生活照料、康复护理、助餐助行、紧急救援、精神慰藉等服务。为社区提供托育服务的机构，是指在社区依托固定场所设施，采取全日托、半日托、计时托、临时托等方式，为社区居民提供托育服务的企业、事业单位和社会组织。社区托育服务是指为3周岁（含）以下婴幼儿提供的照料、看护、膳食、保育等服务。为社区提供家政服务的机构，是指以家庭为服务对象，为社区居民提供家政服务的企业、事业单位和社会组织。社区家政服务是指进入家庭成员住所或医疗机构为孕产妇、婴幼儿、老人、病人、残疾人提供的照护服务，以及进入家庭成员住所提供的保洁、烹饪等服务。

企业购置用于环境保护、节能节水、安全生产等专用设备的投资额，可以按一定比例实行税额抵免。税额抵免，是指企业购置并实际使用《环境保护专用设备企业所得税优惠目录》《节能节水专用设备企业所得税优惠目录》

和《安全生产专用设备企业所得税优惠目录》规定的环境保护、节能节水、安全生产等专用设备的，该专用设备的投资额的 10% 可以从企业当年的应纳税额中抵免；当年不足抵免的，可以在以后 5 个纳税年度结转抵免。享受上述规定的企业所得税优惠的企业，应当实际购置并自身实际投入使用上述规定的专用设备；企业购置上述专用设备在 5 年内转让、出租的，应当停止享受企业所得税优惠，并补缴已经抵免的企业所得税税款。

自 2019 年 6 月 1 日起，同时符合以下条件的部分先进制造业纳税人，可以自 2019 年 7 月及以后纳税申报期向主管税务机关申请退还增量留抵税额：增量留抵税额大于零；纳税信用等级为 A 级或者 B 级；申请退税前 36 个月未发生骗取留抵退税、出口退税或虚开增值税专用发票情形；申请退税前 36 个月未因偷税被税务机关处罚两次及以上；自 2019 年 4 月 1 日起未享受即征即退、先征后返（退）政策。

上述所称部分先进制造业纳税人，是指按照《国民经济行业分类》，生产并销售非金属矿物制品、通用设备、专用设备及计算机、通信和其他电子设备销售额占全部销售额的比重超过 50% 的纳税人。上述销售额比重根据纳税人申请退税前连续 12 个月的销售额计算确定；申请退税前经营期不满 12 个月但满 3 个月的，按照实际经营期的销售额计算确定。上述所称增量留抵税额，是指与 2019 年 3 月 31 日相比新增加的期末留抵税额。

部分先进制造业纳税人当期允许退还的增量留抵税额，按照以下公式计算：

允许退还的增量留抵税额＝增量留抵税额 × 进项构成比例

进项构成比例，为 2019 年 4 月至申请退税前一税款所属期内已抵扣的增值税专用发票（含税控机动车销售统一发票）、海关进口增值税专用缴款书、解缴税款完税凭证注明的增值税额占同期全部已抵扣进项税额的比重。

部分先进制造业纳税人申请退还增量留抵税额的其他规定，按照《财政部　税务总局　海关总署关于深化增值税改革有关政策的公告》（财政部　税务总局　海关总署公告 2019 年第 39 号，以下称 39 号公告）执行。

除部分先进制造业纳税人以外的其他纳税人申请退还增量留抵税额的规定，继续按照 39 号公告执行。

符合 39 号公告和本公告规定的纳税人向其主管税务机关提交留抵退税申请。对符合留抵退税条件的，税务机关在完成退税审核后，开具税收收入退还书，直接送交同级国库办理退库。税务机关按期将退税清单送交同级财政部门。各部门应加强配合，密切协作，确保留抵退税工作稳妥有序。

自 2019 年 9 月 1 日起，纳税人销售自产磷石膏资源综合利用产品，可享受增值税即征即退政策，退税比例为70%。磷石膏资源综合利用产品，包括墙板、砂浆、砌块、水泥添加剂、建筑石膏、α 型高强石膏、Ⅱ型无水石膏、嵌缝石膏、黏结石膏、现浇混凝土空心结构用石膏模盒、抹灰石膏、机械喷涂抹灰石膏、土壤调理剂、喷筑墙体石膏、装饰石膏材料、磷石膏制硫酸，且产品原料 40% 以上来自磷石膏。纳税人利用磷石膏生产水泥、水泥熟料，继续按照《财政部　国家税务总局关于印发〈资源综合利用产品和劳务增值税优惠目录〉的通知》（财税〔2015〕78 号，以下称财税〔2015〕78 号文件）附件《资源综合利用产品和劳务增值税优惠目录》2.2“废渣”项目执行。纳税人适用磷石膏资源综合利用增值税即征即退政策的其他有关事项，按照财税〔2015〕78 号文件执行。

自 2019 年 9 月 1 日起，将财税〔2015〕78 号文件附件《资源综合利用产品和劳务增值税优惠目录》3.12“废玻璃”项目退税比例调整为 70%。

自 2020 年 1 月 1 日起，综试区内的跨境电商企业，同时符合下列条件的，试行核定征收企业所得税办法：

（1）在综试区注册，并在注册地跨境电子商务线上综合服务平台登记出口货物日期、名称、计量单位、数量、单价、金额的；

（2）出口货物通过综试区所在地海关办理电子商务出口申报手续的；

（3）出口货物未取得有效进货凭证，其增值税、消费税享受免税政策的。

综试区内核定征收的跨境电商企业应准确核算收入总额，并采用应税所得率方式核定征收企业所得税。应税所得率统一按照 4% 确定。

税务机关应按照有关规定，及时完成综试区跨境电商企业核定征收企业所得税的鉴定工作。综试区内实行核定征收的跨境电商企业符合小型微利企业优惠政策条件的，可享受小型微利企业所得税优惠政策；其取得的收入属于《企业所得税法》第二十六条规定的免税收入的，可享受免税收入优惠政策。上述综试区，是指经国务院批准的跨境电子商务综合试验区；本公告所称跨境电商企业，是指自建跨境电子商务销售平台或利用第三方跨境电子商务平台开展电子商务出口的企业。

企业可以充分利用上述税收优惠政策进行税收筹划。

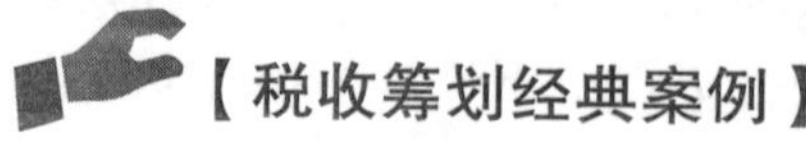

2023 纳税年度，某科技型中小企业符合小型微利企业的从业人数和资产总额标准，但预计年应纳税所得额会达到 400 万元。该企业如何进行税收筹划？

该企业可以进行一项新产品的研发，投入研发资金 60 万元，该 60 万元研发费用可以直接计入当期费用，同时可以加计扣除 100% 的费用，也就是可以在当期扣除 120 万元的费用，这样，该企业的应纳税所得额就变成 280 万元。可以享受小型微利企业的低税率优惠政策。如果该企业不进行该税收筹划，需要缴纳企业所得税 100 万元（400×25%）；经过税收筹划，需要缴纳企业所得税 11.5 万元［100×12.5%×20% +（400 − 120 − 100）×25%×20%］，减轻税收负担 88.5 万元（100 − 11.5）。

【法律法规依据】

（1）《中华人民共和国企业所得税法》（2007 年 3 月 16 日第十届全国人民代表大会第五次会议通过，2017 年 2 月 24 日第十二届全国人民代表大会常务委员会第二十六次会议修改，2018 年 12 月 29 日第十三届全国人民代表大会常务委员会第七次会议第二次修正）。

（2）《中华人民共和国企业所得税法实施条例》（国务院 2007 年 12 月 6 日颁布，国务院令〔2007〕第 512 号，自 2008 年 1 月 1 日起实施，2019 年 4 月 23 日国务院令第 714 号修正）。

（3）《财政部　税务总局　科技部关于提高科技型中小企业研究开发费用税前加计扣除比例的通知》（财税〔2017〕34 号）。

（4）《财政部　税务总局　科技部关于提高研究开发费用税前加计扣除比例的通知》（财税〔2018〕99 号）。

（5）《财政部　税务总局关于实施小微企业普惠性税收减免政策的通知》（财税〔2019〕13 号）。

（6）《财政部　税务总局　发展改革委　民政部　商务部　卫生健康委关于养老、托育、家政等社区家庭服务业税费优惠政策的公告》（财政部公告 2019 年第 76 号）。

（7）《财政部　税务总局关于明确部分先进制造业增值税期末留抵退税政策的公告》（财政部　税务总局公告 2019 年第 84 号）。

（8）《财政部　税务总局关于资源综合利用增值税政策的公告》（财政部　税务总局公告 2019 年第 90 号）。

（9）《国家税务总局关于跨境电子商务综合试验区零售出口企业所得税核定征收有关问题的公告》（国家税务总局公告 2019 年第 36 号）。

（10）《财政部　税务总局关于进一步完善研发费用税前加计扣除政策

的公告》（财政部　税务总局公告2021年第13号）。

（11）《财政部　税务总局　科技部关于进一步提高科技型中小企业研发费用税前加计扣除比例的公告》（财政部　税务总局　科技部公告2022年第16号）。

（12）《财政部　税务总局关于进一步实施小微企业所得税优惠政策的公告》（财政部　税务总局公告2022年第13号）。

1.7 利用双层公司进行投资

【税收筹划思路】

根据现行个人所得税政策，个人从投资公司获得的股息要缴纳20%的个人所得税。根据现行企业所得税政策，企业从其投资的公司中获得的股息不需要纳税。如果个人投资者从公司取得的股息仍然用于投资，则可以考虑以成立公司的方式来减轻税收负担。成立公司以后可以将各类股息汇总到该公司，由于此时公司并不需要缴纳企业所得税，该公司就可以将免税所得用于各项投资。而如果由个人取得该股息，则应当首先缴纳20%的个人所得税，税后利润才能用于投资，这样就大大增加了投资的税收成本。

【税收筹划经典案例】

李先生拥有甲公司40%的股份，每年可以从该公司获得500万元的股息，根据我国现行个人所得税制度，李先生每年需要缴纳100万元的个人所得税。李先生所获得的股息全部用于股票投资或者直接投资于其他企业。李先生应当如何进行税收筹划？

李先生可以用该股权以及部分现金投资设立一家一人有限责任公司——李氏投资公司，由李氏投资公司持有甲公司40%的股权。李先生也可以先设立李氏投资公司，再由李氏投资公司从李先生手中收购甲公司40%的股权。这样，李氏投资公司每年从甲公司获得的500万元股息就不需要缴纳企业所得税。李先生原定的用股息投资于股票或者其他的投资计划可以由李氏投资公司来进行，李氏投资公司投资于其他企业所获得的股息同样不

需要缴纳企业所得税，这样就免除了李先生每次获得股息所得所应当承担的个人所得税纳税义务。

【法律法规依据】

（1）《中华人民共和国企业所得税法》（2007 年 3 月 16 日第十届全国人民代表大会第五次会议通过，2017 年 2 月 24 日第十二届全国人民代表大会常务委员会第二十六次会议修改，2018 年 12 月 29 日第十三届全国人民代表大会常务委员会第七次会议第二次修正）。

（2）《中华人民共和国企业所得税法实施条例》（国务院 2007 年 12 月 6 日颁布，国务院令〔2007〕第 512 号，自 2008 年 1 月 1 日起实施，2019 年 4 月 23 日国务院令第 714 号修正）。

（3）《中华人民共和国个人所得税法》（1980 年 9 月 10 日第五届全国人民代表大会第三次会议通过，2018 年 8 月 31 日第十三届全国人民代表大会常务委员会第五次会议第七次修正）。

（4）《中华人民共和国个人所得税法实施条例》（1994 年 1 月 28 日中华人民共和国国务院令第 142 号发布，2018 年 12 月 18 日中华人民共和国国务院令第 707 号第四次修订）。

1.8 恰当选择享受税收优惠的起始年度

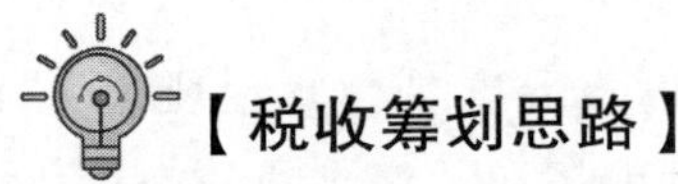

【税收筹划思路】

根据现行的税收政策，企业所得税按纳税年度计算。纳税年度自公历 1 月 1 日起至 12 月 31 日止。企业在一个纳税年度中间开业，或者终止经营活动，使该纳税年度的实际经营期不足 12 个月的，应当以其实际经营期为一个纳税年度。

企业从事国家重点扶持的公共基础设施项目的投资经营的所得，自项目取得第一笔生产经营收入所属纳税年度起，第一年至第三年免征企业所得税，第四年至第六年减半征收企业所得税。企业从事符合条件的环境保护、节能节水项目的所得，自项目取得第一笔生产经营收入所属纳税年度起，第一年

至第三年免征企业所得税，第四年至第六年减半征收企业所得税。

对经济特区和上海浦东新区内在 2008 年 1 月 1 日（含）之后完成登记注册的国家需要重点扶持的高新技术企业，在经济特区和上海浦东新区内取得的所得，自取得第一笔生产经营收入所属纳税年度起，第一年至第二年免征企业所得税，第三年至第五年按照 25% 的法定税率减半征收企业所得税。

企业所得税的一些定期优惠政策是从企业取得生产经营所得的年度开始计算的，如果企业从年度中间甚至年底开始生产经营，该年度将作为企业享受税收优惠政策的第一年。由于该年度的生产经营所得非常少，因此，企业是否享受减免税优惠意义并不是很大，此时，企业就应当恰当选择享受税收优惠的第一个年度，适当提前或者推迟进行生产经营活动的日期。原则上，企业应当在年底或年初成立，在年初取得第一笔生产经营收入。

【税收筹划经典案例】

某公司根据税法规定，可以享受自项目取得第一笔生产经营收入的纳税年度起，第一年至第三年免征企业所得税，第四年至第六年减半征收企业所得税的优惠政策。该公司原计划于 2020 年 12 月开始该项目的生产经营，当年预计会有亏损，从 2021 年度至 2026 年度，每年预计应纳税所得额分别为 100 万元、500 万元、800 万元、1 000 万元、1 500 万元和 2 000 万元。请计算从 2020 年度到 2026 年度，该公司应当缴纳多少企业所得税并提出税收筹划方案。

该公司从 2020 年度开始生产经营，应当计算享受税收优惠的期限。该公司 2020 年度至 2022 年度可以享受免税待遇，不需要缴纳企业所得税。2023 年度至 2025 年度可以享受减半征税的待遇，因此，需要缴纳企业所得税 412.5 万元［（800 ＋ 1 000 ＋ 1 500）×25%×50%］。2026 年度不享受税收优惠，需要缴纳企业所得税 500 万元（2 000×25%）。因此，该公司从 2020 年度至 2026 年度合计需要缴纳企业所得税 912.5 万元（412.5 ＋ 500）。

如果该公司将该项目的生产经营日期推迟到 2021 年 1 月 1 日，2021 年度就是该公司享受税收优惠的第一年，2021 年度至 2023 年度，该公司可以享受免税待遇，不需要缴纳企业所得税。2024 年度至 2026 年度，该公司可以享受减半征收企业所得税的优惠待遇，需要缴纳企业所得税 562.5 万元［（1 000 ＋ 1 500 ＋ 2 000）×25%×50%］。经过税收筹划，可减轻税收

负担 350 万元（912.5 － 562.5）。

【法律法规依据】

（1）《中华人民共和国企业所得税法》（2007 年 3 月 16 日第十届全国人民代表大会第五次会议通过，2017 年 2 月 24 日第十二届全国人民代表大会常务委员会第二十六次会议修改，2018 年 12 月 29 日第十三届全国人民代表大会常务委员会第七次会议第二次修正）第五十三条。

（2）《中华人民共和国企业所得税法实施条例》（国务院 2007 年 12 月 6 日颁布，国务院令〔2007〕第 512 号，自 2008 年 1 月 1 日起实施，2019 年 4 月 23 日国务院令第 714 号修正）第八十七条、第八十八条。

（3）《国务院关于经济特区和上海浦东新区新设立高新技术企业实行过渡性税收优惠的通知》（国务院 2007 年 12 月 26 日发布，国发〔2007〕40 号）。

1.9 利用国债利息免税的优惠政策

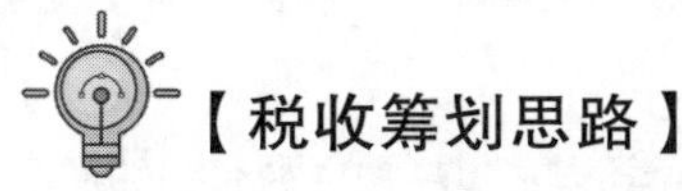

【税收筹划思路】

根据现行的企业所得税政策，企业的下列收入为免税收入：①国债利息收入；②符合条件的居民企业之间的股息、红利等权益性投资收益；③在中国境内设立机构、场所的非居民企业从居民企业取得与该机构、场所有实际联系的股息、红利等权益性投资收益；④符合条件的非营利性组织的收入。

国债利息收入，是指企业持有国务院财政部门发行的国债取得的利息收入。根据《企业所得税法》及其实施条例的规定，企业国债投资业务企业所得税处理政策如下：

（1）国债利息收入时间确认：根据《企业所得税法实施条例》第十八条的规定，企业投资国债从国务院财政部门（以下简称发行者）取得的国债利息收入，应以国债发行时约定应付利息的日期，确认利息收入的实现。企业转让国债，应在国债转让收入确认时确认利息收入的实现。

（2）国债利息收入计算：企业到期前转让国债或者从非发行者投资购买

的国债，其持有期间尚未兑付的国债利息收入，按以下公式计算确定：

国债利息收入＝国债金额 ×（适用年利率 ÷365）× 持有天数

上述公式中的“国债金额”，按国债发行面值或发行价格确定；“适用年利率”按国债票面年利率或折合年收益率确定；如企业不同时间多次购买同一品种国债的，“持有天数”可按平均持有天数计算确定。

（3）国债利息收入免税问题：根据《企业所得税法》第二十六条的规定，企业取得的国债利息收入，免征企业所得税。具体按以下规定执行：企业从发行者直接投资购买的国债持有至到期，其从发行者取得的国债利息收入，全额免征企业所得税。企业到期前转让国债或者从非发行者投资购买的国债，其按上述计算的国债利息收入，免征企业所得税。

（4）国债转让收入时间确认：企业转让国债应在转让国债合同、协议生效的日期，或者国债移交时确认转让收入的实现。企业投资购买国债，到期兑付的，应在国债发行时约定的应付利息的日期，确认国债转让收入的实现。

（5）国债转让收益（损失）计算：企业转让或到期兑付国债取得的价款，减除其购买国债成本，并扣除其持有期间按照上述计算的国债利息收入以及交易过程中相关税费后的余额，为企业转让国债收益（损失）。

（6）国债转让收益（损失）征税问题：根据企业所得税法实施条例第十六条规定，企业转让国债，应作为转让财产，其取得的收益（损失）应作为企业应纳税所得额计算纳税。

（7）关于国债成本确定问题：通过支付现金方式取得的国债，以买入价和支付的相关税费为成本；通过支付现金以外的方式取得的国债，以该资产的公允价值和支付的相关税费为成本。

（8）关于国债成本计算方法问题：企业在不同时间购买同一品种国债的，其转让时的成本计算方法，可在先进先出法、加权平均法、个别计价法中选用一种。计价方法一经选用，不得随意改变。

免税收入是不需要纳税的收入，因此，企业在条件许可的情况下应当尽可能多地获得免税收入。当然，获得免税收入都是需要一定条件的，企业只有满足税法所规定的条件才能享受免税待遇。例如，国债利息免税，当企业选择国债或者其他债券进行投资时，就应当将免税作为一个重要的因素予以考虑。再例如，直接投资的股息所得免税，与此相关的是，企业的股权转让所得要纳税。因此，当企业进行股权转让时尽量将该股权所代表的未分配股息分配以后再转让。

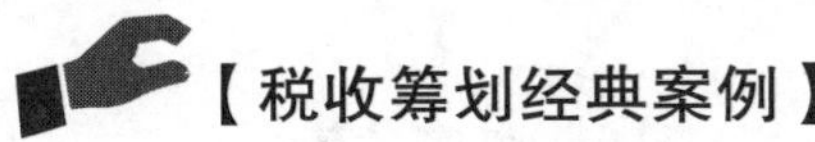

【税收筹划经典案例】

某公司拥有 1 000 万元闲置资金，准备用于获得利息。假设五年期国债年利率为 4%，银行五年期定期存款年利率为 5%，借给其他企业五年期年利率为 6%。请为该公司进行税收筹划。

（1）如果购买国债，年利息为 40 万元（1 000×4%），税后利息为 40 万元。

（2）如果存入银行，年利息为 50 万元（1 000×5%），税后利息为 37.5 万元（50 － 50×25%）。

（3）如果借给企业，年利息为 60 万元（1 000×6%），增值税及其附加为 4 万元（60×6.72%），税后利息为 42 万元［（60 － 4）×（1 － 25%）］。

从税后利息来看，存入银行的利息最小，不足取，购买国债的利息高于储蓄利息但低于借给企业的利息，但由于购买国债风险较小，借给企业风险较大，该公司应当在充分考虑借给该企业的风险以后确定是否选择借给企业。

【法律法规依据】

（1）《中华人民共和国企业所得税法》（2007 年 3 月 16 日第十届全国人民代表大会第五次会议通过，2017 年 2 月 24 日第十二届全国人民代表大会常务委员会第二十六次会议修改，2018 年 12 月 29 日第十三届全国人民代表大会常务委员会第七次会议第二次修正）第二十六条。

（2）《中华人民共和国企业所得税法实施条例》（国务院 2007 年 12 月 6 日颁布，国务院令〔2007〕第 512 号，自 2008 年 1 月 1 日起实施，2019 年 4 月 23 日国务院令第 714 号修正）第八十二条。

（3）《国家税务总局关于企业国债投资业务企业所得税处理问题的公告》（国家税务总局公告 2011 年第 36 号）。

1.10 充分利用创业投资优惠政策

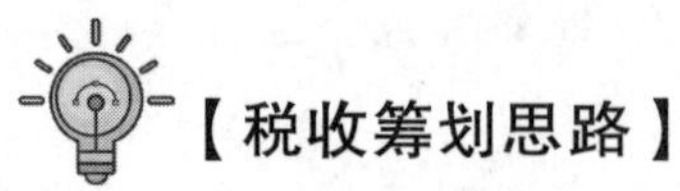

【税收筹划思路】

自2015年10月1日起，全国范围内的有限合伙制创业投资企业采取股权投资方式投资于未上市的中小高新技术企业满2年（24个月）的，该有限合伙制创业投资企业的法人合伙人可按照其对未上市中小高新技术企业投资额的70%抵扣该法人合伙人从该有限合伙制创业投资企业分得的应纳税所得额，当年不足抵扣的，可以在以后纳税年度结转抵扣。有限合伙制创业投资企业的法人合伙人对未上市中小高新技术企业的投资额，按照有限合伙制创业投资企业对中小高新技术企业的投资额和合伙协议约定的法人合伙人占有限合伙制创业投资企业的出资比例计算确定。

公司制创业投资企业采取股权投资方式直接投资于种子期、初创期科技型企业（以下简称初创科技型企业）满2年（24个月，下同）的，可以按照投资额的70%在股权持有满2年的当年抵扣该公司制创业投资企业的应纳税所得额；当年不足抵扣的，可以在以后纳税年度结转抵扣。

有限合伙制创业投资企业（以下简称合伙创投企业）采取股权投资方式直接投资于初创科技型企业满2年的，该合伙创投企业的合伙人分别按以下方式处理：①法人合伙人可以按照对初创科技型企业投资额的70%抵扣法人合伙人从合伙创投企业分得的所得；当年不足抵扣的，可以在以后纳税年度结转抵扣；②个人合伙人可以按照对初创科技型企业投资额的70%抵扣个人合伙人从合伙创投企业分得的经营所得；当年不足抵扣的，可以在以后纳税年度结转抵扣。

天使投资个人采取股权投资方式直接投资于初创科技型企业满2年的，可以按照投资额的70%抵扣转让该初创科技型企业股权取得的应纳税所得额；当期不足抵扣的，可以在以后取得转让该初创科技型企业股权的应纳税所得额时结转抵扣。

天使投资个人投资多个初创科技型企业的，对其中办理注销清算的初创科技型企业，天使投资个人对其投资额的70%尚未抵扣完的，可自注销清算之日起36个月内抵扣天使投资个人转让其他初创科技型企业股权取得的应纳税所得额。

上述所称初创科技型企业，应同时符合以下条件：①在中国境内（不包括港、澳、台地区）注册成立、实行查账征收的居民企业；②接受投资时，从业人数不超过 200 人，其中具有大学本科以上学历的从业人数不低于 30%；资产总额和年销售收入均不超过 3 000 万元；③接受投资时设立时间不超过 5 年（60 个月）；④接受投资时以及接受投资后 2 年内未在境内外证券交易所上市；⑤接受投资当年及下一纳税年度，研发费用总额占成本费用支出的比例不低于 20%。

享受上述规定税收政策的创业投资企业，应同时符合以下条件：①在中国境内（不含港、澳、台地区）注册成立、实行查账征收的居民企业或合伙创投企业，且不属于被投资初创科技型企业的发起人；②符合《创业投资企业管理暂行办法》（发展改革委等 10 部门令第 39 号）规定或者《私募投资基金监督管理暂行办法》（证监会令第 105 号）关于创业投资基金的特别规定，按照上述规定完成备案且规范运作；③投资后 2 年内，创业投资企业及其关联方持有被投资初创科技型企业的股权比例合计应低于 50%。

享受上述规定的税收政策的天使投资个人，应同时符合以下条件：①不属于被投资初创科技型企业的发起人、雇员或其亲属（包括配偶、父母、子女、祖父母、外祖父母、孙子女、外孙子女、兄弟姐妹，下同），且与被投资初创科技型企业不存在劳务派遣等关系；②投资后 2 年内，本人及其亲属持有被投资初创科技型企业股权比例合计应低于 50%。

享受上述规定的税收政策的投资，仅限于通过向被投资初创科技型企业直接支付现金方式取得的股权投资，不包括受让其他股东的存量股权。

上述所称研发费用口径，按照《财政部　国家税务总局　科技部关于完善研究开发费用税前加计扣除政策的通知》（财税〔2015〕119 号）等规定执行。

上述所称从业人数，包括与企业建立劳动关系的职工人员及企业接受的劳务派遣人员。从业人数和资产总额指标，按照企业接受投资前连续 12 个月的平均数计算，不足 12 个月的，按实际月数平均计算。

上述所称销售收入，包括主营业务收入与其他业务收入；年销售收入指标，按照企业接受投资前连续 12 个月的累计数计算，不足 12 个月的，按实际月数累计计算。

上述所称成本费用，包括主营业务成本、其他业务成本、销售费用、管理费用、财务费用。

上述所称投资额，按照创业投资企业或天使投资个人对初创科技型企业的实缴投资额确定。合伙创投企业的合伙人对初创科技型企业的投资额，按照合伙创投企业对初创科技型企业的实缴投资额和合伙协议约定的合伙人占合伙创投企业的出资比例计算确定。合伙人从合伙创投企业分得的所得，按照《财政部 国家税务总局关于合伙企业合伙人所得税问题的通知》（财税〔2008〕159 号）规定计算。

天使投资个人、公司制创业投资企业、合伙创投企业、合伙创投企业法人合伙人、被投资初创科技型企业应按规定办理优惠手续。

初创科技型企业接受天使投资个人投资满 2 年，在上海证券交易所、深圳证券交易所上市的，天使投资个人转让该企业股票时，按照现行限售股有关规定执行，其尚未抵扣的投资额，在税款清算时一并计算抵扣。

享受上述规定的税收政策的纳税人，其主管税务机关对被投资企业是否符合初创科技型企业条件有异议的，可以转请被投资企业主管税务机关提供相关材料。对纳税人提供虚假资料，违规享受税收政策的，应按《税收征收管理法》相关规定处理，并将其列入失信纳税人名单，按规定实施联合惩戒措施。

上述规定的天使投资个人所得税政策自 2018 年 7 月 1 日起执行，其他各项政策自 2018 年 1 月 1 日起执行。执行日期前 2 年内发生的投资，在执行日期后投资满 2 年，且符合上述规定的其他条件的，可以适用上述规定的税收政策。

企业在基本具备上述条件时，可以充分利用上述创业投资税收优惠政策进行税收筹划。

【税收筹划经典案例】

甲公司为创业投资企业，适用 25% 的企业所得税税率，计划在 2023 年 1 月底前对外股权投资 10 亿元，相关部门提出两套方案，方案一是投资一家成熟的大型高新技术企业，方案二是投资一家初创期中型科技型企业，两个方案的投资收益率大体相当，请为甲公司提出税收筹划方案。

建议甲公司选择第二套方案，该套方案可以为甲公司创造可抵扣应纳税所得额 7 亿元（10×70%），未来可以减少应纳税额 1.75 亿元。同时建议甲公司在 2022 年 12 月 31 日前完成相关投资，这样可以在 2024 年度享受该项

优惠，如果在 2023 年 1 月 1 日以后投资，则需推迟至 2025 年度才能开始享受该项优惠。

甲公司投资满 2 年后即可撤出，再选择其他初创期中型科技型企业进行投资，这样，该 10 亿元的投资可以每 2 年为企业创造 7 亿元的抵扣额，相当于每年 3.5 亿元的抵扣额，即每年节税 8 750 万元，相当于 8.75% 的年化收益率。

【法律法规依据】

（1）《中华人民共和国企业所得税法》（2007 年 3 月 16 日第十届全国人民代表大会第五次会议通过，2017 年 2 月 24 日第十二届全国人民代表大会常务委员会第二十六次会议修改，2018 年 12 月 29 日第十三届全国人民代表大会常务委员会第七次会议第二次修正）第三十条。

（2）《中华人民共和国企业所得税法实施条例》（国务院 2007 年 12 月 6 日颁布，国务院令〔2007〕第 512 号，自 2008 年 1 月 1 日起实施，2019 年 4 月 23 日国务院令第 714 号修正）。

（3）《财政部　国家税务总局关于将国家自主创新示范区有关税收试点政策推广到全国范围实施的通知》（财税〔2015〕116 号）。

（4）《财政部　国家税务总局关于创业投资企业和天使投资个人有关税收政策的通知》（财税〔2018〕55 号）。

第2章

企业经营决策税收筹划经典案例

2.1 充分利用小型微利企业税收优惠

【税收筹划思路】

根据现行企业所得税政策，符合条件的小型微利企业，减按20%的税率征收企业所得税。符合条件的小型微利企业，是指从事国家非限制和禁止行业，并符合下列条件的企业：①工业企业，年度应纳税所得额不超过30万元，从业人数不超过100人，资产总额不超过3 000万元；②其他企业，年度应纳税所得额不超过30万元，从业人数不超过80人，资产总额不超过1 000万元。

如果企业规模超过了上述标准，但企业各个机构之间可以相对独立地开展业务，则可以考虑采取分立企业的方式来享受小型微利企业的税收优惠政策。

小型微利企业的税收优惠政策有一个循序渐进的变化过程，近10年的变化如下：

2011年1月1日至2011年12月31日，对年应纳税所得额低于3万元（含3万元）的小型微利企业，其所得减按50%计入应纳税所得额，按20%的税率缴纳企业所得税。

2012年1月1日至2013年12月31日，对年应纳税所得额低于6万元（含6万元）的小型微利企业，其所得减按50%计入应纳税所得额，按20%的税率缴纳企业所得税。

2014年1月1日至2016年12月31日，对年应纳税所得额低于10万元（含

10 万元）的小型微利企业，其所得减按 50% 计入应纳税所得额，按 20% 的税率缴纳企业所得税。

2017 年 1 月 1 日至 2018 年 12 月 31 日，将小型微利企业的年应纳税所得额上限由 30 万元提高至 50 万元，对年应纳税所得额低于 50 万元（含 50 万元）的小型微利企业，其所得减按 50% 计入应纳税所得额，按 20% 的税率缴纳企业所得税。

2019 年 1 月 1 日至 2021 年 12 月 31 日，对小型微利企业年应纳税所得额不超过 100 万元的部分，减按 25% 计入应纳税所得额，按 20% 的税率缴纳企业所得税；对年应纳税所得额超过 100 万元但不超过 300 万元的部分，减按 50% 计入应纳税所得额，按 20% 的税率缴纳企业所得税。

2021 年 1 月 1 日至 2022 年 12 月 31 日，对小型微利企业年应纳税所得额不超过 100 万元的部分，减按 12.5% 计入应纳税所得额，按 20% 的税率缴纳企业所得税。

自 2022 年 1 月 1 日至 2024 年 12 月 31 日，对小型微利企业年应纳税所得额超过 100 万元但不超过 300 万元的部分，减按 25% 计入应纳税所得额，按 20% 的税率缴纳企业所得税。

最新的小型微利企业标准是从事国家非限制和禁止行业，且同时符合年度应纳税所得额不超过 300 万元、从业人数不超过 300 人、资产总额不超过 5 000 万元等三个条件的企业。

从业人数，包括与企业建立劳动关系的职工人数和企业接受的劳务派遣用工人数。从业人数和资产总额指标，应按企业全年的季度平均值确定。具体计算公式如下：

季度平均值＝（季初值＋季末值）÷2

全年季度平均值＝全年各季度平均值之和 ÷4

年度中间开业或者终止经营活动的，以其实际经营期作为一个纳税年度确定上述相关指标。

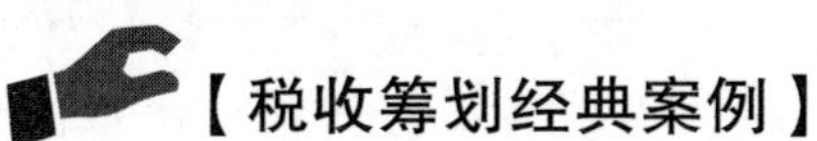

【税收筹划经典案例】

某运输公司共有 10 个运输车队，每个运输车队有员工 10 人，资产总额为 1 000 万元，每个车队年均盈利 100 万元，整个运输公司年盈利 1 000 万元。请对该运输公司提出税收筹划方案。

该运输公司可以将 10 个运输车队分别注册为独立的子公司，这样，每个子公司都符合小型微利企业的标准，可以享受小微企业的优惠税率。如果不进行税收筹划，该运输公司需要缴纳企业所得税 250 万元（1 000×25%）。税收筹划后，该运输公司集团需要缴纳企业所得税 25 万元（100×12.5%×20%×10），减轻税收负担 225 万元（250 － 25）。如果某车队的盈利能力超过了小型微利企业的标准，该运输公司可以考虑设立更多的子公司，从而继续享受小型微利企业的税收优惠政策。

【法律法规依据】

（1）《中华人民共和国企业所得税法》（2007 年 3 月 16 日第十届全国人民代表大会第五次会议通过，2017 年 2 月 24 日第十二届全国人民代表大会常务委员会第二十六次会议修改，2018 年 12 月 29 日第十三届全国人民代表大会常务委员会第七次会议第二次修正）第二十八条。

（2）《中华人民共和国企业所得税法实施条例》（国务院 2007 年 12 月 6 日颁布，国务院令〔2007〕第 512 号，自 2008 年 1 月 1 日起实施，2019 年 4 月 23 日国务院令第 714 号修正）第九十二条。

（3）《财政部　国家税务总局关于执行企业所得税优惠政策若干问题的通知》（财税〔2009〕69 号）。

（4）《财政部　国家税务总局关于继续实施小型微利企业所得税优惠政策的通知》（财税〔2011〕4 号）。

（5）《财政部　国家税务总局关于小型微利企业所得税优惠政策有关问题的通知》（财税〔2011〕117 号）。

（6）《财政部　国家税务总局关于扩大小型微利企业所得税优惠政策范围的通知》（财税〔2017〕43 号）。

（7）《财政部　税务总局关于实施小微企业普惠性税收减免政策的通知》（财税〔2019〕13 号）。

（8）《财政部　国家税务总局关于实施小微企业和个体工商户所得税优惠政策的公告》（财政部　税务总局公告 2021 年第 12 号）。

（9）《财政部　税务总局关于进一步实施小微企业所得税优惠政策的公告》（财政部　税务总局公告 2022 年第 13 号）。

2.2 充分利用研发费用加计扣除税收优惠

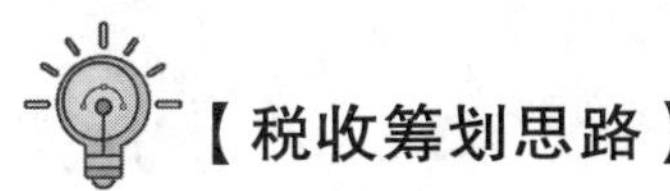

【税收筹划思路】

企业为开发新技术、新产品、新工艺发生的研究开发费用，未形成无形资产计入当期损益的，在按照规定据实扣除的基础上，按照研究开发费用的50% 加计扣除。企业安置残疾人员的，在按照支付给残疾职工工资据实扣除的基础上，按照支付给残疾职工工资的 100% 加计扣除。

研究开发活动（以下简称研发活动），是指企业为获得科学与技术新知识，创造性运用科学技术新知识，或实质性改进技术、产品（服务）、工艺而持续进行的具有明确目标的系统性活动。企业开展研发活动中实际发生的研发费用，未形成无形资产计入当期损益的，在按规定据实扣除的基础上，按照本年度实际发生额的 50%，从本年度应纳税所得额中扣除；形成无形资产的，按照无形资产成本的 150% 在税前摊销。研发费用的具体范围包括：

（1）人员人工费用。直接从事研发活动人员的工资薪金、基本养老保险费、基本医疗保险费、失业保险费、工伤保险费、生育保险费和住房公积金，以及外聘研发人员的劳务费用。

（2）直接投入费用。研发活动直接消耗的材料、燃料和动力费用；用于中间试验和产品试制的模具、工艺装备开发及制造费，不构成固定资产的样品、样机及一般测试手段购置费，试制产品的检验费；用于研发活动的仪器、设备的运行维护、调整、检验、维修等费用，以及通过经营租赁方式租入的用于研发活动的仪器、设备租赁费。

（3）折旧费用。用于研发活动的仪器、设备的折旧费。

（4）无形资产摊销。用于研发活动的软件、专利权、非专利技术（包括许可证、专有技术、设计和计算方法等）的摊销费用。

（5）新产品设计费、新工艺规程制定费、新药研制的临床试验费、勘探开发技术的现场试验费。

（6）其他相关费用。与研发活动直接相关的其他费用，如技术图书资料费、资料翻译费、专家咨询费、高新科技研发保险费，研发成果的检索、分析、评议、论证、鉴定、评审、评估、验收费用，知识产权的申请费、注册费、代理费，差旅费、会议费等。此项费用总额不得超过可加计扣除研发费用总额的10%。

（7）财政部和国家税务总局规定的其他费用。

下列活动不适用税前加计扣除政策：

（1）企业产品（服务）的常规性升级。

（2）对某项科研成果的直接应用，如直接采用公开的新工艺、材料、装置、产品、服务或知识等。

（3）企业在商品化后为顾客提供的技术支持活动。

（4）对现存产品、服务、技术、材料或工艺流程进行的重复或简单改变。

（5）市场调查研究、效率调查或管理研究。

（6）作为工业（服务）流程环节或常规的质量控制、测试分析、维修维护。

（7）社会科学、艺术或人文学方面的研究。

不适用税前加计扣除政策的行业如下：

（1）烟草制造业；

（2）住宿和餐饮业；

（3）批发和零售业；

（4）房地产业；

（5）租赁和商务服务业；

（6）娱乐业；

（7）财政部和国家税务总局规定的其他行业。

上述行业以《国民经济行业分类与代码（GB/4754-2011）》为准，并随之更新。

委托境外进行研发活动所发生的费用，按照费用实际发生额的80%计入委托方的委托境外研发费用。委托境外研发费用不超过境内符合条件的研发费用2/3的部分，可以按规定在企业所得税前加计扣除。上述费用实际发生额应按照独立交易原则确定。委托方与受托方存在关联关系的，受托方应向委托方提供研发项目费用支出明细情况。委托境外进行研发活动应签订技术开发合同，并由委托方到科技行政主管部门进行登记。相关事项按《技术合同认定登记管理办法》及技术合同认定规则执行。

科技型中小企业开展研发活动中实际发生的研发费用，未形成无形资产计入当期损益的，在按规定据实扣除的基础上，在2017年1月1日至2019年12月31日，再按照实际发生额的75%在税前加计扣除；形成无形资产的，

在上述期间按照无形资产成本的 175% 在税前摊销。

企业开展研发活动中实际发生的研发费用，未形成无形资产计入当期损益的，在按规定据实扣除的基础上，在 2018 年 1 月 1 日至 2020 年 12 月 31 日，再按照实际发生额的 75% 在税前加计扣除；形成无形资产的，在上述期间按照无形资产成本的 175% 在税前摊销。

科技型中小企业开展研发活动中实际发生的研发费用，未形成无形资产计入当期损益的，在按规定据实扣除的基础上，自 2022 年 1 月 1 日起，再按照实际发生额的 100% 在税前加计扣除；形成无形资产的，自 2022 年 1 月 1 日起，按照无形资产成本的 200% 在税前摊销。

企业可以充分利用上述加计扣除的税收优惠来降低应纳税所得额。

【税收筹划经典案例】

甲公司为科技型中小企业，适用 15% 的企业所得税税率，2023 年度计划增加支出 1 000 万元用于新产品开发，增加职工工资支出 500 万元，请为甲公司提出税收筹划方案。

如果甲公司能将 1 000 万元支出核算为研究开发费用，将 500 万元工资支出用于残疾职工，则可以加计扣除 1 500 万元（1 000×100% ＋ 500×100%）。如果甲公司 2023 年度不考虑上述加计扣除的应纳税所得额超过 1 500 万元，则上述支出为甲公司节省企业所得税 225 万元（1 500×15%）。

【法律法规依据】

（1）《中华人民共和国企业所得税法》（2007 年 3 月 16 日第十届全国人民代表大会第五次会议通过，2017 年 2 月 24 日第十二届全国人民代表大会常务委员会第二十六次会议修改，2018 年 12 月 29 日第十三届全国人民代表大会常务委员会第七次会议第二次修正）第五十六条。

（2）《中华人民共和国企业所得税法实施条例》（国务院 2007 年 12 月 6 日颁布，国务院令〔2007〕第 512 号，自 2008 年 1 月 1 日起实施，2019 年 4 月 23 日国务院令第 714 号修正）第一百三十条。

（3）《财政部　国家税务总局　科技部关于完善研究开发费用税前加计扣除政策的通知》（财税〔2015〕119 号）。

（4）《财政部　税务总局　科技部关于提高科技型中小企业研究开发费

用税前加计扣除比例的通知》（财税〔2017〕34 号）。

（5）《财政部　税务总局　科技部关于企业委托境外研究开发费用税前加计扣除有关政策问题的通知》（财税〔2018〕64 号）。

（6）《财政部　税务总局　科技部关于提高研究开发费用税前加计扣除比例的通知》（财税〔2018〕99 号）。

（7）《财政部　税务总局　科技部关于进一步提高科技型中小企业研发费用税前加计扣除比例的公告》（财政部　税务总局　科技部公告 2022 年第 16 号）。

2.3 充分利用残疾人工资加计扣除税收优惠

根据现行企业所得税政策，企业的下列支出，可以在计算应纳税所得额时加计扣除：①开发新技术、新产品、新工艺发生的研究开发费用；②安置残疾人员及国家鼓励安置的其他就业人员所支付的工资。

企业安置残疾人员所支付的工资的加计扣除，是指企业安置残疾人员的，在按照支付给残疾职工工资据实扣除的基础上，按照支付给残疾职工工资的 100% 加计扣除。残疾人员的范围适用《残疾人保障法》的有关规定。企业安置国家鼓励安置的其他就业人员所支付的工资的加计扣除办法，由国务院另行规定。

由于企业雇用国家鼓励安置的残疾人员可以享受工资支出加计扣除 100% 的优惠政策，因此，如果企业的部分生产经营活动可以通过残疾人员来完成，则可以通过雇用残疾人员来进行税收筹划。

企业安置残疾人员的，按实际支付给残疾职工工资的 100% 加计扣除。残疾人员的范围适用《残疾人保障法》的有关规定。根据《残疾人保障法》第二条的规定，残疾人是指在心理、生理、人体结构上，某种组织、功能丧失或者不正常，全部或者部分丧失以正常方式从事某种活动能力的人。残疾人包括视力残疾、听力残疾、言语残疾、肢体残疾、智力残疾、精神残疾、多重残疾和其他残疾的人。残疾标准由国务院规定。一般而言，残疾人员包括经认定的视力、听力、言语、肢体、智力和精神残疾人员。从程序的角度来讲，残疾人员必须持有《中华人民共和国残疾人证》或者《中华人民共和国残疾军人证》（1 至 8 级）。

根据《中国实用残疾人评定标准（试用）》（中国残疾人联合会〔1995〕残联组联字第 61 号）的规定，目前我国的残疾人分为 6 类。其标准分别为：

（1）视力残疾标准。视力残疾，是指由各种原因导致双眼视力障碍或视野缩小，通过各种药物、手术及其他疗法而不能恢复视功能（或暂时不能通过上述疗法恢复视功能），以致不能进行一般人所能从事的工作、学习或其他活动。视力残疾包括盲及低视力两类。视力残疾的分级为：一级盲，最佳矫正视力低于 0.02；或视野半径小于 5 度。二级盲，最佳矫正视力等于或优于 0.02，而低于 0.05；或视野半径小于 10 度。一级低视力，最佳矫正视力等于或优于 0.05，而低于 0.1。二级低视力，最佳矫正视力等于或优于 0.1，而低于 0.3。

（2）听力残疾标准。听力残疾，是指由各种原因导致双耳不同程度的听力丧失，听不到或听不清周围环境声及言语声（经治疗一年以上不愈者）。听力残疾包括：听力完全丧失及有残留听力但辨音不清，不能进行听说交往两类。

（3）言语残疾标准。言语残疾指由各种原因导致言语障碍（经治疗一年以上不愈者），而不能进行正常的言语交往活动。言语残疾包括：言语能力完全丧失及言语能力部分丧失，不能进行正常言语交往两类。言语残疾的分级：一级指只能简单发音而言语能力完全丧失者；二级指具有一定的发音能力，语音清晰度在 10% ～ 30%，言语能力等级测试可通过一级，但不能通过二级测试水平；三级指具有发音能力，语音清晰度在 31% ～ 50%，言语能力等级测试可通过二级，但不能通过三级测试水平；四级指具有发音能力，语言清晰度在 51% ～ 70%，言语能力等级测试可通过三级，但不能通过四级测试水平。

（4）智力残疾标准。智力残疾是指人的智力明显低于一般人的水平，并显示适应行为障碍。智力残疾包括：在智力发育期间，由各种原因导致的智力低下；智力发育成熟以后，由各种原因引起的智力损伤和老年期的智力明显衰退导致的痴呆。智力残疾的分级：根据世界卫生组织（WHO）和美国智力低下协会（AAMD）的智力残疾的分级标准，按其智力商数（IQ）及社会适应行为来划分智力残疾的等级。

（5）肢体残疾标准。肢体残疾是指人的肢体残缺、畸形、麻痹所致人体运动功能障碍。肢体残疾包括：脑瘫（四肢瘫、三肢瘫、二肢瘫、单肢瘫），偏瘫，脊髓疾病及损伤（四肢瘫、截瘫），小儿麻痹后遗症，后天性截肢，先天性缺肢、短肢、肢体畸形、侏儒症，两下肢不等长，脊柱畸形（驼背、侧弯、强直），严重骨、关节、肌肉疾病和损伤，周围神经疾病和损伤。肢体残疾的分级：以残疾者在无辅助器具帮助下，对日常生活活动的能力进行评价计分。日常生活活动分为 8 项，即：端坐、站立、行走、穿衣、洗漱、进餐、如厕、写字。能实现一项算 1 分，实现困难算 0.5 分，不能实现的算 0 分，据此划分三个等级。

（6）精神残疾标准。精神残疾是指精神病人患病持续一年以上未痊愈，同时导致其对家庭、社会应尽职能出现一定程度的障碍。精神残疾可由以下精神疾病引起：精神分裂症；情感性、反应性精神障碍；脑器质性与躯体疾病所致的精神障碍；精神活性物质所致的精神障碍；儿童少年期精神障碍；其他精神障碍。精神残疾的分级：对于患有上述精神疾病持续 1 年以上未痊愈者，应用“精神残疾分级的操作性评估标准”评定精神残疾的等级。

根据《国家税务总局　民政部　中国残疾人联合会关于促进残疾人就业税收优惠政策征管办法的通知》（国税发〔2007〕67 号）的规定，申请享受《财政部　国家税务总局关于促进残疾人就业税收优惠政策的通知》（财税〔2007〕92 号）规定的税收优惠政策的符合福利企业条件的用人单位，安置残疾人超过 25%（含 25%），且残疾职工人数不少于 10 人的，在向税务机关申请减免税前，应当先向当地县级以上地方人民政府民政部门提出福利企业的认定申请。盲人按摩机构、工疗机构等集中安置残疾人的用人单位，在向税务机关申请享受《财政部　国家税务总局关于促进残疾人就业税收优惠政策的通知》（财税〔2007〕92 号）第一条、第二条规定的税收优惠政策前，应当先向当地县级残疾人联合会提出认定申请。申请享受《财政部　国家税务总局关于促进残疾人就业税收优惠政策的通知》（财税〔2007〕92 号）规定的税收优惠政策的其他单位，可直接向税务机关提出申请。民政部门、残疾人联合会应当按照《财政部　国家税务总局关于促进残疾人就业税收优惠政策的通知》（财税〔2007〕92 号）第五条规定的条件，对前项所述单位安置残疾人的比例和是否具备安置残疾人的条件进行审核认定，并向申请人出具书面审核认定意见。《中华人民共和国残疾人证》和《中华人民共和国残疾军人证》的真伪，分别由残疾人联合会、民政部门进行审核。各地民政部门、残疾人联合会在认定工作中不得直接或间接向申请认定的单位收取任何费用。如果认定部门向申请认定的单位收取费用，则上述单位可不经认定，直接向主管税务机关提出减免税申请。取得民政部门或残疾人联合会认定的单位（以下简称“纳税人”），可向主管税务机关提出减免税申请，并提交以下材料：①经民政部门或残疾人联合会认定的纳税人，出具上述部门的书面审核认定意见；②纳税人与残疾人签订的劳动合同或服务协议（副本）；③纳税人为残疾人缴纳社会保险费缴费记录；④纳税人向残疾人通过银行等金融机构实际支付工资凭证；⑤主管税务机关要求提供的其他材料。

不需要经民政部门或残疾人联合会认定的单位（以下简称纳税人），可向主管税务机关提出减免税申请，并提交以下材料：①纳税人与残疾人签订的劳动合同或服务协议（副本）；②纳税人为残疾人缴纳社会保险费缴费记录；③纳税人向残疾人通过银行等金融机构实际支付工资凭证；④主管税务机关要求提供的其他材料。

残疾人就业保障金（以下简称保障金）是为保障残疾人权益，由未按规定安排残疾人就业的机关、团体、企业、事业单位和民办非企业单位（以下简称用人单位）缴纳的资金。用人单位安排残疾人就业的比例不得低于本单位在职职工总数的 1.5%。具体比例由各省、自治区、直辖市人民政府根据本地区的实际情况规定。用人单位安排残疾人就业达不到其所在地省、自治区、直辖市人民政府规定比例的，应当缴纳保障金。用人单位将残疾人录用为在编人员或依法与就业年龄段内的残疾人签订 1 年以上（含 1 年）劳动合同（服务协议），且实际支付的工资不低于当地最低工资标准，并足额缴纳社会保险费的，方可计入用人单位所安排的残疾人就业人数。用人单位安排 1 名持有《中华人民共和国残疾人证》（1 至 2 级）或《中华人民共和国残疾军人证》（1 至 3 级）的人员就业的，按照安排 2 名残疾人就业计算。保障金按上年用人单位安排残疾人就业未达到规定比例的差额人数和本单位在职职工年平均工资之积计算缴纳。计算公式如下：

$$\text{保障金年缴纳额}=\left(\text{上年用人单位在职职工人数}\times\text{所在地省、自治区、直辖市人民政府规定的安排残疾人就业比例}-\text{上年用人单位实际安排的残疾人就业人数}\right)\times\text{上年用人单位在职职工年平均工资}$$

用人单位在职职工，是指用人单位在编人员或依法与用人单位签订 1 年以上（含 1 年）劳动合同（服务协议）的人员。季节性用工应当折算为年平均用工人数。以劳务派遣用工的，计入派遣单位在职职工人数。用人单位安排残疾人就业未达到规定比例的差额人数，以公式计算结果为准，可以不是整数。上年用人单位在职职工年平均工资，按用人单位上年在职职工工资总额除以用人单位在职职工人数计算。

自2020年1月1日起至2022年12月31日，在职职工人数在30人以下的企业，暂免征收残疾人就业保障金。

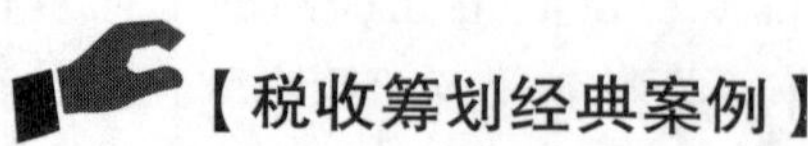

【税收筹划经典案例】

某公司因生产经营需要准备招用100名普通职工。由于该项工作不需要职工具备特殊技能而且是坐在椅子上从事工作，具有一定腿部残疾的人员也可以完成。该公司原计划招收非残疾人员，人均月工资为0.4万元，合同期限为3年。请对该公司的招用计划进行税收筹划。

由于该项工作残疾人员也可以胜任，因此，该公司可以通过招用残疾人来进行税收筹划。根据税法的规定，该公司可以享受按实际支付给残疾职工工资的100%加计扣除的优惠政策。3年内，支付给残疾职工的工资可以为企业节约企业所得税360万元（0.4×100×12×3×25%）。

除此以外，雇佣残疾人还可以为企业节约残保金的支出。假设该公司共有员工5 000人，按1.5%的标准应当雇佣残疾人75人。如果不雇佣上述100名残疾人，假设该公司人均年工资为6万元，该公司每年应当缴纳残保金450万元（75×6）。

【法律法规依据】

（1）《中华人民共和国企业所得税法》（2007年3月16日第十届全国人民代表大会第五次会议通过，2017年2月24日第十二届全国人民代表大会常务委员会第二十六次会议修改，2018年12月29日第十三届全国人民代表大会常务委员会第七次会议第二次修正）第三十条。

（2）《中华人民共和国企业所得税法实施条例》（国务院2007年12月6日颁布，国务院令〔2007〕第512号，自2008年1月1日起实施，2019年4月23日国务院令第714号修正）第九十六条。

（3）《中华人民共和国残疾人保障法》（1990年12月28日第七届全国人民代表大会常务委员会第十七次会议通过，2008年4月24日第十一届全国人民代表大会常务委员会第二次会议修订，根据2018年10月26日第十三届全国人民代表大会常务委员会第六次会议《关于修改〈中华人民共和国野生动物保护法〉等十五部法律的决定》修正）第二条。

（4）《国家税务总局　民政部　中国残疾人联合会关于促进残疾人就业

税收优惠政策征管办法的通知》（国税发〔2007〕67号）。

（5）《财政部　国家税务总局　中国残疾人联合会关于印发〈残疾人就业保障金征收使用管理办法〉的通知》（财税〔2015〕72号）。

（6）《财政部关于调整残疾人就业保障金征收政策的公告》（财政部公告2019年第98号）。

2.4 充分利用固定资产加速折旧税收优惠

【税收筹划思路】

《企业所得税法》第十一条规定："在计算应纳税所得额时，企业按照规定计算的固定资产折旧，准予扣除。"固定资产，是指企业为生产产品、提供劳务、出租或者经营管理而持有的、使用时间超过1年的非货币性资产，包括房屋、建筑物、机器、机械、运输工具以及其他与生产经营活动有关的设备、器具、工具等。固定资产按照直线法计算的折旧，准予扣除。企业应当自固定资产投入使用月份的次月起计算折旧；停止使用的固定资产，应当自停止使用月份的次月起停止计算折旧。企业应当根据固定资产的性质和使用情况，合理确定固定资产的预计净残值。固定资产的预计净残值一经确定，不得变更。

除国务院财政、税务主管部门另有规定外，固定资产计算折旧的最低年限如下：①房屋、建筑物，为20年；②飞机、火车、轮船、机器、机械和其他生产设备，为10年；③与生产经营活动有关的器具、工具、家具等，为5年；④飞机、火车、轮船以外的运输工具，为4年；⑤电子设备，为3年。

可以采取缩短折旧年限或者采取加速折旧方法的固定资产，包括：①由于技术进步，产品更新换代较快的固定资产；②常年处于强震动、高腐蚀状态的固定资产。

企业拥有并使用的固定资产符合上述规定的，可按以下情况分别处理：

（1）企业过去没有使用过与该项固定资产功能相同或类似的固定资产，但有充分的证据证明该固定资产的预计使用年限短于《企业所得税法实施条例》规定的计算折旧最低年限的，企业可根据该固定资产的预计使用年限和相关规定，对该固定资产采取缩短折旧年限或者加速折旧的方法。

（2）企业在原有固定资产未达到《企业所得税法实施条例》规定的最低折旧年限前，使用功能相同或类似的新固定资产替代旧固定资产的，企业可根据原有固定资产的实际使用年限和相关规定，对新替代的固定资产采取缩短折旧年限或者加速折旧的方法。

企业采取缩短折旧年限方法的，对其购置的新固定资产，最低折旧年限不得低于《企业所得税法实施条例》第六十条规定的折旧年限的60%；若为购置已使用过的固定资产，其最低折旧年限不得低于《企业所得税法实施条例》规定的最低折旧年限减去已使用年限后剩余年限的60%。最低折旧年限一经确定，一般不得变更。

企业拥有并使用符合上述规定条件的固定资产采取加速折旧方法的，可以采用双倍余额递减法或者年数总和法。加速折旧方法一经确定，一般不得变更。

双倍余额递减法，是指在不考虑固定资产预计净残值的情况下，根据每期期初固定资产原值减去累计折旧后的金额和双倍的直线法折旧率计算固定资产折旧的一种方法。应用这种方法计算折旧额时，由于每年年初固定资产净值没有减去预计净残值，所以在计算固定资产折旧额时，应在其折旧年限到期前的两年期间，将固定资产净值减去预计净残值后的余额平均摊销。计算公式如下：

年折旧率＝2÷预计使用寿命（年）×100%

月折旧率＝年折旧率÷12

月折旧额＝月初固定资产账面净值×月折旧率

年数总和法，又称年限合计法，是指将固定资产的原值减去预计净残值后的余额，乘以一个以固定资产尚可使用寿命为分子、以预计使用寿命逐年数字之和为分母的逐年递减的分数计算每年的折旧额。计算公式如下：

年折旧率＝尚可使用年限÷预计使用寿命的年数总和×100%

月折旧率＝年折旧率÷12

月折旧额＝（固定资产原值－预计净残值）×月折旧率

无论采用哪种折旧提取方法，对于某一特定固定资产而言，企业所提取的折旧总额是相同的，同一固定资产所抵扣的应税所得额并由此所抵扣的所得税额也是相同的，所不同的只是企业在固定资产使用年限内每年所抵扣的应税所得额是不同的，由此导致每年所抵扣的所得税额也是不同的。在具备采取固定资产加速折旧条件的情况下，企业应当尽量选择固定资产

的加速折旧，具体方法的选择可以根据企业实际情况在法律允许的三种方法中任选一种。

自 2014 年 1 月 1 日起，对生物药品制造业，专用设备制造业，铁路、船舶、航空航天和其他运输设备制造业，计算机、通信和其他电子设备制造业，仪器仪表制造业，信息传输、软件和信息技术服务业等 6 个行业的企业 2014 年 1 月 1 日后新购进的固定资产，可缩短折旧年限或采取加速折旧的方法。对上述 6 个行业的小型微利企业 2014 年 1 月 1 日后新购进的研发和生产经营共用的仪器、设备，单位价值不超过 100 万元的，允许一次性计入当期成本费用在计算应纳税所得额时扣除，不再分年度计算折旧；单位价值超过 100 万元的，可缩短折旧年限或采取加速折旧的方法。

对所有行业企业 2014 年 1 月 1 日后新购进的专门用于研发的仪器、设备，单位价值不超过 100 万元的，允许一次性计入当期成本费用在计算应纳税所得额时扣除，不再分年度计算折旧；单位价值超过 100 万元的，可缩短折旧年限或采取加速折旧的方法。

自 2014 年 1 月 1 日起，对所有行业企业持有的单位价值不超过 5 000 元的固定资产，允许一次性计入当期成本费用在计算应纳税所得额时扣除，不再分年度计算折旧。

自 2015 年 1 月 1 日起，对轻工、纺织、机械、汽车等 4 个领域重点行业的企业 2015 年 1 月 1 日后新购进的固定资产，可由企业选择缩短折旧年限或采取加速折旧的方法。对上述行业的小型微利企业 2015 年 1 月 1 日后新购进的研发和生产经营共用的仪器、设备，单位价值不超过 100 万元的，允许一次性计入当期成本费用在计算应纳税所得额时扣除，不再分年度计算折旧；单位价值超过 100 万元的，可由企业选择缩短折旧年限或采取加速折旧的方法。企业按上述规定缩短折旧年限的，最低折旧年限不得低于《企业所得税法实施条例》第六十条规定折旧年限的 60%；采取加速折旧方法的，可采取双倍余额递减法或者年数总和法。按照《企业所得税法》及其实施条例有关规定，企业根据自身生产经营需要，也可选择不实行加速折旧政策。

企业在 2018 年 1 月 1 日至 2023 年 12 月 31 日新购进的设备、器具，单位价值不超过 500 万元的，允许一次性计入当期成本费用在计算应纳税所得额时扣除，不再分年度计算折旧；单位价值超过 500 万元的，仍按《企业所得税法实施条例》《财政部　国家税务总局关于完善固定资产加速折旧企业所得税政策的通知》（财税〔2014〕75 号）、《财政部　国家税务总局关于进一步完善固定资产加速折旧企业所得税政策的通知》（财税〔2015〕106号）等相关规定执行。上述所称设备、器具，是指除房屋、建筑物以外的固定资产。

自2019年1月1日起，适用《财政部 国家税务总局关于完善固定资产加速折旧企业所得税政策的通知》（财税〔2014〕75号）和《财政部 国家税务总局关于进一步完善固定资产加速折旧企业所得税政策的通知》（财税〔2015〕106号）规定固定资产加速折旧优惠的行业范围，扩大至全部制造业领域。制造业按照国家统计局《国民经济行业分类和代码（GB/T 4754-2017）》确定。今后国家有关部门更新国民经济行业分类和代码，从其规定。

上述与固定资产相关的税收优惠政策，大多数企业均可以享受，企业应充分利用上述优惠政策进行税收筹划。

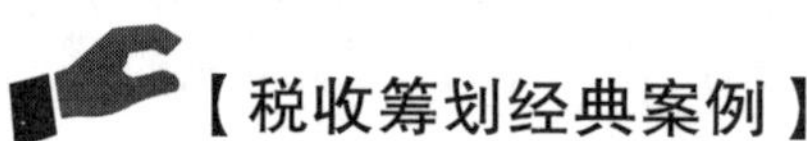

【税收筹划经典案例】

甲公司新购进一台机器设备，原值为40万元，预计残值率为3%，经税务机关核定，该设备的折旧年限为5年。请比较各种不同折旧方法的异同，并提出税收筹划方案。

（1）直线法：

年折旧率＝（1－3%）÷5＝19.4%

月折旧率＝19.4%÷12＝1.617%

预计净残值＝400 000×3%＝12 000（元）

每年折旧额＝（400 000－12 000）÷5＝77 600（元）

或 ＝400 000×19.4%＝77 600（元）

（2）缩短折旧年限：

该设备最短的折旧年限为正常折旧年限的60%，即3年。

年折旧率＝（1－3%）÷3＝32.33%

月折旧率＝32.33%÷12＝2.69%

预计净残值＝400 000×3%＝12 000（元）

每年折旧额＝（400 000－12 000）÷3＝129 333（元）

或 ＝400 000×（1－3%）÷3＝129 333（元）

（3）双倍余额递减法：

年折旧率＝（2÷5）×100%＝40%

采用双倍余额递减法，每年提取折旧额如表 2-1 所示。

表 2-1 双倍余额递减法下每年提取折旧额

年份	折旧率	年折旧额	账面净值
第一年	40%	160 000 元（400 000×40%）	240 000 元
第二年	40%	96 000 元（240 000×40%）	144 000 元
第三年	40%	57 600 元（144 000×40%）	86 400 元
第四年	50%	37 200 元（74 400×50%）	49 200 元
第五年	50%	37 200 元（74 400×50%）	12 000 元

注：86 400 − 400 000×3% = 74 400（元）。

（4）年数总和法：

年折旧率＝尚可使用年数 ÷ 预计使用年限的年数总和

采用年数总和法，每年提取折旧额如表 2-2 所示。

表 2-2 年数总和法下每年提取折旧额

年份	折旧率	年折旧额	账面净值
第一年	5/15	129 333 元（388 000×5÷15）	270 667 元
第二年	4/15	103 467 元（388 000×4÷15）	167 200 元
第三年	3/15	77 600 元（388 000×3÷15）	89 600 元
第四年	2/15	51 733 元（388 000×2÷15）	37 867 元
第五年	1/15	25 867 元（388 000×1÷15）	12 000 元

注：400 000×（1 − 3%）= 388 000（元）。

假设在提取折旧之前，企业每年的税前利润均为 1 077 600 元。企业所得税税率为 25%。那么，采用不同方法计算出的折旧额和所得税额如表 2-3 所示。

表 2-3　不同折旧方法的比较

单位：元

年份	直线法			缩短折旧年限			双倍余额递减法			年数总和法		
	折旧额	税前利润	所得税额	折旧额	税前利润	所得税额	折旧额	税前利润	所得税额	折旧额	税前利润	所得税额
第一年	77 600	1 000 000	250 000	129 333	948 267	237 066.75	160 000	917 600	229 400	129 333	948 267	237 066.75
第二年	77 600	1 000 000	250 000	129 333	948 267	237 066.75	96 000	981 600	245 400	103 467	974 133	243 533.25
第三年	77 600	1 000 000	250 000	129 333	948 267	237 066.75	57 600	1 020 000	255 000	77 600	1 000 000	250 000
第四年	77 600	1 000 000	250 000	0	1 077 600	269 400	37 200	1 040 400	260 100	51 733	1 025 867	256 466.75
第五年	77 600	1 000 000	250 000	0	1 077 600	269 400	37 200	1 040 400	260 100	25 867	1 051 733	262 933.25
合计	388 000	5 000 000	1 250 000	388 000	5 000 000	1 250 000	388 000	5 000 000	1 250 000	388 000	5 000 000	1 250 000

由以上计算结果可以看出，无论采用哪种折旧提取方法，对于某一特定固定资产而言，企业所提取的折旧总额是相同的，同一固定资产所抵扣的应税所得额并由此所抵扣的所得税额也是相同的，所不同的只是企业在固定资产使用年限内每年所抵扣的应税所得额是不同的，由此导致每年所抵扣的所得税额也是不同的。具体到本案例，在第一年年末，采用直线法、缩短折旧年限、双倍余额递减法和年数总和法提取折旧，所应当缴纳的所得税额分别为250 000元、237 066.75元、229 400元和237 066.75元。由此可见，采用双倍余额递减法提取折旧所获得的税收利益最大，其次是年数总和法和缩短折旧年限，最次的是直线法。

上述顺序是在一般情况下企业的最佳选择，但在某些特殊情况下，企业的选择也会不同。比如，如果本案例中的企业前两年免税，以后年度按25%的税率缴纳企业所得税。那么，采用直线法、缩短折旧年限、双倍余额递减法和年数总和法提取折旧，5年总共所应当缴纳的所得税额分别为750 000元、775 867元、775 200元和769 400元，由此可见，最优的方法应当为直线法，其次为年数总和法，再次为双倍余额递减法，最次为缩短折旧年限。当然，这是从企业5年总共所应当缴纳的企业所得税的角度，也就是从企业所有者的角度而言的最优结果。从企业每年所缴纳的企业所得税角度，也就是从企业经营者的角度而言，则不一定是这样。因为就第四年而言，四种方法所应当缴纳的企业所得税额分别为250 000元、269 400元、260 100元和256 466.75元，可见，三种加速折旧的方法使得企业每年所缴纳的企业所得税都超过了采用非加速折旧方法所应缴纳的税收，但加速折旧也为企业经营者提供了一项秘密资金，即已经提足折旧的固定资产仍然在为企业服务，却没有另外挤占企业的资金。这些固定资产的存在为企业将来的经营亏损提供了弥补的途径，因此，为了有一个较为宽松的财务环境，即使在减免税期间，许多企业的经营者也愿意采用加速折旧的方法。

【法律法规依据】

（1）《中华人民共和国企业所得税法》（2007年3月16日第十届全国人民代表大会第五次会议通过，2017年2月24日第十二届全国人民代表大会常务委员会第二十六次会议修改，2018年12月29日第十三届全国人民代表大会常务委员会第七次会议第二次修正）第十一条。

（2）《中华人民共和国企业所得税法实施条例》（国务院2007年12月

6日颁布，国务院令〔2007〕第512号，自2008年1月1日起实施，2019年4月23日国务院令第714号修正）第五十七条、第五十九条、第九十八条。

（3）《国家税务总局关于企业固定资产加速折旧所得税处理有关问题的通知》（国家税务总局2009年4月16日发布，国税发〔2009〕81号）。

（4）《财政部　国家税务总局关于完善固定资产加速折旧企业所得税政策的通知》（财税〔2014〕75号）。

（5）《财政部　国家税务总局关于进一步完善固定资产加速折旧企业所得税政策的通知》（财税〔2015〕106号）。

（6）《财政部　国家税务总局关于设备 器具扣除有关企业所得税政策的通知》（财税〔2018〕54号）。

（7）《财政部　税务总局关于扩大固定资产加速折旧优惠政策适用范围的公告》（财政部、税务总局公告2019年第66号）。

（8）《财政部　税务总局关于延长部分税收优惠政策执行期限的公告》（财政部　税务总局公告2021年第6号）。

2.5 充分利用亏损结转税收政策

【税收筹划思路】

根据《企业所得税法》第十八条的规定，企业纳税年度发生的亏损，准予向以后年度结转，用以后年度的所得弥补，但结转年限最长不得超过5年。弥补亏损期限，是指纳税人某一纳税年度发生亏损，准予用以后年度的应纳税所得弥补，一年弥补不足的，可以逐年连续弥补，弥补期最长不得超过5年，5年内不论是盈利还是亏损，都作为实际弥补年限计算。这一规定为纳税人进行税收筹划提供了空间，纳税人可以通过对本企业投资和收益的控制来充分利用亏损结转的规定，将能够弥补的亏损尽量弥补。

这里有两种方法可以采用：一是如果某年度发生了亏损，企业应当尽量使得邻近的纳税年度获得较多的收益，也就是尽可能早地将亏损予以弥补；二是如果企业已经没有需要弥补的亏损或者企业刚刚组建，而亏损在最近几年又是不可避免的，那么，应该尽量先安排企业亏损，然后再安排企业盈利。

自2018年1月1日起，当年具备高新技术企业或科技型中小企业资格（以下统称资格）的企业，其具备资格年度之前 5 个年度发生的尚未弥补完的亏损，准予结转以后年度弥补，最长结转年限由 5 年延长至 10 年。上述所称高新技术企业，是指按照《科技部　财政部 国家税务总局关于修订印发〈高新技术企业认定管理办法〉的通知》（国科发火〔2016〕32 号）规定认定的高新技术企业；上述所称科技型中小企业，是指按照《科技部　财政部　国家税务总局关于印发〈科技型中小企业评价办法〉的通知》（国科发政〔2017〕115 号）规定取得科技型中小企业登记编号的企业。

当年具备高新技术企业或科技型中小企业资格（以下统称资格）的企业，其具备资格年度之前 5 个年度发生的尚未弥补完的亏损，是指当年具备资格的企业，其前 5 个年度无论是否具备资格，所发生的尚未弥补完的亏损。2018 年具备资格的企业，无论 2013 年至 2017 年是否具备资格，其 2013 年至 2017 年发生的尚未弥补完的亏损，均准予结转以后年度弥补，最长结转年限为 10 年。2018 年以后年度具备资格的企业，依此类推，进行亏损结转弥补税务处理。

高新技术企业按照其取得的高新技术企业证书注明的有效期所属年度，确定其具备资格的年度。科技型中小企业按照其取得的科技型中小企业入库登记编号注明的年度，确定其具备资格的年度。

企业发生符合特殊性税务处理规定的合并或分立重组事项的，其尚未弥补完的亏损，按照《财政部 国家税务总局关于企业重组业务企业所得税处理若干问题的通知》（财税〔2009〕59 号）和本公告有关规定进行税务处理：①合并企业承继被合并企业尚未弥补完的亏损的结转年限，按照被合并企业的亏损结转年限确定；②分立企业承继被分立企业尚未弥补完的亏损的结转年限，按照被分立企业的亏损结转年限确定；③合并企业或分立企业具备资格的，其承继被合并企业或被分立企业尚未弥补完的亏损的结转年限，按照上述规定处理。

符合规定延长亏损结转弥补年限条件的企业，在企业所得税预缴和汇算清缴时，自行计算亏损结转弥补年限，并填写相关纳税申报表。

【税收筹划经典案例】

某企业 2018 年度发生年度亏损 100 万元，假设该企业 2018—2024 年各纳税年度应纳税所得额如表 2-4 所示。

表 2-4 2018—2024 年各纳税年度应纳税所得额

单位：万元

年份	2018	2019	2020	2021	2022	2023	2024
应纳税所得额	－100	10	10	20	30	10	600

请计算该企业 2024 年应当缴纳的企业所得税，并提出税收筹划方案。

根据税法关于亏损结转的规定，该企业 2018 年的 100 万元亏损，可分别用 2019—2023 年的所得来弥补。由于 2019—2023 年的总计应纳税所得额为 80 万元，低于 2018 年度的亏损额，这样，从 2018 年到 2023 年，该企业都不需要缴纳企业所得税。那么，2024 年度的应纳税所得额只能弥补 5 年以内的亏损，也就是说，不能弥补 2018 年度的亏损。由于 2019 年以来该企业一直没有亏损，因此，2024 年度应当缴纳企业所得税 150 万元（600×25%）。

从该企业各年度的应纳税所得额来看，该企业的生产经营一直是朝好的方向发展，2023 年度之所以应纳税所得额比较少，可能主要因为增加了投资，或者增加了各项费用的支出，或者进行了公益捐赠等。由于 2018 年度仍有未弥补完的亏损，因此，如果该企业能够在 2023 年度进行税收筹划，压缩成本和支出，尽量增加企业的收入，将 2023 年度应纳税所得额提高到 30 万元，同时，2023 年度压缩的成本和支出可以在 2024 年度予以开支，这样，2023 年度的应纳税所得额为 30 万元，2024 年度的应纳税所得额为 580 万元。

根据税法亏损弥补的相关规定，该企业在 2023 年度的应纳税所得额可以用来弥补 2018 年度的亏损，而 2024 年度的应纳税所得额则要全部计算缴纳企业所得税。这样，该企业在 2024 年度应当缴纳企业所得税 145 万元（580×25%），可节税 5 万元（150 － 145）。

【法律法规依据】

（1）《中华人民共和国企业所得税法》（2007 年 3 月 16 日第十届全国人民代表大会第五次会议通过，2017 年 2 月 24 日第十二届全国人民代表大会常务委员会第二十六次会议修改，2018 年 12 月 29 日第十三届全国人民代表大会常务委员会第七次会议第二次修正）第十八条。

（2）《中华人民共和国企业所得税法实施条例》（国务院 2007 年 12 月 6 日颁布，国务院令〔2007〕第 512 号，自 2008 年 1 月 1 日起实施，2019 年 4 月 23 日国务院令第 714 号修正）。

（3）《财政部　税务总局关于延长高新技术企业和科技型中小企业亏损结转年限的通知》（财税〔2018〕76 号）。

（4）《国家税务总局关于延长高新技术企业和科技型中小企业亏损结转弥补年限有关企业所得税处理问题的公告》（国家税务总局公告 2018 年第 45 号）。

2.6 充分利用公益捐赠扣除税收政策

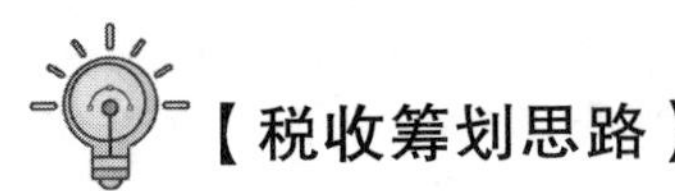

【税收筹划思路】

《企业所得税法》第九条规定："企业发生的公益性捐赠支出，在年度利润总额 12% 以内的部分，准予在计算应纳税所得额时扣除；超过年度利润总额 12% 的部分，准予结转以后三年内在计算应纳税所得额时扣除。"

公益性捐赠，是指企业通过公益性社会组织或者县级以上人民政府及其部门，用于符合法律规定的慈善活动、公益事业的捐赠。

公益性社会组织，是指同时符合下列条件的慈善组织以及其他社会组织：

（1）依法登记，具有法人资格；

（2）以发展公益事业为宗旨，且不以营利为目的；

（3）全部资产及其增值为该法人所有；

（4）收益和营运结余主要用于符合该法人设立目的的事业；

（5）终止后的剩余财产不归属任何个人或者营利组织；

（6）不经营与其设立目的无关的业务；

（7）有健全的财务会计制度；

（8）捐赠者不以任何形式参与该法人财产的分配；

（9）国务院财政、税务主管部门会同国务院民政部门等登记管理部门规定的其他条件。

企业当年发生以及以前年度结转的公益性捐赠支出，不超过年度利润总额 12% 的部分，准予扣除。年度利润总额，是指企业依照国家统一会计制度的规定计算的年度会计利润。

在实务操作中，经民政部门批准成立的非营利的公益性社会团体和基金会，凡符合有关规定条件，并经财政、税务部门确认后，纳税人通过其用于公益救济性的捐赠，可按现行税收法律法规及相关政策规定，准予在计算缴纳企业所得税时在所得税税前扣除。经国务院民政部门批准成立的非营利的公益性社会团体和基金会，其捐赠税前扣除资格由财政部和国家税务总局进行确认；经省级人民政府民政部门批准成立的非营利的公益性社会团体和基金会，其捐赠税前扣除资格由省级财税部门进行确认，并报财政部和国家税务总局备案。接受公益救济性捐赠的国家机关是指县及县以上人民政府及其组成部门。

申请捐赠税前扣除资格的非营利的公益性社会团体和基金会，须报送以下材料：①要求捐赠税前扣除的申请报告；②国务院民政部门或省级人民政府民政部门出具的批准登记（注册）文件；③组织章程和近年来资金来源、使用情况。

具有捐赠税前扣除资格的非营利的公益性社会团体、基金会和县及县以上人民政府及其组成部门，必须将所接受的公益救济性捐赠用于税收法律法规规定的范围，即教育、民政等公益事业和遭受自然灾害地区、贫困地区。具有捐赠税前扣除资格的非营利的公益性社会团体、基金会和县及县以上人民政府及其组成部门在接受捐赠或办理转赠时，应按照财务隶属关系分别使用由中央或省级财政部门统一印（监）制的公益救济性捐赠票据，并加盖接受捐赠或转赠单位的财务专用印章；对个人索取捐赠票据，应予以开具。

纳税人在进行公益救济性捐赠税前扣除申报时，须附送以下资料：①接受捐赠或办理转赠的非营利的公益性社会团体、基金会的捐赠税前扣除资格证明材料；②由具有捐赠税前扣除资格的非营利的公益性社会团体、基金会和县及县以上人民政府及其组成部门出具的公益救济性捐赠票据；③主管税务机关要求提供的其他资料。

企业和个人通过依照《社会团体登记管理条例》的规定无须进行社团登记的人民团体及经国务院批准免予登记的社会团体（以下统称群众团体）的公益性捐赠所得税税前扣除应当遵守以下规定：

纳税人进行捐赠时应当注意符合税法规定的要件，即应当通过特定的机构进行捐赠，而不能自行捐赠，应当用于公益性目的，而不能用于其他目的。通过符合税法要求的捐赠可以最大限度地降低企业的税收负担。如果企业在当年的捐赠达到了限额，则可以考虑在下一个纳税年度再进行捐赠，或者将一个捐赠分成两次或者多次进行。

自 2017 年 1 月 1 日起，企业通过公益性社会组织或者县级（含县级）以上人民政府及其组成部门和直属机构，用于慈善活动、公益事业的捐赠支出，在年度利润总额 12% 以内的部分，准予在计算应纳税所得额时扣除；超过年度利润总额 12% 的部分，准予结转以后三年内在计算应纳税所得额时扣除。

公益性社会组织，应当依法取得公益性捐赠税前扣除资格。企业当年发生及以前年度结转的公益性捐赠支出，准予在当年税前扣除的部分，不能超过企业当年年度利润总额的 12%。企业发生的公益性捐赠支出未在当年税前扣除的部分，准予向以后年度结转扣除，但结转年限自捐赠发生年度的次年起计算最长不得超过三年。企业在对公益性捐赠支出计算扣除时，应先扣除以前年度结转的捐赠支出，再扣除当年发生的捐赠支出。

2019 年 1 月 1 日至 2025 年 12 月 31 日，企业通过公益性社会组织或者县级（含县级）以上人民政府及其组成部门和直属机构，用于目标脱贫地区的扶贫捐赠支出，准予在计算企业所得税应纳税所得额时据实扣除。在政策执行期限内，目标脱贫地区实现脱贫的，可继续适用上述政策。“目标脱贫地区”包括 832 个国家扶贫开发工作重点县、集中连片特困地区县（新疆阿克苏地区 6 县 1 市享受片区政策）和建档立卡贫困村。企业同时发生扶贫捐赠支出和其他公益性捐赠支出，在计算公益性捐赠支出年度扣除限额时，符合上述条件的扶贫捐赠支出不计算在内。企业在 2015 年 1 月 1 日至 2018 年 12 月 31 日已发生的符合上述条件的扶贫捐赠支出，尚未在计算企业所得税应纳税所得额时扣除的部分，可执行上述企业所得税政策。

自 2020 年 1 月 1 日起，企业或个人通过公益性社会组织、县级以上人民政府及其部门等国家机关，用于符合法律规定的公益慈善事业捐赠支出，准予按税法规定在计算应纳税所得额时扣除。

公益慈善事业，应当符合《中华人民共和国公益事业捐赠法》第三条对公益事业范围的规定或者《中华人民共和国慈善法》第三条对慈善活动范围的规定。

公益性社会组织，包括依法设立或登记并按规定条件和程序取得公益性捐赠税前扣除资格的慈善组织、其他社会组织和群众团体。公益性群众团体的公益性捐赠税前扣除资格确认及管理按照现行规定执行。依法登记的慈善组织和其他社会组织的公益性捐赠税前扣除资格确认及管理按本规定执行。

在民政部门依法登记的慈善组织和其他社会组织（以下统称社会组织），取得公益性捐赠税前扣除资格应当同时符合以下规定：

（1）符合《企业所得税法实施条例》第五十二条第一项到第八项规定的条件。

（2）每年应当在 3 月 31 日前按要求向登记管理机关报送经审计的上年度专项信息报告。报告应当包括财务收支和资产负债总体情况、开展募捐和接受捐赠情况、公益慈善事业支出及管理费用情况（包括本部分第三项、第四项规定的比例情况）等内容。首次确认公益性捐赠税前扣除资格的，应当报送经审计的前两个年度的专项信息报告。

（3）具有公开募捐资格的社会组织，前两年度每年用于公益慈善事业的支出占上年总收入的比例均不得低于70%。计算该支出比例时，可以用前三年收入平均数代替上年总收入。不具有公开募捐资格的社会组织，前两年度每年用于公益慈善事业的支出占上年末净资产的比例均不得低于8%。计算该比例时，可以用前三年年末净资产平均数代替上年末净资产。

（4）具有公开募捐资格的社会组织，前两年度每年支出的管理费用占当年总支出的比例均不得高于10%。不具有公开募捐资格的社会组织，前两年每年支出的管理费用占当年总支出的比例均不得高于12%。

（5）具有非营利组织免税资格，且免税资格在有效期内。

（6）前两年度未受到登记管理机关行政处罚（警告除外）。

（7）前两年度未被登记管理机关列入严重违法失信名单。

（8）社会组织评估等级为3A以上（含3A）且该评估结果在确认公益性捐赠税前扣除资格时仍在有效期内。

公益慈善事业支出、管理费用和总收入的标准和范围，按照《民政部　财政部　国家税务总局关于印发〈关于慈善组织开展慈善活动年度支出和管理费用的规定〉的通知》（民发〔2016〕189号）关于慈善活动支出、管理费用和上年总收入的有关规定执行。

按照《中华人民共和国慈善法》新设立或新认定的慈善组织，在其取得非营利组织免税资格的当年，只需要符合上述第一项、第六项、第七项条件即可。

公益性捐赠税前扣除资格的确认按以下规定执行：

（1）在民政部登记注册的社会组织，由民政部结合社会组织公益活动情况和日常监督管理、评估等情况，对社会组织的公益性捐赠税前扣除资格进行核实，提出初步意见。根据民政部初步意见，财政部、税务总局和民政部对照本公告相关规定，联合确定具有公益性捐赠税前扣除资格的社会组织名单，并发布公告。

（2）在省级和省级以下民政部门登记注册的社会组织，由省、自治区、直辖市和计划单列市财政、税务、民政部门参照条第一项规定执行。

（3）公益性捐赠税前扣除资格的确认对象包括：公益性捐赠税前扣除资格将于当年末到期的公益性社会组织；已被取消公益性捐赠税前扣除资格但又重新符合条件的社会组织；登记设立后尚未取得公益性捐赠税前扣除资格的社会组织。

（4）每年年底前，省级以上财政、税务、民政部门按权限完成公益性捐

赠税前扣除资格的确认和名单发布工作，并按第三项规定的不同审核对象，分别列示名单及其公益性捐赠税前扣除资格起始时间。

公益性捐赠税前扣除资格在全国范围内有效，有效期为三年。上述第三项规定的第一种情形，其公益性捐赠税前扣除资格自发布名单公告的次年 1 月 1 日起算。第三项规定的第二种和第三种情形，其公益性捐赠税前扣除资格自发布公告的当年 1 月 1 日起算。

公益性社会组织存在以下情形之一的，应当取消其公益性捐赠税前扣除资格：

（1）未按规定时间和要求向登记管理机关报送专项信息报告的；

（2）最近一个年度用于公益慈善事业的支出不符合规定的；

（3）最近一个年度支出的管理费用不符合规定的；

（4）非营利组织免税资格到期后超过六个月未重新获取免税资格的；

（5）受到登记管理机关行政处罚（警告除外）的；

（6）被登记管理机关列入严重违法失信名单的；

（7）社会组织评估等级低于 3A 或者无评估等级的。

公益性社会组织存在以下情形之一的，应当取消其公益性捐赠税前扣除资格，且取消资格的当年及之后三个年度内不得重新确认资格：

（1）违反规定接受捐赠的，包括附加对捐赠人构成利益回报的条件、以捐赠为名从事营利性活动、利用慈善捐赠宣传烟草制品或法律禁止宣传的产品和事项、接受不符合公益目的或违背社会公德的捐赠等情形；

（2）开展违反组织章程的活动，或者接受的捐赠款项用于组织章程规定用途之外的；

（3）在确定捐赠财产的用途和受益人时，指定特定受益人，且该受益人与捐赠人或公益性社会组织管理人员存在明显利益关系的。

公益性社会组织存在以下情形之一的，应当取消其公益性捐赠税前扣除资格且不得重新确认资格：

（1）从事非法政治活动的；

（2）从事、资助危害国家安全或者社会公共利益活动的。

对应当取消公益性捐赠税前扣除资格的公益性社会组织，由省级以上财政、税务、民政部门核实相关信息后，按权限及时向社会发布取消资格名单公告。自发布公告的次月起，相关公益性社会组织不再具有公益性捐赠税前扣除资格。

公益性社会组织、县级以上人民政府及其部门等国家机关在接受捐赠时，应当按照行政管理级次分别使用由财政部或省、自治区、直辖市财政部门监

（印）制的公益事业捐赠票据，并加盖本单位的印章。企业或个人将符合条件的公益性捐赠支出进行税前扣除，应当留存相关票据备查。

公益性社会组织登记成立时的注册资金捐赠人，在该公益性社会组织首次取得公益性捐赠税前扣除资格的当年进行所得税汇算清缴时，可按规定对其注册资金捐赠额进行税前扣除。

除另有规定外，公益性社会组织、县级以上人民政府及其部门等国家机关在接受企业或个人捐赠时，按以下原则确认捐赠额：

（1）接受的货币性资产捐赠，以实际收到的金额确认捐赠额。

（2）接受的非货币性资产捐赠，以其公允价值确认捐赠额。捐赠方在向公益性社会组织、县级以上人民政府及其部门等国家机关捐赠时，应当提供注明捐赠非货币性资产公允价值的证明；不能提供证明的，接受捐赠方不得向其开具捐赠票据。

为方便纳税主体查询，省级以上财政、税务、民政部门应当及时在官方网站上发布具备公益性捐赠税前扣除资格的公益性社会组织名单公告。企业或个人可通过上述渠道查询社会组织公益性捐赠税前扣除资格及有效期。

自2021年1月1日起，企业或个人通过公益性群众团体用于符合法律规定的公益慈善事业捐赠支出，准予按税法规定在计算应纳税所得额时扣除。公益慈善事业，应当符合《中华人民共和国公益事业捐赠法》第三条对公益事业范围的规定或者《中华人民共和国慈善法》第三条对慈善活动范围的规定。公益性群众团体，包括依照《社会团体登记管理条例》规定不需进行社团登记的人民团体以及经国务院批准免予登记的社会团体（以下统称群众团体），且按规定条件和程序已经取得公益性捐赠税前扣除资格。

群众团体取得公益性捐赠税前扣除资格应当同时符合以下条件：

（1）符合企业所得税法实施条例第五十二条第一项至第八项规定的条件；

（2）县级以上各级机构编制部门直接管理其机构编制；

（3）对接受捐赠的收入以及用捐赠收入进行的支出单独进行核算，且申报前连续3年接受捐赠的总收入中用于公益慈善事业的支出比例不低于70%。

公益性捐赠税前扣除资格的确认按以下规定执行：

（1）由中央机构编制部门直接管理其机构编制的群众团体，向财政部、税务总局报送材料；

（2）由县级以上地方各级机构编制部门直接管理其机构编制的群众团体，向省、自治区、直辖市和计划单列市财政、税务部门报送材料；

（3）对符合条件的公益性群众团体，按照上述管理权限，由财政部、

税务总局和省、自治区、直辖市、计划单列市财政、税务部门分别联合公布名单。企业和个人在名单所属年度内向名单内的群众团体进行的公益性捐赠支出，可以按规定进行税前扣除；

（4）公益性捐赠税前扣除资格的确认对象包括：公益性捐赠税前扣除资格将于当年末到期的公益性群众团体；已被取消公益性捐赠税前扣除资格但又重新符合条件的群众团体；尚未取得或资格终止后未取得公益性捐赠税前扣除资格的群众团体。

（5）每年年底前，省级以上财政、税务部门按权限完成公益性捐赠税前扣除资格的确认和名单发布工作，并按上述第（4）项规定的不同审核对象，分别列示名单及其公益性捐赠税前扣除资格起始时间。

上述规定需报送的材料，应在申报年度 6 月 30 日前报送，包括：

（1）申报报告；

（2）县级以上各级党委、政府或机构编制部门印发的“三定”规定；

（3）组织章程；

（4）申报前 3 个年度的受赠资金来源、使用情况，财务报告，公益活动的明细，注册会计师的审计报告或注册会计师、（注册）税务师、律师的纳税审核报告（或鉴证报告）。

公益性捐赠税前扣除资格在全国范围内有效，有效期为三年。上述第（4）项规定的第一种情形，其公益性捐赠税前扣除资格自发布名单公告的次年 1 月 1 日起算。上述第（4）项规定的第二种和第三种情形，其公益性捐赠税前扣除资格自发公告的当年 1 月 1 日起算。

公益性群众团体前 3 年接受捐赠的总收入中用于公益慈善事业的支出比例低于 70% 的，应当取消其公益性捐赠税前扣除资格。

公益性群众团体存在以下情形之一的，应当取消其公益性捐赠税前扣除资格，且被取消资格的当年及之后三个年度内不得重新确认资格：

（1）违反规定接受捐赠的，包括附加对捐赠人构成利益回报的条件、以捐赠为名从事营利性活动、利用慈善捐赠宣传烟草制品或法律禁止宣传的产品和事项、接受不符合公益目的或违背社会公德的捐赠等情形；

（2）开展违反组织章程的活动，或者接受的捐赠款项用于组织章程规定用途之外的；

（3）在确定捐赠财产的用途和受益人时，指定特定受益人，且该受益人与捐赠人或公益性群众团体管理人员存在明显利益关系的；

（4）受到行政处罚（警告或单次 1 万元以下罚款除外）的。

对存在上述第（1）（2）（3）项情形的公益性群众团体，应对其接受捐赠收入和其他各项收入依法补征企业所得税。

公益性群众团体存在以下情形之一的，应当取消其公益性捐赠税前扣除资格且不得重新确认资格：

（1）从事非法政治活动的；

（2）从事、资助危害国家安全或者社会公共利益活动的。

获得公益性捐赠税前扣除资格的公益性群众团体，应自不符合上述规定条件之一或存在上述规定情形之一之日起 15 日内向主管税务机关报告。对应当取消公益性捐赠税前扣除资格的公益性群众团体，由省级以上财政、税务部门核实相关信息后，按权限及时向社会发布取消资格名单公告。自发布公告的次月起，相关公益性群众团体不再具有公益性捐赠税前扣除资格。

公益性群众团体在接受捐赠时，应按照行政管理级次分别使用由财政部或省、自治区、直辖市财政部门监（印）制的公益事业捐赠票据，并加盖本单位的印章；对个人索取捐赠票据的，应予以开具。企业或个人将符合条件的公益性捐赠支出进行税前扣除，应当留存相关票据备查。

除另有规定外，公益性群众团体在接受企业或个人捐赠时，按以下原则确认捐赠额：

（1）接受的货币性资产捐赠，以实际收到的金额确认捐赠额；

（2）接受的非货币性资产捐赠，以其公允价值确认捐赠额。捐赠方在向公益性群众团体捐赠时，应当提供注明捐赠非货币性资产公允价值的证明；不能提供证明的，接受捐赠方不得向其开具捐赠票据。

为方便纳税主体查询，省级以上财政、税务部门应当及时在官方网站上发布具备公益性捐赠税前扣除资格的公益性群众团体名单公告。企业或个人可通过上述渠道查询群众团体公益性捐赠税前扣除资格及有效期。

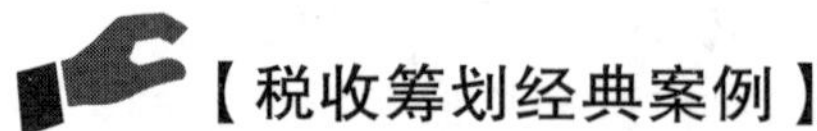

【税收筹划经典案例】

某工业企业 2023 年度预计可以实现会计利润（假设等于应纳税所得额）1 000 万元，企业所得税税率为 25%。企业为提高其产品知名度及竞争力，树立良好的社会形象，决定向有关单位捐赠 200 万元。企业自身提出两种方案：第一种方案，进行非公益性捐赠或不通过我国境内非营利性社会团体、国家机关做公益性捐赠；第二种方案，通过我国境内非营利性社会团体、国家机关进行公益性捐赠，并且在当年全部捐赠。请对上述两套方案进行评析，并提出税收筹划方案。

第一种方案不符合税法规定的公益性捐赠条件，捐赠额不能在税前扣除。该企业 2023 年度应当缴纳企业所得税 250 万元（1 000×25%）。

第二种方案，捐赠额在法定扣除限额内的部分可以据实扣除，超过的部分只能结转以后年度扣除。企业应当缴纳企业所得税 220 万元［（1 000－1 000×12%）×25%］。

为了最大限度地将捐赠支出予以扣除，企业可以将该捐赠分两次进行，2023 年年底一次捐赠 100 万元，2024 年度再捐赠 100 万元。这样，该 200 万元的捐赠支出同样可以在计算应纳税所得额时予以全部扣除。该税收筹划方案比第二种方案在 2023 年少缴企业所得税 20 万元［（200－120）×25%］。

在 2023 至 2025 年，该企业也可以选择向目标脱贫地区进行扶贫捐赠，该类捐赠没有扣除限额，也不考虑捐赠当年是否有会计利润，均可以据实扣除。

【税收筹划经典案例】

甲公司计划对外捐赠 1 000 万元，相关部门提出三个方案，一是直接向受赠对象进行捐赠，二是通过政府部门捐赠，三是分两年进行捐赠。已知甲公司当年利润总额为 4 000 万元，预计第二年利润总额为 5 000 万元，请从税收筹划的角度来分析上述三个方案。

第一种捐赠方案无法在税前扣除，导致甲公司多缴纳企业所得税 250 万元（1 000×25%）；第二种方案无法在当年全部税前扣除，导致当年多缴纳企业所得税 130 万元［（1 000－4 000×12%）×25%］；第三种方案可以在当年和第二年全部税前扣除，不额外增加企业的税收负担。

【法律法规依据】

（1）《中华人民共和国企业所得税法》（2007 年 3 月 16 日第十届全国人民代表大会第五次会议通过，2017 年 2 月 24 日第十二届全国人民代表大会常务委员会第二十六次会议修改，2018 年 12 月 29 日第十三届全国人民代表大会常务委员会第七次会议第二次修正）第九条。

（2）《中华人民共和国企业所得税法实施条例》（国务院 2007 年 12 月 6 日颁布，国务院令〔2007〕第 512 号，自 2008 年 1 月 1 日起实施，2019 年 4 月 23 日国务院令第 714 号修正）第五十一条、第五十二条。

（3）《财政部　税务总局关于公益性捐赠支出企业所得税税前结转扣除

有关政策的通知》（财税〔2018〕15号）。

（4）《财政部　税务总局　国务院扶贫办关于企业扶贫捐赠所得税税前扣除政策的公告》（财政部　税务总局　国务院扶贫办公告2019年第49号）。

（5）《财政部　税务总局　民政部关于公益性捐赠税前扣除有关事项的公告》（财政部　税务总局　民政部公告2020年第27号）。

（6）《财政部　税务总局关于通过公益性群众团体的公益性捐赠税前扣除有关事项的公告》（财政部　税务总局公告2021年第20号）。

（7）《财政部　税务总局　人力资源社会保障部　国家乡村振兴局关于延长部分扶贫税收优惠政策执行期限的公告》（财政部　税务总局　人力资源社会保障部　国家乡村振兴局公告2021年第18号）。

2.7 将超标利息和业务招待费转化为其他支出

【税收筹划思路】

《企业所得税法》第八条规定："企业实际发生的与取得收入有关的、合理的支出，包括成本、费用、税金、损失和其他支出，准予在计算应纳税所得额时扣除。"这里将可以扣除的支出的条件设定为三个：第一，实际发生；第二，与经营活动有关；第三，合理。所谓实际发生，是指该笔支出已经发生，其所有权已经发生转移，企业对该笔支出不再享有所有权，本来应当发生，但是实际上并未发生的支出不能扣除。所谓与经营活动有关的，是指企业发生的支出费用必须与企业获得收入具有关系，也就是说，企业为了获得该收入必须进行该支出，该支出直接增加了企业获得该收入的机会和数额，这种有关是具体的，即与特定的收入相关，而且这里的收入还必须是应当记入应纳税所得额中的收入，仅仅与不征税收入相关的支出不能扣除。所谓合理的，一方面是指该支出本身是必要的，是正常的生产经营活动所必需的，而非可有可无，甚至不必要的；另一方面，该支出的数额是合理的，是符合正常生产经营活动惯例的，而不是过分的、不成比例的、明显超额的。

企业在生产经营活动中发生的下列利息支出，准予扣除：

（1）非金融企业向金融企业借款的利息支出、金融企业的各项存款利息支出和同业拆借利息支出、企业经批准发行债券的利息支出。

（2）非金融企业向非金融企业借款的利息支出，不超过按照金融企业同期同类贷款利率计算的数额的部分。

鉴于目前我国对金融企业利率要求的具体情况，企业在按照合同要求首次支付利息并进行税前扣除时，应提供“金融企业的同期同类贷款利率情况说明”，以证明其利息支出的合理性。“金融企业的同期同类贷款利率情况说明”中，应包括在签订该借款合同当时，本省任何一家金融企业提供同期同类贷款利率情况。该金融企业应为经政府有关部门批准成立的可以从事贷款业务的企业，包括银行、财务公司、信托公司等金融机构。“同期同类贷款利率”是指在贷款期限、贷款金额、贷款担保以及企业信誉等条件基本相同下，金融企业提供贷款的利率。既可以是金融企业公布的同期同类平均利率，也可以是金融企业对某些企业提供的实际贷款利率。

企业向股东或其他与企业有关联关系的自然人借款的利息支出，应根据《企业所得税法》第四十六条及《财政部　国家税务总局关于企业关联方利息支出税前扣除标准有关税收政策问题的通知》（财税〔2008〕121 号）规定的条件，计算企业所得税扣除额。

企业向上述规定以外的内部职工或其他人员借款的利息支出，其借款情况同时符合以下条件的，其利息支出在不超过按照金融企业同期同类贷款利率计算的数额的部分，根据《企业所得税法》第八条和《企业所得税法实施条例》第二十七条规定，准予扣除：①企业与个人之间的借贷是真实、合法、有效的，并且不具有非法集资目的或其他违反法律、法规的行为；②企业与个人之间签订了借款合同。

当企业支付的利息超过允许扣除的数额时，企业可以将超额的利息转变为其他可以扣除的支出，例如通过工资、奖金、劳务报酬或者转移利润的方式支付利息，从而降低所得税负担。在向自己单位员工借贷资金的情况下，企业可以将部分利息转换为向员工发放的工资支出，从而达到在计算应纳税所得额时予以全部扣除的目的。

其他有扣除限额的项目，也可以采取适当的方式将超额支出转化为其他支出，如将业务招待费转化为咨询费、劳务报酬、差旅费、职工福利等，将广告费转化为咨询费、劳务报酬等。

自 2021 年 1 月 1 日起至 2025 年 12 月 31 日，对化妆品制造或销售、医药制造和饮料制造（不含酒类制造）企业发生的广告费和业务宣传费支出，不超过当年销售（营业）收入 30% 的部分，准予扣除；超过部分，准予在以后纳税年度结转扣除。对签订广告费和业务宣传费分摊协议（以下简称分摊协议）的关联企业，其中一方发生的不超过当年销售（营业）收入税前扣除限额比例内的广告费和业务宣传费支出可以在本企业扣除，也可以将其中的部分或全部按照分摊协议归集至另一方扣除。另一方在计算本企业广告费和业务宣传费支出企业所得税税前扣除限额时，可将按照上述办法归集至本企业的广告费和业务宣传费不计算在内。烟草企业的烟草广告费和业务宣传费支出，一律不得在计算应纳税所得额时扣除。

实务中，企业的业务招待费大多是超标的。根据税法的规定，企业发生的与生产经营活动有关的业务招待费支出，按照发生额的60%扣除，但最高不得超过当年销售（营业）收入的5‰。企业在计算业务招待费、广告费和业务宣传费等费用扣除限额时，其销售（营业）收入额应包括《企业所得税法实施条例》第二十五条规定的视同销售（营业）收入额。对从事股权投资业务的企业（包括集团公司总部、创业投资企业等），其从被投资企业所分配的股息、红利以及股权转让收入，可以按规定的比例计算业务招待费扣除限额。企业在筹建期间，发生的与筹办活动有关的业务招待费支出，可按实际发生额的60%计入企业筹办费，并按有关规定在税前扣除；发生的广告费和业务宣传费，可按实际发生额计入企业筹办费，并按有关规定在税前扣除。

企业业务招待费筹划最主要的方法是转变经营模式，将业务招待费支出转变为差旅费支出或者其他支出，为了实现这一转变，有时企业的组织架构也需要做一些调整。

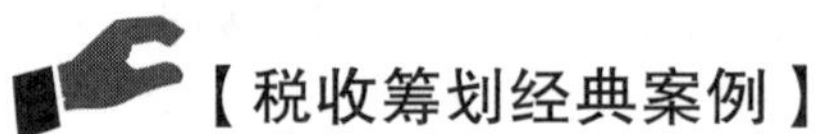

某企业职工人数为1 000人，人均月工资为4 500元。该企业2023年度计划向职工集资人均10 000元，年利率为10%，假设同期同类银行贷款利率为年利率6%。由于企业所得税法规定，向非金融机构借款的利息支出，不高于按照金融机构同类、同期贷款利率计算的数额以内的部分，准予扣除。因此，超过的部分不能扣除，应当调增应纳税所得额400 000元［1 000×10 000×（10%－6%］。该企业为此需要多缴纳企业所得税100 000元（400 000×25%）。应当代扣代缴个人所得税200 000元（100 000×10%×20%×1 000）。请提出该企业的税收筹划方案。

如果进行税收筹划，可以考虑将集资利率降低到6%，这样，每位职工的利息损失为400元［10 000×（10%－6%）］。企业可以通过提高工资待遇的方式来弥补职工在利息上受到的损失，即将400元平均摊入一年的工资中，每月增加工资34元。这样，企业为本次集资所付出的利息与税收筹划前是一

样的，职工所实际获得的利息也是一样的。但在这种情况下，企业所支付的集资利息就可以全额扣除了，而人均工资增加 34 元仍然可以全额扣除，由于职工个人的月工资没有超过《个人所得税法》所规定的扣除额，因此，职工也不需要为此缴纳个人所得税。该税收筹划可以减少企业所得税 10 万元。另外，还可以减少企业代扣代缴的个人所得税 80 000 元［10 000×1 000×（10% − 6%）×20%］。经过税收筹划，职工的税后利益也提高了。可谓一举两得，企业和职工都获得了税收利益。如果将全部利息改为工资发放，就根本不需要代扣代缴利息的个人所得税，而职工工资由于尚未达到 5 000 元，实际上也不需要缴纳个人所得税。上述税收筹划方案可以为企业和职工合计节税 300 000 元。

【税收筹划经典案例】

位于上海的甲公司为增值税一般纳税人，预计 2023 年度的营业收入总额为 2 000 万元，业务招待费支出为 50 万元。甲公司的客户主要位于苏州和嘉兴。甲公司的股东拟计划在苏州和嘉兴设立公司，以便拓展相应业务。请提出筹划方案，将甲公司 2023 年度计划支出的 50 万元业务招待费最大限度予以税前扣除。

甲公司业务招待费支出为 50 万元，业务招待费扣除限额一为 30 万元（50×60%）。甲公司 2023 年度的营业收入总额为 2 000 万元，业务招待费扣除限额二为 10 万元（2 000×0.5%）。甲公司 2023 年度允许税前扣除的业务招待费为 10 万元。

甲公司可以改变业务招待的模式，尽量选择在客户所在地，即苏州和嘉兴。甲公司派遣员工出差到苏州和嘉兴招待客户，相应餐饮等费用计入差旅费，差旅费支出没有扣除限额。假设甲公司 2023 年度将 50 万元业务招待费中的 20 万元转化为差旅费，剩余 30 万元作为业务招待费。业务招待费扣除限额一为 18 万元（30×60%）。业务招待费扣除限额二为 10 万元（2 000×0.5%）。甲公司 2023 年度允许税前扣除的业务招待费和转化为差旅费的业务招待费合计为 30 万元。增加业务招待费扣除额 20 万元（30 − 10）。

另一种筹划方案是由甲公司或者甲公司的股东在苏州和嘉兴设立乙公司和丙公司，三家公司的业务招待模式为：凡是在上海发生的餐费支出均计入乙公司和丙公司的费用，作为两家公司的差旅费支出；凡是在苏州发生的餐费支出均计入甲公司和丙公司的费用，作为两家公司的差旅费支出；凡是在嘉兴发生的餐费支出均计入甲公司和乙公司的费用，作为两家公司的差旅费支出。三家公司的经营业务模式也相应调整，使得相关差旅费支出与其经营业务直接相关。由此，50 万元业务招待费支出可以全部转化为差旅费支出。增加业务招待费扣除额 40 万元（50 — 10）。

【法律法规依据】

（1）《中华人民共和国企业所得税法》（2007 年 3 月 16 日第十届全国人民代表大会第五次会议通过，2017 年 2 月 24 日第十二届全国人民代表大会常务委员会第二十六次会议修改，2018 年 12 月 29 日第十三届全国人民代表大会常务委员会第七次会议第二次修正）第八条。

（2）《中华人民共和国企业所得税法实施条例》（国务院 2007 年 12 月 6 日颁布，国务院令〔2007〕第 512 号，自 2008 年 1 月 1 日起实施，2019 年 4 月 23 日国务院令第 714 号修正）第三十八条。

（3）《财政部　国家税务总局关于企业关联方利息支出税前扣除标准有关税收政策问题的通知》（财税〔2008〕121 号）。

（4）《国家税务总局关于企业向自然人借款的利息支出企业所得税税前扣除问题的通知》（国税函〔2009〕777 号）。

（5）《国家税务总局关于企业所得税若干问题的公告》（国家税务总局公告 2011 年第 34 号）。

（6）《财政部　税务总局关于广告费和业务宣传费支出税前扣除有关事项的公告》（财政部　税务总局公告 2020 年第 43 号）。

（7）《国家税务总局关于企业所得税执行中若干税务处理问题的通知》（国税函〔2009〕202 号）。

（8）《国家税务总局关于贯彻落实企业所得税法若干税收问题的通知》（国税函〔2010〕79 号）。

（9）《国家税务总局关于企业所得税应纳税所得额若干税务处理问题的公告》（国家税务总局公告 2012 年第 15 号）。

2.8 恰当选择企业所得税预缴方法

【税收筹划思路】

《企业所得税法》第五十四条规定："企业所得税分月或者分季预缴。企业应当自月份或者季度终了之日起 15 日内，向税务机关报送预缴企业所得税纳税申报表，预缴税款。企业应当自年度终了之日起 5 个月内，向税务机关报送年度企业所得税纳税申报表，并汇算清缴，结清应缴应退税款。"企业根据上述规定分月或者分季预缴企业所得税时，应当按照月度或者季度的实际利润额预缴；按照月度或者季度的实际利润额预缴有困难的，可以按照上一纳税年度应纳税所得额的月度或者季度平均额预缴，或者按照经税务机关认可的其他方法预缴。预缴方法一经确定，该纳税年度内不得随意变更。

根据税法的上述规定，企业可以通过选择适当的预缴企业所得税办法进行税收筹划。当企业预计当年的应纳税所得额比上一纳税年度低时，可以选择按纳税期限的实际数预缴，当企业预计当年的应纳税所得额比上一纳税年度高时，可以选择按上一年度应税所得额的 1/12 或 1/4 的方法分期预缴所得税。

根据国家税务总局的规定，为确保税款足额及时入库，各级税务机关对纳入当地重点税源管理的企业，原则上应按照实际利润额预缴方法征收企业所得税。各级税务机关根据企业上年度企业所得税预缴和汇算清缴情况，对全年企业所得税预缴税款占企业所得税应缴税款比例明显偏低的，要及时查明原因，调整预缴方法或预缴税额。各级税务机关要处理好企业所得税预缴和汇算清缴税款入库的关系，原则上各地企业所得税年度预缴税款占当年企业所得税入库税款（预缴数+汇算清缴数）应不少于 70%。

【税收筹划经典案例】

某企业 2022 纳税年度缴纳企业所得税 1 200 万元，企业预计 2023 纳税年度应纳税所得额会有一个比较大的增长，每季度实际的应纳税所得额分别为 1 500 万元、1 600 万元、1 400 万元和 1 700 万元。企业选择按照纳税期限的实际数额来预缴企业所得税。请计算该企业每季度预缴企业所得税的数额，并提出税收筹划方案。

按照25%的企业所得税税率计算，该企业需要在每季度预缴企业所得税分别为375万元、400万元、350万元和425万元。

由于企业2023年度的实际应纳税所得额比2022年度高很多，而且在企业的预料之中，因此，企业可以选择按上一年度应税所得额的1/4的方法按季度分期预缴所得税。这样，该企业在每季度只需要预缴企业所得税300万元。假设资金成本为10%，则该企业可以获得利息收入11.875万元［（375－300）×10%×9÷12＋（400－300）×10%×6÷12＋（350－300）×10%×3÷12］。

【法律法规依据】

（1）《中华人民共和国企业所得税法》（2007年3月16日第十届全国人民代表大会第五次会议通过，2017年2月24日第十二届全国人民代表大会常务委员会第二十六次会议修改，2018年12月29日第十三届全国人民代表大会常务委员会第七次会议第二次修正）第五十四条。

（2）《中华人民共和国企业所得税法实施条例》（国务院2007年12月6日颁布，国务院令〔2007〕第512号，自2008年1月1日起实施，2019年4月23日国务院令第714号修正）第一百二十八条。

（3）《国家税务总局关于加强企业所得税预缴工作的通知》（国家税务总局2009年1月20日发布，国税函〔2009〕34号）。

2.9 利用汇率变动趋势进行税收筹划

【税收筹划思路】

根据现行的企业所得税政策，企业所得以人民币以外的货币计算的，预缴企业所得税时，应当按照月度或者季度最后一日的人民币汇率中间价，折合成人民币计算应纳税所得额。年度终了汇算清缴时，对已经按照月度或者季度预缴税款的，不再重新折合计算，只就该纳税年度内未缴纳企业所得税的部分，按照纳税年度最后一日的人民币汇率中间价，折合成人民币计算应

纳税所得额。

如果纳税人的外汇收入数额不大，或者外汇汇率基本保持不变，利用上述规定进行税收筹划的空间不大。但如果纳税人的外汇收入数额较大并且外汇汇率变化较大，利用上述规定进行税收筹划的空间就比较大。如果预计某月底人民币汇率中间价将提高，则该月的外汇所得应当尽量减少，如果预计某月底人民币汇率中间价将降低，则该月的外汇所得应当尽量增加。如果预计年底人民币汇率中间价将提高，则预缴税款数额与应纳税额的差额应当尽量减少，如果预计年底人民币汇率中间价将降低，则预缴税款数额与应纳税额的差额应当尽量增加。

【税收筹划经典案例】

某公司主要从事对美外贸业务，每月都有大量的美元收入。该公司选择按月预缴企业所得税。该公司某年度 1 ～ 5 月，每月应纳税所得额分别为 2 000 万美元、1 500 万美元、1 500 万美元、1 000 万美元和 1 000 万美元。假设每月最后一日美元的人民币汇率中间价分别为 7.523、7.491、7.461、7.431 和 7.411。请计算该公司每月美元收入应当预缴多少企业所得税并提出税收筹划方案。

该公司 1 月应当预缴企业所得税 3 761.5 万元（2 000×7.523×25%），2 月应当预缴企业所得税 2 809.1 万元（1 500×7.491×25%），3 月应当预缴企业所得税 2 797.9 万元（1 500×7.461×25%），4 月应当预缴企业所得税 1 857.8 万元（1 000×7.431×25%），5 月应当预缴企业所得税 1 852.8 万元（1 000×7.411×25%），合计预缴企业所得税 13 079.1 万元（3 761.5 + 2 809.1 + 2 797.9 + 1 857.8 + 1 852.8）。如果该公司能够预测到美元的人民币汇率中间价会持续降低，则可以适当调整取得收入所在月。例如，将该年度 1 ～ 5 月的每月应纳税所得额调整为 1 000 万美元、1 000 万美元、1 000 万美元、1 500 万美元和 2 500 万美元，收入总额并未发生变化，只是改变了总收入在各月的分布情况。经过税收筹划，该公司 1 月应当预缴企业所得税 1 880.8 万元（1 000×7.523×25%），2 月应当预缴企业所得税 1 872.8 万元（1 000×7.491×25%），3 月应当预缴企业所得税 1 865.3 万元（1 000×7.461×25%），4 月应当预缴企业所得税 2 786.6 万元（1 500×7.431×25%），5 月应当预缴企业所得税 4 631.9 万元（2 500×7.411×25%），合计预缴企业所得税 13 037.4 万元（1 880.8 + 1 872.8 + 1 865.3 + 2 786.6 + 4 631.9）。经过税收筹划，可减轻税收负担 41.7 万元（13 079.1 − 13 037.4）。

【法律法规依据】

（1）《中华人民共和国企业所得税法》（2007 年 3 月 16 日第十届全国人民代表大会第五次会议通过，2017 年 2 月 24 日第十二届全国人民代表大会常务委员会第二十六次会议修改，2018 年 12 月 29 日第十三届全国人民代表大会常务委员会第七次会议第二次修正）第五十六条。

（2）《中华人民共和国企业所得税法实施条例》（国务院 2007 年 12 月 6 日颁布，国务院令〔2007〕第 512 号，自 2008 年 1 月 1 日起实施，2019 年 4 月 23 日国务院令第 714 号修正）第一百三十条。

2.10 企业经营中的印花税筹划

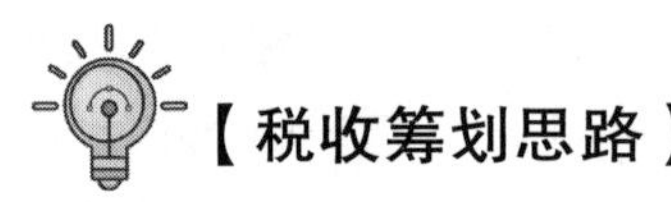

【税收筹划思路】

根据《印花税法》的规定，在中国境内书立应税凭证、进行证券交易的单位和个人，为印花税的纳税人。应税凭证，是指《印花税税目税率表》（见表 2-5）列明的合同、产权转移书据和营业账簿。证券交易，是指转让在依法设立的证券交易所、国务院批准的其他全国性证券交易场所交易的股票和以股票为基础的存托凭证。印花税的应纳税额按照计税依据乘以适用税率计算。同一应税凭证载有两个以上税目事项并分别列明金额的，按照各自适用的税目税率分别计算应纳税额；未分别列明金额的，从高适用税率。

对于免征印花税的凭证也要特别注意，如果多贴了印花税票，是不予退还的。根据税法的规定，纳税人多贴的印花税票，不予退税及抵缴税款。另外，对于未履行的应税合同、产权转移书据，已缴纳的印花税不予退还及抵缴税款。

下列凭证免征印花税：

（1）应税凭证的副本或者抄本；

（2）依照法律规定应当予以免税的外国驻华使馆、领事馆和国际组织驻华代表机构为获得馆舍书立的应税凭证；

（3）中国人民解放军、中国人民武装警察部队书立的应税凭证；

（4）农民、家庭农场、农民专业合作社、农村集体经济组织、村民委员会购买农业生产资料或者销售农产品书立的买卖合同和农业保险合同；

（5）无息或者贴息借款合同、国际金融组织向中国提供优惠贷款书立的借款合同；

（6）财产所有权人将财产赠与政府、学校、社会福利机构、慈善组织书立的产权转移书据；

（7）非营利性医疗卫生机构采购药品或者卫生材料书立的买卖合同；

（8）个人与电子商务经营者订立的电子订单。

下列情形的凭证，不属于印花税征收范围：

（1）人民法院的生效法律文书，仲裁机构的仲裁文书，监察机关的监察文书。

（2）县级以上人民政府及其所属部门按照行政管理权限征收、收回或者补偿安置房地产书立的合同、协议或者行政类文书。

（3）总公司与分公司、分公司与分公司之间书立的作为执行计划使用的凭证。

表 2–5　印花税税目税率表

税目		税率	备注
合同（指书面合同）	借款合同	借款金额的 0.05‰	是指银行业金融机构、经国务院银行业监督管理机构批准设立的其他金融机构与借款人（不包括同业拆借）的借款合同
	融资租赁合同	租金的 0.05‰	
	买卖合同	价款的 0.3‰	是指动产买卖合同（不包括个人书立的动产买卖合同）
	承揽合同	报酬的 0.3‰	
	建设工程合同	价款的 0.3‰	
	运输合同	运输费用的 0.3‰	是指货运合同和多式联运合同（不包括管道运输合同）
	技术合同	价款、报酬或者使用费的 0.3‰	不包括专利权、专有技术使用权转让书据
	租赁合同	租金的 1‰	
	保管合同	保管费的 1‰	
合同（指书面合同）	仓储合同	仓储费的 1‰	
	财产保险合同	保险费的 1‰	不包括再保险合同

（续表）

<table>
<tr><th colspan="2">税目</th><th>税率</th><th>备注</th></tr>
<tr><td rowspan="4">产权转移书据</td><td>土地使用权出让书据</td><td>价款的 0.5‰</td><td rowspan="4">转让包括买卖(出售)、继承、赠与、互换、分割</td></tr>
<tr><td>土地使用权、房屋等建筑物和构筑物所有权转让书据（不包括土地承包经营权和土地经营权转移）</td><td>价款的 0.5‰</td></tr>
<tr><td>股权转让书据(不包括应缴纳证券交易印花税的)</td><td>价款的 0.05‰</td></tr>
<tr><td>商标专用权、著作权、专利权、专有技术使用权转让书据</td><td>价款的 0.3‰</td></tr>
<tr><td colspan="2">营业账簿</td><td>实收资本（股本）、资本公积合计金额的 0.25‰</td><td></td></tr>
<tr><td colspan="2">证券交易</td><td>成交金额的 1‰</td><td></td></tr>
</table>

【税收筹划经典案例】

甲公司和乙公司是长年业务合作单位，2023 年 2 月，甲公司的一批货物租用乙公司的仓库保管一年，约定仓储保管费为 120 万元；另约定甲公司购买乙公司的包装箱 1 000 个，每个 0.1 万元，合计 100 万元。在签订合同时，甲公司和乙公司签署了一份保管合同，其中约定了上述保管和购买包装箱的事项，但未分别记载相应金额，仅规定甲公司向乙公司支付款项 220 万元。请计算甲公司和乙公司应当缴纳的印花税，并提出税收筹划方案。

由于上述两项交易没有分别记载金额，应当按照较高的税率合并缴纳印花税。买卖合同的印花税税率为 0.3‰，保管合同的印花税税率为 1‰。甲公司和乙公司应当分别按照 1‰ 的税率缴纳印花税，分别缴纳印花税 0.22 万元（220×1‰），合计缴纳印花税 0.44 万元（0.22×2）。根据税法的规定，如果上述两项交易分别记载金额或者签订两个合同，则可以分别适用各自税

率计算印花税。两个公司分别缴纳印花税 0.15 万元（120×1‰ + 100×0.3‰），合计缴纳印花税 0.3 万元（0.15×2），减轻税收负担 0.14 万元（0.44 − 0.3）。

【法律法规依据】

（1）《中华人民共和国印花税法》（2021 年 6 月 10 日第十三届全国人民代表大会常务委员会第二十九次会议通过）。

（2）《财政部　税务总局关于印花税若干事项政策执行口径的公告》（财政部　税务总局公告 2022 年第 22 号）。

第3章

企业融资决策税收筹划经典案例

3.1 增加债权性融资比例降低税负

融资决策是任何企业都需要面临的问题，也是企业生存和发展的关键问题之一。融资决策需要考虑众多因素，税收因素是其中之一。利用不同融资方式、不同融资条件对税收的影响，精心设计企业融资项目，以实现企业税后利润或者股东收益最大化，是税收筹划的任务和目的。

融资在企业的生产经营过程中占据着非常重要的地位，融资是企业一系列生产经营活动的前提条件，融资决策的优劣直接影响到企业生产经营的业绩。融资作为一项相对独立的企业活动，其对经营收益的影响主要是借助于因资本结构变动产生的杠杆作用进行的。资本结构是企业长期债务资本与权益资本之间的比例构成关系。企业在融资过程中应当考虑以下几方面：①融资活动对于企业资本结构的影响；②资本结构的变动对于税收成本和企业利润的影响；③融资方式的选择在优化资本结构和减轻税负方面对于企业和所有者税后利润最大化的影响。

在市场经济体制下，企业的融资渠道主要包括从金融机构借款、从非金融机构借款、发行债券、发行股票、融资租赁、企业自我积累和企业内部集资等。不同融资方式的税法待遇及其所造成的税收负担的不同为税收筹划创造了空间。

企业各种融资渠道大致可以划分为负债和资本金两种方式。两种融资方式在税法上的待遇是不同的，《企业所得税法》第八条规定：“企业实际发

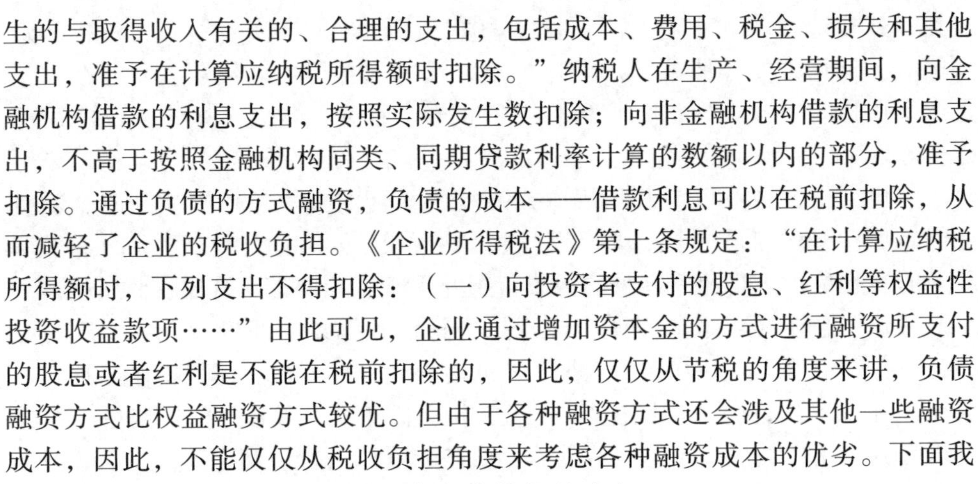

生的与取得收入有关的、合理的支出，包括成本、费用、税金、损失和其他支出，准予在计算应纳税所得额时扣除。”纳税人在生产、经营期间，向金融机构借款的利息支出，按照实际发生数扣除；向非金融机构借款的利息支出，不高于按照金融机构同类、同期贷款利率计算的数额以内的部分，准予扣除。通过负债的方式融资，负债的成本——借款利息可以在税前扣除，从而减轻了企业的税收负担。《企业所得税法》第十条规定：“在计算应纳税所得额时，下列支出不得扣除：（一）向投资者支付的股息、红利等权益性投资收益款项……”由此可见，企业通过增加资本金的方式进行融资所支付的股息或者红利是不能在税前扣除的，因此，仅仅从节税的角度来讲，负债融资方式比权益融资方式较优。但由于各种融资方式还会涉及其他一些融资成本，因此，不能仅仅从税收负担角度来考虑各种融资成本的优劣。下面我们分别分析以下几种最常见的融资方式的各种成本：

（1）发行债券越来越成为大公司融资的主要方式。债券是经济主体为筹集资金而发行的，用以记载和反映债权债务关系的有价证券。由企业发行的债券成为企业债券或公司债券。发行债券的筹资方式，由于筹资对象广、市场大，比较容易寻找降低融资成本、提高整体收益的方法，另外，由于债券的持有者人数众多，有利于企业利润的平均分担，避免利润过分集中所带来的较重税收负担。

（2）向金融机构借款也是企业较常使用的融资方式，由于这种方式只涉及企业和金融机构两个主体，因此，如果二者存在一定的关联关系，就可以通过利润的平均分摊来减轻税收负担。当然，这种方式需要控制在合理的范围之内，否则有可能受到关联企业转移定价的规制。但绝大多数企业和金融机构之间是不存在关联关系的，很难利用关联关系来取得税收上的利息。但由于借款利息可以在税前扣除，因此，这一融资方式比企业自我积累资金的方式在税收待遇上要优越。

（3）企业以自我积累的方式进行筹资，所需要的时间比较长，无法满足绝大多数企业的生产经营的需要。另外，从税收的角度来看，自我积累的资金由于不属于负债，因此，也不存在利息抵扣所得额的问题，无法享受税法上的优惠待遇。再加上资金的占用和使用融为一体，企业所承担的风险也比较高。

（4）发行股票仅仅属于上市公司融资的选择方案之一，非上市公司没有权利选择这一融资方式，因此，其适用范围相对比较狭窄。发行股票所支付的股息与红利是在税后利润中进行的，因此，无法像债券利息或借款利息那样享受抵扣所得额的税法优惠待遇。而且发行股票融资的成本相对来讲也比较高，并非绝大多数企业所能选择的融资方案。当然，发行股票融资也有众多优点，比如，发行股票不用偿还本金，没有债务压力。成功发行股票对于企业来讲也是一次非常好的宣传自己的机会，往往会给企业带来其他方面的诸多好处。

一般来讲，企业以自我积累方式筹资所承受的税收负担要重于向金融机构借款所承受的税收负担，贷款融资所承受的税收负担要重于企业间拆借所承受的税收负担，企业间借贷的税收负担要重于企业内部集资的税收负担。

另外，企业还可以通过联合经营来进行税收筹划，即以一个主体厂为中心，与有一定生产设备基础的若干企业联合经营。比如由主体厂提供原材料，成员厂加工零配件，再卖给主体厂，主体厂组装完成产品并负责销售。这样可以充分利用成员厂的场地、劳动力、设备和资源进行规模生产，提高效率，另外适当利用各成员厂之间的关联关系，可以减轻整体的税收负担。世界性的大公司都是通过这种全球经营的方式来获得最佳的经营效益的。国内企业也可以适当借鉴这种联合经营的方式。

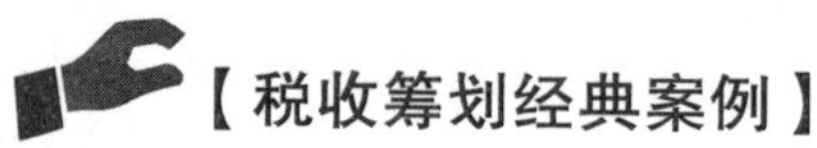

【税收筹划经典案例】

某公司计划投资 1 000 万元用于一项新产品的生产，在专业人员的指导下制定了三个方案。假设公司的资本结构如表 3-1 所示，三个方案的债务利率均为 10%，企业所得税税率为 25%。那么，其权益资本投资利润率如表 3-1 所示。

表 3-1　权益资本投资利润率

项　目	债务资本：权益资本		
	方案 A	方案 B	方案 C
	0 ∶ 1 000	200 ∶ 800	600 ∶ 400
息税前利润（万元）	300	300	300
利率	10%	10%	10%
税前利润（万元）	300	280	240
纳税额（25%）	75	70	60
税后利润（万元）	225	210	180
权益资本收益率	22.5%	26.25%	45%

由以上 A、B、C 三种方案的对比可以看出，在息税前利润和贷款利率不变的条件下，随着企业负债比例的提高，权益资本的收益率在不断增加。通过比较不同资本结构带来的权益资本收益率的不同，选择融资所要采取的融资组合，实现股东收益最大化。我们可以选择方案 C 作为该公司投资该项目的融资方案。

【法律法规依据】

（1）《中华人民共和国企业所得税法》（2007 年 3 月 16 日第十届全国人民代表大会第五次会议通过，2017 年 2 月 24 日第十二届全国人民代表大会常务委员会第二十六次会议修改，2018 年 12 月 29 日第十三届全国人民代表大会常务委员会第七次会议第二次修正）第八条、第十条。

（2）《中华人民共和国企业所得税法实施条例》（国务院 2007 年 12 月 6 日颁布，国务院令〔2007〕第 512 号，自 2008 年 1 月 1 日起实施，2019 年 4 月 23 日国务院令第 714 号修正）。

3.2 长期借款融资的税收筹划方案

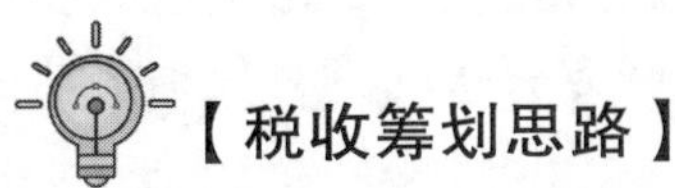

【税收筹划思路】

企业的资金来源除权益资金外，主要就是负债。负债一般包括长期负债和短期负债。长期负债资本和权益资本的比例关系一般被称为资本构成。长期负债融资的好处：一方面是债务的利息可以起到抵减应税所得，减少应纳所得税额；另一方面还体现在通过财务杠杆作用增加权益资本收益率上。假设企业负债经营，债务利息不变，当利润增加时，单位利润所负担的利息就会相对降低，从而使投资者收益有更大幅度的提高，这种债务对投资收益的影响就是财务杠杆作用。

仅仅从节税角度考虑，企业负债比例越大，节税效果越明显。但由于负债比例升高会相应影响将来的融资成本和财务风险，因此，并不是负债比例越高越好。长期负债融资的杠杆作用体现在提高权益资本的收益率以及普通股的每股收益额方面，这可以从下面的公式得以反映：

$$\text{权益资本收益率(税前)} = \text{息税前投资收益率} + \frac{\text{负债}}{\text{权益资本}} \times \left(\text{息税前投资收益率} - \text{负债成本率} \right)$$

因此，只要企业息税前投资收益率高于负债成本率，增加负债额度，提高负债的比例就会带来权益资本收益率提高的效应。但这种权益资本收益率提高的效应会被企业的财务风险以及融资的风险成本的逐渐加大所抵消，当二者达到一个大体的平衡时，也就达到了增加负债比例的最高限额，超过这个限额，财务风险以及融资风险成本就会超过权益资本收益率提高的收益，也就会从整体上降低企业的税后利润，从而降低权益资本收益率。

根据现行税法的规定，公司借款的利息在符合税法规定的限额的情况下可以在计算企业所得税时予以税前扣除，而公司股东的股息则必须在缴纳企业所得税以后才能予以扣除。因此，当公司需要一笔资金时，采取借债的方式显然比股东投资的方式在税法上有利，股东可以利用这一制度设计将部分资金采取借贷的方式投入公司，以减轻税收负担。

当然，这种税收筹划的方法必须保持在一定的限度内，否则税务机关有权进行调整。《企业所得税法》第四十六条规定："企业从其关联方接受的债权性投资与权益性投资的比例超过规定标准而发生的利息支出，不得在计算应纳税所得额时扣除。"债权性投资，是指企业直接或者间接从关联方获得的，需要偿还本金和支付利息或者需要以其他具有支付利息性质的方式予以补偿的融资。企业间接从关联方获得的债权性投资，包括：①关联方通过无关联第三方提供的债权性投资；②无关联第三方提供的、由关联方担保且负有连带责任的债权性投资；③其他间接从关联方获得的具有负债实质的债权性投资。

权益性投资，是指企业接受的不需要偿还本金和支付利息，投资人对企业净资产拥有所有权的投资。

根据《财政部　国家税务总局关于企业关联方利息支出税前扣除标准有关税收政策问题的通知》（财税〔2008〕121号）的规定，在计算应纳税所得额时，企业实际支付给关联方的利息支出，不超过以下规定比例和《企业所得税法》及其实施条例有关规定计算的部分，准予扣除，超过的部分不得在发生当期和以后年度扣除。企业实际支付给关联方的利息支出，其接受关联方债权性投资与其权益性投资比例为：①金融企业，为5∶1；②其他企业，为2∶1。

企业如果能够按照《企业所得税法》及其实施条例的有关规定提供相关资料，并证明相关交易活动符合独立交易原则的；或者该企业的实际税负不高于境内关联方的，其实际支付给境内关联方的利息支出，在计算应纳税所

得额时准予扣除。

企业同时从事金融业务和非金融业务，其实际支付给关联方的利息支出，应按照合理方法分开计算；没有按照合理方法分开计算的，一律按其他企业的比例计算准予税前扣除的利息支出。企业自关联方取得的不符合规定的利息收入应按照有关规定缴纳企业所得税。

不得在计算应纳税所得额时扣除的利息支出应按以下公式计算：

$$\begin{matrix}\text{不得扣除}\\\text{利息支出}\end{matrix}=\begin{matrix}\text{年度实际支付的}\\\text{全部关联方利息}\end{matrix}\times\frac{1-\text{标准比例}}{\text{关联债资比例}}$$

其中：

关联债资比例是指企业从其全部关联方接受的债权性投资（以下简称关联债权投资）占企业接受的权益性投资（以下简称权益投资）的比例，关联债权投资包括关联方以各种形式提供担保的债权性投资。

关联债资比例的具体计算方法如下：

$$\begin{matrix}\text{关联}\\\text{债资比例}\end{matrix}=\begin{matrix}\text{年度各月平均}\\\text{关联债权投资之和}\end{matrix}\div\begin{matrix}\text{年度各月平均}\\\text{权益投资之和}\end{matrix}$$

其中：

$$\begin{matrix}\text{各月平均}\\\text{关联债权投资}\end{matrix}=\frac{\text{关联债权投资月初账面余额}+\text{月末账面余额}}{2}$$

$$\begin{matrix}\text{各月平均}\\\text{权益投资}\end{matrix}=\frac{\text{权益投资月初账面余额}+\text{月末账面余额}}{2}$$

权益投资为企业资产负债表所列示的所有者权益金额。如果所有者权益小于实收资本（股本）与资本公积之和，则权益投资为实收资本（股本）与资本公积之和；如果实收资本（股本）与资本公积之和小于实收资本（股本）金额，则权益投资为实收资本（股本）金额。

利息支出包括直接或间接关联债权投资实际支付的利息、担保费、抵押费和其他具有利息性质的费用。

不得在计算应纳税所得额时扣除的利息支出，不得结转到以后纳税年度；应按照实际支付给各关联方利息占关联方利息总额的比例，在各关联方之间进行分配，其中，分配给实际税负高于企业的境内关联方的利息准予扣除；直接或间接实际支付给境外关联方的利息应视同分配的股息，按照股息和利息分别适用的所得税税率差补征企业所得税，如已扣缴的所得税税款多于按股息计算应征所得税税款，多出的部分不予退税。

企业关联债资比例超过标准比例的利息支出，如要在计算应纳税所得额时扣除，除遵照相关规定外，还应准备、保存、并按税务机关要求提供以下同期资料，证明关联债权投资金额、利率、期限、融资条件以及债资比例等均符合独立交易原则：

（1）企业偿债能力和举债能力分析；

（2）企业集团举债能力及融资结构情况分析；

（3）企业注册资本等权益投资的变动情况说明；

（4）关联债权投资的性质、目的及取得时的市场状况；

（5）关联债权投资的货币种类、金额、利率、期限及融资条件；

（6）企业提供的抵押品情况及条件；

（7）担保人状况及担保条件；

（8）同类同期贷款的利率情况及融资条件；

（9）可转换公司债券的转换条件；

（10）其他能够证明符合独立交易原则的资料。

企业未按规定准备、保存和提供同期资料证明关联债权投资金额、利率、期限、融资条件以及债资比例等符合独立交易原则的，其超过标准比例的关联方利息支出，不得在计算应纳税所得额时扣除。

上述“实际支付利息”是指企业按照权责发生制原则计入相关成本、费用的利息。

企业实际支付关联方利息存在转让定价问题的，税务机关应首先按照有关规定实施转让定价调查调整。

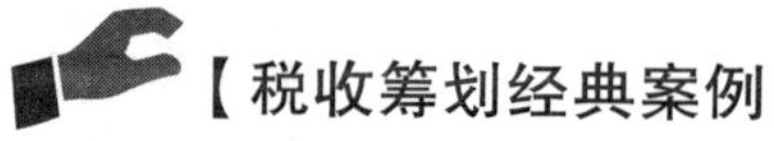

某股份有限公司的资本结构备选方案如表 3-2 所示。

表 3-2　资本结构备选方案表

金额单位：万元

项　目	A 方案	B 方案	C 方案	D 方案	E 方案
负债比例	0	1 ∶ 1	2 ∶ 1	3 ∶ 1	4 ∶ 1
负债成本率	—	6%	7%	9%	10.5%
投资收益率	10%	10%	10%	10%	10%
负债额	0	3 000	4 000	4 500	4 800

（续表）

项　目	A 方案	B 方案	C 方案	D 方案	E 方案
权益资本额	6 000	3 000	2 000	1 500	1 200
普通股股数（万股）	60	30	20	15	12
年息税前利润额	600	600	600	600	600
减：负债利息成本	—	180	280	405	504
年税前净利	600	420	320	195	96
所得税率	25%	25%	25%	25%	25%
应纳所得税额	150	105	80	48.75	24
年息税后利润	450	315	240	146.25	72
权益资本收益率	7.5%	10.5%	12%	9.75%	6%
普通股每股收益额（元）	7.5	10.5	12	9.75	6

从 A、B、C、D、E 五种选择方案可以看出，方案 B、C、D 利用了负债融资的方式，由于其负债利息可以在税前扣除，因此，降低了所得税的税收负担，产生了权益资本收益率和普通股每股收益额均高于完全靠权益资金融资的方案 A。

上述方案中假设随着企业负债比例的不断提高，企业融资的成本也在不断提高，反映在表格中是负债成本率不断提高，这一假设是符合现实的。正是由于负债成本率的不断提高，增加的债务融资成本逐渐超过因其抵税作用带来的收益，这时，通过增加负债比例进行税收筹划的空间就走到尽头了。上述五种方案所带来的权益资本收益率和普通股每股收益额的变化充分说明了这一规律。从方案 A 到方案 C，随着企业负债比例的不断提高，权益资本收益率和普通股每股收益额也在不断提高，说明税收效应处于明显的优势，但从方案 C 到方案 D 则出现了权益资本收益率和普通股每股收益额逐渐下降的趋势，这就说明了此时起主导作用的因素已经开始向负债成本转移，债务成本抵税作用带来的收益增加效应已经受到削弱与抵消，但与完全采用股权性融资的方案相比，仍是有利可图的。但到方案 E 时，债务融资税收挡板作用带来的收益就完全被负债成本的增加所抵消，而且负债成本已经超过节税的效应了，因此，方案E的权益资本收益率和普通股每股收益额已经低于完全不进行融资时（方案A）的收益了。此时融资所带来的就不是收益而是成本了。

这一案例再次说明了前面的结论：只有当企业息税前投资收益率高于负债成本率时，增加负债比例才能提高企业的整体效益，否则，就会降低企业的整体效益。

在长期借款融资的税收筹划中，借款偿还方式的不同也会导致不同的税收待遇，从而同样存在税收筹划的空间。比如某公司为了引进一条先进的生产线，从银行贷款1 000万元，年利率为10%，年投资收益率为18%，5年内还清全部本息。经过税收筹划，该公司可选择的方案主要有四种：①期末一次性还本付息；②每年偿还等额的本金和利息；③每年偿还等额的本金200万元及当期利息；④每年支付等额利息100万元，并在第5年年末一次性还本。在以上各种不同的偿还方式下，年偿还额、总偿还额、税额以及企业的整体收益均是不同的。

一般来讲，第一种方案给企业带来的节税额最大，但它给企业带来的经济效益却是最差的，企业最终所获利润低，而且现金流出量大，因此是不可取的。第三种方案尽管使企业缴纳了较多的所得税，但其税后收益却是最高的，而且现金流出量也是最小的，因此，它是最优的方案。第二种方式是次优的，它给企业带来的经济利益小于第三种方案，但大于第四种方案。长期借款融资偿还方式的一般原则是分期偿还本金和利息，尽量避免一次性偿还本金或者本金和利息。

【法律法规依据】

（1）《中华人民共和国企业所得税法》（2007年3月16日第十届全国人民代表大会第五次会议通过，2017年2月24日第十二届全国人民代表大会常务委员会第二十六次会议修改，2018年12月29日第十三届全国人民代表大会常务委员会第七次会议第二次修正）。

（2）《中华人民共和国企业所得税法实施条例》（国务院2007年12月6日颁布，国务院令〔2007〕第512号，自2008年1月1日起实施，2019年4月23日国务院令第714号修正）。

（3）《财政部　国家税务总局关于企业关联方利息支出税前扣除标准有关税收政策问题的通知》（财政部　国家税务总局2008年9月19日发布，财税〔2008〕121号）。

3.3 融资租赁中的税收筹划方案

【税收筹划思路】

租赁合同是企业经营过程中经常使用的一种合同，《中华人民共和国民法典》（以下简称《民法典》）第七百零三条规定："租赁合同是出租人将租赁物交付承租人使用、收益，承租人支付租金的合同。"租赁可以分为经营租赁和融资租赁，《民法典》中的租赁合同就是经营租赁。根据《民法典》第七百三十五条的规定："融资租赁合同是出租人根据承租人对出卖人、租赁物的选择，向出卖人购买租赁物，提供给承租人使用，承租人支付租金的合同。"融资租赁一方面具有租赁的一般特点，另一方面又具有融资的特点。它是通过"融物"的形式来达到融资的目的，因此，融资租赁也是企业融资的一种重要方式。

典型的融资租赁由三方当事人和两个合同组成，即由出租人与供货人签订的购货合同和出租人与承租人签订的租赁合同组成。在实际操作中，一般把符合下列条件之一的租赁，认定为融资租赁：①租赁期满，租赁物的所有权无偿转移给承租人，或者承租人有权按照象征性的低于正常价值的价格购买租赁物；②租赁期超过租赁物寿命的 75%；③租金的现值不超过租赁物合理价值的 90%。

对于企业来讲，要引进一项新设备，主要有三种方式：用自有资金购买、用长期贷款购买和融资租赁。三种方式均能实现增加生产设备的目的，这一点效果相同，但不同融资方式所引起的净现金流量不同。

除了典型的融资租赁方式，企业在税收筹划时还可以考虑一些特殊的融资租赁方式。特殊的融资租赁是在典型的融资租赁的基础之上加上一些特殊的做法演化而来的，如转租赁、回租租赁、卖方租赁、营业合成租赁、项目融资租赁、综合租赁和杠杆租赁。其中在国际经济活动中应用最为普遍的是杠杆租赁。杠杆租赁，也称平衡租赁，它是指租赁物购置成本的小部分（一般为 20% ～ 40%）由出租人出资，大部分（一般为 60% ～ 80%）由银行等金融机构提供贷款的一种租赁方式。

20 世纪 60 年代以来，西方许多国家为了鼓励设备投资，给予设备购买人投资抵扣、加速折旧等税收优惠。对于出租人而言，采用杠杆租赁，既可以

获得贷款人的信贷支持，又可以取得税收优惠待遇；对贷款人而言，其收回贷款的权利优先于出租人取得租金的权利，而且有租赁物作为担保，因此，贷款风险大大降低；对于承租人而言，由于出租人和贷款人都可以获得较普通租赁和贷款较高的利润，因此，它们往往将这部分收益通过降低租金的方式部分转移给承租人，这样，承租人也就获得了利益。正由于杠杆租赁具有众多优势，因此，得以在国际租赁市场上迅速推广。国内企业也可以借鉴这种融资方式，来获得最佳的融资收益。

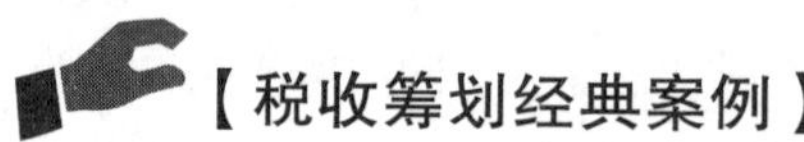

某公司计划增添一设备，总共需要资金200万元，预计使用寿命为6年，净残值为8万元，采用平均年限法，折现系数为10%。该企业有三种方案可供选择：第一，用自有资金购买；第二，贷款购买，银行提供5年期的长期贷款，每年偿还40万元本金及利息，利率为10%；第三，融资租赁，5年后取得所有权，每年支付租赁费40万元，手续费为1%，融资利率为9%。请比较三种方案，并提出税收筹划方案。

第一种方案的现金流出量现值如表3-3所示。

表3-3　现金流出量现值表一　　金额单位：万元

年份	购买成本	折旧费	节税额	税后现金流出量	折现系数	税后现金流出量现值
①	②	③	④=③ ×25%	⑤=②−④	⑥	⑦=⑤ × ⑥
第1年年初	200			200		200
第1年年末		32	8	− 8	0.91	− 7.28
第2年年末		32	8	− 8	0.83	− 6
第3年年末		32	8	− 8	0.75	− 6.44
第4年年末		32	8	− 8	0.68	− 5.44
第5年年末		32	8	− 8	0.62	− 4.96
第6年年末		32	8	− 8	0.56	− 4.48
				− 8	0.56	− 4.48
合计	200	192	48	144		160.72

第二种方案的现金流出量现值如表 3-4 所示。

表 3-4　现金流出量现值表二　　金额单位：万元

年份	偿还本金	利息	本利和	折旧费	节税额	税后现金流出量	折现系数	税后现金流出量现值
①	②	③	④=②+③	⑤	⑥=（③+⑤）×25%	⑦=④−⑥	⑧	⑨=⑦×⑧
1	40	20	60	32	13	47	0.91	42.77
2	40	16	56	32	12	44	0.83	36.52
3	40	12	52	32	11	41	0.75	30.75
4	40	8	48	32	10	38	0.68	25.84
5	40	4	44	32	9	35	0.62	21.7
6				32	8	−8	0.56	−4.48
						−8	0.56	−4.48
合计	200	60	260	192	63	149		148.62

第三种方案的现金流出量现值如表 3-5 所示。

表 3-5　现金流出量现值表三　　金额单位：万元

年份	租赁成本	手续费	融资利息	租赁总成本	折旧费	节税额	税后现金流出量	折现系数	税后现金流出量现值
①	②	③=②×1%	④	⑤=②+③+④	⑥	⑦=（③+④+⑤）×25%	⑧=⑤−⑦	⑨	⑩=⑦×⑧
1	40	0.4	18	58.4	32	12.6	45.8	0.91	41.68
2	40	0.4	14.4	54.8	32	11.7	43.1	0.83	35.77
3	40	0.4	10.8	51.2	32	10.8	40.4	0.75	30.3
4	40	0.4	7.2	47.6	32	9.9	37.7	0.68	25.64
5	40	0.4	3.6	44	32	9	35	0.62	21.7

（续表）

年份	租赁成本	手续费	融资利息	租赁总成本	折旧费	节税额	税后现金流出量	折现系数	税后现金流出量现值
①	②	③=②×1%	④	⑤=②+③+④	⑥	⑦=（③+④+⑤）×25%	⑧=⑤−⑦	⑨	⑩=⑦×⑧
6					32	8	−8	0.56	−4.48
							−8	0.56	−4.48
合计	200	2	54	256	192	62	186		146.13

通过分析以上三种方案可以看出，仅仅从节税的角度来看，用贷款购买设备所享受的税收优惠最大，因为这部分资金的成本（贷款利息）可以在税前扣除，而用自有资金购买设备就不能享受税前扣除的待遇，因此所获得的税收优惠是最小的。但是从税后现金流出量现值来看，融资租赁所获得的利益是最大的，用贷款购买设备次之，用自有资金购买设备是最次的方案。

这一案例的分析也充分体现了前面我们对相关问题的分析结论，比如，利用自有资金实现融资目的无法享受债权性融资产生的税收挡板作用带来的节税利益，因此，通过负债的方式实现融资目的是较优的选择，而在负债融资的方式中，偿还贷款的方式不同，企业所获得的效益也不同，本案例所假设的偿还贷款的方式是效益最佳的方式。而在贷款融资和融资租赁融资的比较中，后者一般来讲较优，但仍需要具体比较和分析租赁期间、偿还贷款的时间、融资的利率和贷款的利率等主要指标。一般来讲，时间越长，利率越低，税收利益也就越大。

【法律法规依据】

（1）《中华人民共和国民法典》（2020 年 5 月 28 日第十三届全国人民代表大会第三次会议通过，自 2021 年 1 月 1 日起施行）。

（2）《中华人民共和国企业所得税法》（2007 年 3 月 16 日第十届全国人民代表大会第五次会议通过，2017 年 2 月 24 日第十二届全国人民代表大会常务委员会第二十六次会议修改，2018 年 12 月 29 日第十三届全国人民代表大会常务委员会第七次会议第二次修正）。

（3）《中华人民共和国企业所得税法实施条例》（国务院 2007 年 12 月

6 日颁布，国务院令〔2007〕第 512 号，自 2008 年 1 月 1 日起实施，2019 年 4 月 23 日国务院令第 714 号修正）。

3.4 企业职工融资中的税收筹划方案

【税收筹划思路】

根据现行企业所得税政策，企业发生的合理的工资、薪金支出，准予扣除。企业在生产经营活动中发生的下列利息支出，准予扣除：①非金融企业向金融企业借款的利息支出、金融企业的各项存款利息支出和同业拆借利息支出、企业经批准发行债券的利息支出；②非金融企业向非金融企业借款的利息支出，不超过按照金融企业同期同类贷款利率计算的数额的部分。

职工是企业融资的一个重要渠道，通过职工进行融资可以通过提高工资、薪金的方式间接支付部分利息，使得超过银行贷款利率部分的利息能够得以扣除。

企业向股东或其他与企业有关联关系的自然人借款的利息支出，应根据《企业所得税法》第四十六条及《财政部　国家税务总局关于企业关联方利息支出税前扣除标准有关税收政策问题的通知》（财税〔2008〕121 号）规定的条件，计算企业所得税扣除额。

企业向除上述规定以外的内部职工或其他人员借款的利息支出，其借款情况同时符合以下条件的，其利息支出在不超过按照金融企业同期同类贷款利率计算的数额的部分，根据《企业所得税法》第八条和《企业所得税法实施条例》第二十七条规定，准予扣除：①企业与个人之间的借贷是真实、合法、有效的，并且不具有非法集资目的或其他违反法律、法规的行为；②企业与个人之间签订了借款合同。

【税收筹划经典案例】

某企业在生产经营中需要 1 000 万元贷款，贷款期限为 3 年，由于各种原因难以继续向银行贷款。企业财务主管提出三种融资方案：第一种，向其他企业贷款，贷款利率为 10%，须提供担保；第二种，向社会上的个人贷款，贷款利率为 12%，不需要提供担保；第三种，向本企业职工集资，利率为

12%。同期银行贷款利率为6%。该企业应当如何决策？

虽然向其他企业贷款的利率较低，但需要提供担保，贷款条件和银行基本相当，并非最佳选择。如果选择向社会上的个人贷款，企业所支付的超过银行同期贷款利率的利息不能扣除，增加了企业的税收负担。如果向本企业职工集资，则可以通过提供职工工资的方式支付部分利息，从而使得全部贷款利息均可以在税前扣除。通过职工集资，可以多扣除利息180万元［1 000×（12% － 6%）×3］，减轻税收负担45万元（180×25%）。

【法律法规依据】

（1）《中华人民共和国企业所得税法》（2007年3月16日第十届全国人民代表大会第五次会议通过，2017年2月24日第十二届全国人民代表大会常务委员会第二十六次会议修改，2018年12月29日第十三届全国人民代表大会常务委员会第七次会议第二次修正）。

（2）《中华人民共和国企业所得税法实施条例》（国务院2007年12月6日颁布，国务院令〔2007〕第512号，自2008年1月1日起实施，2019年4月23日国务院令第714号修正）。

（3）《国家税务总局关于企业向自然人借款的利息支出企业所得税税前扣除问题的通知》（国家税务总局2009年12月31日发布，国税函〔2009〕777号）。

3.5 融资阶段选择中的税收筹划方案

【税收筹划思路】

根据现行企业所得税政策，企业在生产经营活动中发生的合理的不需要资本化的借款费用，准予扣除。企业为购置、建造固定资产、无形资产和经过12个月以上的建造才能达到预定可销售状态的存货发生借款的，在有关资产购置、建造期间发生的合理的借款费用，应当作为资本性支出计入有关资产的成本，并依照《企业所得税法实施条例》的规定扣除。企业在生产经营活动中发生的下列利息支出，准予扣除：①非金融企业向金融企业借款的利息支出、金融企业的各项存款利息支出和同业拆借利息支出、企业经批准发

行债券的利息支出；②非金融企业向非金融企业借款的利息支出，不超过按照金融企业同期同类贷款利率计算的数额的部分。

2019 年 1 月 1 日至 2021 年 12 月 31 日，对小型微利企业年应纳税所得额不超过 100 万元的部分，减按 25% 计入应纳税所得额，按 20% 的税率缴纳企业所得税；对年应纳税所得额超过 100 万元但不超过 300 万元的部分，减按 50% 计入应纳税所得额，按 20% 的税率缴纳企业所得税。自 2021 年 1 月 1 日至 2022 年 12 月 31 日，对小型微利企业年应纳税所得额不超过 100 万元的部分，减按 12.5% 计入应纳税所得额，按 20% 的税率缴纳企业所得税。

企业尽量选择盈利年度进行贷款，通过贷款利息的支出抵消盈利，从而减轻税收负担。

【税收筹划经典案例】

某企业预计 2020 年度应纳税所得额为 310 万元，2021 年度由于进行重大投资，将亏损 10 万元，2022 年度预计应纳税所得额为 0，2023 年度预计将实现盈利 30 万元，2024 年度预计将实现盈利 100 万元。该企业原计划在 2021 年度开始从银行贷款，贷款期限为 3 年，每年支付贷款利息约 10 万元。该企业应当如何进行税收筹划?

如果该企业从 2021 年度开始贷款，加上贷款利息的支付，该企业 2021 年度将亏损 20 万元，2022 年度将亏损 10 万元，2023 年度将实现盈利 20 万元（支付 10 万元利息），弥补 2021 年度亏损后没有盈利，2024 年盈利 100 万元，弥补 2022 年度亏损后盈利 90 万元。该企业 2020 年度需缴纳企业所得税 77.5 万元（310×25%），2021 年度至 2023 年度不需要缴纳企业所得税，2024 年度需要缴纳企业所得税 2.25 万元（90×12.5%×20%）。

如果该企业将贷款提前到 2020 年度，则该企业 2020 年度应纳税所得额将变为 300 万元，应纳税额为 25 万元（100×25%×20% ＋ 200×50%×20%）。2021 年度亏损 20 万元，2022 年度亏损 10 万元，2023 年度弥补亏损后没有盈利，2024 年度实现盈利 100 万元，应纳税额为 2.5 万元（100×12.5%×20%）。税收筹划可减轻税收负担 52.25 万元（77.5 ＋ 2.25 － 25 － 2.5）。

【法律法规依据】

（1）《中华人民共和国企业所得税法》（2007 年 3 月 16 日第十届全国人民代表大会第五次会议通过，2017 年 2 月 24 日第十二届全国人民代表大会

常务委员会第二十六次会议修改，2018 年 12 月 29 日第十三届全国人民代表大会常务委员会第七次会议第二次修正）。

（2）《中华人民共和国企业所得税法实施条例》（国务院 2007 年 12 月 6 日颁布，国务院令〔2007〕第 512 号，自 2008 年 1 月 1 日起实施，2019 年 4 月 23 日国务院令第 714 号修正）。

（3）《财政部　税务总局关于实施小微企业普惠性税收减免政策的通知》（财税〔2019〕13 号）。

（4）《财政部　国家税务总局关于实施小微企业和个体工商户所得税优惠政策的公告》（财政部　税务总局公告 2021 年第 12 号）。

3.6 关联企业融资中的税收筹划方案

【税收筹划思路】

根据现行企业所得税政策，企业从其关联方接受的债权性投资与权益性投资的比例超过规定标准而发生的利息支出，不得在计算应纳税所得额时扣除。债权性投资，是指企业直接或者间接从关联方获得的，需要偿还本金和支付利息或者需要以其他具有支付利息性质的方式予以补偿的融资。企业间接从关联方获得的债权性投资，包括：①关联方通过无关联第三方提供的债权性投资；②无关联第三方提供的、由关联方担保且负有连带责任的债权性投资；③其他间接从关联方获得的具有负债实质的债权性投资。权益性投资，是指企业接受的不需要偿还本金和支付利息，投资人对企业净资产拥有所有权的投资。

在计算应纳税所得额时，企业实际支付给关联方的利息支出，不超过以下规定比例和《企业所得税法》及其实施条例有关规定计算的部分，准予扣除，超过的部分不得在发生当期和以后年度扣除。企业实际支付给关联方的利息支出，其接受关联方债权性投资与其权益性投资比例为：①金融企业，为 5 ∶ 1；②其他企业，为 2 ∶ 1。

企业如果能够按照《企业所得税法》及其实施条例的有关规定提供相关资料，并证明相关交易活动符合独立交易原则的；或者该企业的实际税负不高于境内关联方的，其实际支付给境内关联方的利息支出，在计算应纳税所得额时准予扣除。

企业同时从事金融业务和非金融业务，其实际支付给关联方的利息支出，应按照合理方法分开计算；没有按照合理方法分开计算的，一律按其他企业的比例计算准予税前扣除的利息支出。企业自关联方取得的不符合规定的利息收入应按照有关规定缴纳企业所得税。

按照上述标准，如果企业债权性投资已经超过上述标准，企业可以考虑通过非关联企业进行债权性投资来进行税收筹划。同时，企业也可以通过证明相关交易活动符合独立交易原则或者证明该企业的实际税负不高于境内关联方，这样也可以不受上述标准的约束。

【税收筹划经典案例】

甲公司对乙公司权益性投资总额为 1 000 万元，乙公司 2022 年度计划从甲公司融资 3 000 万元，融资利率为 7%。已知金融机构同期同类贷款的利率也为 7%，该企业应当如何进行税收筹划？

由于甲公司对乙公司债权性投资与权益性投资的比例已经达到 3 倍（3 000÷1 000），超过了 2 倍的上限，超过部分的利息不能扣除。该企业 2022 年度不能扣除的利息为 70 万元（1 000×7%），因此，该企业 2022 年度需要多缴纳企业所得税 17.5 万元（70×25%）。如果该企业通过一个非关联企业进行融资（关联企业通过一定的调整可以转变为非关联企业），那么上述 70 万元的利息都可以扣除。该企业可以减轻税收负担 17.5 万元。

另外，如果能够证明甲公司与乙公司的实际税负是相同的或者乙公司的实际税负低于甲公司，不需要通过非关联企业间接融资，其超标的利息也可以在企业所得税税前扣除。

【法律法规依据】

（1）《中华人民共和国企业所得税法》（2007 年 3 月 16 日第十届全国人民代表大会第五次会议通过，2017 年 2 月 24 日第十二届全国人民代表大会常务委员会第二十六次会议修改，2018 年 12 月 29 日第十三届全国人民代表大会常务委员会第七次会议第二次修正）第四十六条。

（2）《中华人民共和国企业所得税法实施条例》（国务院 2007 年 12 月 6 日颁布，国务院令〔2007〕第 512 号，自 2008 年 1 月 1 日起实施，2019 年 4 月 23 日国务院令第 714 号修正）第一百一十九条。

（3）《财政部　国家税务总局关于企业关联方利息支出税前扣除标准有

关税收政策问题的通知》（财政部　国家税务总局2008年9月19日发布，财税〔2008〕121号）。

3.7 巧用个人接受捐赠免税政策

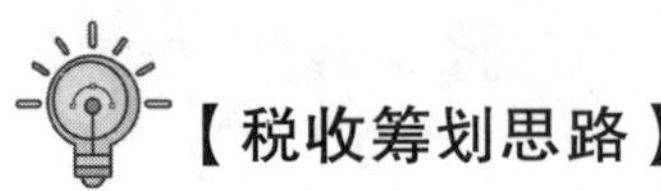

【税收筹划思路】

根据我国现行的个人所得税政策，个人接受货币捐赠不需要缴纳个人所得税。根据我国现行的企业所得税政策，企业接受捐赠的财产也要缴纳企业所得税。企业以货币形式和非货币形式从各种来源取得的收入，为收入总额，其中包括接受捐赠收入。接受捐赠收入，是指企业接受的来自其他企业、组织或者个人无偿给予的货币性资产、非货币性资产。接受捐赠收入，按照实际收到捐赠资产的日期确认收入的实现。

因此，某主体如果向企业捐赠，则接受捐赠的企业需要缴纳企业所得税，如果捐赠人向企业的股东个人捐赠，则股东个人不需要缴纳个人所得税。股东再将该捐赠款出资到该企业中，相当于捐赠人直接向企业捐赠。

需要注意的是，目前个人向个人捐赠住房，如果不符合免税条件，接受住房者需要缴纳20%的个人所得税。

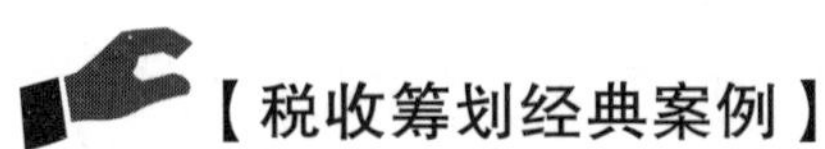

【税收筹划经典案例】

赵先生生前立了一份遗嘱，将500万元在死亡以后赠与甲公司，甲公司是有限责任公司，有三位股东。赵先生如何进行税收筹划可以避免缴纳企业所得税?

按照我国《企业所得税法》的规定，甲公司需要缴纳25%的企业所得税，即125万元（500×25%）。根据我国《个人所得税法》的规定，个人向个人捐赠货币是不需要缴纳个人所得税的。因此，赵先生可以修改遗嘱，将500万元赠与甲公司的三位股东，同时要求该股东将该500万元作为出资增加甲公司的注册资本。

【法律法规依据】

（1）《中华人民共和国企业所得税法》（2007年3月16日第十届全国

人民代表大会第五次会议通过，2017 年 2 月 24 日第十二届全国人民代表大会常务委员会第二十六次会议修改，2018 年 12 月 29 日第十三届全国人民代表大会常务委员会第七次会议第二次修正）第六条。

（2）《中华人民共和国企业所得税法实施条例》（国务院 2007 年 12 月 6 日颁布，国务院令〔2007〕第 512 号，自 2008 年 1 月 1 日起实施，2019 年 4 月 23 日国务院令第 714 号修正）第二十一条。

（3）《中华人民共和国个人所得税法》（1980 年 9 月 10 日第五届全国人民代表大会第三次会议通过，2018 年 8 月 31 日第十三届全国人民代表大会常务委员会第五次会议第七次修正）。

3.8 利用银行理财产品进行融资

【税收筹划思路】

企业之间直接融资会面临很多困难：一是有可能违反金融法的相关规定，导致融资合同无效，产生纠纷；二是企业之间直接融资在部分地方无法开出利息发票，由此导致支付利息的企业无法在企业所得税税前扣除。通过银行发行的理财产品可以解决上述难题。

【税收筹划经典案例】

甲公司有 5 000 万元闲置资金，乙公司缺少短期资金 5 000 万元。甲公司与乙公司计划签订借款协议，借款期限一年，年利率为 10%。已知银行同期同类贷款利率为 6%。甲、乙公司面临以下风险：第一，如果甲公司无法开出利息发票，乙公司支付的利息将无法在企业所得税税前扣除，由此导致多缴纳企业所得税 125 万元（5 000×10%×25%）；第二，即使甲公司可以开出利息发票，乙公司支付的利息也无法全部在企业所得税税前扣除，由此导致多缴纳企业所得税 50 万元［5 000×（10% － 6%）×25%］。请提出税收筹划方案。

甲、乙公司可以和丙银行合作。甲公司将 5 000 万元委托丙银行发行理财产品，丙银行将该 5 000 万元发放给乙公司。丙银行按照年收益率 10% 向甲公司支付理财收益，乙公司按照年收益率 11% 向丙银行支付理财收益。在这一方案下，乙公司支付的成本增加了1%，即50万元，但乙公司向丙银行支付的融资成本可以在企业所得税税前扣除，由此避免多缴企业所得税50万元或者125万元，仍是值得的。

【法律法规依据】

（1）《中华人民共和国企业所得税法》（2007年3月16日第十届全国人民代表大会第五次会议通过，2017年2月24日第十二届全国人民代表大会常务委员会第二十六次会议修改，2018年12月29日第十三届全国人民代表大会常务委员会第七次会议第二次修正）。

（2）《中华人民共和国企业所得税法实施条例》（国务院2007年12月6日颁布，国务院令〔2007〕第512号，自2008年1月1日起实施，2019年4月23日国务院令第714号修正）。

（3）《企业所得税税前扣除凭证管理办法》（国家税务总局公告2018年第28号）。

3.9 利用股权投资进行融资

通过企业之间的股权投资运作也可以破解企业之间融资难的问题。通过适当的税收筹划，可以将利息转化为股权转让所得，也可以将利息转化为股息所得，或者将利息转化为股权转让与股息的混合所得。

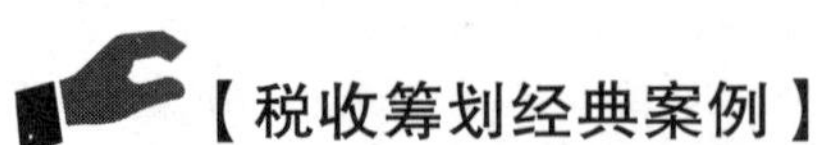

甲公司有5 000万元闲置资金，乙公司缺少短期资金5 000万元。甲公司与乙公司计划签订借款协议，借款期限一年，年利率为10%。已知银行同期同类贷款利率为6%。甲、乙公司面临以下风险：第一，如果甲公司无法开出利息发票，乙公司支付的利息将无法在企业所得税税前扣除，由此导致多缴纳企业所得税125万元（5 000×10%×25%）；第二，即使甲公司可以开出利息发票，乙公司支付的利息也无法全部在企业所得税税前扣除，由此导致

多缴纳企业所得税 50 万元［5 000×（10% － 6%）×25%］。请提出税收筹划方案。

甲公司可以将 5 000 万元投资乙公司，持有乙公司 3%（或其他适当比例）的股权。持股期间，乙公司向甲公司分红 100 万元。持股满一年后，甲公司将乙公司股权转让给乙公司其他股东或者以减资的方式退出，取得股权转让所得 370 万元。甲公司取得净利润 377.5 万元［100 ＋ 370×（1 － 25%）］。在税收筹划前，甲公司可以取得净利润 375 万元［500×（1 － 25%）］。甲公司取得的净利润、乙公司支付的成本在税收筹划前后并无明显变化，但乙公司避免了多缴企业所得税 25 万元或者 125 万元的风险，税收筹划的收益很明显。

【法律法规依据】

（1）《中华人民共和国企业所得税法》（2007 年 3 月 16 日第十届全国人民代表大会第五次会议通过，2017 年 2 月 24 日第十二届全国人民代表大会常务委员会第二十六次会议修改，2018 年 12 月 29 日第十三届全国人民代表大会常务委员会第七次会议第二次修正）。

（2）《中华人民共和国企业所得税法实施条例》（国务院 2007 年 12 月 6 日颁布，国务院令〔2007〕第 512 号，自 2008 年 1 月 1 日起实施，2019 年 4 月 23 日国务院令第 714 号修正）。

（3）《企业所得税税前扣除凭证管理办法》（国家税务总局公告 2018 年第 28 号）。

3.10 利用预付款与违约金进行融资

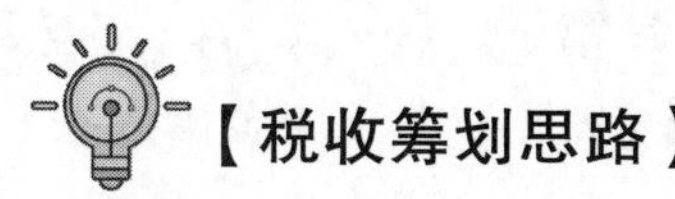

【税收筹划思路】

根据《企业所得税法实施条例》第九条的规定，企业应纳税所得额的计算，以权责发生制为原则，属于当期的收入和费用，不论款项是否收付，均作为当期的收入和费用；不属于当期的收入和费用，即使款项已经在当期收付，均不作为当期的收入和费用。《企业所得税法实施条例》和国务院财政、税务主管部门另有规定的除外。

通过预付款与违约金的合理运作也可以破解企业之间融资难的问题。预付款的支付与退还可以实现融资的目的，而违约金的支付又能实现利息的支付。在进行税收筹划时应注意具有合理的商业目的。

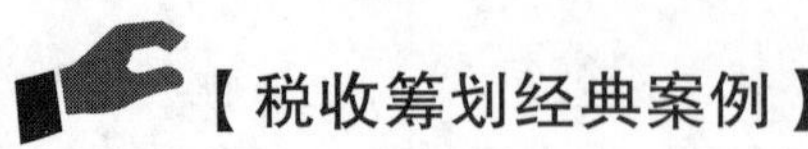

【税收筹划经典案例】

甲公司有 5 000 万元闲置资金，乙公司缺少短期资金 5 000 万元。甲公司与乙公司计划签订借款协议，借款期限一年，年利率为 10%。已知银行同期同类贷款利率为 6%。甲、乙公司面临以下风险：第一，如果甲公司无法开出利息发票，乙公司支付的利息将无法在企业所得税税前扣除，由此导致多缴纳企业所得税 125 万元（5 000×10%×25%）；第二，即使甲公司可以开出利息发票，乙公司支付的利息也无法全部在企业所得税税前扣除，由此导致多缴纳企业所得税 50 万元［5 000×（10% － 6%）×25%］。请提出税收筹划方案。

甲公司可以与乙公司签订一份委托研发无形资产的协议。根据约定，甲公司向乙公司预付转让无形资产价款 5 000 万元，待乙公司研发成功并交付无形资产时再支付剩余的 5 000 万元。研发期限为 1 年，若乙公司研发失败，乙公司应返还甲公司预付的 5 000 万元价款并支付 500 万元违约金。由于遇到不可克服的困难，乙公司无法按期研发无形资产，由此导致乙公司在研发协议期满后需要返还甲公司 5 000 万元并支付 500 万元违约金。对乙公司而言，该 500 万元违约金是企业生产经营中合理的成本，根据税法规定，允许在企业所得税税前扣除。

【法律法规依据】

（1）《中华人民共和国企业所得税法》（2007 年 3 月 16 日第十届全国人民代表大会第五次会议通过，2017 年 2 月 24 日第十二届全国人民代表大会常务委员会第二十六次会议修改，2018 年 12 月 29 日第十三届全国人民代表大会常务委员会第七次会议第二次修正）。

（2）《中华人民共和国企业所得税法实施条例》（国务院 2007 年 12 月 6 日颁布，国务院令〔2007〕第 512 号，自 2008 年 1 月 1 日起实施，2019 年 4 月 23 日国务院令第 714 号修正）。

（3）《企业所得税税前扣除凭证管理办法》（国家税务总局公告 2018 年第 28 号）。

第4章

企业重组改制税收筹划经典案例

4.1 将利润从高税率企业转向低税率企业

【税收筹划思路】

对于既有适用25%的税率也有适用20%的税率以及15%的税率的企业集团而言，可以适当将适用25%的税率的企业的利润转移到适用20%的税率或者15%的税率的企业中，从而适当降低企业集团的所得税负担。

集团经营模式节税空间更大，可以将利润从高税率企业转移至低税率企业，可以将利润从盈利企业转移至亏损企业，可以将利润转移至免税企业，可以将利润转移至境外避税港。

企业之间利润转移主要有关联交易和业务转移两种方法。通过关联交易转移利润应注意幅度的把握，明显的利润转移会受到税务机关的关注和反避税调查。业务转移是将甲公司的某项业务直接交给乙公司承担，通过这种方式转移利润，目前尚不受税法规制，税务风险比较小。

【税收筹划经典案例】

某企业集团下属甲乙、两个公司，其中，甲公司适用25%的企业所得税税率，乙公司属于需要国家扶持的高新技术企业，适用15%的企业所得税税率。预计2022纳税年度，甲公司的应纳税所得额为8 000万元，乙公司的应纳税所得额为9 000万元。请计算甲、乙两个公司以及该企业集团在2021纳税年

度分别应当缴纳的企业所得税税款，并提出税收筹划方案。

甲公司应当缴纳企业所得税 2 000 万元（8 000×25%），乙公司应当缴纳企业所得税 1 350 万元（9 000×15%）。该企业集团合计缴纳企业所得税 3 350 万元（2 000 + 1 350）。

由于甲公司的企业所得税税率高于乙公司的税率，因此可以考虑将甲公司的部分收入转移到乙公司。假设该企业集团通过税收筹划将甲公司的应纳税所得额降低为 7 000 万元，乙公司的应纳税所得额相应增加为 1 亿元，则甲公司应当缴纳企业所得税 1 750 万元（7 000×25%），乙公司应当缴纳企业所得税 1 500 万元（10 000×15%），该企业集团合计缴纳企业所得税 3 250 万元（1 750 + 1 500）。由此可见，通过税收筹划，该企业集团可以少缴纳企业所得税 100 万元（3 350 − 3 250）。

【税收筹划经典案例】

甲集团公司共有 10 家子公司，集团全年实现应纳税所得额 8 000 万元，由于均不符合高新技术企业的条件，均适用 25% 的税率，合计缴纳企业所得税 2 000 万元。该集团中的乙公司与高新技术企业的条件比较接近，年应纳税所得额为 1 000 万元，请为甲集团公司提出税收筹划方案。

甲集团公司可以集中力量将乙公司打造成高新技术企业，再将其他公司的盈利项目整合到乙公司，使得乙公司应纳税所得额提高至 3 000 万元，则集团可以少缴纳企业所得税 300 万元［3 000×（25% − 15%）］。

【法律法规依据】

（1）《中华人民共和国企业所得税法》（2007 年 3 月 16 日第十届全国人民代表大会第五次会议通过，2017 年 2 月 24 日第十二届全国人民代表大会常务委员会第二十六次会议修改，2018 年 12 月 29 日第十三届全国人民代表大会常务委员会第七次会议第二次修正）第四条。

（2）《中华人民共和国企业所得税法实施条例》（国务院 2007 年 12 月 6 日颁布，国务院令〔2007〕第 512 号，自 2008 年 1 月 1 日起实施，2019 年 4 月 23 日国务院令第 714 号修正）。

4.2 兼并亏损企业的税收筹划方案

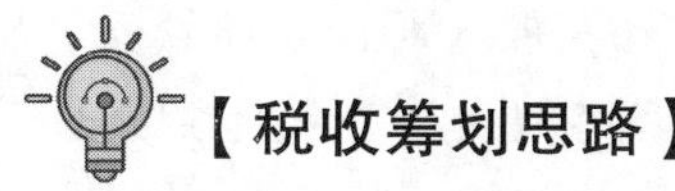

【税收筹划思路】

资产损失，是指企业在生产经营活动中实际发生的、与取得应税收入有关的资产损失，包括现金损失，存款损失，坏账损失，贷款损失，股权投资损失，固定资产和存货的盘亏、毁损、报废、被盗损失，自然灾害等不可抗力因素造成的损失以及其他损失。

企业清查出的现金短缺减除责任人赔偿后的余额，作为现金损失在计算应纳税所得额时扣除。

企业将货币性资金存入法定具有吸收存款职能的机构，因该机构依法破产、清算，或者政府责令停业、关闭等原因，确实不能收回的部分，作为存款损失在计算应纳税所得额时扣除。

企业除贷款类债权外的应收、预付账款符合下列条件之一的，减除可收回金额后确认的无法收回的应收、预付款项，可以作为坏账损失在计算应纳税所得额时扣除：①债务人依法宣告破产、关闭、解散、被撤销，或者被依法注销、吊销营业执照，其清算财产不足清偿的；②债务人死亡，或者依法被宣告失踪、死亡，其财产或者遗产不足清偿的；③债务人逾期 3 年以上未清偿，且有确凿证据证明已无力清偿债务的；④与债务人达成债务重组协议或法院批准破产重整计划后，无法追偿的；⑤因自然灾害、战争等不可抗力导致无法收回的；⑥国务院财政、税务主管部门规定的其他条件。

企业经采取所有可能的措施和实施必要的程序之后，符合下列条件之一的贷款类债权，可以作为贷款损失在计算应纳税所得额时扣除：①借款人和担保人依法宣告破产、关闭、解散、被撤销，并终止法人资格，或者已完全停止经营活动，被依法注销、吊销营业执照，对借款人和担保人进行追偿后，未能收回的债权；②借款人死亡，或者依法被宣告失踪、死亡，依法对其财产或者遗产进行清偿，并对担保人进行追偿后，未能收回的债权；③借款人遭受重大自然灾害或者意外事故，损失巨大且不能获得保险补偿，或者以保险赔偿后，确实无力偿还部分或者全部债务，对借款人财产进行清偿和对担保人进行追偿后，未能收回的债权；④借款人触犯刑律，依法受到制裁，其财产不足归还所借债务，又无其他债务承担者，经追偿后确实无法收回的债权；⑤由于借款人和担保人不能偿还到期债务，企业诉诸法律，经法院对借款人和担保人强制执行，借款人和担保人均无财产可执行，法院裁定执行程序终结或终止（中止）后，仍无法收回的债权；⑥由于借款人和担保人不能偿还到期债务，企业诉诸法律后，经法院调解或经债权人会议通过，与借款人和担保人达成和解协议或重整协议，在借款人和担保人履行完还款义务后，无法追偿的剩余债权；⑦由于上述①至⑥项原因借款人不能偿还到期债务，企业依法取得抵债资产，抵债金额小于贷款本息的差额，经追偿后仍无法收回的债权；⑧开立信用证、办理承兑汇票、开具保函等发生垫款时，凡开证申请人和保证人由于上述①至⑦项原因，无法偿还垫款，金融企业经追偿后仍无法收回的垫款；⑨银行卡持卡人和担保人由于上述①至⑦项原因，未能还清透支款项，金融企业经追偿后仍无法收回的透支款项；⑩助学贷款逾期后，在金融企业确定的有效追索期限内，依法处置助学贷款抵押物（质押物），并向担保人追索连带责任后，仍无法收回的贷款；⑪ 经国务院专案批准核销的贷款类债权；⑫ 国务院财政、税务主管部门规定的其他条件。

企业的股权投资符合下列条件之一的，减除可收回金额后确认的无法收回的股权投资，可以作为股权投资损失在计算应纳税所得额时扣除：①被投资方依法宣告破产、关闭、解散、被撤销，或者被依法注销、吊销营业执照的；②被投资方财务状况严重恶化，累计发生巨额亏损，已连续停止经营 3 年以上，且无重新恢复经营改组计划的；③对被投资方不具有控制权，投资期限届满或者投资期限已超过 10 年，且被投资单位因连续 3 年经营亏损导致资不抵债的；④被投资方财务状况严重恶化，累计发生巨额亏损，已完成清算或清算期超过 3 年的；⑤国务院财政、税务主管部门规定的其他条件。

对企业盘亏的固定资产或存货，以该固定资产的账面净值或存货的成本减除责任人赔偿后的余额，作为固定资产或存货盘亏损失在计算应纳税所得额时扣除。

对企业毁损、报废的固定资产或存货，以该固定资产的账面净值或存货的成本减除残值、保险赔款和责任人赔偿后的余额，作为固定资产或存货毁损、报废损失在计算应纳税所得额时扣除。

对企业被盗的固定资产或存货，以该固定资产的账面净值或存货的成本减除保险赔款和责任人赔偿后的余额，作为固定资产或存货被盗损失在计算应纳税所得额时扣除。

企业因存货盘亏、毁损、报废、被盗等原因不得从增值税销项税额中抵扣的进项税额，可以与存货损失一起在计算应纳税所得额时扣除。

企业在计算应纳税所得额时已经扣除的资产损失，在以后纳税年度全部

或者部分收回时，其收回部分应当作为收入计入收回当期的应纳税所得额。

企业境内、境外营业机构发生的资产损失应分开核算，对境外营业机构由于发生资产损失而产生的亏损，不得在计算境内应纳税所得额时扣除。

企业对其扣除的各项资产损失，应当提供能够证明资产损失确属已实际发生的合法证据，包括具有法律效力的外部证据、具有法定资质的中介机构的经济鉴证证明、具有法定资质的专业机构的技术鉴定证明等。

根据《企业资产损失所得税税前扣除管理办法》的规定，资产是指企业拥有或者控制的、用于经营管理活动相关的资产，包括现金、银行存款、应收及预付款项（包括应收票据、各类垫款、企业之间往来款项）等货币性资产，存货、固定资产、无形资产、在建工程、生产性生物资产等非货币性资产，以及债权性投资和股权（权益）性投资。

准予在企业所得税税前扣除的资产损失，是指企业在实际处置、转让上述资产过程中发生的合理损失（简称实际资产损失），以及企业虽未实际处置、转让上述资产，但符合财税〔2009〕57 号通知规定条件计算确认的损失（简称法定资产损失）。企业实际资产损失，应当在其实际发生且会计上已作损失处理的年度申报扣除；法定资产损失，应当在企业向主管税务机关提供证据资料证明该项资产已符合法定资产损失确认条件，且会计上已作损失处理的年度申报扣除。企业发生的资产损失，应按规定的程序和要求向主管税务机关申报后方能在税前扣除。未经申报的损失，不得在税前扣除。

根据《财政部　国家税务总局关于企业重组业务企业所得税处理若干问题的通知》（财税〔2009〕59 号）的规定，企业合并，企业股东在该企业合并发生时取得的股权支付金额不低于其交易支付总额的 85%，以及同一控制下且不需要支付对价的企业合并，可以选择按以下规定处理：①合并企业接受被合并企业资产和负债的计税基础，以被合并企业的原有计税基础确定；②被合并企业合并前的相关所得税事项由合并企业承继；③可由合并企业弥补的被合并企业亏损的限额＝被合并企业净资产公允价值 × 截至合并业务发生当年年末国家发行的最长期限的国债利率；④被合并企业股东取得合并企业股权的计税基础，以其原持有的被合并企业股权的计税基础确定。企业通过与亏损企业的特殊合并，可以按照亏损企业资产的原有计税基础来确定其计税基础，被合并企业的资产损失可以由合并后的企业弥补。

通过兼并亏损企业进行税收筹划需要掌握的技巧就是在企业亏损产生之前完成合并，新组建的企业成立之后再将资产损失予以确认，由此可以将原企业潜在的亏损变为新组建公司的亏损。

【税收筹划经典案例】

甲公司账面应收款达 8 000 万元，多数债权虽经法院判决，但债务人大多已经被吊销营业执照或者下落不明，这些债权基本上没有收回的希望。经过初步估计可以扣除的资产损失为 7 800 万元。甲公司全部资产的计税基础为 9 000 万元，公允价值为 2 000 万元。乙公司与甲公司的经营范围基本相同，乙公司 2020 纳税年度实现利润 8 000 万元，预计 2021 纳税年度将实现利润 9 000 万元。请给出乙公司进行税收筹划的方案。

乙公司可以和甲公司的股东达成协议，甲公司和乙公司合并组成新的乙公司，甲公司的全部资产和负债并入乙公司，甲公司的股东取得乙公司 10% 的股权，该 10% 股权的公允价值为 2 000 万元。甲公司和乙公司的合并符合特殊企业合并的条件，乙公司取得甲公司资产的计税基础为 9 000 万元，甲公司的股东取得乙公司股权的计税基础也为 9 000 万元。乙公司可以将甲公司的资产损失 7 800 万元予以确认并在企业所得税税前扣除，由此可以少缴企业所得税 1 950 万元（7 800×25%）。甲公司的股东可以在若干年后转让乙公司的股权，假设该 10% 的股权公允价值已经增加到 9 000 万元，由于甲公司的股东取得该股权的计税基础就是 9 000 万元，因此，甲公司的股东转让该股权没有所得，不需要缴纳所得税。但实际上，甲公司的股东获得所得 7 000 万元（9 000 － 2 000）。

【法律法规依据】

（1）《中华人民共和国企业所得税法》（2007 年 3 月 16 日第十届全国人民代表大会第五次会议通过，2017 年 2 月 24 日第十二届全国人民代表大会常务委员会第二十六次会议修改，2018 年 12 月 29 日第十三届全国人民代表大会常务委员会第七次会议第二次修正）。

（2）《中华人民共和国企业所得税法实施条例》（国务院 2007 年 12 月 6 日颁布，国务院令〔2007〕第 512 号，自 2008 年 1 月 1 日起实施，2019 年 4 月 23 日国务院令第 714 号修正）。

（3）《财政部　国家税务总局关于企业资产损失税前扣除政策的通知》（财税〔2009〕57 号）。

（4）《财政部　国家税务总局关于企业重组业务企业所得税处理若干问题的通知》（财税〔2009〕59 号）。

（5）《企业资产损失所得税税前扣除管理办法》（国家税务总局公告 2011 年第 25 号）。

4.3 先分配股息再转让股权

【税收筹划思路】

根据《企业所得税法》的规定，企业对外投资期间，投资资产的成本在计算应纳税所得额时不得扣除。投资资产，是指企业对外进行权益性投资和债权性投资形成的资产。企业在转让或者处置投资资产时，投资资产的成本，准予扣除。投资资产按照以下方法确定成本：①通过支付现金方式取得的投资资产，以购买价款为成本；②通过支付现金以外的方式取得的投资资产，以该资产的公允价值和支付的相关税费为成本。

企业转让资产，该项资产的净值，准予在计算应纳税所得额时扣除。资产的净值，是指有关资产、财产的计税基础减除已经按照规定扣除的折旧、折耗、摊销、准备金等后的余额。

根据《企业所得税法》的规定，符合条件的居民企业之间的股息、红利等权益性投资收益是免税收入。符合条件的居民企业之间的股息、红利等权益性投资收益，是指居民企业直接投资于其他居民企业取得的投资收益。上述股息、红利等权益性投资收益，不包括连续持有居民企业公开发行并上市流通的股票不足 12 个月取得的投资收益。

企业转让股权收入，应于转让协议生效且完成股权变更手续时，确认收入的实现。转让股权收入扣除为取得该股权所发生的成本后，为股权转让所得。企业在计算股权转让所得时，不得扣除被投资企业未分配利润等股东留存收益中按该项股权所可能分配的金额。

如果企业准备转让股权，而该股权中尚有大量没有分配的利润，此时，就可以通过先分配股息再转让股权的方式来降低转让股权的价格，从而降低股权转让所得，减轻所得税负担。

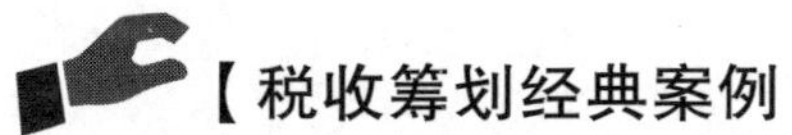

【税收筹划经典案例】

甲公司于 2016 年以银行存款 1 000 万元投资于乙公司，占乙公司（非上市

公司）股本总额的 70%。甲公司计划于 2022 年 9 月将其拥有的乙公司 70% 的股权全部转让给丙公司，转让价为人民币 1 210 万元，已知乙公司未分配利润为 500 万元。转让过程中发生的税费为 0.7 万元。甲公司应当如何进行税收筹划?

如果甲公司直接转让该股权，可以获得股权转让所得 209.3 万元（1 210 − 1 000 − 0.7），应当缴纳企业所得税 52.325 万元（209.3×25%），税后纯所得为 156.975 万元（209.3 − 52.325）。

如果甲公司先获得分配的利润，然后再转让股权，则可以减轻税收负担。方案如下：2022 年 8 月，董事会决定将税后利润的 30% 用于分配，甲公司分得利润 105 万元。2022 年 9 月，甲公司将其拥有的乙公司 70% 的股权全部转让给丙公司，转让价为 99.4 万元（1 100 − 1 000 − 0.6），应当缴纳企业所得税 24.85 万元（99.4×25%），税后纯所得 179.55 万元（105 + 99.4 − 24.85）。通过税收筹划，可多获得净利润 22.575 万元（179.55 − 156.975）。

【法律法规依据】

（1）《中华人民共和国企业所得税法》（2007 年 3 月 16 日第十届全国人民代表大会第五次会议通过，2017 年 2 月 24 日第十二届全国人民代表大会常务委员会第二十六次会议修改，2018 年 12 月 29 日第十三届全国人民代表大会常务委员会第七次会议第二次修正）第十四条、第十六条、第二十六条。

（2）《中华人民共和国企业所得税法实施条例》（国务院 2007 年 12 月 6 日颁布，国务院令〔2007〕第 512 号，自 2008 年 1 月 1 日起实施，2019 年 4 月 23 日国务院令第 714 号修正）第三十八条。

（3）《国家税务总局关于贯彻落实企业所得税法若干税收问题的通知》（国税函〔2010〕79 号）。

4.4 合理选择企业的清算日期

企业清算的所得税处理，是指企业在不再持续经营，发生结束自身业务、处置资产、偿还债务以及向所有者分配剩余财产等经济行为时，对清算所得、

清算所得税、股息分配等事项的处理。

下列企业应进行清算的所得税处理：①按《公司法》《企业破产法》等规定需要进行清算的企业；②企业重组中需要按清算处理的企业。

企业清算的所得税处理包括以下内容：①全部资产均应按可变现价值或交易价格，确认资产转让所得或损失；②确认债权清理、债务清偿的所得或损失；③改变持续经营核算原则，对预提或待摊性质的费用进行处理；④依法弥补亏损，确定清算所得；⑤计算并缴纳清算所得税；⑥确定可向股东分配的剩余财产、应付股息等。

企业的全部资产可变现价值或交易价格，减除资产的计税基础、清算费用、相关税费，加上债务清偿损益等后的余额，为清算所得。企业应将整个清算期作为一个独立的纳税年度计算清算所得。

企业全部资产的可变现价值或交易价格减除清算费用，职工的工资、社会保险费用和法定补偿金，结清清算所得税、以前年度欠税等税款，清偿企业债务，按规定计算可以向所有者分配的剩余资产。被清算企业的股东分得的剩余资产的金额，其中相当于被清算企业累计未分配利润和累计盈余公积中按该股东所占股份比例计算的部分，应确认为股息所得；剩余资产减除股息所得后的余额，超过或低于股东投资成本的部分，应确认为股东的投资转让所得或损失。被清算企业的股东从被清算企业分得的资产应按可变现价值或实际交易价格确定计税基础。

根据我国现行税法的规定，纳税人清算时，应当以清算期间作为一个纳税年度。《企业所得税法》第五十三条规定：“企业依法清算时，应当以清算期间作为一个纳税年度。”清算所得也应当缴纳所得税。因此，如果企业在清算之前仍有盈利，清算所得为亏损时，可以通过将部分清算期间发生的费用转移到清算之前，以抵销企业的盈利。这种转移可以通过改变清算日期的方式实现。

【税收筹划经典案例】

某公司董事会计划于 2022 年 8 月 20 日向股东会提交了公司解散申请书，股东会 8 月 22 日通过决议，决定公司于 8 月 31 日宣布解散，并于 9 月 1 日开始正常清算。公司在成立清算组前进行的内部清算中发现，2022 年 1 月至 8 月公司预计盈利 600 万元（企业所得税税率为 25%），预计 9 月份该公司将发生费用 180 万元，清算所得预计为－80 万元。请计算在这种情况下，企业应当缴纳的所得税，并提出税收筹划方案。

以9月1日为清算日期，2022年1月至8月盈利600万元，应纳所得税额为150万元（600×25%）。清算所得为－80万元，不需要纳税。该企业可以考虑将部分费用在清算之前发生，这样可以将清算期间的亏损提前实现并在企业所得税税前扣除。该公司可以在公告和进行纳税申报之前，由股东会再次通过决议将公司解散日期推迟至10月1日，并于10月2日开始清算。公司在9月1日至9月30日共发生费用180万元。假设其他费用不变，清算所得将变成100万元。此时，该公司2022年1月至9月的应纳税所得额为420万元（600－180），应当缴纳企业所得税105万元（420×25%）。清算所得为100万元，应当缴纳企业所得税2.5万元（100×12.5%×20%）。减轻税收负担42.5万元（150－105－2.5）。

【法律法规依据】

（1）《中华人民共和国企业所得税法》（2007年3月16日第十届全国人民代表大会第五次会议通过，2017年2月24日第十二届全国人民代表大会常务委员会第二十六次会议修改，2018年12月29日第十三届全国人民代表大会常务委员会第七次会议第二次修正）第五十七条。

（2）《中华人民共和国企业所得税法实施条例》（国务院2007年12月6日颁布，国务院令〔2007〕第512号，自2008年1月1日起实施，2019年4月23日国务院令第714号修正）。

（3）《财政部　国家税务总局关于企业清算业务企业所得税处理若干问题的通知》（财政部　国家税务总局2009年4月30日发布，财税〔2009〕60号）。

（4）《企业重组业务企业所得税管理办法》（国家税务总局公告2010年第4号）。

4.5 企业债务重组的税收筹划

【税收筹划思路】

债务重组是指在债务人发生财务困难的情况下，债权人按照其与债务人达成的书面协议或者法院裁定书，就其债务人的债务做出让步的事项。

一般情况下，企业债务重组的相关交易应按以下规定处理：①以非货币资产清偿债务，应当分解为转让相关非货币性资产、按非货币性资产公允价值清偿债务两项业务，确认相关资产的所得或损失；②发生债权转股权的，应当分解为债务清偿和股权投资两项业务，确认有关债务清偿所得或损失；③债务人应当按照支付的债务清偿额低于债务计税基础的差额，确认债务重组所得；债权人应当按照收到的债务清偿额低于债权计税基础的差额，确认债务重组损失；④债务人的相关所得税纳税事项原则上保持不变。

在特殊企业债务重组税务处理方式下，企业债务重组确认的应纳税所得额占该企业当年应纳税所得额 50% 以上，可以在 5 个纳税年度的期间内，均匀计入各年度的应纳税所得额。

企业发生债权转股权业务，对债务清偿和股权投资两项业务暂不确认有关债务清偿所得或损失，股权投资的计税基础以原债权的计税基础确定。企业的其他相关所得税事项保持不变。

企业发生债务重组，应准确记录应予确认的债务重组所得，并在相应年度的企业所得税汇算清缴时对当年确认额及分年结转额的情况做出说明。主管税务机关应建立台账，对企业每年申报的债务重组所得与台账进行比对分析，加强后续管理。

企业债务重组包括应税债务重组、特殊债务重组与免税债务重组，特殊债务重组的条件是企业债务重组确认的应纳税所得额占该企业当年应纳税所得额 50% 以上，此时，可以在 5 个纳税年度的期间内，均匀计入各年度的应纳税所得额。由于这种税收优惠仅仅是延迟 5 年纳税，对企业的意义并不是很大。当然，如果企业必须采取这种方式进行债务重组，不妨设计条件享受上述税收优惠政策。

免税债务重组的条件是企业发生债权转股权业务，对债务清偿和股权投资两项业务暂不确认有关债务清偿所得或损失，股权投资的计税基础以原债权的计税基础确定。企业的其他相关所得税事项保持不变。企业在条件允许的情况下，应尽可能采取债权转股权的方式进行债务重组。

在应税债务重组中，企业以非货币资产清偿债务，应当分解为转让相关非货币性资产、按非货币性资产公允价值清偿债务两项业务，确认相关资产的所得或损失。发生债权转股权的，应当分解为债务清偿和股权投资两项业务，确认有关债务清偿所得或损失。债务人应当按照支付的债务清偿额低于债务计税基础的差额，确认债务重组所得；债权人应当按照收到的债务清偿额低于债权计税基础的差额，确认债务重组损失。

企业的债务重组同时符合下列条件的，才能适用特殊性税务处理规定：

①具有合理的商业目的，且不以减少、免除或者推迟缴纳税款为主要目的；②被收购、合并或分立部分的资产或股权比例符合规定的比例；③企业重组后的连续12个月内不改变重组资产原来的实质性经营活动；④重组交易对价中涉及股权支付金额符合规定比例；⑤企业重组中取得股权支付的原主要股东，在重组后连续12个月内，不得转让所取得的股权。

企业重组业务适用特殊性税务处理的，申报时，应从以下方面逐条说明企业重组具有合理的商业目的：①重组交易的方式；②重组交易的实质结果；③重组各方涉及的税务状况变化；④重组各方涉及的财务状况变化；⑤非居民企业参与重组活动的情况。

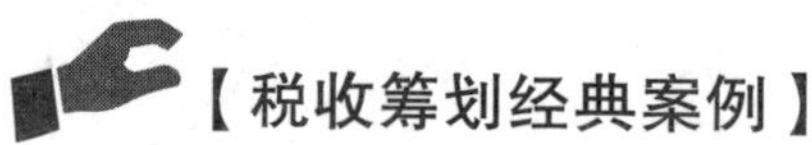

甲公司欠乙公司8 000万元债务，甲公司和乙公司准备签署一项债务重组协议：甲公司用购买价格为7 000万元、账面净值为6 000万元、公允价值为8 000万元的不动产抵偿乙公司的债务。在该交易中，甲公司和乙公司应当分别缴纳多少税款？应当如何税收筹划？（因印花税、附加税数额较小，对于筹划方案不产生影响，本方案不予考虑。）

在该交易中，甲公司需要缴纳增值税50万元［（8 000－7 000）×5%］，需要缴纳土地增值税（暂按3%核定）240万元（8 000×3%），需要缴纳企业所得税440万元［（8 000－6 000－240）×25%］。乙公司需要缴纳契税240万元（8 000×3%）。两个公司合计纳税970万元（50＋240＋440＋240）。

如果乙公司将其债权转化为股权并且遵守特殊债务重组的其他条件，则甲公司和乙公司不需要缴纳任何税款，即使将来乙公司再将该股权转让给甲公司或者其他企业，也只需要缴纳企业所得税，不需要缴纳增值税、土地增值税和契税。

【法律法规依据】

（1）《中华人民共和国企业所得税法》（2007年3月16日第十届全国人民代表大会第五次会议通过，2017年2月24日第十二届全国人民代表大会常务委员会第二十六次会议修改，2018年12月29日第十三届全国人民代表大会常务委员会第七次会议第二次修正）第五十七条。

（2）《中华人民共和国企业所得税法实施条例》（国务院2007年12月

6 日颁布，国务院令〔2007〕第 512 号，自 2008 年 1 月 1 日起实施，2019 年 4 月 23 日国务院令第 714 号修正）。

（3）《财政部　国家税务总局关于企业重组业务企业所得税处理若干问题的通知》（财政部　国家税务总局 2009 年 4 月 30 日发布，财税〔2009〕59 号）。

（4）《企业重组业务企业所得税管理办法》（国家税务总局公告 2010 年第 4 号）。

（5）《国家税务总局关于企业重组业务企业所得税征收管理若干问题的公告》（国家税务总局公告 2015 年第 48 号）。

4.6 企业资产收购的税收筹划

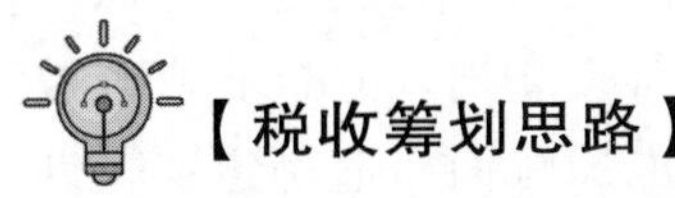

【税收筹划思路】

资产收购是指一家企业（称为受让企业）购买另一家企业（称为转让企业）实质经营性资产的交易。受让企业支付对价的形式包括股权支付、非股权支付或两者的组合。

一般情况下，企业资产收购重组的相关交易应按以下规定处理：①转让企业方应确认资产转让所得或损失；②受让企业取得资产的计税基础应以公允价值为基础确定；③转让企业的相关所得税事项原则上保持不变。

特殊资产收购的条件如下：①受让企业收购的资产不低于转让企业全部资产的 75%（自 2014 年 1 月 1 日起，该比例降低为 50%）；②受让企业在该资产收购发生时的股权支付金额不低于其交易支付总额的 85%。

第一个条件是收购资产比例，第二个条件是支付股权比例。

特殊资产收购可以选择按以下规定处理：①转让企业取得受让企业股权的计税基础，以被转让资产的原有计税基础确定；②受让企业取得转让企业资产的计税基础，以被转让资产的原有计税基础确定。

企业资产收购分为应税资产收购和免税资产收购。在应税资产收购中，受让企业应确认股权、资产转让所得或损失。转让企业取得股权或资产的计税基础应以公允价值为基础确定。受让企业的相关所得税事项原则上保持不变。

免税资产收购的条件是：受让企业收购的资产不低于转让企业全部资产

的 75%（自 2014 年 1 月 1 日起，该比例降低为 50%），且受让企业在该资产收购发生时的股权支付金额不低于其交易支付总额的 85%。在免税资产收购中，转让企业和受让企业都不需要缴纳企业所得税，转让企业取得受让企业股权的计税基础，以被转让资产的原有计税基础确定。受让企业取得转让企业资产的计税基础，以被转让资产的原有计税基础确定。

企业在资产收购中，在条件许可的情况下，应当尽量选择采取免税资产收购的形式。这样可以延迟缴纳所得税，在一定条件下，还可以免除缴纳企业所得税。

对 100% 直接控制的居民企业之间，以及受同一或相同多家居民企业 100% 直接控制的居民企业之间按账面净值划转股权或资产，凡具有合理商业目的、不以减少、免除或者推迟缴纳税款为主要目的，股权或资产划转后连续 12 个月内不改变被划转股权或资产原来实质性经营活动，且划出方企业和划入方企业均未在会计上确认损益的，可以选择按以下规定进行特殊性税务处理：①划出方企业和划入方企业均不确认所得；②划入方企业取得被划转股权或资产的计税基础，以被划转股权或资产的原账面净值确定；③划入方企业取得的被划转资产，应按其原账面净值计算折旧扣除。

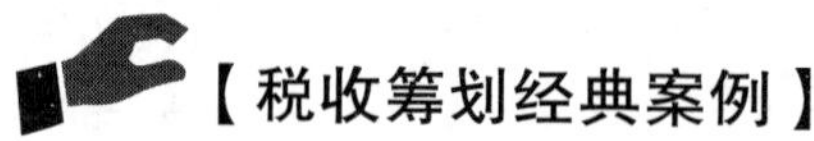

甲公司准备用 8 000 万元现金收购乙公司 80% 的资产。这些资产包括购进价格为 2 000 万元、账面净值为 1 000 万元、公允价值为 3 000 万元的不动产及账面净值为 6 000 万元，公允价值为 5 000 万元的无形资产。在该交易中，甲公司和乙公司应当如何纳税？该交易如何进行税收筹划？（因印花税、附加税数额较小，对于筹划方案不产生影响，本方案不予考虑。）

在上述交易中，乙公司应当缴纳增值税 350 万元［（3 000 － 2 000）×5% ＋ 5 000×6%］，应当缴纳土地增值税（暂按 3% 核定）90 万元（3 000×3%），应当缴纳企业所得税 227.5 万元［（3 000 － 1 000 ＋ 5 000 － 6 000 － 90）× 25%］。甲公司应当缴纳契税 90 万元（3 000×3%）。两公司合计纳税 757.5 万元（350 ＋ 90 ＋ 227.5 ＋ 90）。

如果甲公司用自己的股权来收购乙公司的资产，则乙公司不需要缴纳任何税款。即使将来乙公司再将该股权转让给甲公司或者其他企业，也只需要缴纳企业所得税，不需要缴纳增值税、土地增值税和契税。

【法律法规依据】

（1）《中华人民共和国企业所得税法》（2007 年 3 月 16 日第十届全国人民代表大会第五次会议通过，2017 年 2 月 24 日第十二届全国人民代表大会常务委员会第二十六次会议修改，2018 年 12 月 29 日第十三届全国人民代表大会常务委员会第七次会议第二次修正）。

（2）《中华人民共和国企业所得税法实施条例》（国务院 2007 年 12 月 6 日颁布，国务院令〔2007〕第 512 号，自 2008 年 1 月 1 日起实施，2019 年 4 月 23 日国务院令第 714 号修正）。

（3）《财政部　国家税务总局关于企业重组业务企业所得税处理若干问题的通知》（财政部　国家税务总局 2009 年 4 月 30 日发布，财税〔2009〕59 号）。

（4）《财政部　国家税务总局关于促进企业重组有关企业所得税处理问题的通知》（财税〔2014〕109 号）。

（5）《国家税务总局关于企业重组业务企业所得税征收管理若干问题的公告》（国家税务总局公告 2015 年第 48 号）。

4.7 企业股权收购的税收筹划

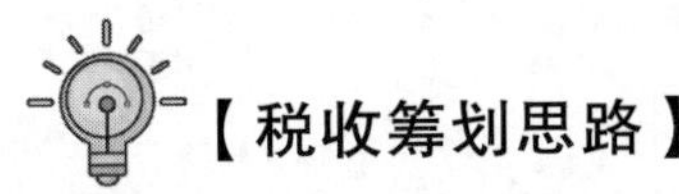

股权收购，是指一家企业（称为收购企业）购买另一家企业（称为被收购企业）的股权，以实现对被收购企业控制的交易。收购企业支付对价的形式包括股权支付、非股权支付或两者的组合。

一般情况下，企业股权收购重组的相关交易应按以下规定处理：①被收购企业应确认股权转让所得或损失；②收购企业取得股权的计税基础应以公允价值为基础确定；③被收购企业的相关所得税事项原则上保持不变。

特殊股权收购的条件如下：①收购企业购买的股权不低于被收购企业全部股权的 75%（自 2014 年 1 月 1 日起，该比例降低为 50%）；②收购企业在该股权收购发生时的股权支付金额不低于其交易支付总额的 85%。

第一个条件是收购股权比例，第二个条件是支付股权比例。

特殊股权收购可以选择按以下规定处理：①被收购企业的股东取得收购企业股权的计税基础，以被收购股权的原有计税基础确定；②收购企业取得被收购企业股权的计税基础，以被收购股权的原有计税基础确定；③收购企业、被收购企业的原有各项资产和负债的计税基础和其他相关所得税事项保持不变。

企业股权收购分为应税股权收购和免税股权收购。在应税股权收购中，被收购企业应确认股权、资产转让所得或损失，收购企业取得股权或资产的计税基础应以公允价值为基础确定，被收购企业的相关所得税事项原则上保持不变。

免税股权收购的条件是：收购企业购买的股权不低于被收购企业全部股权的75%（自2014年1月1日起，该比例降低为50%），且收购企业在该股权收购发生时的股权支付金额不低于其交易支付总额的85%。在免税股权收购中，被收购企业的股东取得收购企业股权的计税基础，以被收购股权的原有计税基础确定，收购企业取得被收购企业股权的计税基础，以被收购股权的原有计税基础确定，收购企业、被收购企业的原有各项资产和负债的计税基础和其他相关所得税事项保持不变。

企业在股权收购中，在条件许可的情况下，应当尽量选择采取免税股权收购的形式。这样可以延迟缴纳所得税，在一定条件下，还可以免除缴纳企业所得税。

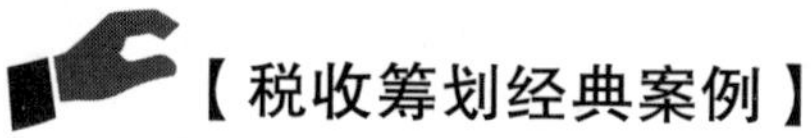

【税收筹划经典案例】

甲公司准备用8 000万元现金收购乙公司80%的股权。乙公司80%股权的计税基础为4 000万元。在该交易中，甲公司和乙公司应当如何纳税？该交易如何进行税收筹划？（因印花税数额较小，对于节税方案不产生影响，本方案不予考虑。）

在上述交易中，如果乙公司的股东是企业，应当缴纳企业所得税1 000万元［（8 000 － 4 000）×25%］。如果甲公司采取免税股权收购的方式取得乙公司的股权，可以向乙公司的股东支付本公司10%的股权（公允价值为8 000万元）。由于股权支付额占交易总额的比例为100%，因此属于免税股权收购，在当期节省企业所得税1 000万元。乙公司可以在未来再将该股权转让给甲公司或者其他企业，这样可以取得延期纳税的利益。

【税收筹划经典案例】

2009 年 6 月 5 日，江西诚志股份向石家庄永生华清与清华控股定向增发股票 2 704 万股，以购买两家企业 100% 控股的石家庄永生华清液晶有限公司以及石家庄开发区永生华清液晶有限公司 100% 股权，两家控股企业初始投资成本为 6 100 万元（即：标的公司的实收资本），定向增发价格按照诚志股份首次董事会审议前 20 个交易日的平均价格确定，其公允价值为 34 671.58 万元。

该项重组业务，是标准的股权收购，即：上市公司诚志股份用自己的股份作为对价，购买两家控股企业持有的 100% 股权。如果选用特殊性税务处理：①石家庄永生华清和清华控股，暂不确认转让股权所得；②收购企业诚志股份取得的标的公司股权的计税基础按照其原计税基础 6 100 万元确定；③转让企业取得诚志股份股票的计税基础，也按照被收购股权的原有计税基础确定；④标的企业承诺自重组完成日起，12 个月内不改变实质性经营业务；⑤取得诚志股份的原主要股东石家庄永生华清和清华控股承诺在 12 个月内不转让其取得的股票，这也是证监会对新增限售股的要求。

【法律法规依据】

（1）《中华人民共和国企业所得税法》（2007 年 3 月 16 日第十届全国人民代表大会第五次会议通过，2017 年 2 月 24 日第十二届全国人民代表大会常务委员会第二十六次会议修改，2018 年 12 月 29 日第十三届全国人民代表大会常务委员会第七次会议第二次修正）。

（2）《中华人民共和国企业所得税法实施条例》（国务院 2007 年 12 月 6 日颁布，国务院令〔2007〕第 512 号，自 2008 年 1 月 1 日起实施，2019 年 4 月 23 日国务院令第 714 号修正）。

（3）《财政部　国家税务总局关于企业重组业务企业所得税处理若干问题的通知》（财政部　国家税务总局 2009 年 4 月 30 日发布，财税〔2009〕59 号）。

（4）《财政部　国家税务总局关于促进企业重组有关企业所得税处理问题的通知》（财税〔2014〕109 号）。

（5）《国家税务总局关于企业重组业务企业所得税征收管理若干问题的公告》（国家税务总局公告 2015 年第 48 号）。

4.8 企业合并的税收筹划

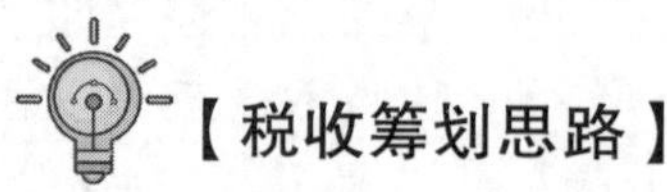

企业对外投资，既可以设立分支机构，也可以向其他企业贷款或者进行股权投资，同时，还可以考虑通过合并或者兼并进行投资。合并是指两个或两个以上的企业，依据法律规定或合同约定，合并为一个企业的法律行为。合并可以采取吸收合并和新设合并两种形式。吸收合并是指两个以上的企业合并时，其中一个企业吸收了其他企业而存续（对此类企业简称存续企业），被吸收的企业解散。新设合并是指两个以上企业并为一个新企业，合并各方解散。兼并是指一个企业购买其他企业的产权，使其他企业失去法人资格或改变法人实体的一种行为。合并、兼并，一般不须经清算程序。企业合并、兼并时，合并或兼并各方的债权、债务由合并、兼并后的企业或者新设的企业承继。

根据《财政部　国家税务总局关于企业重组业务企业所得税处理若干问题的通知》（财税〔2009〕59 号）的规定，合并是指一家或多家企业（简称被合并企业）将其全部资产和负债转让给另一家现存或新设企业（简称合并企业），被合并企业股东换取合并企业的股权或非股权支付，实现两个或两个以上企业的依法合并。一般情况下，企业合并的当事各方应按下列规定处理：①合并企业应按公允价值确定接受被合并企业各项资产和负债的计税基础；②被合并企业及其股东都应按清算进行所得税处理；③被合并企业的亏损不得在合并企业结转弥补。

企业重组同时符合下列条件的，适用特殊性税务处理规定：①具有合理的商业目的，且不以减少、免除或者推迟缴纳税款为主要目的；②被收购、合并或分立部分的资产或股权比例符合规定的比例；③企业重组后的连续 12 个月内不改变重组资产原来的实质性经营活动；④重组交易对价中涉及股权支付金额符合规定比例；⑤企业重组中取得股权支付的原主要股东，在重组后连续 12 个月内，不得转让所取得的股权。

企业股东在该企业合并发生时取得的股权支付金额不低于其交易支付总额的 85%，以及同一控制下且不需要支付对价的企业合并，可以选择按以下

规定处理：①合并企业接受被合并企业资产和负债的计税基础，以被合并企业的原有计税基础确定；②被合并企业合并前的相关所得税事项由合并企业承继；③可由合并企业弥补的被合并企业亏损的限额＝被合并企业净资产公允价值 × 截至合并业务发生当年年末国家发行的最长期限的国债利率；④被合并企业股东取得合并企业股权的计税基础，以其原持有的被合并企业股权的计税基础确定。

因此，企业在兼并亏损企业或者与亏损企业合并时，应当尽量满足特殊企业重组的条件，从而能够选择按照特殊企业重组进行税务处理。由于企业合并中，可由合并企业弥补的被合并企业的亏损具有限额，而且该限额较小。因此，如果企业合并具有较大数额亏损的企业，应先采取股权收购的方式将被合并企业变为全资子公司，再通过转移定价或者业务转移的方式将利润转移至亏损企业，充分利用被合并企业的亏损。

根据税法的规定，投资企业从被投资企业撤回或减少投资，其取得的资产中，相当于初始出资的部分，应确认为投资收回；相当于被投资企业累计未分配利润和累计盈余公积按减少实收资本比例计算的部分，应确认为股息所得；其余部分确认为投资资产转让所得。被投资企业发生的经营亏损，由被投资企业按规定结转弥补；投资企业不得调整减低其投资成本，也不得将其确认为投资损失。

【税收筹划经典案例】

甲公司与乙公司合并为新的甲公司，乙公司注销。甲公司向乙公司的股东——丙公司支付 8 000 万元现金，乙公司所有资产的账面净值为 6 000 万元，公允价值为 8 000 万元。该交易如何进行税收筹划？

在上述交易中，乙公司需要进行清算，应当缴纳企业所得税 500 万元［（8 000 － 6 000）×25%］。丙公司从乙公司剩余资产中取得的股息部分可以免税，取得的投资所得部分需要缴纳 25% 的企业所得税。假设丙公司取得投资所得部分为 1 000 万元，则丙公司需要缴纳企业所得税 250 万元（1 000×25%）。整个交易的税收负担为 750 万元（500 ＋ 250）。

如果甲公司用自己的股权来收购乙公司的资产，即丙公司成为新甲公司的股东，则乙公司和丙公司不需要缴纳任何税款，即使将来丙公司再将该股权转让给甲公司或者其他企业，也能取得延期纳税的利益。

【税收筹划经典案例】

甲公司与乙公司合并为新的甲公司。乙公司净资产公允价值为2 000万元，乙公司有税法允许弥补的亏损1 000万元。假设截至合并业务发生当年年末国家发行的最长期限的国债利率为4.5%。如甲、乙两公司选择特殊税务处理，可由甲公司弥补的乙公司亏损的限额为90万元（2 000×4.5%）。请对此提出税收筹划方案。

甲公司与乙公司的交易模式应从企业合并变更为股权收购，即甲公司从乙公司的股东手中收购乙公司100%的股权，使得乙公司变为甲公司的全资子公司。该项股权收购仍然采取特殊税务处理。在未来的经营中，甲公司通过转移定价以及业务转移的方式，将甲公司的1 000万元利润转移至乙公司，相当于弥补了乙公司1 000万元的亏损。该税收筹划可以实现节税227.5万元［（1 000 － 90）×25%］。待乙公司的亏损弥补完毕，甲、乙公司可以继续保持目前的母子公司关系，也可以按照特殊税务处理进行合并，组建新甲公司。

【法律法规依据】

（1）《中华人民共和国企业所得税法》（2007年3月16日第十届全国人民代表大会第五次会议通过，2017年2月24日第十二届全国人民代表大会常务委员会第二十六次会议修改，2018年12月29日第十三届全国人民代表大会常务委员会第七次会议第二次修正）。

（2）《中华人民共和国企业所得税法实施条例》（国务院2007年12月6日颁布，国务院令〔2007〕第512号，自2008年1月1日起实施，2019年4月23日国务院令第714号修正）。

（3）《财政部　国家税务总局关于企业重组业务企业所得税处理若干问题的通知》（财政部　国家税务总局2009年4月30日发布，财税〔2009〕59号）。

（4）《国家税务总局关于企业所得税若干问题的公告》（国家税务总局公告2011年第34号）。

（5）《国家税务总局关于企业重组业务企业所得税征收管理若干问题的公告》（国家税务总局公告2015年第48号）。

4.9 企业分立的税收筹划

【税收筹划思路】

分立，是指一家企业（称为被分立企业）将部分或全部资产分离转让给现存或新设的企业（称为分立企业），被分立企业股东换取分立企业的股权或非股权支付，实现企业的依法分立。

一般情况下，企业分立的当事各方应按下列规定处理：①被分立企业对分立出去资产应按公允价值确认资产转让所得或损失；②分立企业应按公允价值确认接受资产的计税基础；③被分立企业继续存在时，其股东取得的对价应视同被分立企业分配进行处理；④被分立企业不再继续存在时，被分立企业及其股东都应按清算进行所得税处理；⑤企业分立相关企业的亏损不得相互结转弥补。

特殊企业分立应当具备以下条件：①被分立企业所有股东按原持股比例取得分立企业的股权；②分立企业和被分立企业均不改变原来的实质经营活动；③被分立企业股东在该企业分立发生时取得的股权支付金额不低于其交易支付总额的 85%。

第一个条件规定的是股权比例维持原则，第二个条件规定的是实质经营维持原则，第三个条件规定的是股权支付比例原则。

特殊企业分立可以选择按以下规定处理：①分立企业接受被分立企业资产和负债的计税基础，以被分立企业的原有计税基础确定；②被分立企业已分立出去资产相应的所得税事项由分立企业承继；③被分立企业未超过法定弥补期限的亏损额可按分立资产占全部资产的比例进行分配，由分立企业继续弥补；④被分立企业的股东取得分立企业的股权（简称新股），如需部分或全部放弃原持有的被分立企业的股权（简称旧股），新股的计税基础应以放弃旧股的计税基础确定。如不需放弃旧股，则其取得新股的计税基础可从以下两种方法中选择确定：直接将新股的计税基础确定为零；以被分立企业分立出去的净资产占被分立企业全部净资产的比例先调减原持有的旧股的计税基础，再将调减的计税基础平均分配到新股上。

在企业存续分立中，分立后的存续企业性质及适用税收优惠的条件未发生改变的，可以继续享受分立前该企业剩余期限的税收优惠，其优惠金额按该企业分立前一年的应纳税所得额（亏损计为零）乘以分立后存续企业资产占分立前该企业全部资产的比例计算。

企业分立分为应税企业分立和免税企业分立。在应税企业分立中，被分立企业对分立出去资产应按公允价值确认资产转让所得或损失，分立企业应按公允价值确认接受资产的计税基础。被分立企业继续存在时，其股东取得的对价应视同被分立企业分配进行处理；被分立企业不再继续存在时，被分立企业及其股东都应按清算进行所得税处理，企业分立相关企业的亏损不得相互结转弥补。

企业分立适用特殊税务处理的条件是：被分立企业所有股东按原持股比例取得分立企业的股权，分立企业和被分立企业均不改变原来的实质经营活动，且被分立企业股东在该企业分立发生时取得的股权支付金额不低于其交易支付总额的85%。在免税企业分立中，分立企业接受被分立企业资产和负债的计税基础，以被分立企业的原有计税基础确定，被分立企业已分立出去资产相应的所得税事项由分立企业承继，被分立企业未超过法定弥补期限的亏损额可按分立资产占全部资产的比例进行分配，由分立企业继续弥补。

企业在分立中，在条件许可的情况下，应当尽量选择适用特殊税务处理。这样可以延迟缴纳所得税，在一定条件下，还可以免除缴纳企业所得税。

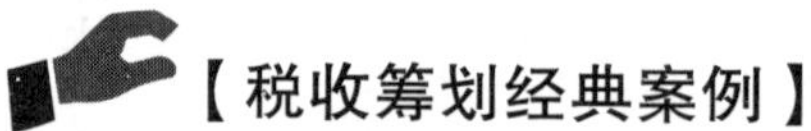

甲公司将其一家分公司（其计税基础为5 000万元，公允价值为8 000万元）变为独立的乙公司，甲公司的股东取得乙公司100%的股权，同时取得2 000万元现金。在该交易中，甲公司和乙公司应当如何纳税，该交易如何进行税收筹划?（不考虑印花税）

在该交易中，非股权支付额占整个交易的比例为25%（2 000÷8 000），不符合免税企业分立的条件。如果甲公司的股东是公司，取得2 000万现金，视同分配股息，免税。甲公司应缴纳企业所得税750万元［（8 000 − 5 000）× 25%］。

如果甲公司的股东取得乙公司的全部股权，同时不再取得现金，这样就符合企业分立适用特殊税务处理的条件。甲公司将免于缴纳750万元的企业所得税。此时，甲公司取得乙公司股权的计税基础相对变小，但甲公司的股东因此取得了延迟纳税的利益。

【法律法规依据】

（1）《中华人民共和国企业所得税法》（2007 年 3 月 16 日第十届全国人民代表大会第五次会议通过，2017 年 2 月 24 日第十二届全国人民代表大会常务委员会第二十六次会议修改，2018 年 12 月 29 日第十三届全国人民代表大会常务委员会第七次会议第二次修正）。

（2）《中华人民共和国企业所得税法实施条例》（国务院 2007 年 12 月 6 日颁布，国务院令〔2007〕第 512 号，自 2008 年 1 月 1 日起实施，2019 年 4 月 23 日国务院令第 714 号修正）。

（3）《财政部　国家税务总局关于企业重组业务企业所得税处理若干问题的通知》（财政部　国家税务总局 2009 年 4 月 30 日发布，财税〔2009〕59 号）。

（4）《国家税务总局关于企业重组业务企业所得税征收管理若干问题的公告》（国家税务总局公告 2015 年第 48 号）。

4.10 分立企业享受优惠

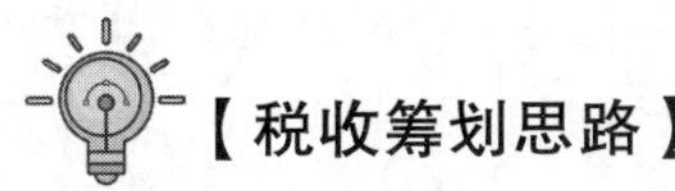

【税收筹划思路】

企业在生产经营中所缴纳的增值税、消费税等都具有一些优惠政策，企业在享受这些优惠政策时的一个前提条件就是独立核算，如果不能独立核算，则应当和其他经营一起缴纳较高的税率。有时企业是否进行了独立核算很难判断，此时，税务机关往往对企业一并征收较高的税率，为了避免这种情况，企业可以考虑将其中某个部门独立出去，成立全资子公司，专门从事低税率经营或者免税经营，这样就很容易达到独立核算的要求了。

根据我国税法的规定，消费税除金银首饰外一般在生产销售环节征收，在零售环节不再征收。因此企业可以通过设立一家专门的批发企业，然后以较低的价格将应税消费品销售给该独立核算的批发企业，则可以降低销售额，从而减少应纳税销售额。而独立核算的批发企业，只缴纳增值税，不缴纳消费税。

自 2017 年 7 月 1 日起，简并增值税税率结构，取消 13% 的增值税税率。

有关政策如下：

纳税人销售或者进口下列货物，税率为 11%：农产品（含粮食）、自来水、暖气、石油液化气、天然气、食用植物油、冷气、热水、煤气、居民用煤炭制品、食用盐、农机、饲料、农药、农膜、化肥、沼气、二甲醚、图书、报纸、杂志、音像制品、电子出版物。

纳税人购进农产品，按下列规定抵扣进项税额：

（1）除下述第（2）项规定外，纳税人购进农产品，取得一般纳税人开具的增值税专用发票或海关进口增值税专用缴款书的，以增值税专用发票或海关进口增值税专用缴款书上注明的增值税额为进项税额；从按照简易计税方法依照 3% 征收率计算缴纳增值税的小规模纳税人取得增值税专用发票的，以增值税专用发票上注明的金额和 11% 的扣除率计算进项税额；取得（开具）农产品销售发票或收购发票的，以农产品销售发票或收购发票上注明的农产品买价和 11% 的扣除率计算进项税额。

（2）营业税改征增值税试点期间，纳税人购进用于生产销售或委托受托加工 17% 税率货物的农产品维持原扣除力度不变。

（3）继续推进农产品增值税进项税额核定扣除试点，纳税人购进农产品进项税额已实行核定扣除的，仍按照《财政部　国家税务总局关于在部分行业试行农产品增值税进项税额核定扣除办法的通知》（财税〔2012〕38 号）、《财政部　国家税务总局关于扩大农产品增值税进项税额核定扣除试点行业范围的通知》（财税〔2013〕57 号）执行。其中，《农产品增值税进项税额核定扣除试点实施办法》（财税〔2012〕38 号）第四条第（2）项规定的扣除率调整为 11%；第（3）项规定的扣除率调整为按上述第（1）项、第（3）项规定执行。

（4）纳税人从批发、零售环节购进适用免征增值税政策的蔬菜、部分鲜活肉蛋而取得的普通发票，不得作为计算抵扣进项税额的凭证。

（5）纳税人购进农产品既用于生产销售或委托受托加工 17% 税率货物又用于生产销售其他货物服务的，应当分别核算用于生产销售或委托受托加工 17% 税率货物和其他货物服务的农产品进项税额。未分别核算的，统一以增值税专用发票或海关进口增值税专用缴款书上注明的增值税额为进项税额，或以农产品收购发票或销售发票上注明的农产品买价和 11% 的扣除率计算进项税额。

（6）《增值税暂行条例》第八条第二款第（3）项和上述所称销售发票，是指农业生产者销售自产农产品适用免征增值税政策而开具的普通发票。

自 2018 年 5 月 1 日起，纳税人发生增值税应税销售行为或者进口货物，原适用 17% 和 11% 税率的，税率分别调整为 16%、10%。纳税人购进农产品，原

适用 11% 扣除率的，扣除率调整为 10%。纳税人购进用于生产销售或委托加工 16% 税率货物的农产品，按照 12% 的扣除率计算进项税额。原适用 17% 税率且出口退税率为 17% 的出口货物，出口退税率调整至 16%。原适用 11% 税率且出口退税率为 11% 的出口货物、跨境应税行为，出口退税率调整至 10%。

自 2019 年 4 月 1 日起，增值税一般纳税人（以下称纳税人）发生增值税应税销售行为或者进口货物，原适用 16% 税率的，税率调整为 13%；原适用 10% 税率的，税率调整为 9%。纳税人购进农产品，原适用 10% 扣除率的，扣除率调整为 9%。纳税人购进用于生产或者委托加工 13% 税率货物的农产品，按照 10% 的扣除率计算进项税额。原适用 16% 税率且出口退税率为 16% 的出口货物劳务，出口退税率调整为 13%；原适用 10% 税率且出口退税率为 10% 的出口货物、跨境应税行为，出口退税率调整为 9%。适用 13% 税率的境外旅客购物离境退税物品，退税率为 11%；适用 9% 税率的境外旅客购物离境退税物品，退税率为 8%。

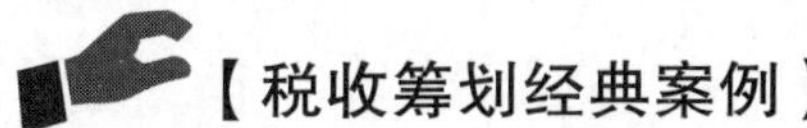

【税收筹划经典案例】

甲企业是一家图书公司（适用 9% 的增值税税率），兼营古旧图书等免征增值税的产品。该企业 2021 年共获得销售收入 600 万元，其中免征增值税产品所取得的销售收入为 160 万元，进项税额为 40 万元，其中属于免税产品的进项税额为 10 万元，该企业并未对古旧图书经营独立核算。请计算该公司应当缴纳的增值税并提出税收筹划方案。

该企业由于没有独立核算免税产品，应当一并缴纳增值税，应缴纳增值税额为 14 万元（600×9% － 40）。为了更好地进行独立核算，该公司可以考虑将经营古旧图书的部分独立出去，成为全资子公司，这样就可以享受免征增值税的优惠政策了。分立以后，该公司需要缴纳增值税 9.6 万元［（600 － 160）×9% －（40 － 10）］。通过税收筹划，可减轻企业税收负担 4.4 万元（14 － 9.6）。

【税收筹划经典案例】

某企业为一家高档化妆品生产企业（消费税税率为 15%），每年生产化妆品 20 万套，每套成本为 0.036 万元，批发价为 0.042 万元，零售价为 0.05 万元。该企业采取直接对外销售的方式，假定其中有一半产品通过批发方式，一半通过零售方式。请计算该企业应当缴纳的消费税，并提出税收筹划方案。

该企业应缴纳消费税 1 380 万元［（10×420 ＋ 10×500）×15%］。如果该企业将其一个经营部门分立出去成立一家批发公司，该企业的化妆品先以较低的批发价 0.04 元销售给该批发公司，然后再由该批发公司销售给消费者，则该企业应该缴纳消费税 1 200 万元（20×400×15%）。通过税收筹划，可减轻消费税负担 180 万元（1 380 － 1 200）。

【法律法规依据】

（1）《中华人民共和国增值税暂行条例》（国务院 1993 年 12 月 13 日颁布，国务院令〔1993〕第 134 号，根据 2017 年 11 月 19 日《国务院关于废止〈中华人民共和国营业税暂行条例〉和修改〈中华人民共和国增值税暂行条例〉的决定》第二次修订）。

（2）《中华人民共和国增值税暂行条例实施细则》（财政部　国家税务总局第 50 号令，根据 2011 年 10 月 28 日《关于修改〈中华人民共和国增值税暂行条例实施细则〉和〈中华人民共和国营业税暂行条例实施细则〉的决定》修订）。

（3）《中华人民共和国消费税暂行条例》（国务院 1993 年 12 月 13 日颁布，国务院令〔1993〕第 135 号，2008 年 11 月 5 日国务院第 34 次常务会议修订通过）。

（4）《中华人民共和国消费税暂行条例实施细则》（财政部　国家税务总局第 51 号令）。

（5）《财政部　国家税务总局关于简并增值税税率有关政策的通知》（财税〔2017〕37 号）。

（6）《财政部　税务总局关于调整增值税税率的通知》（财税〔2018〕32 号）。

（7）《财政部　税务总局　海关总署关于深化增值税改革有关政策的公告》（财政部　税务总局　海关总署公告 2019 年第 39 号）。

4.11 灵活运用企业合并分立减轻增值税负担

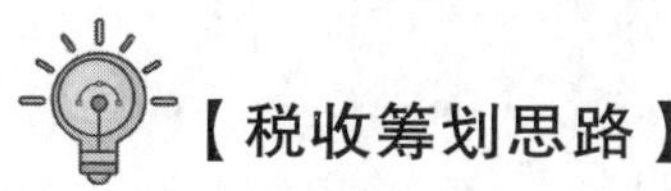

【税收筹划思路】

我国增值税实行的是税款抵扣制度，即用纳税人的进项税额抵扣销项税额，剩余的部分就是纳税人需要缴纳的增值税。这种制度对纳税人的会计核算以及凭证的取得和保管有着比较高的要求，很多小型企业无法达到。为此，《增值税暂行条例》将纳税人分为一般纳税人和小规模纳税人。根据《增值税暂行条例》第十一条的规定，小规模纳税人销售货物或者应税劳务，实行按照销售额和征收率计算应纳税额的简易办法，并不得抵扣进项税额。应纳税额计算公式：应纳税额＝销售额 × 征收率。目前，小规模纳税人的征收率为 3%，自 2020 年 1 月 1 日，征收率暂时降低为 1%。

自 2018 年 5 月 1 日起，增值税小规模纳税人标准为年应征增值税销售额 500 万元及以下。

下列增值税纳税人（以下简称纳税人）不办理一般纳税人登记：①按照政策规定，选择按照小规模纳税人纳税的；②年应税销售额超过规定标准的其他个人。

纳税人年应税销售额超过财政部、国家税务总局规定的小规模纳税人标准（以下简称规定标准）的，除上述规定外，应当向主管税务机关办理一般纳税人登记。年应税销售额，是指纳税人在连续不超过 12 个月或四个季度的经营期内累计应征增值税销售额，包括纳税申报销售额、稽查查补销售额、纳税评估调整销售额。销售服务、无形资产或者不动产（以下简称应税行为）有扣除项目的纳税人，其应税行为年应税销售额按未扣除之前的销售额计算。纳税人偶然发生的销售无形资产、转让不动产的销售额，不计入应税行为年应税销售额。

年应税销售额未超过规定标准的纳税人，会计核算健全，能够提供准确税务资料的，可以向主管税务机关办理一般纳税人登记。会计核算健全，是指能够按照国家统一的会计制度规定设置账簿，根据合法、有效凭证进行核算。

纳税人应当向其机构所在地主管税务机关办理一般纳税人登记手续。纳税人办理一般纳税人登记的程序如下：①纳税人向主管税务机关填报《增值税一般纳税人登记表》，如实填写固定生产经营场所等信息，并提供税务登记证件；②纳税人填报内容与税务登记信息一致的，主管税务机关当场登记；③纳税人填报内容与税务登记信息不一致，或者不符合填列要求的，税务机关应当场告知纳税人需要补正的内容。

纳税人自一般纳税人生效之日起，按照增值税一般计税方法计算应纳税额，并可以按照规定领用增值税专用发票，财政部、国家税务总局另有规定的除外。生效之日，是指纳税人办理登记的当月 1 日或者次月 1 日，由纳税人在办理登记手续时自行选择。纳税人登记为一般纳税人后，不得转为小规模纳税人，国家税务总局另有规定的除外。

根据《增值税暂行条例实施细则》第三十四条规定，有下列情形之一者，应按销售额依照增值税税率计算应纳税额，不得抵扣进项税额，也不得使用增值税专用发票：①一般纳税人会计核算不健全，或者不能够提供准确税务资料的；②除《增值税暂行条例实施细则》第二十九条规定外，纳税人销售额超过小规模纳税人标准，未申请办理一般纳税人认定手续的。

不同类型、不同行业的企业选择一般纳税人身份和小规模纳税人身份所承担的增值税是不同的，绝大部分企业采取一般纳税人身份都可以降低增值税税收负担，但如果企业的规模较小，达不到《增值税暂行条例实施细则》所规定的一般纳税人的标准，就可以考虑通过合并企业的方式达到这一标准，或者完善会计核算制度达到一般纳税人的标准，从而减轻各自的税收负担。反之，如果企业能够获得的进项税额比较少，增值税税收负担比较高，则可以考虑通过分立企业来减轻增值税税收负担。

【税收筹划经典案例】

某企业增值率很低，假设仅为 5%，即进项抵扣额占 95%。有两个批发企业，各自年销售额为 300 万元，符合小规模纳税人条件，适用 3% 的增值税征收率。因此，两企业各自需缴纳增值税 9 万元（300×3%），共计 18 万元。上述企业如何进行税收筹划？

在增值率比较低的情况下，企业缴纳 3% 的增值税就会产生比较高的税收负担。为此，可以考虑将两个企业合并成一个企业，这样，该企业的年销售额为 600 万元，经过企业申请就可以被登记为一般纳税人。此时，该企业应该缴纳增值税 3.9 万元（600×13% − 600×95%×13%），可减轻税收负担 14.1 万元（18 − 3.9）。

【税收筹划经典案例】

某企业是从事商品批发的商业企业，年销售额为 1 000 万元，属于增值税一般纳税人，适用 13% 的税率。该企业每年所能获得的进项税额比较少，仅为销项税额的 50%。请计算该企业每年需要承担的增值税，并提出税收筹划方案。

一般情况下，企业购进货物均能取得增值税专用发票，此时一般纳税人的增值税负担比较轻，但如果企业有很多情况下无法取得增值税专用发票（当然，在不能取得增值税专用发票的情况下，进货价格也会相应低一些），此时纳税人的增值税负担就比较重，按照小规模纳税人缴纳增值税反而有利。因此，该企业可以考虑分立为两个企业，年销售额分别为 500 万元，符合小规模纳税人的标准，可以按照 3% 的征收率征税。分立之前，该企业需要缴纳增值税 65 万元（1 000×13% － 1 000×13%×50%）。分立之后，两个企业需要缴纳增值税 30 万元（500×3%×2），由此每年可减轻增值税税收负担 35 万元（65 － 30）。

【法律法规依据】

（1）《中华人民共和国增值税暂行条例》（国务院 1993 年 12 月 13 日颁布，国务院令〔1993〕第 134 号，根据 2017 年 11 月 19 日《国务院关于废止〈中华人民共和国营业税暂行条例〉和修改〈中华人民共和国增值税暂行条例〉的决定》第二次修订）。

（2）《中华人民共和国增值税暂行条例实施细则》（财政部　国家税务总局第 50 号令，根据 2011 年 10 月 28 日《关于修改〈中华人民共和国增值税暂行条例实施细则〉和〈中华人民共和国营业税暂行条例实施细则〉的决定》修订）。

（3）《增值税一般纳税人登记管理办法》（国家税务总局令第 43 号）。

（4）《财政部　税务总局关于统一增值税小规模纳税人标准的通知》（财税〔2018〕33 号）。

4.12 利用企业改制中的契税优惠

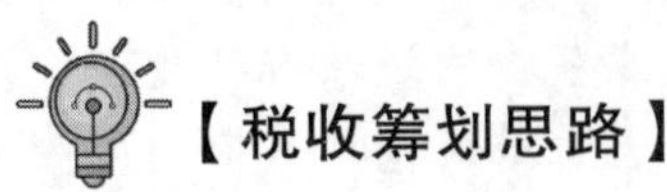

【税收筹划思路】

自 2018 年 1 月 1 日起至 2020 年 12 月 31 日，企业、事业单位改制重组涉及的契税政策如下：

（1）企业按照《公司法》有关规定整体改制，包括非公司制企业改制为有限责任公司或股份有限公司，有限责任公司变更为股份有限公司，股份有限公司变更为有限责任公司，原企业投资主体存续并在改制（变更）后的公司中所持股权（股份）比例超过 75%，且改制（变更）后公司承继原企业权利、义务的，对改制（变更）后公司承受原企业土地、房屋权属，免征契税。

（2）事业单位按照国家有关规定改制为企业，原投资主体存续并在改制后企业中出资（股权、股份）比例超过 50% 的，对改制后企业承受原事业单位土地、房屋权属，免征契税。

（3）两个或两个以上的公司，依照法律规定、合同约定，合并为一个公司，且原投资主体存续的，对合并后公司承受原合并各方土地、房屋权属，免征契税。

（4）公司依照法律规定、合同约定分立为两个或两个以上与原公司投资主体相同的公司，对分立后公司承受原公司土地、房屋权属，免征契税。

（5）企业依照有关法律法规规定实施破产，债权人（包括破产企业职工）承受破产企业抵偿债务的土地、房屋权属，免征契税；对非债权人承受破产企业土地、房屋权属，凡按照《中华人民共和国劳动法》等国家有关法律法规政策妥善安置原企业全部职工规定，与原企业全部职工签订服务年限不少于三年的劳动用工合同的，对其承受所购企业土地、房屋权属，免征契税；与原企业超过 30% 的职工签订服务年限不少于三年的劳动用工合同的，减半征收契税。

（6）对承受县级以上人民政府或国有资产管理部门按规定进行行政性调整、划转国有土地、房屋权属的单位，免征契税。同一投资主体内部所属企业之间土地、房屋权属的划转，包括母公司与其全资子公司之间，同一公司所属全资子公司之间，同一自然人与其设立的个人独资企业、一人有限公司之间土地、房屋权属的划转，免征契税。母公司以土地、房屋权属向其全资

子公司增资，视同划转，免征契税。

（7）经国务院批准实施债权转股权的企业，对债权转股权后新设立的公司承受原企业的土地、房屋权属，免征契税。

（8）以出让方式或国家作价出资（入股）方式承受原改制重组企业、事业单位划拨用地的，不属上述规定的免税范围，对承受方应按规定征收契税。

（9）在股权（股份）转让中，单位、个人承受公司股权（股份），公司土地、房屋权属不发生转移，不征收契税。

上述所称企业、公司，是指依照我国有关法律法规设立并在中国境内注册的企业、公司。上述所称投资主体存续，是指原企业、事业单位的出资人必须存在于改制重组后的企业，出资人的出资比例可以发生变动；投资主体相同，是指公司分立前后出资人不发生变动，出资人的出资比例可以发生变动。

自 2021 年 1 月 1 日起至 2023 年 12 月 31 日，企业按照《中华人民共和国公司法》有关规定整体改制，包括非公司制企业改制为有限责任公司或股份有限公司，有限责任公司变更为股份有限公司，股份有限公司变更为有限责任公司，原企业投资主体存续并在改制（变更）后的公司中所持股权（股份）比例超过 75%，且改制（变更）后公司承继原企业权利、义务的，对改制（变更）后公司承受原企业土地、房屋权属，免征契税。

事业单位按照国家有关规定改制为企业，原投资主体存续并在改制后企业中出资（股权、股份）比例超过 50% 的，对改制后企业承受原事业单位土地、房屋权属，免征契税。

两个或两个以上的公司，依照法律规定、合同约定，合并为一个公司，且原投资主体存续的，对合并后公司承受原合并各方土地、房屋权属，免征契税。

公司依照法律规定、合同约定分立为两个或两个以上与原公司投资主体相同的公司，对分立后公司承受原公司土地、房屋权属，免征契税。

企业依照有关法律法规规定实施破产，债权人（包括破产企业职工）承受破产企业抵偿债务的土地、房屋权属，免征契税；对非债权人承受破产企业土地、房屋权属，凡按照《中华人民共和国劳动法》等国家有关法律法规政策妥善安置原企业全部职工规定，与原企业全部职工签订服务年限不少于三年的劳动用工合同的，对其承受所购企业土地、房屋权属，免征契税；与原企业超过 30% 的职工签订服务年限不少于三年的劳动用工合同的，减半征收契税。

对承受县级以上人民政府或国有资产管理部门按规定进行行政性调整、划转国有土地、房屋权属的单位，免征契税。同一投资主体内部所属企业之

间土地、房屋权属的划转，包括母公司与其全资子公司之间，同一公司所属全资子公司之间，同一自然人与其设立的个人独资企业、一人有限公司之间土地、房屋权属的划转，免征契税。母公司以土地、房屋权属向其全资子公司增资，视同划转，免征契税。

经国务院批准实施债权转股权的企业，对债权转股权后新设立的公司承受原企业的土地、房屋权属，免征契税。

以出让方式或国家作价出资（入股）方式承受原改制重组企业、事业单位划拨用地的，不属上述规定的免税范围，对承受方应按规定征收契税。

在股权（股份）转让中，单位、个人承受公司股权（股份），公司土地、房屋权属不发生转移，不征收契税。

上述所称企业、公司，是指依照我国有关法律法规设立并在中国境内注册的企业、公司。上述所称投资主体存续，是指原改制重组企业、事业单位的出资人必须存在于改制重组后的企业，出资人的出资比例可以发生变动。上述所称投资主体相同，是指公司分立前后出资人不发生变动，出资人的出资比例可以发生变动。

【税收筹划经典案例】

赵先生准备用自己名下的一处价值 1 000 万元的商用房投资设立一家一人有限责任公司，已知当地契税税率为 3%，请为赵先生提出契税的税收筹划方案。

如果直接投资，该有限责任公司需要缴纳契税 30 万元（1 000×3%）。若赵先生先成立一家一人有限责任公司，然后将自己名下的商用房划转至该一人有限责任公司，则可以免于缴纳 30 万元的契税。

【法律法规依据】

（1）《中华人民共和国契税法》（2020 年 8 月 11 日第十三届全国人民代表大会常务委员会第二十一次会议通过）。

（2）《财政部　税务总局关于继续支持企业事业单位改制重组有关契税政策的通知》（财税〔2018〕17 号）。

（3）《财政部　税务总局关于继续执行企业事业单位改制重组有关契税政策的公告》（财政部　税务总局公告 2021 年第 17 号）。

第5章

企业跨国经营税收筹划经典案例

5.1 外国企业选择是否设立机构场所

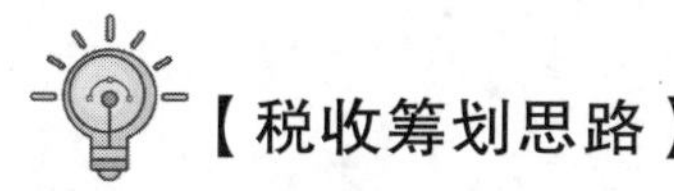

【税收筹划思路】

根据《企业所得税法》第三条的规定，非居民企业在中国境内设立机构、场所的，应当就其所设机构、场所取得的来源于中国境内的所得，以及发生在中国境外但与其所设机构、场所有实际联系的所得，缴纳企业所得税。非居民企业在中国境内未设立机构、场所的，或者虽设立机构、场所但取得的所得与其所设机构、场所没有实际联系的，应当就其来源于中国境内的所得缴纳企业所得税。根据《企业所得税法》第四条的规定，非居民企业在中国境内设立机构、场所的，适用25%的税率。非居民企业在中国境内未设立机构、场所的，适用10%的预提所得税税率。根据《企业所得税法》第五条的规定，非居民企业在中国境内设立机构、场所的，企业每一纳税年度的收入总额，减除不征税收入、免税收入、各项扣除以及允许弥补的以前年度亏损后的余额，为应纳税所得额。根据《企业所得税法》第十九条的规定，非居民企业在中国境内未设立机构、场所的，股息、红利等权益性投资收益和利息、租金、特许权使用费所得，以收入全额为应纳税所得额；转让财产所得，以收入全额减除财产净值后的余额为应纳税所得额。

根据上述规定，非居民企业设立机构场所与不设立机构场所的计算方法是不同的，企业可以综合考虑其设立机构场所与不设立机构场所的税收负担并据此作出科学的决策。

【税收筹划经典案例】

甲公司为在美国成立的跨国公司，其计划在中国设立一个分支机构，该分支机构主要负责甲公司的专利、商标等特许权在中国的许可运营。预计每年取得各类特许权使用费 1 000 万元，设立分支机构的各项可以税前扣除的支出约 200 万元。如果甲公司不在中国设立分支机构，该 200 万元的费用可以由总公司负担。请比较甲公司设立分支机构与不设立分支机构的企业所得税负担。

如果甲公司设立分支机构，则每年缴纳企业所得税 200 万元［（1 000－200）×25%］。如果甲公司不设立分支机构，则每年缴纳企业所得税 100 万元（1 000×10%）。假设设立分支机构与不设立分支机构的其他开支基本相当，甲公司就不应该在中国设立分支机构。

【法律法规依据】

（1）《中华人民共和国企业所得税法》（2007 年 3 月 16 日第十届全国人民代表大会第五次会议通过，2017 年 2 月 24 日第十二届全国人民代表大会常务委员会第二十六次会议修改，2018 年 12 月 29 日第十三届全国人民代表大会常务委员会第七次会议第二次修正）。

（2）《中华人民共和国企业所得税法实施条例》（国务院 2007 年 12 月 6 日颁布，国务院令〔2007〕第 512 号，自 2008 年 1 月 1 日起实施，2019 年 4 月 23 日国务院令第 714 号修正）。

5.2 外国公司直接投资转子公司间接投资

【税收筹划思路】

根据《企业所得税法》及其实施条例的规定，外国公司来中国直接投资，取得的股息所得不扣除任何成本费用，按照 10% 的税率缴纳企业所得税。外国公司在中国设立分支机构或者子公司，由该分支机构或者子公司进行投资，

取得的股息所得可以免纳企业所得税。虽然未来外国公司将该笔利润汇出中国仍然需要缴纳 10% 的预提所得税，但如果外国公司在中国取得的利润主要仍投资于中国，则应尽量选择在中国设立子公司进行投资的模式，这样可以取得延期纳税的利益。

自 2018 年 1 月 1 日起，对境外投资者从中国境内居民企业分配的利润，用于境内直接投资暂不征收预提所得税政策的适用范围，由外商投资鼓励类项目扩大至所有非禁止外商投资的项目和领域。

境外投资者暂不征收预提所得税须同时满足以下条件：

（1）境外投资者以分得利润进行的直接投资，包括境外投资者以分得利润进行的增资、新建、股权收购等权益性投资行为，但不包括新增、转增、收购上市公司股份（符合条件的战略投资除外）。具体是指：新增或转增中国境内居民企业实收资本或者资本公积；在中国境内投资新建居民企业；从非关联方收购中国境内居民企业股权；财政部、税务总局规定的其他方式。境外投资者采取上述投资行为所投资的企业被统称为被投资企业。

（2）境外投资者分得的利润属于中国境内居民企业向投资者实际分配已经实现的留存收益而形成的股息、红利等权益性投资收益。

（3）境外投资者用于直接投资的利润以现金形式支付的，相关款项从利润分配企业的账户直接转入被投资企业或股权转让方账户，在直接投资前不得在境内外其他账户周转；境外投资者用于直接投资的利润以实物、有价证券等非现金形式支付的，相关资产所有权直接从利润分配企业转入被投资企业或股权转让方，在直接投资前不得由其他企业、个人代为持有或临时持有。

境外投资者符合上述规定条件的，应按照税收管理要求进行申报并如实向利润分配企业提供其符合政策条件的资料。利润分配企业经适当审核后认为境外投资者符合上述规定的，可暂不按照《企业所得税法》第三十七条规定扣缴预提所得税，并向其主管税务机关履行备案手续。

税务部门依法加强后续管理。境外投资者已享受上述规定的暂不征收预提所得税政策，经税务部门后续管理核实不符合规定条件的，除属于利润分配企业责任外，视为境外投资者未按照规定申报缴纳企业所得税，依法追究延迟纳税责任，税款延迟缴纳期限自相关利润支付之日起计算。

境外投资者按照上述规定可以享受暂不征收预提所得税政策但未实际享受的，可在实际缴纳相关税款之日起 3 年内申请追补享受该政策，退还已缴纳的税款。

境外投资者通过股权转让、回购、清算等方式实际收回享受暂不征收预提所得税政策待遇的直接投资，在实际收取相应款项后 7 日内，按规定程序向税务部门申报补缴递延的税款。

境外投资者享受上述规定的暂不征收预提所得税政策待遇后，被投资企业发生重组符合特殊性重组条件，并实际按照特殊性重组进行税务处理的，可继续享受暂不征收预提所得税政策待遇，不按上述规定补缴递延的税款。

上述所称“境外投资者”，是指适用《企业所得税法》第三条第三款规定的非居民企业；本通知所称“中国境内居民企业”，是指依法在中国境内成立的居民企业。

境外投资者以分得的利润用于补缴其在境内居民企业已经认缴的注册资本，增加实收资本或资本公积的，属于符合“新增或转增中国境内居民企业实收资本或者资本公积”情形。

境外投资者按照金融主管部门的规定，通过人民币再投资专用存款账户划转再投资资金，并在相关款项从利润分配企业账户转入境外投资者人民币再投资专用存款账户的当日，再由境外投资者人民币再投资专用存款账户转入被投资企业或股权转让方账户的，视为符合“境外投资者用于直接投资的利润以现金形式支付的，相关款项从利润分配企业的账户直接转入被投资企业或股权转让方账户，在直接投资前不得在境内外其他账户周转”的规定。

【税收筹划经典案例】

法国的甲公司计划与中国的乙公司合资成立A公司，预计每年可以从A公司取得股息1 000万元，该笔股息未来仍主要投资于中国。该投资有两个方案：方案一是由甲公司直接持有A公司的股权，方案二是甲公司先在中国设立全资子公司B公司，由B公司持有A公司的股权。请比较二者的所得税负担。

方案一，甲公司需要缴纳预提所得税100万元（1 000×10%）。方案二，B公司取得股息不需要缴纳企业所得税，可以用1 000万元的股息直接投资于A公司或者其他公司，每年可以节约预提所得税100万元。

自2018年1月1日起，由甲公司直接持有A公司的股权也可以享受再投资递延纳税的优惠政策。

【法律法规依据】

（1）《中华人民共和国企业所得税法》（2007年3月16日第十届全国人民代表大会第五次会议通过，2017年2月24日第十二届全国人民代表大会常务委员会第二十六次会议修改，2018年12月29日第十三届全国人民代表

大会常务委员会第七次会议第二次修正）第五十七条。

（2）《中华人民共和国企业所得税法实施条例》（国务院 2007 年 12 月 6 日颁布，国务院令〔2007〕第 512 号，自 2008 年 1 月 1 日起实施，2019 年 4 月 23 日国务院令第 714 号修正）。

（3）《财政部　税务总局　国家发展改革委　商务部关于扩大境外投资者以分配利润直接投资暂不征收预提所得税政策适用范围的通知》（财税〔2018〕102 号）。

（4）《国家税务总局关于扩大境外投资者以分配利润直接投资暂不征收预提所得税政策适用范围有关问题的公告》（国家税务总局公告 2018 年第 53 号）。

5.3 通过避税港进行税收筹划

【税收筹划思路】

避税港（tax haven）是跨国公司无不热衷的地方。形形色色的避税港又由于地理位置、经济发展水平、商业环境以及税收协议缔结的情况各不相同，因此跨国公司也会有所选择。目前，世界上实行低税率的避税港有百慕大群岛、开曼群岛、巴哈马、马恩岛、英属维尔京群岛、美属萨摩亚群岛、中国香港等。

判断是否属于避税港的一般标准：①不征税或税率很低，特别是所得税和资本利得税；②实行僵硬的银行或商务保密法，为当事人保密，不得通融；③外汇开放，毫无限制，资金来去自由；④拒绝与外国税务当局进行任何合作；⑤一般不定税收协定或只有很少的税收协定；⑥是非常便利的金融、交通和信息中心。

避税港的种类：①无税避税港，不征个人所得税、公司所得税、资本利得税和财产税，如百慕大群岛、巴哈马、瓦努阿图、开曼群岛等；②低税避税港，以低于一般国际水平的税率征收个人所得税、公司所得税、资本利得税和财产税等税种，如列支敦士登、英属维尔京群岛、荷属安的列斯群岛、中国香港、中国澳门等；③特惠避税港，在国内税法的基础上采取特别的税收优惠措施，如爱尔兰的香农、菲律宾的巴丹、新加坡的裕廊等地区。

国外对华投资中大量利用避税港。例如，2017 年对华投资前十位的国家 / 地区（以实际投入外资金额计，下同）依次为：中国香港（989.2 亿美元）、

新加坡（48.3 亿美元）、中国台湾（47.3 亿美元）、韩国（36.9 亿美元）、日本（32.7 亿美元）、美国（31.3 亿美元）、荷兰（21.7 亿美元）、德国（15.4 亿美元）、英国（15 亿美元）和丹麦（8.2 亿美元）。前十位国家 / 地区实际投入外资金额占全国实际使用外资金额的 95.1%。2018 年对华投资前十位国家 / 地区依次为：中国香港（960.1 亿美元）、新加坡（53.4 亿美元）、中国台湾（50.3 亿美元）、韩国（46.7 亿美元）、英国（38.9 亿美元）、日本（38.1 亿美元）、德国（36.8 亿美元）、美国（34.5 亿美元）、荷兰（12.9 亿美元）和中国澳门（12.9 亿美元）。前十位国家 / 地区实际投入外资金额占全国实际使用外资金额的 95.2%。2019 年对华投资前十位国家 / 地区依次为：中国香港（963 亿美元）、新加坡（75.9 亿美元）、韩国（55.4 亿美元）、英属维尔京群岛（49.6 亿美元）、日本（37.2 亿美元）、美国（26.9 亿美元）、开曼群岛（25.6 亿美元）、荷兰（18 亿美元）、中国澳门（17.4 亿美元）和德国（16.6 亿美元）。2019 年 1—10 月前十位国家 / 地区实际投入外资金额占全国实际使用外资金额的 95.5%。

百慕大群岛地处北美洲，位于北大西洋西部，是一个典型的避税港，在百慕大注册一个公司，两天内就可以完成全部的手续。并且，政府不征公司所得税和个人所得税，不征普通销售税，只对遗产课征 2% ～ 5% 的印花税，按雇主支付的薪金课征 5% 的就业税、4% 的医疗税和一定的社会保障税，对进口货物一般课征 20% 的关税。另外，百慕大群岛针对旅游业兴盛的特点，征收税负较轻的饭店使用税和空海运乘客税。

百慕大群岛的政治及经济一直都非常稳定，因而受到跨国公司的普遍青睐。百慕大的银行、会计、工商、秘书等服务的品质，在所有的税收筹划天堂中，都是居于领导地位。再加上百慕大是 OECD 的成员国之一，在百慕大群岛当地有许多国际化、专业化的律师、会计师，使百慕大群岛得以成为国际主要金融中心之一，其境外公司也广为各国政府及大企业所接受。

国美电器是中国最大的家电零售连锁企业，是在百慕大群岛注册、在中国香港上市的公司。

开曼群岛位于加勒比海西北部，毗邻美国。开曼群岛的两大经济支柱：一是金融；二是旅游。金融收入约占政府总收入的 40%、国内生产总值的 70%、外汇收入的 75%。开曼群岛课征的税种只有进口税、印花税、工商登记税、旅游者税等简单的几种。三十多年来没有开征过个人所得税、企业所得税、资本利得税、不动产税、遗产税等直接税。各国货币在此自由流通、外汇进出自由，资金的投入与抽出完全自由，外国人的资产所有权得到法律保护，

交通运输设施健全，现已成为西半球离岸融资业的最大中心。

至 20 世纪 90 年代初，全世界最大的 25 家跨国银行几乎都在开曼群岛设立了子公司或分支机构，在岛内设立的金融、信托类企业的总资产已超过 2500 亿美元，占欧洲美元交易总额的 7%，涉及 56 个国家。开曼群岛的商业条件非常健全，银行、律师事务所、会计师事务所相当发达，并且有大量的保险管理人才。

在开曼群岛注册的银行和信托公司有 278 家，对冲基金 9 000 多家，各类公司 10 万家。阿格兰屋是位于开曼群岛南教堂街上的一幢 5 层办公大楼，为 18 857 家公司提供办公地址，包括百度、希捷、汇源果汁、可口可乐、甲骨文、新浪、联通、联想等。阿里巴巴、新东方、小米等均在开曼群岛设立了公司。

英属维尔京群岛位于波多黎各以东 60 英里，是一个自治管理、通过独立立法会议立法的、政治稳定的英属殖民地，它已经成为发展海外商务活动的重要中心。该岛的两项支柱产业是旅游业及海外离岸公司注册。世界众多大银行的进驻及先进的通信交通设施使英属维尔京群岛成为理想的离岸金融中心。目前，已有超过 25 万个跨国公司在英属维尔京群岛注册，这使英属维尔京群岛成为世界上发展最快的海外离岸投资中心之一。

英属维尔京群岛的公司注册处设备先进而且工作相当高效。岛上有完善的通信系统，交通和邮政服务也是一流。在英属维尔京群岛注册的公司，在全球所赚取的利润均无须向当地政府缴税，印花税也被免除；岛上没有任何外汇管制，对于任何货币的流通都没有限制。跨国公司除每年向政府缴纳一笔营业执照续牌费外，无须缴纳任何其他费用。公司不须每年提交公司账册或做周年申报，也不须每年召开董事大会。股票公司可以发行有票面价值和无票面价值的股票、记名股票或不记名股、可回购以及有表决权和无表决权股票。政府对注册公司给予了最大限度的财产保护，允许自由的资金转移。

百度是全球最大的中文搜索引擎，注册地在北京市中关村。百度在开曼群岛和英属维尔京群岛均有公司，2005 年在美国纳斯达克上市（包括海外公司）。

百慕大群岛、开曼群岛、英属维尔京群岛都是以对各类所得实行低税率为主要特点的避税港。另外，也有一些国家 / 地区则是因税收协议网络发达和对外资有较为优惠的政策而成为“准避税港”，成为国际控股、投资公司、中介性金融公司和信托公司建立的热点地区。这些国家 / 地区有荷兰、瑞士、荷属安第列斯、塞浦路斯等。跨国公司在这些地区设立控股公司、投资公司和中介性金融公司，利用这些国家税收协议的发达网络，获得较多的税收协议带来的好处。

例如，荷兰已同德、法、日、英、美、俄等四十多个国家缔结了全面税收协议，对以上协议国均实施低税率的预提税。例如，该国的股息是 25%，但对协议国则降为 5%、7.5%、10% 或 15%；利息和特许权使用费则不征税。其中对丹麦、芬兰、爱尔兰、意大利、挪威、瑞典、英国、美国等国家的股息预提税限定为零。此外，对汇出境外的公司利润，也可以比照股息享受低税或免税的优惠。荷兰税法规定，居民公司所取得的股息和资本利得按 35% 的公司所得税课征，但对符合一定条件的公司中的外资部分所取得的股息和资本利得按所占比例全额免征公司税。

中国移动集团公司是国资委所属央企，总部位于北京，它 100% 持股中国移动（香港）集团公司，中国移动（香港）集团公司 100% 持股中国移动香港公司，中国移动香港公司控股中国移动有限公司，中国移动有限公司是中国香港和美国上市公司，其 100% 持有中国境内 31 个省的移动子公司。

苹果公司是注册在美国的企业，但其在爱尔兰、荷兰和加勒比群岛设立若干子公司，其收入的 2/3 归属于这些海外公司，2012 财年，苹果以 557.6 亿美元的全年税前收入，仅缴纳了 140 亿美元税款。综合计算，总税率仅为 22%，远低于美国联邦税率。

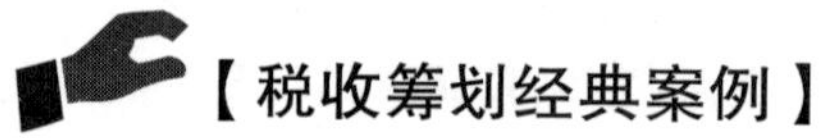

某企业 A，其业务模式主要通过制造子公司 B 进行产品生产，再由销售子公司 C 通过购买 B 公司的制造产品向海外出售来实现利润。由于两个子公司要分别缴纳 25% 的所得税，企业税收负担比较重。2022 年度，预计 B 公司实现利润 1 000 万元，C 公司实现利润 800 万元。请计算 B、C 两个公司每年需要缴纳的企业所得税并提出税收筹划方案。

B 公司需要缴纳企业所得税 250 万元（1 000×25%），C 公司需要缴纳企业所得税 200 万元（800×25%），合计缴纳企业所得税 450 万元（250 + 200）。由于该企业的主要销售对象均位于海外，该企业可以考虑将 C 公司设置在所得税率比较低的避税港，假设为 D 公司。D 公司的企业所得税税率为 10%。B 公司的产品以比较低的价格销售给 D 公司，D 公司再将其销售给海外客户。假设 2021 年度，B 公司实现利润 500 万元，将 500 万元的利润转移至 D 公司，D 公司实现利润 1 300 万元。这样，B 公司需要缴纳企业所得税 125 万元（500×25%），D 公司需要缴纳企业所得税 130 万元（1 300×10%），合计缴纳企业所得税 255 万元（125 + 130），减轻税收负担 195 万元（450 －

255）。当然，商品从中国转移至 D 公司所在国需要花费一些费用和缴纳一些税收，如果这些税费的总额低于 195 万元，则该税收筹划仍然可以为该企业带来利益。

需要注意的是，利润转移需要有合理商业目的，国际税收筹划常用的手段是知识产权策略，即将相关知识产权放在 D 公司名下，由于拥有知识产权就可以取得相应的利润，而且利润率比较高，本案中的 D 公司取得相关利润就具有合理依据。

【法律法规依据】

（1）《中华人民共和国企业所得税法》（2007 年 3 月 16 日第十届全国人民代表大会第五次会议通过，2017 年 2 月 24 日第十二届全国人民代表大会常务委员会第二十六次会议修改，2018 年 12 月 29 日第十三届全国人民代表大会常务委员会第七次会议第二次修正）第五十七条。

（2）《中华人民共和国企业所得税法实施条例》（国务院 2007 年 12 月 6 日颁布，国务院令〔2007〕第 512 号，自 2008 年 1 月 1 日起实施，2019 年 4 月 23 日国务院令第 714 号修正）。

5.4 利用不同组织形式的税收待遇

【税收筹划思路】

企业在海外投资设立分支机构时，一般有两种组织形式可供选择：一是具有法人资格的企业，如子公司；二是不具有法人资格的企业，如分公司。具有法人资格的企业要在当地缴纳企业所得税，同时，该企业的亏损也不能由母公司的利润予以弥补。不具有法人资格的企业，在当地往往也需要缴纳企业所得税，但是，其亏损可以由总公司的利润予以弥补，这样就减轻了总公司的所得税负担。因此，如果预测该分支机构最初几年一定会亏损，最好先采取分公司的形式或者与当地企业建立合伙企业，这样可以用总公司的盈利来弥补其亏损。

我国《企业所得税法》第十七条规定：“企业在汇总计算缴纳企业所得

税时，其境外营业机构的亏损不得抵减境内营业机构的盈利。”因此，我国企业在海外设立分支机构时，设置子公司和分公司在亏损弥补问题上的税务处理是基本一致的。

【税收筹划经典案例】

我国一家跨国公司A欲在甲国投资兴建一家花草种植加工企业，A公司于2021年年底派遣一名顾问去甲国进行投资情况考察，该顾问在选择分公司还是子公司时，专门向有关部门进行了投资与涉外税收政策方面的咨询。根据预测分析，该跨国公司的总公司2022年应纳税所得额为5 000万美元，按我国企业所得税的规定应缴纳25%的公司所得税；2022年在甲国投资的B企业发生亏损额300万美元；A公司在乙国有一家子公司C，2022年C公司的应纳税所得额为1 000万美元，乙国的企业所得税税率为40%。请提出若干投资方案，并提出税收筹划方案。

从投资活动和税收筹划角度分析，对于C公司在A国投资所设立的从属机构，其设立的形式不同，投资对象不同，税负都是不一样的。具体有三种方案可供选择。

方案一：由A公司或者C公司在甲国投资设立子公司B，此时B公司的亏损由该公司在以后年度弥补，A公司和C公司纳税总额为1 650万美元（5 000×25%＋1 000×40%）。

方案二：由A公司在甲国投资设立分公司B，B公司的亏损同样不能在A公司内弥补，B公司的亏损由该公司在以后年度弥补，A公司和C公司纳税总额为1 650万美元（5 000×25%＋1 000×40%）。

方案三：由C公司在甲国投资设立分公司B，B公司的亏损可以在C公司内弥补，A公司和C公司纳税总额为1 530万美元［5 000×25%＋（1 000－300）×40%］。

综上所述，方案三的应纳税额最低，故优于其他方案。

【法律法规依据】

（1）《中华人民共和国企业所得税法》（2007年3月16日第十届全国人民代表大会第五次会议通过，2017年2月24日第十二届全国人民代表大会常务委员会第二十六次会议修改，2018年12月29日第十三届全国人民代表大会常务委员会第七次会议第二次修正）第十七条。

（2）《中华人民共和国企业所得税法实施条例》（国务院 2007 年 12 月 6 日颁布，国务院令〔2007〕第 512 号，自 2008 年 1 月 1 日起实施，2019 年 4 月 23 日国务院令第 714 号修正）。

5.5 避免成为常设机构

【税收筹划思路】

是否构成常设机构是一个国家判断某项经营所得是否应当在本国纳税的核心标准，纳税人一旦在某个国家构成了常设机构，那么，来自该常设机构的一切所得，都应当在该国纳税。

关于常设机构的判断标准，要具体看两国税收协定的规定，但一般而言，都是大同小异的。目前发达国家遵循的都是《OECD 税收协定范本》所规定的常设机构标准，发展中国家遵循的则是《联合国税收协定范本》（UN 范本）所规定的常设机构标准。

《OECD 税收协定范本》第五条规定了常设机构的标准。

（1）该协定中“常设机构”一语是指一个企业进行全部或部分营业的固定营业场所。

（2）“常设机构”一语特别包括：管理场所；分支机构；办事处；工厂；作业场所；矿场、油井或气井、采石场或者任何其他开采自然资源的场所。

（3）“常设机构”一语包括建筑工地或者建筑，但安装工程仅以连续 12 个月以上的为限。（与 UN 区别）

（4）虽有本条以上各项规定，“常设机构”一语应认为不包括：①专为储存、陈列或交付本企业货物或商品的目的而使用的场所（与 UN 区别）；②专为储存、陈列或交付的目的而保存本企业货物或商品的库存（与 UN 区别）；③专为通过另一企业加工的目的而保存本企业货物或商品的库存；④专为本企业采购货物或商品或者收集情报的目的而设有固定的营业场所；⑤专为本企业进行任何其他准备性质或辅助性质活动的目的而设有的营业固定场所；⑥专为本款①至⑤项各项活动的结合而设有的营业固定场所，如果由于这种结合使营业固定场所全部活动属于准备性质或辅助性质。

（5）虽有第一款和第二款的规定，如一个人（适用第六款的独立地位代理人除外）代表缔约国另一方的企业在缔约国一方活动，有权并经常行使这种权力以企业的名义签订合同，对于这个人为企业进行的任何活动，应认为该企业在该国设有常设机构，但这个人的活动仅限于第四款的规定，即使是通过营业固定场所进行活动，按照该款规定，并不得使这一营业固定场所成为常设机构。

（6）一个企业仅由于通过经纪人、一般佣金代理人或其他独立地位代理人在缔约国一方进行营业，而这些代理人又按常规进行其本身业务的，应不认为在该国设有常设机构。

（7）缔约国一方居民公司，控制或被控制于缔约国另一方居民公司或者在缔约国另一方进行营业的公司（不论是否通过常设机构），此项事实不能据以使任何一公司成为另一公司的常设机构。

《联合国税收协定范本》与《OECD 税收协定范本》的规定基本相同，但存在一些差异。例如，关于建筑工地或者建筑，根据《OECD 税收协定范本》的规定，安装工程仅以连续 12 个月以上的为限，而根据《联合国税收协定范本》这一期限是 6 个月。目前我国与大部分国家签订的双边税收协定规定的一般也是 6 个月。纳税人应当充分利用这里规定的条件，避免使自己成为某国的常设机构。

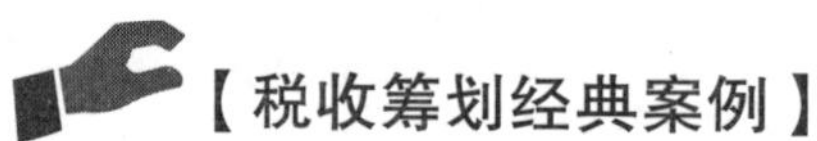

【税收筹划经典案例】

中国某建筑公司到 A 国从事安装工程，工程所需时间约 10 个月，根据中国和 A 国的双边税收协定，建筑工程达到 6 个月以上的即构成常设机构。该公司进行该安装工程的总成本为 1 000 万元，工程总收入为 1 500 万元。A 国对来源于本国的所得要征收企业所得税，税率为 40%。请计算该公司从事该建筑工程的税后利润，并提出税收筹划方案。

该建筑公司在 A 国从事安装工程，该工程时间为 10 个月，超过了中国与 A 国税收协定规定的 6 个月，构成 A 国的常设机构，应当和 A 国的企业一样缴纳 A 国的所得税 200 万元［（1 500 － 1 000）×40%］，税后利润为 300 万元（1 500 － 1 000 － 200）。该笔所得汇回中国以后，由于该笔所得已经在国外纳过税了，而且缴纳的税率超过我国的 25% 的税率，因此，不需要向中国税务机关补缴企业所得税。该公司的这一安装工程的纯利润为 300 万元。

由于安装工程构成常设机构必须以“连续”为标准，因此，该公司完全可以将该安装工程分成两个阶段进行，第一个阶段进行 5 个月，然后休息 1 个月，第二阶段再进行 5 个月，这样，该安装工程就不构成 A 国的常设机构，不需要在 A 国缴纳所得税。利润总额为 500 万元（1 500 － 1 000）。该笔所得汇回中国以后，需要按照我国税法规定缴纳企业所得税 125 万元（500×25%）。该公司的这一安装工程的税后利润为 375 万元（500 － 125）。通过税收筹划，多实现净利润 75 万元（375 － 300）。

【法律法规依据】

（1）中国与 109 个国家、3 个地区签署的对所得和财产消除双重征税和防止逃避税的协定（安排、协议）。

（2）《中华人民共和国企业所得税法》（2007 年 3 月 16 日第十届全国人民代表大会第五次会议通过，2017 年 2 月 24 日第十二届全国人民代表大会常务委员会第二十六次会议修改，2018 年 12 月 29 日第十三届全国人民代表大会常务委员会第七次会议第二次修正）。

（3）《中华人民共和国企业所得税法实施条例》（国务院 2007 年 12 月 6 日颁布，国务院令〔2007〕第 512 号，自 2008 年 1 月 1 日起实施，2019 年 4 月 23 日国务院令第 714 号修正）。

5.6 将利润保留境外

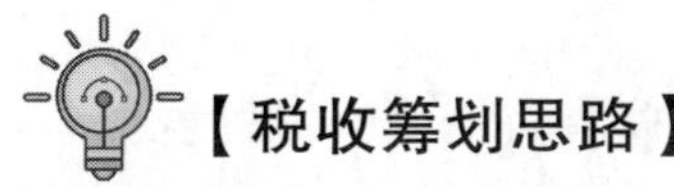

【税收筹划思路】

纳税人在境外投资的所得必须汇回本国才需要向本国缴纳企业所得税，如果留在投资国，则不需要向本国缴纳企业所得税。纳税人可以在一定程度上将利润留在境外，从而避免或者推迟向本国缴纳企业所得税的时间，获得税收筹划的利益。特别是当企业需要继续在海外进行投资时，就更不需要将利润汇回本国，可以将其他企业的利润直接投资于新的企业，这样可以减轻税收负担。

当然，这种税收筹划方法应当保持在一定的限度内，超过一定的限度将被税务机关进行纳税调整。《企业所得税法》第四十五条规定：“由居民企业，或者由居民企业和中国居民控制的设立在实际税负明显低于本法第四条第一款规定税率水平的国家（地区）的企业，并非由于合理的经营需要而对利润不作分配或者减少分配的，上述利润中应归属于该居民企业的部分，应当计入该居民企业的当期收入。”

中国居民，是指根据《个人所得税法》的规定，就其从中国境内、境外取得的所得在中国缴纳个人所得税的个人。

居民企业，或者由居民企业和中国居民控制，包括：①居民企业或者中国居民直接或者间接单一持有外国企业 10% 以上有表决权股份，且由其共同持有该外国企业 50% 以上股份。中国居民股东多层间接持有股份按各层持股比例相乘计算，中间层持有股份超过 50% 的，按 100% 计算。②居民企业，或者居民企业和中国居民持股比例没有达到第①项规定的标准，但在股份、资金、经营、购销等方面对该外国企业构成实质控制。

受控外国企业是指由居民企业，或者由居民企业和居民个人（以下统称中国居民股东，包括中国居民企业股东和中国居民个人股东）控制的设立在实际税负低于《企业所得税法》第四条第一款规定税率水平 50% 的国家（地区），并非出于合理经营需要对利润不作分配或减少分配的外国企业。

计入中国居民企业股东当期的视同受控外国企业股息分配的所得，应按以下公式计算：中国居民企业股东当期所得＝视同股息分配额 × 实际持股天数 ÷ 受控外国企业纳税年度天数 × 股东持股比例。中国居民股东多层间接持有股份的，股东持股比例按各层持股比例相乘计算。

受控外国企业与中国居民企业股东纳税年度存在差异的，应将视同股息分配所得计入受控外国企业纳税年度终止日所属的中国居民企业股东的纳税年度。

计入中国居民企业股东当期所得已在境外缴纳的企业所得税税款，可按照所得税法或税收协定的有关规定抵免。

受控外国企业实际分配的利润已根据《企业所得税法》第四十五条规定征税的，不再计入中国居民企业股东的当期所得。

中国居民企业股东能够提供资料证明其控制的外国企业满足以下条件之一的，可免于将外国企业不作分配或减少分配的利润视同股息分配额，计入中国居民企业股东的当期所得：①设立在国家税务总局指定的非低税率国家（地区）；②主要取得积极经营活动所得；③年度利润总额低于 500 万元人民币。

中国居民企业或居民个人能够提供资料证明其控制的外国企业设立在美

国、英国、法国、德国、日本、意大利、加拿大、澳大利亚、印度、南非、新西兰和挪威的，可免于将该外国企业不作分配或者减少分配的利润视同股息分配额，计入中国居民企业的当期所得。

【税收筹划经典案例】

中国的甲公司在 A 国设立了一家子公司乙。2020 年度，乙公司获得利润总额 3 000 万元，2021 年度，乙公司获得利润总额 4 000 万元。A 国企业所得税税率为 30%。中国和 A 国税收协定规定的预提所得税税率为 10%。乙公司将税后利润全部分配给甲公司。甲公司计划在 2022 年度投资 3 000 万元在 B 国设立了另外一家子公司丙。请计算乙公司两年利润的所得税负担并提出税收筹划方案。

乙公司 2020 年度需要向 A 国缴纳企业所得税 900 万元（3 000×30%）。将全部税后利润分配给甲公司，需要缴纳预提所得税 210 万元［（3 000 － 900）×10%］。甲公司获得该笔利润需要向中国缴纳企业所得税 750 万元（3 000×25%）。由于该笔所得已经在国外缴纳了 1 110 万元（900 ＋ 210）的所得税，因此，不需要向中国缴纳任何税款。

乙公司 2021 年度需要向 A 国缴纳企业所得税 1 200 万元（4 000×30%）。将全部税后利润分配给甲公司，需要缴纳预提所得税 280 万元［（4 000 － 1 200）×10%］。甲公司获得该笔利润需要向中国缴纳企业所得税 1 000 万元（4 000×25%）。由于该笔所得已经在国外缴纳了 1 480 万元（1 200 ＋ 280）的所得税，因此，不需要向中国缴纳任何税款。

甲公司两年一共获得净利润 4 410 万元（3 000 ＋ 4 000 － 1 110 － 1 480）。

如果甲公司将净利润一直留在乙公司，则 2020 年度和 2021 年度乙公司一共需要缴纳企业所得税 2 100 万元［（3 000 ＋ 4 000）×30%］，净利润为 4 900 万元（7 000 － 2 100）。2022 年度，乙公司可以用该笔利润直接投资设立丙公司，设立过程中不需要缴纳任何税款。通过税收筹划，甲公司可减轻所得税负担 490 万元（4 900 － 4 410）。

【法律法规依据】

（1）《中华人民共和国企业所得税法》（2007 年 3 月 16 日第十届全国人民代表大会第五次会议通过，2017 年 2 月 24 日第十二届全国人民代表大会

常务委员会第二十六次会议修改，2018 年 12 月 29 日第十三届全国人民代表大会常务委员会第七次会议第二次修正）第四十五条。

（2）《中华人民共和国企业所得税法实施条例》（国务院 2007 年 12 月 6 日颁布，国务院令〔2007〕第 512 号，自 2008 年 1 月 1 日起实施，2019 年 4 月 23 日国务院令第 714 号修正）第一百一十六～一百一十八条。

（3）《特别纳税调整实施办法（试行）》（国家税务总局 2009 年 1 月 8 日发布，国税发〔2009〕2 号）。

（4）《国家税务总局关于简化判定中国居民股东控制外国企业所在国实际税负的通知》（国家税务总局 2009 年 1 月 21 日发布，国税函〔2009〕37 号）。

5.7 巧用国家之间的税收优惠

【税收筹划思路】

国家之间签订的双边税收协定往往规定了避免双重征税的措施，或者规定了一些鼓励双边投资的税收优惠政策。但是这种税收优惠往往只给予签订协定的两个国家的居民，第三国的居民不能享受该税收优惠政策。如果第三国居民和其中一个国家签订了税收协定并且规定了相关优惠政策，那么，第三国居民为了享受与另外一个国家的该税收优惠政策必须首先在其中一个国家设立一个居民公司，由该居民公司从事相关业务就可以享受该税收协定所规定的优惠政策。

【税收筹划经典案例】

A 国和 B 国签订了双边税收协定，其中规定 A 国居民从 B 国取得的投资所得可以免征预提所得税，B 国居民从 A 国取得的投资所得也可以免征预提所得税。中国和 A 国签订了双边税收协定，规定中国居民与 A 国居民从对方国家取得的投资所得同样可以免征预提所得税。但中国和 B 国之间没有税收协定，中国和 B 国规定的预提所得税税率都是 20%。中国某公司甲在 B 国投资设立一子公司乙，该子公司 2022 年度税后利润为 1 000 万元，其中 60% 分配给母公司。请计算该笔利润应当缴纳的相关税款，并提出税收筹划方案。

该笔利润汇回中国需要缴纳预提所得税 120 万元（1 000×60%×20%）。为了避免缴纳该笔税收，甲公司可以考虑首先在 A 国设立一家全资子公司丙，将甲公司在 B 国乙公司中的股权转移到 A 国的丙公司，由 A 国的丙公司控制 B 国的乙公司。这样，B 国的乙公司将利润分配给 A 国的丙公司时，根据 A 国和 B 国的双边税收协定，该笔利润不需要缴纳预提所得税；同样，当 A 国的丙公司将该笔利润全部分配给甲公司时，根据中国和 A 国的双边税收协定，也不需要缴纳预提所得税。这样，该笔利润就减轻了 120 万元的税收负担，如果设立丙公司以及进行相关资金转移的费用小于 120 万元，该税收筹划方案就是有利的。

【法律法规依据】

（1）中国与 109 个国家、3 个地区签署的对所得和财产消除双重征税和防止逃避税的协定（安排、协议）。

（2）《中华人民共和国企业所得税法》（2007 年 3 月 16 日第十届全国人民代表大会第五次会议通过，2017 年 2 月 24 日第十二届全国人民代表大会常务委员会第二十六次会议修改，2018 年 12 月 29 日第十三届全国人民代表大会常务委员会第七次会议第二次修正）。

（3）《中华人民共和国企业所得税法实施条例》（国务院 2007 年 12 月 6 日颁布，国务院令〔2007〕第 512 号，自 2008 年 1 月 1 日起实施，2019 年 4 月 23 日国务院令第 714 号修正）。

5.8 利用税收饶让抵免制度获得相关税收利益

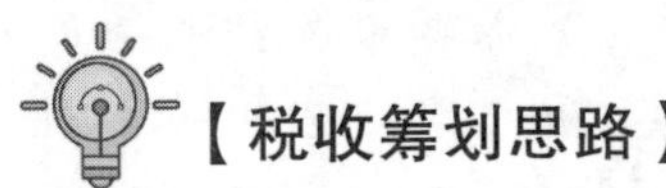

【税收筹划思路】

纳税人来源于境外的所得首先要在来源地国纳税，回到居民国以后还要向居民国纳税，这就产生了重复征税。为了避免重复征税，居民国的税法一般都允许纳税人来源于境外的所得已经缴纳的税款可以在应当向本国缴纳的税款中予以扣除，但一般都有一个上限，即不能超过该笔所得根据本国税法规定应当缴纳的税款。有时，国家为了吸引外资而给予外资一定的税收优惠，外资回到本国时对于该税收优惠有两种处理方式：一种是将税收优惠视为来源地国给予外资的优惠，虽然本国纳税人没有实际缴纳该税款，仍然视为已经缴纳予以扣除，这种方式就是税收饶让抵免；另一种就是对该税收优惠不予考虑，仅对纳税人在来源地国实际缴纳的税款予以扣除，这样，来源地国给予外资的税收优惠就无法被外资所享受了。目前，我国与绝大多数国家的税收协定都规定了税收饶让抵免制度，只有美国等少数国家没有该项制度。在没有税收饶让抵免制度的情况下，可以通过在具有税收饶让抵免的国家设立居民公司来享受该项优惠政策。

【税收筹划经典案例】

中国和A国签订的双边税收协定有税收饶让抵免制度，并且对缔约国居民来源于本国的投资所得免征预提所得税，A国企业所得税税率为30%，中国和B国的双边税收协定没有税收饶让抵免制度，预提所得税税率为10%，但A国和B国的双边税收协定具有税收饶让抵免制度，并且对缔约国居民来源于本国的投资所得免征预提所得税。中国某公司甲在B国有一个子公司乙，2022年度获得利润总额2 000万元，根据B国税法规定，企业所得税税率为30%，但是对外资可以给予10%的低税率。请计算该笔所得应当承担的税收负担，并提出税收筹划方案。

乙公司在B国应当缴纳企业所得税200万元（2 000×10%），净利润为1 800万元（2 000 − 200）。汇出B国时应当缴纳预提所得税180万元（1 800×10%），该笔所得按照我国税法规定应当缴纳企业所得税500万元（2 000×25%）。由于该笔所得已经在国外缴纳了所得税380万元（200 + 180），在本国只需要缴纳所得税120万元（500 − 380），净利润为1 500万元（2 000 − 200 − 180 − 120）。如果该甲公司首先在A国设立一家丙公司，将其持有的乙公司的股权转移给丙公司，乙公司的利润首先分配给丙公司，然后再由丙公司将利润分配给甲公司，这样就可以享受税收饶让抵免的优惠政策。乙公司在B国应当缴纳企业所得税200万元（2 000×10%），净利润为1 800万元（2 000 − 200）。乙公司将利润全部分配给丙公司，不需要缴纳预提所得税。该笔利润在A国需要缴纳企业所得税600万元（2 000×30%）。由于该笔所得按照B国税法本来应当缴纳600万元（2 000×30%）的税款，因此，该笔税款不需要向A国缴纳任何税款。丙公司再将该笔利润全部分配给甲公司，中间不需要缴纳预提所得税。该笔所得需要向中国缴纳企业所得税500万元（2 000×25%）。由于在A国已经缴纳了600万元的税款，因此，不需要向中国缴纳所得税。企业净利润为1 800万元（2 000 −

200）。通过税收筹划，企业可增加净利润 300 万元（1 800 － 1 500）。

【法律法规依据】

（1）中国与 109 个国家、3 个地区签署的对所得和财产消除双重征税和防止逃避税的协定（安排、协议）。

（2）《中华人民共和国企业所得税法》（2007 年 3 月 16 日第十届全国人民代表大会第五次会议通过，2017 年 2 月 24 日第十二届全国人民代表大会常务委员会第二十六次会议修改，2018 年 12 月 29 日第十三届全国人民代表大会常务委员会第七次会议第二次修正）。

（3）《中华人民共和国企业所得税法实施条例》（国务院 2007 年 12 月 6 日颁布，国务院令〔2007〕第 512 号，自 2008 年 1 月 1 日起实施，2019 年 4 月 23 日国务院令第 714 号修正）。

5.9 利用外国公司转移所得来源地的税收筹划

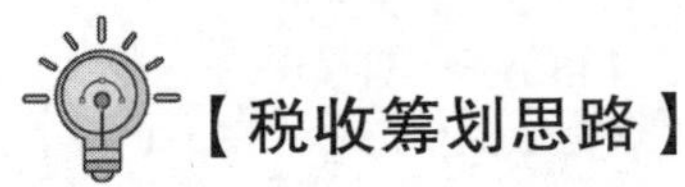

【税收筹划思路】

我国企业所得税法对于各类所得的来源地有明确规定，根据《企业所得税法实施条例》第七条的规定，来源于中国境内、境外的所得，按照以下原则确定：①销售货物所得，按照交易活动发生地确定；②提供劳务所得，按照劳务发生地确定；③转让财产所得，不动产转让所得按照不动产所在地确定，动产转让所得按照转让动产的企业或者机构、场所所在地确定，权益性投资资产转让所得按照被投资企业所在地确定；④股息、红利等权益性投资所得，按照分配所得的企业所在地确定；⑤利息所得、租金所得、特许权使用费所得，按照负担、支付所得的企业或者机构、场所所在地确定，或者按照负担、支付所得的个人的住所地确定；⑥其他所得，由国务院财政、税务主管部门确定。

根据《中华人民共和国个人所得税法实施条例》第五条的规定，下列所得，不论支付地点是否在中国境内，均为来源于中国境内的所得：①因任职、受雇、履约等而在中国境内提供劳务取得的所得；②将财产出租给承租人在中国境内使用而取得的所得；③转让中国境内的建筑物、土地使用权等财产或者在中国境内转让其他财产取得的所得；④许可各种特许权在中国境内使

用而取得的所得；⑤从中国境内的公司、企业以及其他经济组织或者个人取得的利息、股息、红利所得。

不动产转让所得一般都要在不动产所在地纳税，但利用境外设立的公司来持有不动产，就可以将不动产转让所得转化为股权转让所得，而股权转让所得是根据被转让公司所在地来确定来源地的，而公司的设立地点是可以选择的，由此就可以将境内不动产转让所得转化为境外所得。

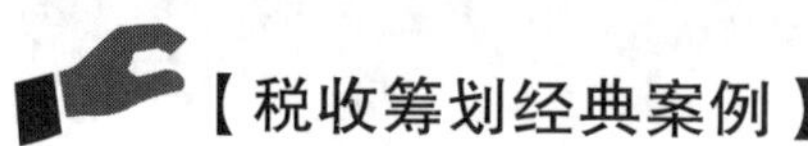

【税收筹划经典案例】

甲公司准备投资 1 亿元购买一幢写字楼，持有 3 年以后转让，预计转让价款为 1.3 亿元。请计算甲公司此项投资的税收负担并提出税收筹划方案。

甲公司转让不动产需要缴纳增值税及其附加 160 万元［（13 000 − 10 000）÷（1 + 5%）×5%×（1 + 7% + 3% + 2%）］；需要缴纳印花税 6.5 万元（13 000×0.05%）；需要缴纳土地增值税（假设按 3%核定）390 万元（13 000×3%）。购买该不动产的公司需要缴纳契税 371.43 万元［13 000÷（1 + 5%）×3%］。不考虑其他成本，甲公司取得转让所得 2 443.5 万元（13 000 − 10 000 − 160 − 6.5 − 390），应当缴纳企业所得税 610.88 万元（2 443.5×25%），净利润为 1 832.62 万元（2 443.5 − 610.88）。

如果甲公司先在某避税港投资 1.1 亿元设立乙公司，由乙公司以 1 亿元的价格购置该不动产并持有，3 年以后，甲公司以 1.4 亿元的价格转让乙公司。假设该避税港企业所得税税率为 10%，印花税税率为 0. 05%，股权转让在该避税港不涉及其他税收。甲公司需在该避税港缴纳印花税 7 万元（14 000×0. 05%），需要缴纳所得税 299.3 万元［（14 000 − 11 000 − 7）×10%］，净利润为 2 693.7 万元（14 000 − 11 000 − 7 − 299.3）。

通过税收筹划，甲公司增加净利润 861.08 万元（2 693.7 − 1 832.62）。购买乙公司并间接购买该不动产的公司也节约了 371.43 万元的契税。同时，该不动产一直由乙公司持有并持续经营，也避免了不动产转让对该不动产的生产经营可能带来的不良影响。

【法律法规依据】

（1）《中华人民共和国企业所得税法》（2007 年 3 月 16 日第十届全国人民代表大会第五次会议通过，2017 年 2 月 24 日第十二届全国人民代表大会

常务委员会第二十六次会议修改，2018 年 12 月 29 日第十三届全国人民代表大会常务委员会第七次会议第二次修正）。

（2）《中华人民共和国个人所得税法实施条例》（1994 年 1 月 28 日中华人民共和国国务院令第 142 号发布，2018 年 12 月 18 日中华人民共和国国务院令第 707 号第四次修订）第五条。

（3）《中华人民共和国企业所得税法实施条例》（国务院 2007 年 12 月 6 日颁布，国务院令〔2007〕第 512 号，自 2008 年 1 月 1 日起实施，2019 年 4 月 23 日国务院令第 714 号修正）第七条。

（4）《财政部　国家税务总局关于全面推开营业税改征增值税试点的通知》（财税〔2016〕36 号）。

（5）《中华人民共和国契税法》（2020 年 8 月 11 日第十三届全国人民代表大会常务委员会第二十一次会议通过）。

（6）《中华人民共和国印花税法》（2021 年 6 月 10 日第十三届全国人民代表大会常务委员会第二十九次会议通过）。

（7）《中华人民共和国土地增值税暂行条例》（1993 年 12 月 13 日中华人民共和国国务院令第 138 号发布，根据 2011 年 1 月 8 日国务院令第 588 号《国务院关于废止和修改部分行政法规的决定》修订）。

5.10 通过“中国香港—卢森堡”投资模式享受税收优惠

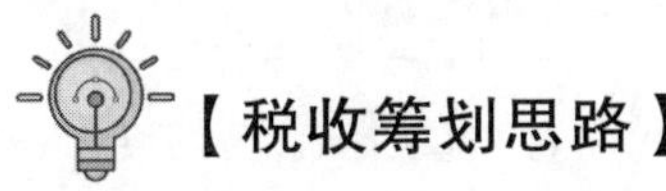

【税收筹划思路】

根据我国企业所得税法及其实施条例的规定，2008 年 1 月 1 日起，非居民企业从我国居民企业获得的股息将按照 10% 的税率征收预提所得税，但是，我国政府同外国政府订立的关于对所得避免双重征税和防止偷漏税的协定以及内地与中国香港、中国澳门间的税收安排（以下统称“协定”），与国内税法有不同规定的，依照协定的规定办理。为方便协定的执行，国家税务总局印发了《协定股息税率情况一览表》（见表 5-1）。表 5-1 中协定税率高于我国法律法规规定税率的，可以按国内法律法规规定的税率执行。纳税人申请执行协定税率时必须提交享受协定待遇申请表。各地税务机关应严格审批协定待遇申请，防范协定适用不当。

表 5-1　协定股息税率情况一览表

税率	与下列国家（地区）协定
0	格鲁吉亚（直接拥有支付股息公司至少 50% 股份并在该公司投资达到 200 万欧元情况下）
5%	科威特、蒙古国、毛里求斯、斯洛文尼亚、牙买加、南斯拉夫、苏丹、老挝、南非、克罗地亚、马其顿、塞舌尔、巴巴多斯、阿曼、巴林、沙特、文莱、墨西哥
5%（直接拥有支付股息公司至少 10% 股份情况下）	委内瑞拉、格鲁吉亚（并在该公司投资达到 10 万欧元）（与上述国家协定规定直接拥有支付股息公司股份低于 10% 情况下税率为 10%）
5%（直接拥有支付股息公司至少 25% 股份情况下）	卢森堡、韩国、乌克兰、亚美尼亚、冰岛、立陶宛、拉脱维亚、爱沙尼亚、爱尔兰、摩尔多瓦、古巴、特多、中国香港、新加坡〔与上述国家（地区）协定规定直接拥有支付股息公司股份低于 25% 情况下税率为 10%〕
7%	阿联酋
7%（直接拥有支付股息公司至少 25% 股份情况下）	奥地利（直接拥有支付股息公司股份低于 25% 情况下税率为 10%）
8%	埃及、突尼斯、墨西哥
10%	日本、美国、法国、英国、比利时、德国、马来西亚、丹麦、芬兰、瑞典、意大利、荷兰、捷克、波兰、保加利亚、巴基斯坦、瑞士、塞浦路斯、西班牙、罗马尼亚、奥地利、匈牙利、马耳他、俄罗斯、印度、白俄罗斯、以色列、越南、土耳其、乌兹别克斯坦、葡萄牙、孟加拉国、哈萨克斯坦、印尼、伊朗、吉尔吉斯斯坦、斯里兰卡、阿尔巴尼亚、阿塞拜疆、摩洛哥、中国澳门
10%（直接拥有支付股息公司至少 10% 股份情况下）	加拿大、菲律宾（与上述国家协定规定直接拥有支付股息公司股份低于 10% 情况下税率为 15%）
15%	挪威、新西兰、巴西、巴布亚新几内亚
15%（直接拥有支付股息公司至少 25% 股份情况下）	泰国（直接拥有支付股息公司股份低于 25% 情况下税率为 20%）

如某国与我国之间的预提所得税税率为 10%，该国投资者就可以考虑通过在中国香港设立子公司实现来华投资，从而享受较低的预提所得税税率。

中资企业在卢森堡、新加坡、巴巴多斯和塞浦路斯投资较多，另有爱尔兰、荷兰、瑞士、希腊。卢森堡不仅是进入欧洲的门户，更是进行全球投资的最

佳控股工具之一，超五星的声誉，完善的金融体系，丰富而有弹性的双边税务协定让注册卢森堡公司成为高端客户海外投资运作的首选。中国工商银行欧洲总部和中国华为的欧洲总部均位于卢森堡。

卢森堡有卓越的地理环境，位于邻近法兰克福和巴黎的欧洲心脏地带，方便往来于德国、法国、比利时与荷兰；有相对最安全和稳定的政治环境，是欧洲最重要的经济和政治机构主管部门的成员，多种语言并行的一级市场；有欧洲最出名的银行业，是全球第 7 大的金融中心，并且，可为外国公司和投资者提供匿名、安全的银行服务；可为外国公司提供免税优惠，为跨国公司提供最优惠税制。欧洲最低增值税，基本税率 15%，低税率 12%、6%、3%，银行、保险等行业一般免税；鼓励利用卢森堡—中国的相关税务协议，承认在中国可能波动的税率；中国产品在卢森堡享受海关优惠政策。

包括开曼群岛、英属维尔京群岛在内的大多数离岸地都被欧盟国家、美国和 OECD 成员国列入了黑名单，在这些国家，离岸公司很可能被征税，卢森堡有良好信誉，不曾被任何一个国家列入黑名单。离岸公司不能享受双边税收协定优惠，因此，向股东支付股息时会产生 5% ～ 10% 的预提所得税。而卢森堡控股公司，作为在岸公司可享受卢森堡与近 50 个国家签订的双边税收协定优惠，因此，在支付股息时不需要交纳预提所得税。

煤炭、新能源、航空航天等很多领域的私营企业和国有企业在欧洲投资时，都注册卢森堡公司，采用了“中国香港—卢森堡—欧洲”间接投资模式。2008 年 9 月，中国长沙中联重工并购意大利 CIFA 公司所使用的正是“中国香港—卢森堡”投资模式。

中香港与卢森堡之间版税（特许权使用费）及利润税税率为 0。股息及资本利得的税率为 0（视情况而定）。卢森堡与欧洲公司之间股息税率 0。卢森堡与非欧洲公司之间适用双边税收协定，具有广泛的税务网络。表 5-2 展示了“中国香港—卢森堡”投资模式的税收优势。

表 5-2　“中国香港—卢森堡”投资模式的税收优势

项目	投资英国		投资法国	
	经中国香港投资	经“中国香港—卢森堡”投资	经中国香港投资	经“中国香港—卢森堡”投资
股息税率	0	0	25%	0
利润税率	20%	0	16%	0
版税税率	22%	5%	33.3%	0
资本利得税率	0	0	0	0

【税收筹划经典案例】

美国某电动汽车生产企业甲公司来上海设立全资子公司乙公司。如甲公司直接设立乙公司，甲公司每年从乙公司取得的股息均需要缴纳10%的预提所得税（利用股息直接再投资的除外）。如果甲公司先在中国香港设立丙公司，由丙公司投资设立乙公司。则乙公司每年向丙公司分配股息，缴纳5%的预提所得税。中国香港实行来源地管辖权，对于丙公司从乙公司取得的股息不征收所得税。中国香港没有股息汇出的预提所得税，因此，丙公司将股息再分配给甲公司时，不需要在中国香港缴纳预提所得税。甲公司从乙公司取得股息的税收成本仅为5%，节税50%。

【法律法规依据】

（1）《中华人民共和国企业所得税法》（2007年3月16日第十届全国人民代表大会第五次会议通过，2017年2月24日第十二届全国人民代表大会常务委员会第二十六次会议修改，2018年12月29日第十三届全国人民代表大会常务委员会第七次会议第二次修正）。

（2）《中华人民共和国企业所得税法实施条例》（国务院2007年12月6日颁布，国务院令〔2007〕第512号，自2008年1月1日起实施，2019年4月23日国务院令第714号修正）第七条。

（3）《国家税务总局关于下发协定股息税率情况一览表的通知》（国税函〔2008〕112号）。

第6章

个人综合所得税收筹划经典案例

6.1 充分利用企业年金与职业年金

【税收筹划思路】

根据《个人所得税法》第三条的规定，综合所得（包括工资薪金所得、劳务报酬所得、稿酬所得和特许权使用费所得），适用3%至45%的超额累进税率，具体税率如表6-1所示。该表所称全年应纳税所得额是指依照《个人所得税法》第六条的规定，居民个人取得综合所得以每一纳税年度收入额减除费用六万元以及专项扣除、专项附加扣除和依法确定的其他扣除后的余额。

表6-1　综合所得个人所得税税率表

级数	全年应纳税所得额	税率（%）	速算扣除数
1	不超过36 000元的	3	0
2	超过36 000元至144 000元的部分	10	2520
3	超过14 4000元至300 000元的部分	20	16 920
4	超过300 000元至420 000元的部分	25	31 920
5	超过420 000元至660 000元的部分	30	52 920
6	超过660 000元至960 000元的部分	35	85 920
7	超过960 000元的部分	45	181 920

企业和事业单位根据国家有关政策规定的办法和标准，为在本单位任职或者受雇的全体职工缴付的企业年金或职业年金单位缴费部分，在计入个人账户时，个人暂不缴纳个人所得税。个人根据国家有关政策规定缴付的年金个人缴费部分，在不超过本人缴费工资计税基数的4%标准内的部分，暂从个人当期的应纳税所得额中扣除。由于目前事业单位强制设立职业年金，而企业年金的设立是自愿的，广大企业可以充分利用这一优惠，帮助员工减轻个人所得税负担。

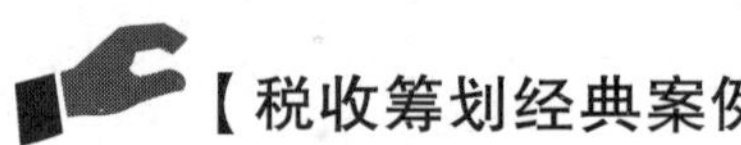

【税收筹划经典案例】

甲公司共有员工1万余人，人均年薪为200 000元，人均年个人所得税税前扣除标准为12万元，人均年应纳税所得额为80 000元，人均年应纳个人所得税5 480元（80 000×10% − 2 520）。

如甲公司为全体员工设立企业年金，员工人均年缴费8 000元（200 000×4%），符合税法规定，可以税前扣除。由此，人均年应纳个人所得税4 680元［（80 000 − 8 000）×10% − 2 520］，人均节税800元（5 480 − 4 680），甲公司全体员工年节税8 000 000元（8 000 000×1）。

【法律法规依据】

（1）《中华人民共和国个人所得税法》（1980年9月10日第五届全国人民代表大会第三次会议通过，2018年8月31日第十三届全国人民代表大会常务委员会第五次会议第七次修正）。

（2）《中华人民共和国个人所得税法实施条例》（1994年1月28日中华人民共和国国务院令第142号发布，2018年12月18日中华人民共和国国务院令第707号第四次修订）。

（3）《财政部　人力资源社会保障部　国家税务总局关于企业年金 职业年金个人所得税有关问题的通知》（财税〔2013〕103号）。

（4）《财政部　国家税务总局关于个人所得税法修改后有关优惠政策衔接问题的通知》（财税〔2018〕164号）。

6.2 充分利用享受优惠的商业健康保险

【税收筹划思路】

自 2017 年 7 月 1 日起，对个人购买符合规定的商业健康保险产品的支出，允许在当年（月）计算应纳税所得额时予以税前扣除，扣除限额为 2 400 元 / 年（200 元 / 月）。单位统一为员工购买符合规定的商业健康保险产品的支出，应分别计入员工个人工资薪金，视同个人购买，按上述限额予以扣除。2 400 元 / 年（200 元 / 月）的限额扣除为个人所得税法规定减除费用标准之外的扣除。企业为员工统一购买商业健康保险既是为员工提供的福利，也是可以起到节税的作用。

【税收筹划经典案例】

甲公司共有员工 1 万余人，人均年薪 200 000 元，人均年个人所得税税前扣除标准为 12 万元，人均年应纳税所得额为 80 000 元，人均年应纳个人所得税 5 480 元（80 000×10% － 2 520）。

如甲公司从员工的应发工资中为全体员工统一购买符合税法规定的商业健康保险，员工人均年缴费 2 400 元，可以税前扣除。由此，人均年应纳个人所得税 5 240 元［（80 000 － 2 400）×10% － 2 520］。人均节税 240 元（5 480 － 5 240）。甲公司全体员工年节税 2 400 000 元（2 400 000×10 000）。

【法律法规依据】

（1）《中华人民共和国个人所得税法》（1980 年 9 月 10 日第五届全国人民代表大会第三次会议通过，2018 年 8 月 31 日第十三届全国人民代表大会常务委员会第五次会议第七次修正）。

（2）《中华人民共和国个人所得税法实施条例》（1994 年 1 月 28 日中华人民共和国国务院令第 142 号发布，2018 年 12 月 18 日中华人民共和国国务院令第 707 号第四次修订）。

（3）《财政部　税务总局　保监会关于将商业健康保险个人所得税试点

政策推广到全国范围实施的通知》（财税〔2017〕39 号）。

6.3 充分利用税收递延型商业养老保险

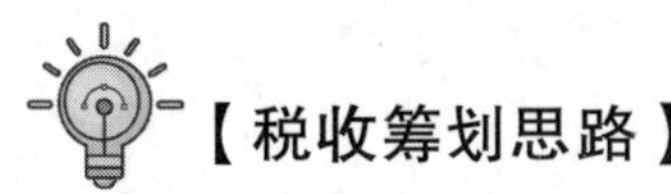

自 2018 年 5 月 1 日起，在上海市、福建省（含厦门市）和苏州工业园区实施个人税收递延型商业养老保险试点。对试点地区个人通过个人商业养老资金账户购买符合规定的商业养老保险产品的支出，允许在一定标准内税前扣除；计入个人商业养老资金账户的投资收益，暂不征收个人所得税；个人领取商业养老金时再征收个人所得税。取得工资薪金、连续性劳务报酬所得的个人，其缴纳的保费准予在申报扣除当月计算应纳税所得额时予以限额据实扣除，扣除限额按照当月工资薪金、连续性劳务报酬收入的 6% 和 1 000 元孰低办法确定。位于试点地区的企业可以为员工统一购买税收递延型养老保险，在当期降低个人所得税负担。

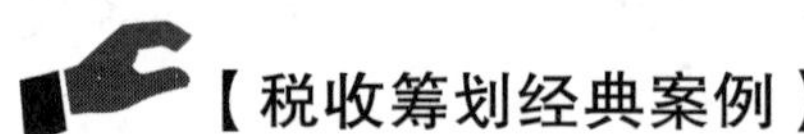

位于上海的甲公司共有员工 1 万余人，人均年薪 200 000 元，人均年个人所得税税前扣除标准为 12 万元，人均年应纳税所得额为 80 000 元，人均年应纳个人所得税 5 480 元（80 000×10% － 2 520）。

如甲公司从员工的应发工资中为全体员工统一购买符合税法规定的税收递延型商业养老保险，员工人均年缴费 1.2 万元，可以税前扣除。由此，人均年应纳个人所得税 4 280 元［（80 000 － 12 000）×10% － 2 520］。人均节税 1 200 元（5 480 － 4 280）。甲公司全体员工在当期年节税 12 000 000 元（12 000 000×10 000）。

【法律法规依据】

（1）《中华人民共和国个人所得税法》（1980 年 9 月 10 日第五届全国人民代表大会第三次会议通过，2018 年 8 月 31 日第十三届全国人民代表大会常务委员会第五次会议第七次修正）。

（2）《中华人民共和国个人所得税法实施条例》（1994 年 1 月 28 日中华人民共和国国务院令第 142 号发布，2018 年 12 月 18 日中华人民共和国国务院令第 707 号第四次修订）。

（3）《财政部　税务总局　人力资源社会保障部　中国银行保险监督管理委员会 证监会关于开展个人税收递延型商业养老保险试点的通知》（财税〔2018〕22 号）。

6.4 灵活运用子女教育专项附加扣除

【税收筹划思路】

根据税法规定，纳税人的子女接受全日制学历教育的相关支出，按照每个子女每月 1 000 元的标准定额扣除。学历教育包括义务教育（小学、初中教育）、高中阶段教育（普通高中、中等职业、技工教育）、高等教育（大学专科、大学本科、硕士研究生、博士研究生教育）。年满 3 岁至小学入学前处于学前教育阶段的子女，按上述规定执行。父母可以选择由其中一方按扣除标准的 100% 扣除，也可以选择由双方分别按扣除标准的 50% 扣除，具体扣除方式在一个纳税年度内不能变更。凡是家庭中有 3 岁至 28 岁接受教育的子女，应积极申报。如果夫妻二人均需要缴纳个人所得税，子女教育扣除应由税率高的一方全额申报，税率低的一方不申报。

【税收筹划经典案例】

张先生和张太太有一儿一女，儿子读小学一年级，女儿读小学六年级。2022 年度，张先生的应纳税所得额为 100 000 元（尚未考虑子女教育专项附加扣除），张太太的应纳税所得额为 30 000 元（尚未考虑子女教育专项附加扣除）。

如果张先生与张太太因疏忽而忘记申报子女教育专项附加扣除，则 2022 年度，张先生应纳个人所得税 7 480 元（100 000×10% － 2 520）；张太太应纳个人所得税 900 元（30 000×3%）。

如果由张太太申报两个子女的教育专项附加扣除 24 000 元，则 2022 年度，张先生应纳个人所得税 7 480 元（100 000×10% － 2520）；张太太应纳个人

所得税 180 元［（30 000 － 24 000）×3%］。节税 720 元（900 － 180）。

如果由张先生和张太太各申报一个子女的教育专项附加扣除 12 000 元，2022 年度，张先生应纳个人所得税 6 280 元［（100 000 － 12 000）×10% － 2 520］；张太太应纳个人所得税 540 元［（30 000 － 12 000）×3%］。节税 1 560 元（7 480 － 6 280 ＋ 900 － 540）。

如果由张先生申报两个子女的教育专项附加扣除 24 000 元，则 2022 年度，张先生应纳个人所得税 5 080 元［（100 000 － 24 000）×10% － 2 520］；张太太应纳个人所得税 900 元（30 000×3%）。节税 2 400 元（7 480 － 5 080）。

对张先生夫妇而言，2 4000 元的子女教育专项附加扣除抵税的最大额度就是 2 400 元。

【法律法规依据】

（1）《中华人民共和国个人所得税法》（1980 年 9 月 10 日第五届全国人民代表大会第三次会议通过，2018 年 8 月 31 日第十三届全国人民代表大会常务委员会第五次会议第七次修正）。

（2）《中华人民共和国个人所得税法实施条例》（1994 年 1 月 28 日中华人民共和国国务院令第 142 号发布，2018 年 12 月 18 日中华人民共和国国务院令第 707 号第四次修订）。

（3）《个人所得税专项附加扣除暂行办法》（2018 年 12 月 13 日国务院印发，国发〔2018〕41 号）。

6.5 灵活运用大病医疗专项附加扣除

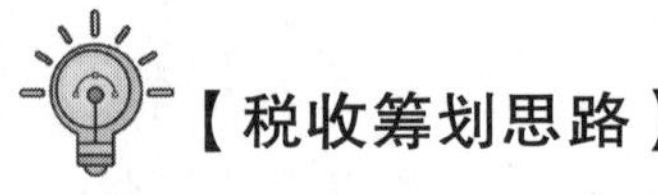

【税收筹划思路】

根据税法规定，在一个纳税年度内，纳税人发生的与基本医保相关的医药费用支出，扣除医保报销后个人负担（指医保目录范围内的自付部分）累计超过 15 000 元的部分，由纳税人在办理年度汇算清缴时，在 80 000 元限额内据实扣除。纳税人发生的医药费用支出可以选择由本人或者其配偶扣除；未成年子女发生的医药费用支出可以选择由其父母一方扣除。纳税人及其配

偶、未成年子女发生的医药费用支出，按上述规定分别计算扣除额。纳税人发生符合上述规定的医疗费时，应积极申报扣除。对纳税人未成年子女发生的符合上述规定的医疗费，应由税率最高的父母一方申报扣除。

【税收筹划经典案例】

王先生和王太太 2022 年喜添千金，但因女儿有先天性疾病，当年花费医疗费 1 000 000 元，全部自负，王先生和王太太本人当年并未产生自负医疗费。2022 年度，张先生的应纳税所得额为 100 000 元（尚未考虑大病医疗专项附加扣除），张太太的应纳税所得额为 30 000 元（尚未考虑大病医疗专项附加扣除）。

如果王先生与王太太因疏忽而忘记申报大病医疗专项附加扣除，则 2022 年度，王先生应纳个人所得税 7 480 元（100 000×10% － 2 520）；王太太应纳个人所得税 900 元（30 000×3%）。

如果由王太太申报大病医疗专项附加扣除 80 000 元，则 2022 年度，王先生应纳个人所得税 7 480 元（100 000×10% － 2 520）；王太太应纳个人所得税为 0。节税 900 元。

如果由王先生申报大病医疗专项附加扣除 8 万元，则 2022 年度，王先生应纳个人所得税 600 元［（100 000 － 80 000）×3%］；王太太应纳个人所得税 900 元（30 000×3%）。节税 6 880 元（7 480 － 600）。

对王先生夫妇而言，8 万元的大病医疗专项附加扣除抵税的最大额度就是 6 880 元。

【法律法规依据】

（1）《中华人民共和国个人所得税法》（1980 年 9 月 10 日第五届全国人民代表大会第三次会议通过，2018 年 8 月 31 日第十三届全国人民代表大会常务委员会第五次会议第七次修正）。

（2）《中华人民共和国个人所得税法实施条例》（1994 年 1 月 28 日中华人民共和国国务院令第 142 号发布，2018 年 12 月 18 日中华人民共和国国务院令第 707 号第四次修订）。

（3）《个人所得税专项附加扣除暂行办法》（2018 年 12 月 13 日国务院印发，国发〔2018〕41 号）。

6.6 灵活运用赡养老人专项附加扣除

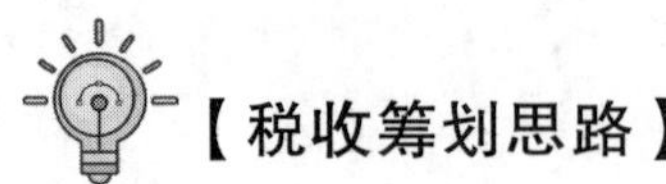

【税收筹划思路】

根据税法规定，纳税人赡养一位及以上被赡养人的赡养支出，统一按照以下标准定额扣除：①纳税人为独生子女的，按照每月 2 000 元的标准定额扣除；②纳税人为非独生子女的，由其与兄弟姐妹分摊每月 2 000 元的扣除额度，每人分摊的额度不能超过每月 1 000 元。可以由赡养人均摊或者约定分摊，也可以由被赡养人指定分摊。约定或者指定分摊的须签订书面分摊协议，指定分摊优先于约定分摊。具体分摊方式和额度在一个纳税年度内不能变更。被赡养人是指年满 60 岁的父母，以及子女均已去世的年满 60 岁的祖父母、外祖父母。凡是有 60 岁以上被赡养人的纳税人均应积极申报赡养老人专项附加扣除。对多兄弟姐妹而言，应由税率最高的两人分别申报 1 000 元。

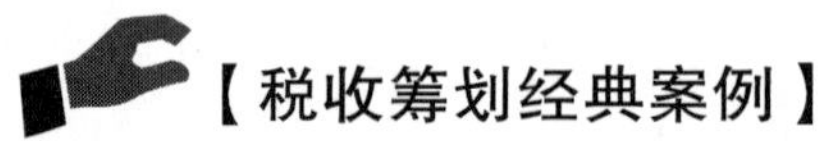

【税收筹划经典案例】

秦先生夫妇均年满 60 岁，其三个子女分别为秦一、秦二和秦三。2022 年度，秦一的应纳税所得额为 10 万元，秦二的应纳税所得额为 30 000 元，秦三的应纳税所得额为 0，以上数额均未考虑赡养老人专项附加扣除。

如果三位子女因疏忽未申报赡养老人专项附加扣除，则 2022 年度，秦一应纳个人所得税 7 480 元（100 000×10% － 2 520）；秦二应纳个人所得税 900 元（30 000×3%）；秦三应纳个人所得税为 0。

如果由秦二一人申报赡养老人专项附加扣除 12 000 元，则 2022 年度，秦一应纳个人所得税 7 480 元（100 000×10% － 2 520）；秦二应纳个人所得税 540 元［（30 000 － 12 000）×3%］；秦三应纳个人所得税为 0。节税 360 元（900 － 540）。

如果由秦一一人申报赡养老人专项附加扣除 12 000 元，则 2022 年度，秦一应纳个人所得税 6 280 元［（100 000 － 12 000）×10% － 2 520］；秦二应纳个人所得税 900 元（30 000×3%）；秦三应纳个人所得税为 0。节税 1 200 元（7 480 － 6 280）。

如果由秦一和秦二各申报赡养老人专项附加扣除 12 000 元，则 2022 年度，秦一应纳个人所得税 6 280 元［（100 000 − 12 000）×10% − 2 520］；秦二应纳个人所得税 540 元［（30 000 − 12 000）×3%］；秦三应纳个人所得税为 0。节税 1 560 元（7 480 − 6 280 + 900 − 540）。

对秦家兄妹三人而言，2.4 万元的赡养老人专项附加扣除抵税的最大额度就是 1 560 元。

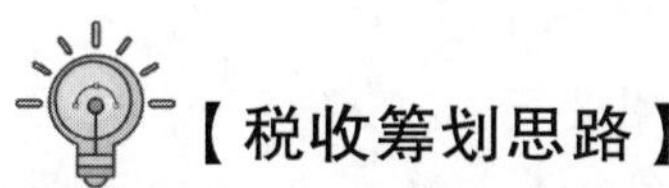

【法律法规依据】

（1）《中华人民共和国个人所得税法》（1980 年 9 月 10 日第五届全国人民代表大会第三次会议通过，2018 年 8 月 31 日第十三届全国人民代表大会常务委员会第五次会议第七次修正）。

（2）《中华人民共和国个人所得税法实施条例》（1994 年 1 月 28 日中华人民共和国国务院令第 142 号发布，2018 年 12 月 18 日中华人民共和国国务院令第 707 号第四次修订）。

（3）《个人所得税专项附加扣除暂行办法》（2018 年 12 月 13 日国务院印发，国发〔2018〕41 号）。

6.7 充分利用非居民个人的税收优惠

【税收筹划思路】

根据《个人所得税法》第一条的规定，在中国境内无住所又不居住，或者无住所而一个纳税年度内在中国境内居住累计不满 183 天的个人，为非居民个人。非居民个人从中国境内取得的所得，依照《个人所得税法》规定缴纳个人所得税。非居民个人的工资、薪金所得，以每月收入额减除费用 5 000 元后的余额为应纳税所得额；劳务报酬所得、稿酬所得、特许权使用费所得，以每次收入额为应纳税所得额。劳务报酬所得、稿酬所得、特许权使用费所得以收入减除 20% 的费用后的余额为收入额。稿酬所得的收入额减按 70% 计算。非居民个人适用税率表如表 6-2 所示。

表 6-2　非居民个人所得税税率表

级数	应纳税所得额	税率（%）	速算扣除数
1	不超过 3 000 元的	3	0
2	超过 3 000 元至 12 000 元的部分	10	210
3	超过 12 000 元至 25 000 元的部分	20	1 410
4	超过 25 000 元至 35 000 元的部分	25	2 660
5	超过 35 000 元至 55 000 元的部分	30	4 410
6	超过 55 000 元至 80 000 元的部分	35	7 160
7	超过 80 000 元的部分	45	15 160

根据《个人所得税法实施条例》第五条的规定，在中国境内无住所的个人，在一个纳税年度内在中国境内居住累计不超过 90 天的，其来源于中国境内的所得，由境外雇主支付并且不由该雇主在中国境内的机构、场所负担的部分，免予缴纳个人所得税。如果境外个人在境外的税负比较轻，在条件允许时，可以将在中国境内累计居住天数控制在 90 天以内，从而享受部分所得免于在中国纳税的优惠。

【税收筹划经典案例】

李女士为中国香港永久居民，就职于香港甲公司。2022 年度，甲公司计划安排李女士在深圳的代表处工作 180 天（6 个月）。李女士 2022 年度每月工资为 20 000 元，6 个月的工资总额为 120 000 元，由于其在香港可以享受的各项扣除比较多，税负接近零。

如果不进行筹划，李女士来源于中国境内的 6 个月的工资需要在中国境内纳税。每月应纳个人所得税 1 590 元［（20 000 － 5 000）×20% － 1 410］；6 个月合计应纳个人所得税 9 540 元（1 590×6）。

甲公司可以选派两位员工轮流到深圳工作，每人工作 90 天，每月工资均为 20 000 元。由此可以享受短期非居民个人的税收优惠，即该两位员工在深圳工作期间取得的工资，可以在香港纳税（实际税负为零），不需要在深圳缴纳个人所得税。由此，可以为两位员工节税 9 540 元。

【法律法规依据】

（1）《中华人民共和国个人所得税法》（1980 年 9 月 10 日第五届全国人民代表大会第三次会议通过，2018 年 8 月 31 日第十三届全国人民代表大会常务委员会第五次会议第七次修正）。

（2）《中华人民共和国个人所得税法实施条例》（1994 年 1 月 28 日中华人民共和国国务院令第 142 号发布，2018 年 12 月 18 日中华人民共和国国务院令第 707 号第四次修订）。

6.8 充分利用短期居民个人的税收优惠

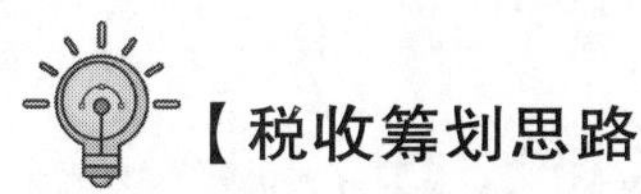

【税收筹划思路】

根据《个人所得税法实施条例》第四条的规定，在中国境内无住所的个人，在中国境内居住累计满 183 天的年度连续不满六年的，经向主管税务机关备案，其来源于中国境外且由境外单位或者个人支付的所得，免予缴纳个人所得税；在中国境内居住累计满 183 天的任一年度中有一次离境超过 30 天的，其在中国境内居住累计满 183 天的年度的连续年限重新起算。对于短期来华人员，如果每年停留时间均超过 183 天，则应充分利用短期居民个人的税收优惠，在第六年一次离境达到 31 天即可永远保持短期居民个人的身份。

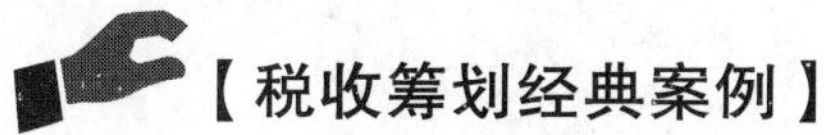

【税收筹划经典案例】

赵先生为中国香港永久居民，在深圳创办了甲公司，每年在中国境内停留时间约 360 天。自 2019 年度起，每年境内应纳税所得额约为 50 万元，境外年房租收入为 120 万元。

如果不进行筹划，自 2019 年度起，赵先生来自境外的房租收入可以免税五年。自第六年起，赵先生来自境外的租金收入需要在中国缴纳个人所得税，每月应纳个人所得税 1.6 万元［10×（1－20%）×20%］；全年应纳个人所得税 19.2 万元（1.6×12）。如果赵先生在境外已经就该 120 万元的租金收入缴纳了个人所得税，可以从上述 19.2 万元的应纳税额中扣除。假设赵先生在境外实际纳税10万元，则赵先生还应在中国补税9.2万元。

如果赵先生在自2019年度起的每个第六年离境31天，则赵先生可以永远保持短期居民个人的身份，其来自境外的每年120万元的租金收入可以免于在中国纳税，每年可以节税9.2万元。

【法律法规依据】

（1）《中华人民共和国个人所得税法》（1980年9月10日第五届全国人民代表大会第三次会议通过，2018年8月31日第十三届全国人民代表大会常务委员会第五次会议第七次修正）。

（2）《中华人民共和国个人所得税法实施条例》（1994年1月28日中华人民共和国国务院令第142号发布，2018年12月18日中华人民共和国国务院令第707号第四次修订）。

6.9 充分利用外籍人员的各项免税补贴

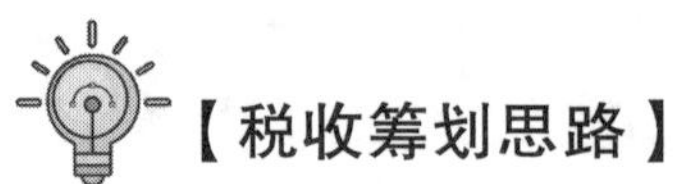

【税收筹划思路】

根据《财政部　税务总局关于个人所得税法修改后有关优惠政策衔接问题的通知》（财税〔2018〕164号）第七条的规定，2019年1月1日至2023年12月31日期间，外籍个人符合居民个人条件的，可以选择享受个人所得税专项附加扣除，也可以选择按照《财政部　国家税务总局关于个人所得税若干政策问题的通知》（财税〔1994〕020号）、《国家税务总局关于外籍个人取得有关补贴征免个人所得税执行问题的通知》（国税发〔1997〕54号）和《财政部　国家税务总局关于外籍个人取得港澳地区住房等补贴征免个人所得税的通知》（财税〔2004〕29号）规定，享受住房补贴、语言训练费、子女教育费等津补贴免税优惠政策，但不得同时享受。外籍个人一经选择，在一个纳税年度内不得变更。自2024年1月1日起，外籍个人不再享受住房补贴、语言训练费、子女教育费津补贴免税优惠政策，应按规定享受专项附加扣除。

根据《财政部　国家税务总局关于个人所得税若干政策问题的通知》（财税〔1994〕020号）的规定，下列所得，暂免征收个人所得税：①外籍个人以非现金形式或实报实销形式取得的住房补贴、伙食补贴、搬迁费、洗衣费；

②外籍个人按合理标准取得的境内、外出差补贴；③外籍个人取得的探亲费、语言训练费、子女教育费等，经当地税务机关审核批准为合理的部分；④外籍个人从外商投资企业取得的股息、红利所得。

对于外籍个人而言，应综合考量专项附加扣除与各项免税补贴之间的关系，选择可以最大减轻税收负担的扣除方式。

【税收筹划经典案例】

孙先生为外籍人士，因工作需要，长期在中国境内居住。2022 年度，按税法规定可以享受免税优惠的各项补贴总额为 80 000 元。孙先生（非独生子女）目前可以享受的专项附加扣除为两个子女的教育费和一位老人的赡养费。

若孙先生选择居民纳税人的专项附加扣除，则扣除总额为 36 000 元（1 000×12×2 ＋ 1 000×12）；若孙先生选择免税补贴优惠，则扣除总额为 80 000 元，可以多扣除 44 000 元（80 000 － 36 000）。如果孙先生综合所得适用的最高税率为 20%，则每年最高可以节税 8 800 元（44 000×20%）。

【法律法规依据】

（1）《中华人民共和国个人所得税法》（1980 年 9 月 10 日第五届全国人民代表大会第三次会议通过，2018 年 8 月 31 日第十三届全国人民代表大会常务委员会第五次会议第七次修正）。

（2）《中华人民共和国个人所得税法实施条例》（1994 年 1 月 28 日中华人民共和国国务院令第 142 号发布，2018 年 12 月 18 日中华人民共和国国务院令第 707 号第四次修订）。

（3）《财政部　国家税务总局关于个人所得税若干政策问题的通知》（财税〔1994〕020 号）。

（4）《财政部　税务总局关于个人所得税法修改后有关优惠政策衔接问题的通知》（财税〔2018〕164 号）。

（5）《财政部　税务总局关于延续实施外籍个人津补贴等有关个人所得税优惠政策的公告》（财政部　税务总局公告 2021 年第 43 号）。

6.10 非居民个人平均发放工资

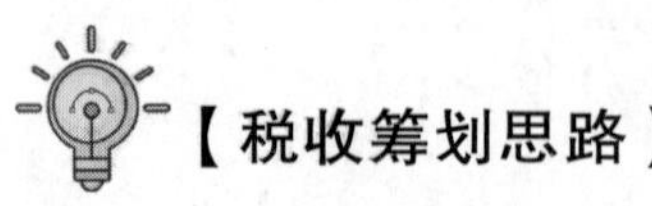

根据《个人所得税法》第二条的规定，非居民个人取得工资、薪金所得，劳务报酬所得，稿酬所得，特许权使用费所得，按月或者按次分项计算个人所得税。工资、薪金所得适用超额累进税率，如果某个月的工资过高，则会适用较高的税率，从而增加税收负担，只有平均发放工资，才能实现最低的税负。

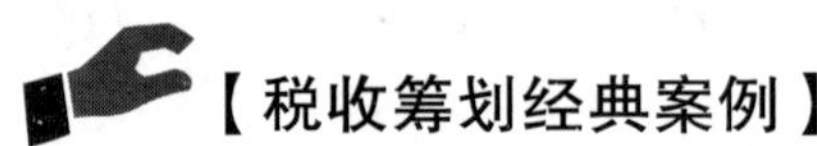

刘女士为外籍人士，属于中国非居民个人。因工作需要，每年在中国停留四个月，领取四个月的工资。公司原计划按工作绩效发放工资，假设2022年度领取的四个月工资分别为3 000元、6 000元、4 000元和20 000元，总额为33 000元。刘女士2022年度在中国应纳个人所得税1 620元［（6 000－5 000）×3%＋（20 000－5 000）×20%－1 410］。

如刘女士预先估计四个月的工资总额在3万元左右，可以先按平均数发放，最后一个月汇总计算，即前三个月工资按照8 000元发放，第四个月按照9 000元（33 000－8 000×3）发放。刘女士2022年度在中国应纳个人所得税460元［（8 000－5 000）×3%×3＋（9 000－5 000）×10%－210］。节税1 160元（1 620－460）。

【法律法规依据】

（1）《中华人民共和国个人所得税法》（1980年9月10日第五届全国人民代表大会第三次会议通过，2018年8月31日第十三届全国人民代表大会常务委员会第五次会议第七次修正）。

（2）《中华人民共和国个人所得税法实施条例》（1994年1月28日中华人民共和国国务院令第142号发布，2018年12月18日中华人民共和国国务院令第707号第四次修订）。

6.11 将工资适当转化为职工福利

【税收筹划思路】

工资与职工福利的使用范围存在一定程度的重合，如员工取得工资后需要支付的交通费、通信费、餐饮费、房租以及部分设备购置费等均可以由公司来提供，公司在为员工提供上述福利以后，可以相应减少其应发的工资，由此，不仅可以为员工节税，还可以为公司节省社保费的支出。

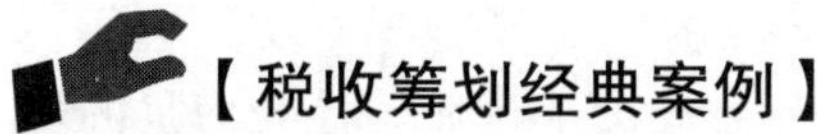

【税收筹划经典案例】

甲公司共有员工 10 000 余人，目前没有给员工提供任何职工福利，该公司员工的年薪比同行业其他公司略高，平均为 200 000 元。其中，税法允许的税前扣除额人均约 13 万元，人均应纳税所得额为 70 000 元。人均应纳税额为 4 480 元（70 000×10% － 2 520）。

如甲公司充分利用税法规定的职工福利费、职工教育经费等，为职工提供上下班交通工具、三顿工作餐、工作手机及相应通信费、工作电脑、职工宿舍、职工培训费、差旅补贴等选项由每位职工根据自身需求选用。选用公司福利的员工，其工资适当调低，以弥补公司提供上述福利的成本。假设通过上述方式，该公司 50% 的员工年薪由此降低 10 000 元，则人均应纳税额为 3 480 元（60 000×10% － 2 520），人均节税 1 000 元（4 480 － 3 480），员工节税总额为 5 000 000 元。假设甲公司为员工缴纳“五险一金”的比例为工资总额的 30%，则该项筹划为甲公司节约“五险一金”15 000 000 元（10 000×5 000×30%）。

【法律法规依据】

（1）《中华人民共和国个人所得税法》（1980 年 9 月 10 日第五届全国人民代表大会第三次会议通过，2018 年 8 月 31 日第十三届全国人民代表大会常务委员会第五次会议第七次修正）。

（2）《中华人民共和国个人所得税法实施条例》（1994 年 1 月 28 日中华人民共和国国务院令第 142 号发布，2018 年 12 月 18 日中华人民共和国国务院令第 707 号第四次修订）。

6.12 充分利用公益慈善事业捐赠

【税收筹划思路】

根据《个人所得税法》的规定，个人将其所得对教育、扶贫、济困等公益慈善事业进行捐赠，捐赠额未超过纳税人申报的应纳税所得额 30% 的部分，可以从其应纳税所得额中扣除；国务院规定对公益慈善事业捐赠实行全额税前扣除的，从其规定。根据《财政部　国家税务总局关于企业等社会力量向红十字事业捐赠有关所得税政策问题的通知》（财税〔2000〕30 号）的规定，个人通过非营利性的社会团体和国家机关（包括中国红十字会）向红十字事业的捐赠，在计算缴纳个人所得税时准予全额扣除。根据《财政部　国家税务总局关于纳税人向农村义务教育捐赠有关所得税政策的通知》（财税〔2001〕103 号）的规定，个人通过非营利的社会团体和国家机关向农村义务教育的捐赠、准予在缴纳个人所得税前的所得额中全额扣除。农村义务教育的范围，是指政府和社会力量举办的农村乡镇（不含县和县级市政府所在地的镇）、村的小学和初中以及属于这一阶段的特殊教育学校。纳税人对农村义务教育与高中在一起的学校的捐赠，也享受上述所得税前扣除政策。

利用公益慈善事业捐赠进行纳税筹划应注意三个问题：第一，通过有资格接受捐赠的组织进行公益捐赠，不能直接向受赠者捐赠，否则，无法税前扣除；第二，一般公益捐赠的税前扣除具有限额，特殊公益捐赠的税前扣除没有限额，尽量选择可以全额税前扣除的项目；第三，在个人需要纳税的年度进行公益捐赠可以起到抵税的作用，如个人在某个年度不需要纳税，公益捐赠无法起到抵税的作用。

【税收筹划经典案例】

李先生为某地企业家，为提高自身形象与知名度，决定以个人名义长期开展一些公益捐赠。假设李先生每年综合所得应纳税所得额为 1 000 万元，某

筹划公司为李先生设计了三种筹划方案：方案一，每年直接向若干所希望小学捐赠 500 万元；方案二，通过某地民政局向贫困地区每年捐赠 500 万元；方案三，每年向中国红十字会捐赠 500 万元。

若不进行公益捐赠，李先生综合所得每年应纳税额为 431.81 万元（1 000×45% － 18.19）。

若按照方案一进行公益捐赠，李先生综合所得每年应纳税额与上述情形相同，即无法税前扣除，公益捐赠起不到抵税的作用。

若按照方案二进行公益捐赠，李先生综合所得每年应纳税额为 296.81 万元［（1 000 － 1 000×30%）×45% － 18.19］，节税 135 万元（431.81 － 296.81）。

若按照方案三进行公益捐赠，李先生综合所得每年应纳税额为 206.81 万元［（1 000 － 500）×45% － 18.19］，节税 225 万元（431.81 － 206.81）。

【法律法规依据】

（1）《中华人民共和国个人所得税法》（1980 年 9 月 10 日第五届全国人民代表大会第三次会议通过，2018 年 8 月 31 日第十三届全国人民代表大会常务委员会第五次会议第七次修正）。

（2）《中华人民共和国个人所得税法实施条例》（1994 年 1 月 28 日中华人民共和国国务院令第 142 号发布，2018 年 12 月 18 日中华人民共和国国务院令第 707 号第四次修订）。

（3）《财政部　国家税务总局关于企业等社会力量向红十字事业捐赠有关所得税政策问题的通知》（财税〔2000〕30 号）。

（4）《财政部　国家税务总局关于纳税人向农村义务教育捐赠有关所得税政策的通知》（财税〔2001〕103 号）。

6.13 充分利用年终奖单独计税

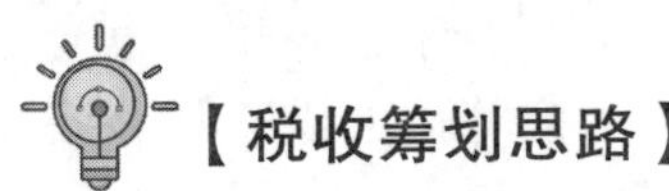

【税收筹划思路】

全年一次性奖金是指行政机关、企事业单位等扣缴义务人根据其全年经济效益和对雇员全年工作业绩的综合考核情况，向雇员发放的一次性奖金。

上述一次性奖金也包括年终加薪、实行年薪制和绩效工资办法的单位根据考核情况兑现的年薪和绩效工资。

纳税人取得全年一次性奖金，单独作为一个月工资、薪金所得计算纳税，并按以下计税办法，由扣缴义务人发放时代扣代缴：

（1）先将雇员当月内取得的全年一次性奖金，除以 12 个月，按其商数确定适用税率和速算扣除数。如果在发放年终一次性奖金的当月，雇员当月工资薪金所得低于税法规定的费用扣除额，应将全年一次性奖金减除"雇员当月工资薪金所得与费用扣除额的差额"后的余额，按上述办法确定全年一次性奖金的适用税率和速算扣除数。

（2）将雇员个人当月内取得的全年一次性奖金，按第（1）项确定的适用税率和速算扣除数计算征税，计算公式如下：

如果雇员当月工资薪金所得高于（或等于）税法规定的费用扣除额的，适用公式为：

应纳税额＝雇员当月取得全年一次性奖金 × 适用税率－速算扣除数

如果雇员当月工资薪金所得低于税法规定的费用扣除额的，适用公式为：

$$\text{应纳税额}=\left(\text{雇员当月取得全年一次性奖金}-\text{雇员当月工资薪金所得与费用扣除额的差额}\right)\times\text{适用税率}-\text{速算扣除数}$$

在一个纳税年度内，对每一个纳税人，该计税办法只允许采用一次。实行年薪制和绩效工资的单位，个人取得年终兑现的年薪和绩效工资按上述规定执行。

雇员取得除全年一次性奖金以外的其他各种名目奖金，如半年奖、季度奖、加班奖、先进奖、考勤奖等，一律与当月工资、薪金收入合并，按税法规定缴纳个人所得税。对无住所个人取得上述各种名目奖金，如果该个人当月在我国境内没有纳税义务，或者该个人由于出入境原因导致当月在我国工作时间不满一个月的，仍按照《国家税务总局关于在我国境内无住所的个人取得奖金征税问题的通知》（国税发〔1996〕183 号）计算纳税。

居民个人取得全年一次性奖金，符合《国家税务总局关于调整个人取得全年一次性奖金等计算征收个人所得税方法问题的通知》（国税发〔2005〕9 号）规定的，在 2023 年 12 月 31 日前，不并入当年综合所得，以全年一次性奖金收入除以 12 个月得到的数额，按照按月换算后的综合所得税率表（以下简称月度税率表，见表 6-3），确定适用税率和速算扣除数，单独计算纳税。计算公式为：

应纳税额＝全年一次性奖金收入 × 适用税率－速算扣除数

居民个人取得全年一次性奖金，也可以选择并入当年综合所得计算纳税。自 2024 年 1 月 1 日起，居民个人取得全年一次性奖金，应并入当年综合所得计算缴纳个人所得税。

表 6–3　按月换算后的综合所得税率表

级数	全月应纳税所得额	税率	速算扣除数
1	不超过 3 000 元的	3%	0
2	超过 3 000 元至 12 000 元的部分	10%	210
3	超过 12 000 元至 25 000 元的部分	20%	1 410
4	超过 25 000 元至 35 000 元的部分	25%	2 660
5	超过 35 000 元至 55 000 元的部分	30%	4 410
6	超过 55 000 元至 80 000 元的部分	35%	7 160
7	超过 80 000 元的部分	45%	15 160

中央企业负责人取得年度绩效薪金延期兑现收入和任期奖励，符合《国家税务总局关于中央企业负责人年度绩效薪金延期兑现收入和任期奖励征收个人所得税问题的通知》（国税发〔2007〕118 号）规定的，在 2023 年 12 月 31 日前，参照上述规定执行；2024 年 1 月 1 日之后的政策另行明确。

为建立中央企业负责人薪酬激励与约束的机制，根据《中央企业负责人经营业绩考核暂行办法》《中央企业负责人薪酬管理暂行办法》规定，国务院国有资产监督管理委员会对中央企业负责人的薪酬发放采取按年度经营业绩和任期经营业绩考核的方式，具体办法是：中央企业负责人薪酬由基薪、绩效薪金和任期奖励构成，其中基薪和绩效薪金的 60% 在当年度发放，绩效薪金的 40% 和任期奖励于任期结束后发放。中央企业负责人任期结束后取得的绩效薪金 40% 部分和任期奖励，按照《国家税务总局关于调整个人取得全年一次性奖金等计算征收个人所得税方法问题的通知》（国税发〔2005〕9 号）第二条规定的方法，合并计算缴纳个人所得税。根据《中央企业负责人经营业绩考核暂行办法》等规定，该通知后附的《国资委管理的中央企业名单》中的下列人员，适用上述规定，其他人员不得比照执行：①国有独资企业和未设董事会的国有独资公司的总经理（总裁）、副总经理（副总裁）、总会计师；②设董事会的国有独资公司（国资委确定的董事会试点企业除外）的董事长、副董事长、董事、总经理（总裁）、副总经理（副总裁）、总会计师；③国有控股公司国有股权代表出任的董事长、副董事长、董事、总经理（总裁），列入国资委党委管理的副总经理（副总裁）、总会计师；④国有独资企业、国有独资公司和国有控股公司党委（党组）书记、副书记、常委（党组成员）、纪委书记（纪检组长）。

年终奖单独计税相当于给纳税人额外提供了一次可以低税率纳税的方法，综合所得应纳税额超过 3.6 万元的纳税人应充分利用。利用年终奖单独计税进行纳税筹划应注意两个问题：第一，年终奖适用的税率不能超过综合所得适用的最高税率，否则，无法起到节税的效果；第二，年终奖的计算方法实际上是全额累进，因此，应特别注意在两个税率过渡阶段的纳税筹划，原则上，如果某笔年终奖的适用税率刚刚超过某个档次时，适当降低年终奖的数额，使其适用低一档次的税率可以起到节税的效果。

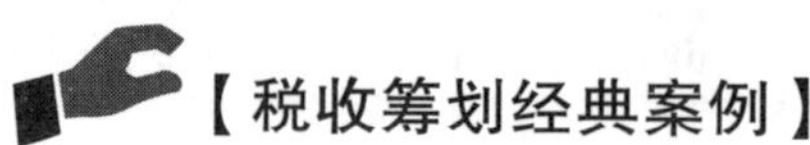

【税收筹划经典案例】

刘先生 2022 年度综合所得应纳税所得额为 100 万元，全部来自工资薪金。单位为其提供了五种方案供其选择：方案一，全部通过工资薪金发放，不发放年终奖；方案二，发放 3.6 万元年终奖，综合所得应纳税所得额为 96.4 万元；方案三，发放 14.4 万元年终奖，综合所得应纳税所得额为 85.6 万元；方案四，发放 43 万元年终奖，综合所得应纳税所得额为 57 万元；方案五，发放 42 万元年终奖，综合所得应纳税所得额为 58 万元。

在方案一下，刘先生应纳税额 26.81 万元（100×45% － 18.19）。

在方案二下，刘先生综合所得应纳税额 25.19 万元（96.4×45% － 18.19）；年终奖应纳税额 0.11 万元（3.6×3%）；合计应纳税额 25.3 万元（25.19 ＋ 0.11）。方案二比方案一节税 1.51 万元（26.81 － 25.3）。

在方案三下，刘先生综合所得应纳税额 21.37 万元（85.6×35% － 8.59）；年终奖应纳税额 1.42 万元（14.4×10% － 0.02）；合计应纳税额 22.79 万元（21.37 ＋ 1.42）。方案三比方案二节税 2.51 万元（25.3 － 22.79）；方案三比方案一节税 4.02 万元（26.81 － 22.79）。

在方案四下，刘先生综合所得应纳税额 11.81 万元（57×30% － 5.29）；年终奖应纳税额 12.46 万元（43×30% － 0.44）；合计应纳税额 24.27 万元（11.81 ＋ 12.46）。方案四比方案三多纳税 1.48 万元（24.27 － 22.79）；方案四比方案二节税 1.03 万元（25.3 － 24.27）；方案四比方案一节税 2.54 万元（26.81 － 24.27）。

在方案五下，刘先生综合所得应纳税额 12.11 万元（58×30% － 5.29）；年终奖应纳税额 10.23 万元（42×25% － 0.27）；合计应纳税额 22.34 万元

（12.11 + 10.23）。方案五比方案四节税 1.93 万元（24.27 − 22.34）；方案五比方案三节税 0.45 万元（22.79 − 22.34）；方案五比方案二节税 2.96 万元（25.3 − 22.34）；方案五比方案一节税 4.47 万元（26.81 − 22.34）。

【法律法规依据】

（1）《中华人民共和国个人所得税法》（1980 年 9 月 10 日第五届全国人民代表大会第三次会议通过，2018 年 8 月 31 日第十三届全国人民代表大会常务委员会第五次会议第七次修正）。

（2）《中华人民共和国个人所得税法实施条例》（1994 年 1 月 28 日中华人民共和国国务院令第 142 号发布，2018 年 12 月 18 日中华人民共和国国务院令第 707 号第四次修订）。

（3）《国家税务总局关于调整个人取得全年一次性奖金等计算征收个人所得税方法问题的通知》（国税发〔2005〕9 号）。

（4）《国家税务总局关于中央企业负责人年度绩效薪金延期兑现收入和任期奖励征收个人所得税问题的通知》（国税发〔2007〕118 号）。

（5）《财政部　税务总局关于个人所得税法修改后有关优惠政策衔接问题的通知》（财税〔2018〕164 号）。

（6）《财政部　税务总局关于延续实施全年一次性奖金等个人所得税优惠政策的公告》（财政部　税务总局公告 2021 年第 42 号）。

（7）《财政部　税务总局关于延续实施外籍个人津补贴等有关个人所得税优惠政策的公告》（财政部　税务总局公告 2021 年第 43 号）。

6.14 充分利用股票期权所得单独计税

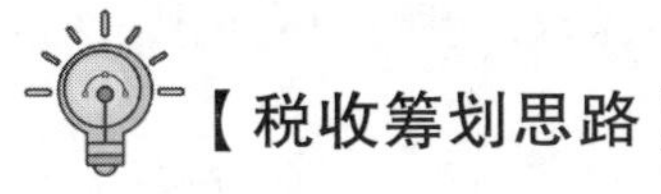

【税收筹划思路】

实施股票期权计划企业授予该企业员工的股票期权所得，应按《个人所得税法》及其实施条例有关规定征收个人所得税。企业员工股票期权（以下简称股票期权）是指上市公司按照规定的程序授予本公司及其控股企业员工的一项权利，该权利允许被授权员工在未来时间内以某一特定价格购买本公司一定数量的股票。上述“某一特定价格”被称为“授予价”或“施权价”，即根据股票期权计划可以购买股票的价格，一般为股票期权授予日的市场价格或该价格的折扣价格，也可以是按照事先设定的计算方法约定的价格；“授予日”，也称“授权日”，是指公司授予员工上述权利的日期；“行权”，也称“执行”，是指员工根据股票期权计划选择购买股票的过程；员工行使上述权利的当日为“行权日”，也称“购买日”。

员工接受实施股票期权计划企业授予的股票期权时，除另有规定外，一般不作为应税所得征税。员工行权时，其从企业取得股票的实际购买价（施权价）低于购买日公平市场价（指该股票当日的收盘价，下同）的差额，是因员工在企业的表现和业绩情况而取得的与任职、受雇有关的所得，应按“工资、薪金所得”适用的规定计算缴纳个人所得税。对因特殊情况，员工在行权日之前将股票期权转让的，以股票期权的转让净收入，作为工资薪金所得征收个人所得税。

$$\text{股票期权形式的工资薪金应纳税所得额} = \left(\text{行权股票的每股市场价} - \text{员工取得该股票期权支付的每股施权价}\right) \times \text{股票数量}$$

员工将行权后的股票再转让时获得的高于购买日公平市场价的差额，是因个人在证券二级市场上转让股票等有价证券而获得的所得，应按照“财产转让所得”适用的征免规定计算缴纳个人所得税。员工因拥有股权而参与企业税后利润分配取得的所得，应按照“利息、股息、红利所得”适用的规定计算缴纳个人所得税。

按照《国家税务局关于在中国境内无住所个人以有价证券形式取得工资薪金所得确定纳税义务有关问题的通知》（国税函〔2000〕190 号）有关规定，需对员工因参加企业股票期权计划而取得的工资薪金所得确定境内或境外来源的，应按照该员工据以取得上述工资薪金所得的境内、外工作期间月份数比例计算划分。

员工因参加股票期权计划而从中国境内取得的所得，按上述规定应按工资薪金所得计算纳税的，对该股票期权形式的工资薪金所得可区别于所在月份的其他工资薪金所得，单独计算当月应纳税款。

对于员工转让股票等有价证券取得的所得，应按现行税法和政策规定征免个人所得税，即个人将行权后的境内上市公司股票再行转让而取得的所得，暂不征收个人所得税；个人转让境外上市公司的股票而取得的所得，应按税法的规定计算应纳税所得额和应纳税额，依法缴纳税款。

员工因拥有股权参与税后利润分配而取得的股息、红利所得，除依照有

关规定可以免税或减税的外，应全额按规定税率计算纳税。

实施股票期权计划的境内企业为个人所得税的扣缴义务人，应按税法规定履行代扣代缴个人所得税的义务。员工从两处或两处以上取得股票期权形式的工资薪金所得和没有扣缴义务人的，该个人应在个人所得税法规定的纳税申报期限内自行申报缴纳税款。实施股票期权计划的境内企业，应在股票期权计划实施之前，将企业的股票期权计划或实施方案、股票期权协议书、授权通知书等资料报送主管税务机关；应在员工行权之前，将股票期权行权通知书和行权调整通知书等资料报送主管税务机关。扣缴义务人和自行申报纳税的个人在申报纳税或代扣代缴税款时，应在税法规定的纳税申报期限内，将个人接受或转让的股票期权以及认购的股票情况（包括种类、数量、施权价格、行权价格、市场价格、转让价格等）报送主管税务机关。实施股票期权计划的企业和因股票期权计划而取得应税所得的自行申报员工，未按规定报送上述有关报表和资料，未履行申报纳税义务或者扣缴税款义务的，按《税收征收管理法》及其实施细则的有关规定进行处理。

根据《财政部　税务总局关于个人所得税法修改后有关优惠政策衔接问题的通知》（财税〔2018〕164 号）第一条的规定，居民个人取得股票期权、股票增值权、限制性股票、股权奖励等股权激励（以下简称股权激励），符合《财政部　国家税务总局关于个人股票期权所得征收个人所得税问题的通知》（财税〔2005〕35 号）、《财政部　国家税务总局关于股票增值权所得和限制性股票所得征收个人所得税有关问题的通知》（财税〔2009〕5 号）、《财政部　国家税务总局关于将国家自主创新示范区有关税收试点政策推广到全国范围实施的通知》（财税〔2015〕116 号）第四条、《财政部　国家税务总局关于完善股权激励和技术入股有关所得税政策的通知》（财税〔2016〕101 号）第四条第（1）项规定的相关条件的，在 2023 年 12 月 31 日前，不并入当年综合所得，全额单独适用综合所得税率表，计算纳税。计算公式为：

应纳税额＝股权激励收入 × 适用税率－速算扣除数

居民个人一个纳税年度内取得两次以上（含两次）股权激励的，应合并按上述规定计算纳税。2024 年 1 月 1 日之后的股权激励政策另行明确。

股票期权等股票激励所得单独计税为纳税人提供了将一年的综合所得分为两次纳税的机会，凡是综合所得应纳税所得额超过 3.6 万元的纳税人，在满足适用条件的前提下，均可以利用股票期权所得单独计税的政策进行纳税筹划。最佳的节税方案就是将综合所得应纳税所得额的一半分配至股票期权所得。

【税收筹划经典案例】

董女士为某上市公司总经理，预计2022年度综合所得应纳税所得额为500万元。公司为董女士设计了四套纳税方案：方案一，不发放股票期权所得，综合所得应纳税所得额为500万元；方案二，发放股票期权所得3.6万元，综合所得应纳税所得额为496.4万元；方案三，发放股票期权所得14.4万元，综合所得应纳税所得额为485.6万元；方案四，发放股票期权所得250万元，综合所得应纳税所得额为250万元。

在方案一下，董女士应纳税额为206.81万元（500×45% － 18.19）。

在方案二下，董女士股票期权应纳税额为0.11万元（3.6×3%）；综合所得应纳税额为205.19万元（496.4×45% － 18.19）；合计应纳税额为205.3万元（0.11 ＋ 205.19）。方案二比方案一节税1.51万元（206.81 － 205.3）。

在方案三下，董女士股票期权应纳税额为1.19万元（14.4×10% — 0.25）；综合所得应纳税额为200.33万元（485.6×45% — 18.19）；合计应纳税额为201.52万元（1.19 ＋ 200.33）。方案三比方案二节税3.78万元（205.3 — 201.52）；方案三比方案一节税5.29万元（206.81 — 201.52）。

在方案四下，董女士股票期权应纳税额为94.31万元（250×45% － 18.19）；综合所得应纳税额为94.31万元（250×45% － 18.19）；合计应纳税额为188.62万元（94.31 ＋ 94.31）。方案四比方案三节税12.9万元（201.52 － 188.62）；方案四比方案二节税16.68万元（205.3 － 188.62）；方案四比方案一节税18.19万元（206.81 － 188.62）。

【法律法规依据】

（1）《中华人民共和国个人所得税法》（1980年9月10日第五届全国人民代表大会第三次会议通过，2018年8月31日第十三届全国人民代表大会常务委员会第五次会议第七次修正）。

（2）《中华人民共和国个人所得税法实施条例》（1994年1月28日中华人民共和国国务院令第142号发布，2018年12月18日中华人民共和国国务院令第707号第四次修订）。

（3）《财政部　国家税务总局关于个人股票期权所得征收个人所得税问题的通知》（财税〔2005〕35号）。

（4）《财政部　税务总局关于个人所得税法修改后有关优惠政策衔接问题的通知》（财税〔2018〕164 号）。

（5）《财政部　税务总局关于延续实施全年一次性奖金等个人所得税优惠政策的公告》（财政部　税务总局公告 2021 年第 42 号）。

6.15 综合利用年终奖与股票期权所得单独计税

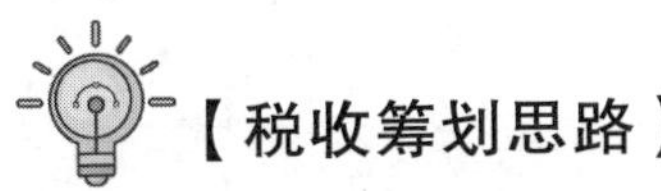

【税收筹划思路】

在条件允许的前提下，纳税人如能充分且合理利用多种税收优惠政策，如综合利用年终奖与股票期权所得单独计税的政策，可以最大限度地降低整体税收负担。筹划的具体方法为，股权期权与综合所得适用相同的税率，年终奖适用的税率比综合所得适用的税率低一个档次。

【税收筹划经典案例】

马先生为某上市公司总经理，预计 2023 年度综合所得应纳税所得额为 600 万元。公司为马先生设计了四套纳税方案：方案一，不发放年终奖与股票期权所得，综合所得应纳税所得额为 600 万元；方案二，发放年终奖 3.6 万元、股票期权所得 3.6 万元，综合所得应纳税所得额为 592.8 万元；方案三，发放年终奖 200 万元、股票期权所得 200 万元，综合所得应纳税所得额为 200 万元；方案四，发放年终奖 96 万元、股票期权所得 252 万元，综合所得应纳税所得额为 252 万元。

在方案一下，马先生应纳税额为 251.81 万元（600×45% － 18.19）。

在方案二下，马先生年终奖应纳税额为 0.11 万元（3.6×3%）；股票期权应纳税额为 0.11 万元（3.6×3%）；综合所得应纳税额为 248.57 万元（592.8×45% － 18.19）；合计应纳税额为 248.79 万元（0.11 ＋ 0.11 ＋ 248.57）。方案二比方案一节税 3.02 万元（251.81 － 248.79）。

在方案三下，马先生年终奖应纳税额为 88.48 万元（200×45% － 1.52）；股票期权应纳税额为 71.81 万元（200×45% － 18.19）；综合所得应纳税额为 71.81 万元（200×45% － 18.19）；合计应纳税额为 232.1 万元（88.48 ＋ 71.81 ＋ 71.81）。方案三比方案二节税 16.69 万元（248.79 － 232.1）；方案三比方案一节税 19.71 万元（251.81 － 232.1）。

在方案四下，马先生年终奖应纳税额为 32.88 万元（96×35% － 0.72）；股票期权应纳税额为 95.21 万元（252×45% － 18.19）；综合所得应纳税额为 95.21 万元（252×45% － 18.19）；合计应纳税额为 223.3 万元（32.88 ＋ 95.21 ＋ 95.21）。方案四比方案三节税 8.8 万元（232.1 － 223.3）；方案四比方案二节税 25.49 万元（248.79 － 223.3）；方案四比方案一节税 28.51 万元（251.81 － 223.3）。

【法律法规依据】

（1）《中华人民共和国个人所得税法》（1980 年 9 月 10 日第五届全国人民代表大会第三次会议通过，2018 年 8 月 31 日第十三届全国人民代表大会常务委员会第五次会议第七次修正）。

（2）《中华人民共和国个人所得税法实施条例》（1994 年 1 月 28 日中华人民共和国国务院令第 142 号发布，2018 年 12 月 18 日中华人民共和国国务院令第 707 号第四次修订）。

（3）《财政部　税务总局关于个人所得税法修改后有关优惠政策衔接问题的通知》（财税〔2018〕164 号）。

（4）《财政部　税务总局关于延续实施全年一次性奖金等个人所得税优惠政策的公告》（财政部　税务总局公告 2021 年第 42 号）。

6.16 预缴劳务报酬中的纳税筹划

【税收筹划思路】

劳务报酬所得虽然应并入综合所得综合计征个人所得税，但在实际征管中采取的是预缴与汇算清缴相结合的方法。扣缴义务人向居民个人支付劳务报酬所得时，应当按照以下方法按次或者按月预扣预缴税款：①劳务报酬所得以收入减除费用后的余额为收入额；②预扣预缴税款时，劳务报酬所得每次收入不超过 4 000 元的，减除费用按 800 元计算；每次收入 4 000 元以上的，减除费用按收入的 20% 计算；③劳务报酬所得以每次收入额为预扣预缴应纳税所得额，计算应预扣预缴税额。劳务报酬所得适用个人所得税预扣率表（见

表 6-4）；④居民个人办理年度综合所得汇算清缴时，应当依法计算劳务报酬所得的收入额，并入年度综合所得计算应纳税款，税款多退少补。根据这一预扣预缴方法，纳税人应尽量降低每次取得劳务报酬的数量，从而可以降低预扣预缴税款的数额。

表 6-4　居民个人劳务报酬所得个人所得税预扣率表

级数	预扣预缴应纳税所得额	预扣率	速算扣除数
1	不超过 20 000 元的	20%	0
2	超过 20 000 元至 50 000 元的部分	30%	2 000
3	超过 50 000 元的部分	40%	7 000

【税收筹划经典案例】

秦先生为某大学教授，2022 年度担任甲公司税务顾问，合同约定了两种支付方案：方案一，甲公司在 2022 年一次性向秦先生支付全年顾问费 60 000 元；方案二，甲公司在 2022 年分 12 次向秦先生支付全年顾问费，每次为 5 000 元。假设秦先生 2022 年度综合所得应纳税所得额（已经计算该 60 000 元顾问费）为 100 000 元，除该顾问费以外，尚未预缴税款。

在方案一下，甲公司在支付顾问费时应预扣预缴税款 12 400 元［60 000×（1 － 20%）×30% － 2 000］。秦先生 2022 年度综合所得应纳税额为 7 480 元（100 000×10% － 2 520）。秦先生应申请退税 4 920 元（12 400 － 7 480）。

在方案二下，甲公司在支付顾问费时应预扣预缴税款 9 600 元［5 000×（1 － 20%）×20%×12］。秦先生 2022 年度综合所得应纳税额为 7 480 元（100 000×10% － 2 520）。秦先生应申请退税 2 120 元（9 600 － 7 480）。方案二比方案一少占用秦先生资金 2 800 元（4 920 － 2 120）。

【法律法规依据】

（1）《中华人民共和国个人所得税法》（1980 年 9 月 10 日第五届全国人民代表大会第三次会议通过，2018 年 8 月 31 日第十三届全国人民代表大会常务委员会第五次会议第七次修正）。

（2）《中华人民共和国个人所得税法实施条例》（1994 年 1 月 28 日中华人民共和国国务院令第 142 号发布，2018 年 12 月 18 日中华人民共和国国务院令第707号第四次修订）。

（3）《个人所得税扣缴申报管理办法（试行）》（国家税务总局公告2018年第61号）。

6.17 转移劳务报酬中的成本

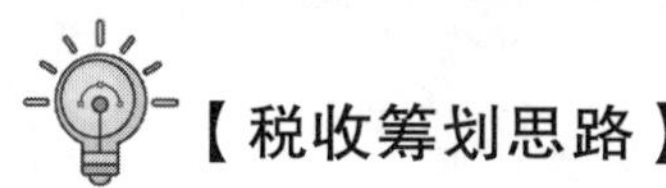

【税收筹划思路】

在预扣预缴劳务报酬的税款时，劳务报酬所得每次收入不超过4 000元的，减除费用按800元计算；每次收入超过4 000元的，减除费用按收入的20%计算。这种固定数额与固定比例的扣除模式导致花费成本较高的劳务报酬税负较高，为此，纳税人在取得劳务报酬时，原则上应将各类成本转移至被服务单位。由此可以降低劳务报酬的表面数额，从而降低劳务报酬的整体税收负担。

【税收筹划经典案例】

吴先生是全国著名的税法专家，每年在全国各级巡回讲座几十次。某次讲座课酬的支付方式有两种方案：方案一，邀请单位支付课酬60 000元，各种费用均由吴先生自己负担，假设每次讲座的交通费、住宿费、餐饮费等必要费用为1万元；方案二，邀请单位支付课酬50 000元，各种费用均由邀请单位负担。

在方案一下，邀请单位需要预扣预缴税款12 400元［60 000×（1－20%）×30%－2 000］。吴先生自负的10 000元各类费用无法税前扣除，起不到抵税的作用。

在方案二下，邀请单位需要预扣预缴税款10 000元［50 000×（1－20%）×30%－2 000］。方案二比方案一节税2 400元（12 400－10 000）。

【法律法规依据】

（1）《中华人民共和国个人所得税法》（1980年9月10日第五届全国人民代表大会第三次会议通过，2018年8月31日第十三届全国人民代表大会常务委员会第五次会议第七次修正）。

（2）《中华人民共和国个人所得税法实施条例》（1994年1月28日中

华人民共和国国务院令第 142 号发布，2018 年 12 月 18 日中华人民共和国国务院令第 707 号第四次修订）。

（3）《个人所得税扣缴申报管理办法（试行）》（国家税务总局公告 2018 年第 61 号）。

6.18 将部分劳务报酬分散至他人

【税收筹划思路】

劳务报酬所得按照每个纳税人取得的数额分别计征个人所得税，因此，在纳税人的劳务实际上是由若干人提供的情况下，可以通过将部分劳务报酬分散至他人的方式来减轻税收负担。

【税收筹划经典案例】

某影视明星承担了甲影视公司的某个拍摄项目，整个拍摄工作在 3 个月内完成，甲影视公司需要支付劳务报酬 120 万元。甲公司设计了三套发放方案：方案一，拍摄任务完成后，一次性支付 120 万元劳务报酬；方案二，根据拍摄项目进度，每个月发放劳务报 40 万元；方案三，由于该影视明星雇用了 10 名工作人员为其服务，平均每月劳务报酬为 2 万元，甲公司每月向该 10 名工作人员每人支付 2 万元劳务报酬，每月向该明星支付 20 万元劳务报酬。

在方案一下，甲公司需要预扣预缴税款 37.7 万元［120×（1 － 20%）×40% － 0.7］。

在方案二下，甲公司每月需要预扣预缴税款 12.1 万元［40×（1 － 20%）×40% － 0.7］；合计预扣预缴税款 36.3 万元（12.1×3）。方案二比方案一少预扣税款 1.4 万元（37.7 － 36.3）。

在方案三下，甲公司每月需要为该明星预扣预缴税款 5.7 万元［20×（1 － 20%）×40% － 0.7］；甲公司每月需要为该工作人员预扣预缴税款 3.2 万元［2×（1 － 20%）×20%×10］；合计预扣预缴税款 26.7 万元［（5.7 ＋ 3.2）×3］。方案三比方案二少预扣税款 9.6 万元（36.3 － 26.7）。方案三比方案一少预扣税款 11 万元（37.7 － 26.7）。

【法律法规依据】

（1）《中华人民共和国个人所得税法》（1980 年 9 月 10 日第五届全国人民代表大会第三次会议通过，2018 年 8 月 31 日第十三届全国人民代表大会常务委员会第五次会议第七次修正）。

（2）《中华人民共和国个人所得税法实施条例》（1994 年 1 月 28 日中华人民共和国国务院令第 142 号发布，2018 年 12 月 18 日中华人民共和国国务院令第 707 号第四次修订）。

（3）《个人所得税扣缴申报管理办法（试行）》（国家税务总局公告 2018 年第 61 号）。

6.19 将劳务报酬转变为公司经营所得

自 2019 年 1 月 1 日至 2021 年 12 月 31 日，对月销售额 10 万元以下（含本数）的增值税小规模纳税人，免征增值税。对小型微利企业年应纳税所得额不超过 100 万元的部分，减按 25% 计入应纳税所得额，按 20% 的税率缴纳企业所得税；对年应纳税所得额超过 100 万元但不超过 300 万元的部分，减按 50% 计入应纳税所得额，按 20% 的税率缴纳企业所得税。自 2021 年 1 月 1 日至 2022 年 12 月 31 日，对小型微利企业年应纳税所得额不超过 100 万元的部分，减按 12.5% 计入应纳税所得额，按 20% 的税率缴纳企业所得税。自 2021 年 4 月 1 日至 2022 年 12 月 31 日，对月销售额 15 万元以下（含本数）的增值税小规模纳税人，免征增值税。

对于频繁取得劳务报酬且数额较大的个人，可以考虑成立公司来提供相关劳务，从而将个人劳务报酬所得转变为公司所得，由于小微企业可以享受较多税收优惠，这种转变可以大大降低个人的税收负担。

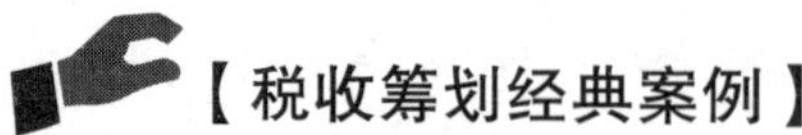

孙先生为某大学教授，其收入主要为所在大学的工资以及在某培训机构

讲课的课酬。2022 年度，其所在大学发放工资总额为 20 万元，不考虑其他收入，由此计算的综合所得应纳税所得额为 3.6 万元。培训机构每月支付孙先生课酬 8 万元，如考虑该课酬，孙先生 2022 年度的综合所得应纳税所得额将提高至 80.4 万元。某策划公司为孙先生提供了两套方案：方案一，延续以往模式，由培训机构向孙先生每月支付课酬 8 万元；方案二，孙先生成立甲公司，每月向培训机构开具 8 万元培训费发票，由甲公司取得 8 万元收入。

在方案一下，孙先生综合所得应纳税额 19.55 万元（80.4×35% － 8.59）。

在方案二下，孙先生综合所得应纳税额 0.11 万元（3.6×3%）；甲公司每月取得 8 万元培训费，根据小微企业增值税优惠政策，不需要缴纳增值税及其附加，根据小微企业所得税优惠政策，甲公司需要缴纳企业所得税 2.4 万元（8×12×12.5%×20%）；合计纳税 2.51 万元（0.11 ＋ 2.4）。方案二比方案一节税 12.13 万元（19.55 － 2.51）。

【法律法规依据】

（1）《中华人民共和国个人所得税法》（1980 年 9 月 10 日第五届全国人民代表大会第三次会议通过，2018 年 8 月 31 日第十三届全国人民代表大会常务委员会第五次会议第七次修正）。

（2）《中华人民共和国个人所得税法实施条例》（1994 年 1 月 28 日中华人民共和国国务院令第 142 号发布，2018 年 12 月 18 日中华人民共和国国务院令第 707 号第四次修订）。

（3）《个人所得税扣缴申报管理办法（试行）》（国家税务总局公告 2018 年第 61 号）。

（4）《财政部　税务总局关于实施小微企业普惠性税收减免政策的通知》（财税〔2019〕13 号）。

（5）《财政部　国家税务总局关于实施小微企业和个体工商户所得税优惠政策的公告》（财政部　税务总局公告 2021 年第 12 号）。

（6）《财政部　税务总局关于明确增值税小规模纳税人免征增值税政策的公告》（财政部　税务总局公告 2021 年第 11 号）。

6.20 稿酬所得的税收筹划

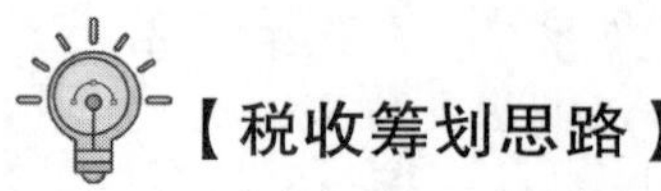

【税收筹划思路】

扣缴义务人向居民个人支付稿酬所得时，应当按照以下方法按次或者按月预扣预缴税款：①稿酬所得以收入减除费用后的余额为收入额；稿酬所得的收入额减按 70% 计算；②预扣预缴税款时，稿酬所得每次收入不超过 4 000 元的，减除费用按 800 元计算；每次收入超过 4 000 元的，减除费用按收入的 20% 计算；③稿酬所得以每次收入额为预扣预缴应纳税所得额，计算应预扣预缴税额。稿酬所得适用 20% 的比例预扣率；④居民个人办理年度综合所得汇算清缴时，应当依法计算稿酬所得的收入额，并入年度综合所得计算应纳税款，税款多退少补。

稿酬所得的筹划除采取工资薪金所得、劳务报酬所得的筹划方法以外，最主要的方法就是多分次数，分给多个纳税人，降低预扣预缴税款的数额，如纳税人的年度综合所得数额有较大变化，可以在不同年度之间进行调节。

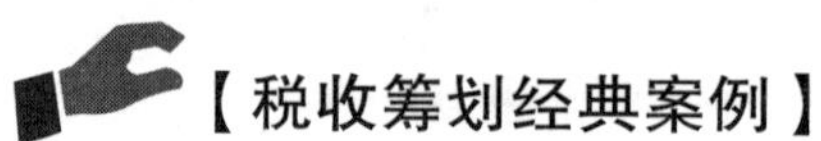

【税收筹划经典案例】

赵女士在甲出版社出版了一本小说，稿酬总额为 100 000 元。预计赵女士 2021 年度综合所得应纳税所得额为 36 000 元，2022 年度综合所得应纳税所得额为 0，同时还有 50 000 元的费用允许税前扣除。关于该笔稿酬发放的时间，甲出版社提供了两个方案：方案一，2021 年年底支付 100 000 元稿酬；方案二，2022 年年初支付 100 000 万元稿酬。

在方案一下，该笔稿酬应当缴纳个人所得税 5 600 元［100 000×70%×（1 － 20%）×10%］。

在方案二下，该笔稿酬应当缴纳个人所得税 180 元{［100 000×70%×（1 － 20%）－ 50 000］×3%}。方案二比方案一节税 5 420 元（5 600 － 180）。

【法律法规依据】

（1）《中华人民共和国个人所得税法》（1980 年 9 月 10 日第五届全国

人民代表大会第三次会议通过，2018 年 8 月 31 日第十三届全国人民代表大会常务委员会第五次会议第七次修正）。

（2）《中华人民共和国个人所得税法实施条例》（1994 年 1 月 28 日中华人民共和国国务院令第 142 号发布，2018 年 12 月 18 日中华人民共和国国务院令第 707 号第四次修订）。

（3）《个人所得税扣缴申报管理办法（试行）》（国家税务总局公告 2018 年第 61 号）。

6.21 特许权使用费所得的税收筹划

【税收筹划思路】

扣缴义务人向居民个人支付特许权使用费所得时，应当按照以下方法按次或者按月预扣预缴税款：①特许权使用费所得以收入减除费用后的余额为收入额；②预扣预缴税款时，特许权使用费所得每次收入不超过 4 000 元的，减除费用按 800 元计算；每次收入超过 4 000 元的，减除费用按收入的 20% 计算；③特许权使用费所得，以每次收入额为预扣预缴应纳税所得额，计算应预扣预缴税额。特许权使用费所得适用 20% 的比例预扣率；④居民个人办理年度综合所得汇算清缴时，应当依法计算特许权使用费所得的收入额，并入年度综合所得计算应纳税款，税款多退少补。特许权使用费所得的纳税筹划，除灵活运用上述工资薪金所得、劳务报酬所得、稿酬所得的筹划方法以外，最重要的就是尽量选择按年度支付特许权使用费，而不要按两年或者多年支付特许权使用费。

【税收筹划经典案例】

周先生为甲公司工程师，每年综合所得应纳税所得额为 3.6 万元。2022 年度，周先生取得一项专利，授予乙公司使用十年，专利费总额为 100 万元。关于专利费支付方式，乙公司设计了三套方案：方案一，每五年支付专利费 50 万元，共支付两次；方案二，每两年支付专利费 20 万元，共支付五次；方案三，每年支付专利费 10 万元，共支付十次。

在方案一下，周先生取得 50 万元专利费需要缴纳个人所得税 10.68 万元

[（14.4 − 3.6）×10% +（30 − 14.4）×20% +（42 − 30）×25% +（53.6 − 42）×30%]；合计缴纳个人所得税 21.36 万元（10.68×2）。

在方案二下，周先生取得 20 万元专利费需要缴纳个人所得税 2.92 万元[（14.4 − 3.6）×10% +（23.6 − 14.4）×20%]；合计缴纳个人所得税 14.6 万元（2.92×5）。方案二比方案一节税 6.76 万元（21.36 − 14.6）。

在方案三下，周先生取得 10 万元专利费需要缴纳个人所得税 1 万元（10×10%）；合计缴纳个人所得税 10 万元（1×10）。方案三比方案二节税 4.6 万元（14.6 − 10）。方案三比方案一节税 11.36 万元（21.36 − 10）。

【法律法规依据】

（1）《中华人民共和国个人所得税法》（1980 年 9 月 10 日第五届全国人民代表大会第三次会议通过，2018 年 8 月 31 日第十三届全国人民代表大会常务委员会第五次会议第七次修正）。

（2）《中华人民共和国个人所得税法实施条例》（1994 年 1 月 28 日中华人民共和国国务院令第 142 号发布，2018 年 12 月 18 日中华人民共和国国务院令第 707 号第四次修订）。

（3）《个人所得税扣缴申报管理办法（试行）》（国家税务总局公告 2018 年第 61 号）。

6.22 利用海南自贸港税收优惠政策

【税收筹划思路】

自 2020 年 1 月 1 日起执行至 2024 年 12 月 31 日，对在海南自由贸易港工作的高端人才和紧缺人才，其个人所得税实际税负超过 15% 的部分，予以免征。享受上述优惠政策的所得包括来源于海南自由贸易港的综合所得（包括工资薪金、劳务报酬、稿酬、特许权使用费四项所得）、经营所得以及经海南省认定的人才补贴性所得。纳税人在海南省办理个人所得税年度汇算清缴时享受上述优惠政策。对享受上述优惠政策的高端人才和紧缺人才实行清单管理，由海南省商财政部、税务总局制定具体管理办法。

对于灵活用工以及企业高管等纳税人可以利用上述税收优惠政策进行税

收筹划，减轻税收负担。

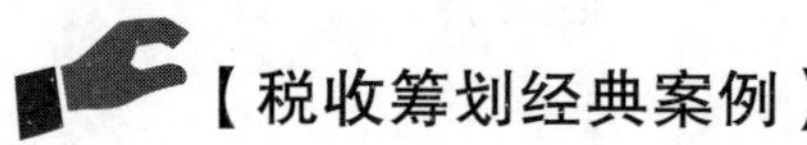

【税收筹划经典案例】

甲公司有一批高技术人才实行灵活用工，主要在家里网上办公，全年综合所得超过 100 万元，综合税负约为 35%。甲公司该如何利用海南自贸港优惠政策进行税收筹划？

甲公司可以在海南自贸港设立全资子公司，作为集团的研发中心和技术服务中心，相关人员的劳动关系转移至乙公司，由乙公司向其支付工资薪金。这样，相关人员在个人所得税汇算清缴时就可以享受超过 15% 的部分予以退税的优惠，其个人所得税负担从 35% 降低至 15%。

【法律法规依据】

（1）《中华人民共和国个人所得税法》（1980 年 9 月 10 日第五届全国人民代表大会第三次会议通过，2018 年 8 月 31 日第十三届全国人民代表大会常务委员会第五次会议第七次修正）。

（2）《中华人民共和国个人所得税法实施条例》（1994 年 1 月 28 日中华人民共和国国务院令第 142 号发布，2018 年 12 月 18 日中华人民共和国国务院令第 707 号第四次修订）。

（3）《财政部　税务总局关于海南自由贸易港高端紧缺人才个人所得税政策的通知》（财税〔2020〕32 号）。

第 7 章

个人经营所得与其他所得税收筹划经典案例

7.1 充分利用税法规定的各项扣除

根据《个人所得税法》第二条的规定，经营所得应当缴纳个人所得税。根据《个人所得税法实施条例》第六条的规定，经营所得，是指：①个体工商户从事生产、经营活动取得的所得，个人独资企业投资人、合伙企业的个人合伙人来源于境内注册的个人独资企业、合伙企业生产、经营的所得；②个人依法从事办学、医疗、咨询以及其他有偿服务活动取得的所得；③个人对企业、事业单位承包经营、承租经营以及转包、转租取得的所得；④个人从事其他生产、经营活动取得的所得。

根据《个人所得税法实施条例》第十五条的规定，成本、费用，是指生产、经营活动中发生的各项直接支出和分配计入成本的间接费用以及销售费用、管理费用、财务费用；损失，是指生产、经营活动中发生的固定资产和存货的盘亏、毁损、报废损失，转让财产损失，坏账损失，自然灾害等不可抗力因素造成的损失以及其他损失。取得经营所得的个人，没有综合所得的，计算其每一纳税年度的应纳税所得额时，应当减除费用 6 万元、专项扣除、专项附加扣除以及依法确定的其他扣除。专项附加扣除在办理汇算清缴时减除。

根据《个人所得税法》第三条的规定，经营所得，适用 5% 至 35% 的超额累进税率，具体税率表如表 7-1 所示。该表所称全年应纳税所得额是指依

照《个人所得税法》第六条的规定，以每一纳税年度的收入总额减除成本、费用以及损失后的余额。2021 年 1 月 1 日至 2022 年 12 月 31 日，对个体工商户年应纳税所得额不超过 100 万元的部分，在现行优惠政策基础上，减半征收个人所得税。

表 7–1 个人经营所得税率表

级数	全年应纳税所得额	税率（%）	速算扣除数
1	不超过 30 000 元的	5	0
2	超过 30 000 元至 90 000 元的部分	10	1 500
3	超过 90 000 元至 300 000 元的部分	20	10 500
4	超过 300 000 元至 500 000 元的部分	30	40 500
5	超过 500 000 元的部分	35	65 500

个体工商户经营所得按照收入总额减去税法允许扣除的各项费用后的余额计算，因此，个体工商户在计算经营所得的应纳税所得额时，应尽量充分利用税法规定的各项扣除，尽量减少应纳税所得额，从而降低税收负担。

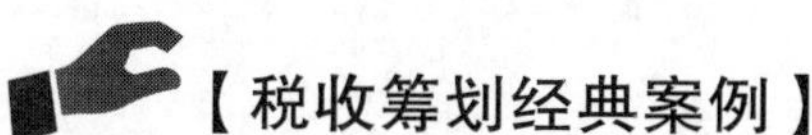

【税收筹划经典案例】

2021 年度，秦先生注册了一家个体工商户从事餐饮，每月销售额为 10 万元，按税法规定允许扣除的各项费用为 2 万元。秦先生的妻子也在该餐馆帮忙，但考虑是一家人，并未领取工资。2022 年度，秦先生有两个方案可供选择：方案一，继续 2021 年度的经营模式，即其妻子继续在餐馆帮忙，但不领取工资；方案二，秦先生的妻子每月领取 5 000 元的工资。

在方案一下，秦先生 2022 年度经营所得应纳税所得额 96 万元（10 － 2）× 12。秦先生应当缴纳个人所得税 13.53 万元［（96×35% － 6.55）×50%］。

在方案二下，秦先生 2022 年度经营所得应纳税所得额 90 万元［（10 － 2 － 0.5）×12］。秦先生应当缴纳个人所得税 12.48 万元［（90×35% － 6.55）× 50%］。秦先生的妻子每月领取 5 000 元的工资，不用缴纳个人所得税。方案二比方案一节税 1.05 万元（13.53 － 12.48）。

【法律法规依据】

（1）《中华人民共和国个人所得税法》（1980 年 9 月 10 日第五届全国人民代表大会第三次会议通过，2018 年 8 月 31 日第十三届全国人民代表大会常务委员会第五次会议第七次修正）。

（2）《中华人民共和国个人所得税法实施条例》（1994 年 1 月 28 日中华人民共和国国务院令第 142 号发布，2018 年 12 月 18 日中华人民共和国国务院令第 707 号第四次修订）。

（3）《个体工商户个人所得税计税办法》（2014 年 12 月 27 日国家税务总局令第 35 号公布，根据 2018 年 6 月 15 日《国家税务总局关于修改部分税务部门规章的决定》修正）。

（4）《财政部　国家税务总局关于实施小微企业和个体工商户所得税优惠政策的公告》（财政部　税务总局公告 2021 年第 12 号）。

7.2 将个体工商户转变为一人有限责任公司

【税收筹划思路】

随着我国对小微企业的所得实行更低的税率，小微企业的税负已经低于个体工商户。因此，个体工商户将其性质转变为一人有限责任公司可以降低税收负担。

【税收筹划经典案例】

李女士响应政府号召返乡创业，在某小学附近开办了“小饭桌”，性质为个体工商户。每年可以取得经营所得应纳税所得额 100 万元。2022 年度，李女士有三个方案可供选择：方案一，该“小饭桌”继续保持个体工商户的性质；方案二，将“小饭桌”注册为一人有限责任公司，税后利润全部分配；方案三，将“小饭桌”注册为一人有限责任公司，税后利润保留在公司，不作分配。

在方案一下，李女士需要缴纳个人所得税 14.23 万元［（100×35% − 6.55）×50%］。

在方案二下，“小饭桌”公司需要缴纳企业所得税2.5万元（100×12.5%×20%），李女士取得税后利润需要缴纳个人所得税19.5万元［（100－2.5）×20%］，合计纳税22万元（2.5＋19.5）。方案二比方案一多纳税7.77万元（22－14.23）。

在方案三下，“小饭桌”公司需要缴纳企业所得税2.5万元（100×12.5%×20%）。方案三比方案二节税19.5万元（22－2.5）。方案三比方案一节税11.73万元（14.23－2.5）。

【法律法规依据】

（1）《中华人民共和国个人所得税法》（1980年9月10日第五届全国人民代表大会第三次会议通过，2018年8月31日第十三届全国人民代表大会常务委员会第五次会议第七次修正）。

（2）《中华人民共和国个人所得税法实施条例》（1994年1月28日中华人民共和国国务院令第142号发布，2018年12月18日中华人民共和国国务院令第707号第四次修订）。

（3）《个体工商户个人所得税计税办法》（2014年12月27日国家税务总局令第35号公布，根据2018年6月15日《国家税务总局关于修改部分税务部门规章的决定》修正）。

（4）《财政部　税务总局关于实施小微企业普惠性税收减免政策的通知》（财税〔2019〕13号）。

（5）《财政部　国家税务总局关于实施小微企业和个体工商户所得税优惠政策的公告》（财政部　税务总局公告2021年第12号）。

7.3 增加合伙企业的合伙人

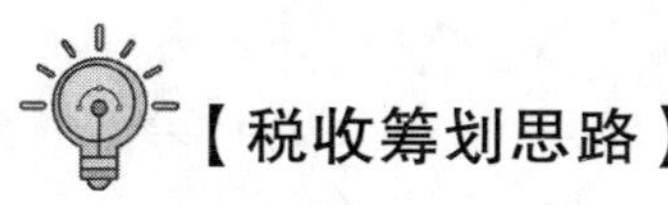

【税收筹划思路】

合伙企业是指依照中国法律、行政法规成立的合伙企业。合伙企业以每一个合伙人为纳税义务人。合伙企业合伙人是自然人的，缴纳个人所得税；合伙人是法人和其他组织的，缴纳企业所得税。合伙企业生产经营所得和其他所得采取“先分后税”的原则。具体应纳税所得额的计算按照《关于个人独资企业和合伙企业投资者征收个人所得税的规定》（财税〔2000〕91 号）及《财政部　国家税务总局关于调整个体工商户个人独资企业和合伙企业个人所得税税前扣除标准有关问题的通知》（财税〔2008〕65 号）的有关规定执行。生产经营所得和其他所得，包括合伙企业分配给所有合伙人的所得和企业当年留存的所得（利润）。

合伙企业的合伙人是法人和其他组织的，合伙人在计算其缴纳企业所得税时，不得用合伙企业的亏损抵减其盈利。

合伙企业经营所得应纳税所得额的计算方法与个体工商户相同，略有区别的是，合伙企业的应纳税所得额会按照比例分配给每一个合伙人，由合伙人计算缴纳个人所得税。由于增加一个合伙人就可以增加基本扣除 6 万元，合伙企业的合伙人越多，每个合伙人缴纳的个人所得税就越少。

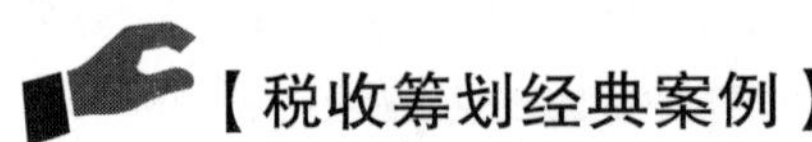

【税收筹划经典案例】

甲合伙企业 2021 年度的应纳税所得额为 100 万元，平均分配给 2 个合伙人。2022 年度，甲合伙企业有两个方案可供选择：方案一，仍然保持 2 个合伙人；方案二，两位合伙人均将自己的配偶或者其他直系亲属一人增加为合伙人，合伙企业的应纳税所得额平均分配给 4 个合伙人。假设该 4 个合伙人均未取得除合伙企业利润以外的其他所得，每个合伙人的基本扣除标准均为 6 万元。

在方案一下，每个合伙人需要缴纳个人所得税 9.15 万元［（50 － 6）×30% － 4.05］，合计缴纳个人所得税 18.3 万元（9.15×2）。在方案二下，每个合伙人需要缴纳个人所得税 2.75 万元［（25 － 6）×20% － 1.05］，合计缴纳个人所得税 11 万元（2.75×4）。方案二比方案一节税 7.3 万元（18.3 － 11）。

【法律法规依据】

（1）《中华人民共和国个人所得税法》（1980 年 9 月 10 日第五届全国人民代表大会第三次会议通过，2018 年 8 月 31 日第十三届全国人民代表大会常务委员会第五次会议第七次修正）。

（2）《中华人民共和国个人所得税法实施条例》（1994 年 1 月 28 日中华人民共和国国务院令第 142 号发布，2018 年 12 月 18 日中华人民共和国国务院令第 707 号第四次修订）。

（3）《财政部　国家税务总局关于合伙企业合伙人所得税问题的通知》（财税〔2008〕159号）。

（4）《个体工商户个人所得税计税办法》（2014年12月27日国家税务总局令第35号公布，根据2018年6月15日《国家税务总局关于修改部分税务部门规章的决定》修正）。

7.4 合伙人平均分配合伙企业利润

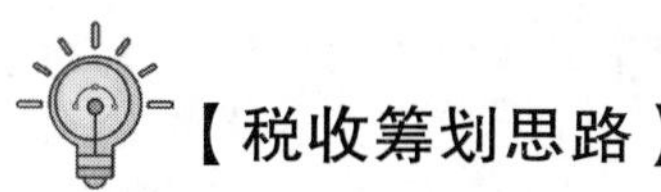

【税收筹划思路】

合伙企业的合伙人按照下列原则确定应纳税所得额：①合伙企业的合伙人以合伙企业的生产经营所得和其他所得，按照合伙协议约定的分配比例确定应纳税所得额；②合伙协议未约定或者约定不明确的，以全部生产经营所得和其他所得，按照合伙人协商决定的分配比例确定应纳税所得额；③协商不成的，以全部生产经营所得和其他所得，按照合伙人实缴出资比例确定应纳税所得额；④无法确定出资比例的，以全部生产经营所得和其他所得，按照合伙人数量平均计算每个合伙人的应纳税所得额。由于合伙人应纳税所得额适用的是超额累进税率，在全体合伙人平均分配合伙企业利润的情形下可以实现整体税负的最轻。

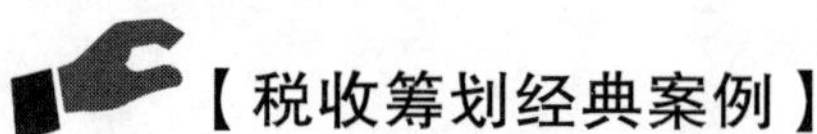

【税收筹划经典案例】

甲合伙企业2022年度的应纳税所得额为100万元（假设已经扣除合伙人的个人扣除额）。甲合伙企业共有4个合伙人，有三个分配方案：方案一，4个合伙人的分配数额分别为3万元、3万元、3万元和82万元；方案二，4个合伙人的分配数额分别为3万元、9万元、30万元和58万元；方案四，4个合伙人平均分配，每人均为25万元。

在方案一下，全体合伙人应当缴纳个人所得税22.6万元（3×5%×3＋82×35%－6.55）。

在方案二下，全体合伙人应当缴纳个人所得税19.6万元（3×5%＋9×10%－0.15＋30×20%－1.05＋58×35%－6.55）。方案二比方案一节税3万元（22.6－19.6）。

在方案三下，全体合伙人应当缴纳个人所得税 15.8 万元［（25×20% − 1.05）×4］。方案三比方案二节税 3.8 万元（19.6 − 15.8）。方案三比方案一节税 6.8 万元（22.6 − 15.8）。

【法律法规依据】

（1）《中华人民共和国个人所得税法》（1980 年 9 月 10 日第五届全国人民代表大会第三次会议通过，2018 年 8 月 31 日第十三届全国人民代表大会常务委员会第五次会议第七次修正）。

（2）《中华人民共和国个人所得税法实施条例》（1994 年 1 月 28 日中华人民共和国国务院令第 142 号发布，2018 年 12 月 18 日中华人民共和国国务院令第 707 号第四次修订）。

（3）《财政部　国家税务总局关于合伙企业合伙人所得税问题的通知》（财税〔2008〕159 号）。

（4）《个体工商户个人所得税计税办法》（2014 年 12 月 27 日国家税务总局令第 35 号公布，根据 2018 年 6 月 15 日《国家税务总局关于修改部分税务部门规章的决定》修正）。

7.5 利用“满五唯一”免税政策转让住房

【税收筹划思路】

根据《财政部　国家税务总局关于个人所得税若干政策问题的通知》（财税〔1994〕020 号）的规定，个人转让自用达 5 年以上，并且是唯一的家庭生活用房取得的所得，暂免征收个人所得税。根据《财政部　国家税务总局　建设部关于个人出售住房所得征收个人所得税有关问题的通知》（财税〔1999〕278 号）的规定，对个人转让自用 5 年以上，并且是家庭唯一生活用房取得的所得，继续免征个人所得税。如果纳税人满足上述税收优惠政策的条件，应尽量享受该税收优惠政策。需要注意的是，上述“5 年”的起算点是取得房产证或者缴纳契税之日，因此，纳税人购买房产以后应尽快缴纳契税。

【税收筹划经典案例】

郑先生2015年1月以300万元购买了家庭第一套住房且当月缴纳了契税。2022年2月，郑先生计划购买家庭第二套住房并出售第一套住房。关于家庭住房的换购，郑先生有两套方案可供选择：方案一，先购置第二套住房，待搬家以后，再以500万元转让第一套住房；方案二，先以500万元转让第一套住房，临时租房安置家具，再购买第二套住房。仅考虑个人所得税，不考虑其他税费。

在方案一下，郑先生转让第一套住房需要缴纳个人所得税40万元[（500－300）×20%]。

在方案二下，郑先生转让第一套住房可以享受免征个人所得税的优惠政策。方案二比方案一节税40万元。

【税收筹划经典案例】

彭大妈老伴去世多年，名下仅有一套住房，该套住房为10年前购置，购买价格为100万元，目前市场价格为500万元。彭大妈计划将该套住房转给其独子，未来由其儿子再将该套住房转让。有两个转移方案可供选择：方案一，彭大妈将该套住房赠与其独子，三年后，其儿子再将该套住房以600万元出售；方案二，彭大妈将该套住房以500万元的价格卖给其独子，三年后，其儿子再将该套住房以600万元出售。仅考虑个人所得税，不考虑其他税费。

在方案一下，彭大妈将该套住房赠与其独子可以享受免税政策，彭大妈的儿子出售该套住房需要缴纳个人所得税100万元［（600－100）×20%］。

在方案二下，彭大妈将该套住房卖给其独子可以享受免税政策，彭大妈的儿子出售该套住房需要缴纳个人所得税20万元［（600－500）×20%］。方案二比方案一节税80万元（100－20）。

【法律法规依据】

（1）《中华人民共和国个人所得税法》（1980年9月10日第五届全国人民代表大会第三次会议通过，2018年8月31日第十三届全国人民代表大会常务委员会第五次会议第七次修正）。

（2）《中华人民共和国个人所得税法实施条例》（1994年1月28日中

华人民共和国国务院令第142号发布，2018年12月18日中华人民共和国国务院令第707号第四次修订）。

（3）《财政部　国家税务总局关于个人所得税若干政策问题的通知》（财税〔1994〕020号）。

（4）《财政部　国家税务总局　建设部关于个人出售住房所得征收个人所得税有关问题的通知》（财税〔1999〕278号）。

7.6 利用直系亲属房产赠与免税政策

【税收筹划思路】

根据《财政部　国家税务总局关于个人无偿受赠房屋有关个人所得税问题的通知》（财税〔2009〕78号）的规定，以下情形的房屋产权无偿赠与，对当事双方不征收个人所得税：①房屋产权所有人将房屋产权无偿赠与配偶、父母、子女、祖父母、外祖父母、孙子女、外孙子女、兄弟姐妹；②房屋产权所有人将房屋产权无偿赠与对其承担直接抚养或者赡养义务的抚养人或者赡养人；③房屋产权所有人死亡，依法取得房屋产权的法定继承人、遗嘱继承人或者受遗赠人。

除上述情形以外，房屋产权所有人将房屋产权无偿赠与他人的，受赠人因无偿受赠房屋取得的受赠所得，按照20%的税率缴纳个人所得税。对受赠人无偿受赠房屋计征个人所得税时，其应纳税所得额为房地产赠与合同上标明的赠与房屋价值减除赠与过程中受赠人支付的相关税费后的余额。

受赠人转让受赠房屋的，以其转让受赠房屋的收入减除原捐赠人取得该房屋的实际购置成本以及赠与和转让过程中受赠人支付的相关税费后的余额为受赠人的应纳税所得额，依法计征个人所得税。

纳税人可以充分利用上述直系亲属房产赠与免税的优惠政策进行纳税筹划。

【税收筹划经典案例】

张先生准备将一套住房赠与其侄子，已知该套住房为张先生5年前以200万元购买，目前的市场价格为500万元。张先生有两套方案可供选择：方案一，张先生直接将该套住房赠与其侄子；方案二，张先生将该套住房赠与其弟弟，其弟弟再赠与其儿子（即张先生的侄子）。仅考虑个人所得税和契税，契税按3%计算，不考虑其他税费。

在方案一下，张先生的侄子需要缴纳契税15万元（500×3%），缴纳个人所得税97万元［（500－15）×20%］，合计纳税112万元。

在方案二下，张先生将该套住房赠与其弟弟可以享受免个人所得税优惠，应缴纳15万元契税，其弟弟再赠与其儿子（即张先生的侄子）也可以享受免个人所得税优惠，应缴纳15万元契税，合计纳税30万元。方案二比方案一节税82万元。

【税收筹划经典案例】

赵先生准备将一套住房赠与其侄子，已知该套住房为赵先生5年前以200万元购买，目前的市场价格为500万元，赵先生的哥哥（即赵先生侄子的父亲）已经去世，赵先生的侄子目前为30周岁。赵先生有两套方案可供选择：方案一，赵先生直接将该套住房赠与其侄子；方案二，赵先生将该套住房的永久居住权赠与其侄子并办理公证，同时设立一份公证遗嘱，赵先生去世后，将该套住房遗赠给其侄子。仅考虑个人所得税和契税，不考虑其他税费，契税按3%计算。

在方案一下，赵先生的侄子需要缴纳契税15万元（500×3%），缴纳个人所得税97万元［（500－15）×20%］，合计纳税112万元。

在方案二下，赵先生将该套住房的永久居住权赠与其侄子不需要缴纳所得税，赵先生去世后将该套住房遗赠给其侄子可以享受免个人所得税优惠，应缴纳15万元契税。方案二比方案一节税97万元。

【法律法规依据】

（1）《中华人民共和国个人所得税法》（1980年9月10日第五届全国人民代表大会第三次会议通过，2018年8月31日第十三届全国人民代表大会常务委员会第五次会议第七次修正）。

（2）《中华人民共和国个人所得税法实施条例》（1994年1月28日中华人民共和国国务院令第142号发布，2018年12月18日中华人民共和国国务院令第707号第四次修订）。

（3）《财政部　国家税务总局关于个人无偿受赠房屋有关个人所得税问

题的通知》（财税〔2009〕78号）。

（4）《中华人民共和国契税法》（2020年8月11日第十三届全国人民代表大会常务委员会第二十一次会议通过）。

7.7 利用财产转让核定征税政策

【税收筹划思路】

对住房转让所得征收个人所得税时，以实际成交价格为转让收入。纳税人申报的住房成交价格明显低于市场价格且无正当理由的，征收机关依法有权根据有关信息核定其转让收入，但必须保证各税种计税价格一致。纳税人未提供完整、准确的房屋原值凭证，不能正确计算房屋原值和应纳税额的，税务机关可根据《税收征收管理法》第三十五条的规定，对其实行核定征税，即按纳税人住房转让收入的一定比例核定应纳个人所得税额。具体比例由省税务局或者省税务局授权的市税务局根据纳税人出售住房的所处区域、地理位置、建造时间、房屋类型、住房平均价格水平等因素，在住房转让收入1%～3%的幅度内确定。如果纳税人转让房产的购置年代较久、增值较高，税务机关不掌握该房产的购置成本信息，纳税人可以申请税务机关核定征收个人所得税。

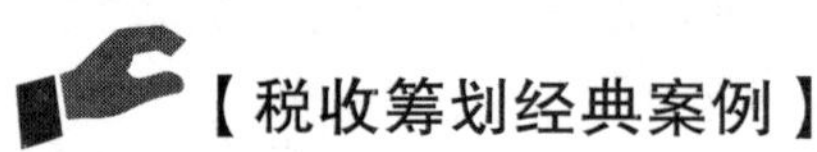

【税收筹划经典案例】

马先生25年前以100万元购置一套房产，目前准备以800万元出售。已知当地税务机关并不掌握马先生购置房产的成本信息。马先生有两套方案可供选择：方案一，按照实际成本计算缴纳个人所得税；方案二，声称房产购置发票、合同等凭证丢失，申请税务机关按照3%的比率核定征收个人所得税。仅考虑个人所得税，不考虑其他税费。

在方案一下，马先生需要缴纳个人所得税140万元［（800－100）×20%］。

在方案二下，马先生需要缴纳个人所得税24万元（800×3%）。方案二比方案一节税116万元（140－24）。

【法律法规依据】

（1）《中华人民共和国个人所得税法》（1980 年 9 月 10 日第五届全国人民代表大会第三次会议通过，2018 年 8 月 31 日第十三届全国人民代表大会常务委员会第五次会议第七次修正）。

（2）《中华人民共和国个人所得税法实施条例》（1994 年 1 月 28 日中华人民共和国国务院令第 142 号发布，2018 年 12 月 18 日中华人民共和国国务院令第 707 号第四次修订）。

（3）《国家税务总局关于个人住房转让所得征收个人所得税有关问题的通知》（国税发〔2006〕108 号）。

（4）《国家税务总局关于修改部分税收规范性文件的公告》（国家税务总局公告 2018 年第 31 号）。

7.8 利用不动产投资分期纳税政策

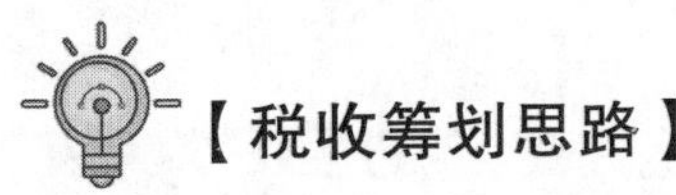

【税收筹划思路】

个人以非货币性资产投资，属于个人转让非货币性资产和投资同时发生。对个人转让非货币性资产的所得，应按照“财产转让所得”项目，依法计算缴纳个人所得税。非货币性资产投资个人所得税以发生非货币性资产投资行为并取得被投资企业股权的个人为纳税人。非货币性资产投资个人所得税由纳税人向主管税务机关自行申报缴纳。

个人以非货币性资产投资，应按评估后的公允价值确认非货币性资产转让收入。非货币性资产转让收入减除该资产原值及合理税费后的余额为应纳税所得额。非货币性资产原值为纳税人取得该项资产时实际发生的支出。纳税人无法提供完整、准确的非货币性资产原值凭证，不能正确计算非货币性资产原值的，主管税务机关可依法核定其非货币性资产原值。合理税费是指纳税人在非货币性资产投资过程中发生的与资产转移相关的税金及合理费用。个人应在发生上述应税行为的次月 15 日内向主管税务机关申报纳税。纳税人以不动产投资的，以不动产所在地税务机关为主管税务机关；纳税人以其持有的企业股权对外投资的，以该企业所在地税务机关为主管税务机关；纳税人以其他非货币

资产投资的，以被投资企业所在地税务机关为主管税务机关。

纳税人一次性缴税有困难的，可合理确定分期缴纳计划并报主管税务机关备案后，自发生上述应税行为之日起不超过 5 个公历年度内分期缴纳个人所得税。

纳税人在使用自有不动产投资创办公司时，可以充分利用上述分期缴纳个人所得税的优惠政策。

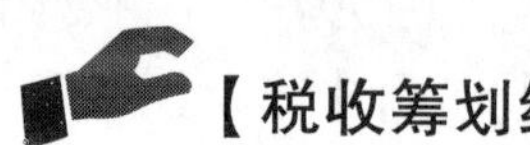

【税收筹划经典案例】

朱先生计划将一套店铺投资设立一家有限责任公司，已知该店铺为 5 年前以 200 万元购置，目前的市场价为 300 万元。朱先生有两个方案可供选择：方案一，在店铺过户时一次性缴纳个人所得税；方案二，在店铺过户时分五年缴纳个人所得税，前四年每年缴税 100 元。仅考虑个人所得税，不考虑其他税费。

在方案一下，朱先生需要在当期缴纳个人所得税 20 万元［（300 － 200）× 20%］。

在方案二下，朱先生仅需在当期象征性地缴纳 100 元税款，20 万元的税款可以延期五年缴纳。假设五年贷款年利率为 5%，方案二比方案一节税 5 万元（20×5%×5）。

【法律法规依据】

（1）《中华人民共和国个人所得税法》（1980 年 9 月 10 日第五届全国人民代表大会第三次会议通过，2018 年 8 月 31 日第十三届全国人民代表大会常务委员会第五次会议第七次修正）。

（2）《中华人民共和国个人所得税法实施条例》（1994 年 1 月 28 日中华人民共和国国务院令第 142 号发布，2018 年 12 月 18 日中华人民共和国国务院令第 707 号第四次修订）。

（3）《财政部　国家税务总局关于个人非货币性资产投资有关个人所得税政策的通知》（财税〔2015〕41 号）。

（4）《国家税务总局关于个人非货币性资产投资有关个人所得税征管问题的公告》（国家税务总局公告 2015 年第 20 号）。

7.9 利用小微企业转让股权

【税收筹划思路】

个人转让股权适用的税率是 20%，目前应纳税所得额 100 万元以下的小微企业适用的所得税税率仅为 2.5%，因此，如能在最初投资时即设立双层公司，由上层小微企业作为转让股权的主体，利用小微企业的低税率优惠就可以最大限度地降低股权转让所得的税收负担。

【税收筹划经典案例】

周先生计划投资 100 万元购买甲公司 10% 的股权，持有若干年后再以 200 万元的价格转让该 10% 的股权。周先生应当缴纳个人所得税 20 万元［（200 － 100）×20%］。

如周先生在投资甲公司时采取双层公司结构，即周先生投资设立乙公司，乙公司投资 100 万元购买甲公司 10% 的股权，持有若干年后乙公司以 200 万元的价格转让该 10% 的股权。乙公司应当缴纳企业所得税 2.5 万元［（200 － 100）×12.5%×20%］，可节税 17.5 万元（20 － 2.5）。

【法律法规依据】

（1）《中华人民共和国个人所得税法》（1980 年 9 月 10 日第五届全国人民代表大会第三次会议通过，2018 年 8 月 31 日第十三届全国人民代表大会常务委员会第五次会议第七次修正）。

（2）《中华人民共和国个人所得税法实施条例》（1994 年 1 月 28 日中华人民共和国国务院令第 142 号发布，2018 年 12 月 18 日中华人民共和国国务院令第 707 号第四次修订）。

（3）《财政部　税务总局关于实施小微企业普惠性税收减免政策的通知》（财税〔2019〕13 号）。

（4）《财政部　国家税务总局关于实施小微企业和个体工商户所得税优惠政策的公告》（财政部　税务总局公告 2021 年第 12 号）。

7.10 利用双层公司分配股息

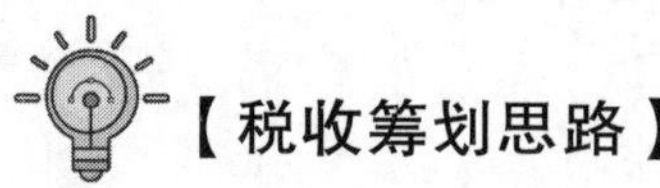

【税收筹划思路】

根据《个人所得税法》的规定，个人取得股息需要缴纳 20% 的个人所得税。根据《企业所得税法》的规定，公司从公司取得股息属于免税所得，不缴纳企业所得税。很多被转让股权的企业中都有较大数额的未分配利润，如能利用双层公司的结构，在股权转让之前将未分配利润分配至上一层公司，就可以降低股权转让的价格，从而降低股权转让的所得税。

【税收筹划经典案例】

吴先生于 10 年前投资 100 万元创办了甲公司，为减轻税收负担，甲公司 10 年的利润均未分配，目前已经累计达到 1 000 万元。现吴先生准备将甲公司的股权转让给他人，转让价为 1 200 万元，需要缴纳个人所得税 220 万元［（1 200 − 100）×20%］。

如吴先生在 10 年前即创办双层公司，即吴先生投资 110 万元创办乙公司，乙公司再投资 100 万元设立甲公司。乙公司在转让甲公司之前，可以将甲公司 1 000 万元的未分配利润分配至乙公司。由此，甲公司的股权转让价可以降低至 200 万元。乙公司需要缴纳企业所得税 2.5 万元［（200 − 100）×12.5%×20%］。除甲公司外，吴先生投资其他公司也通过乙公司进行，这样就可以将所有投资利润均留在乙公司层面。通过纳税筹划，可节税 217.5 万元（220 − 2.5）。

【法律法规依据】

（1）《中华人民共和国个人所得税法》（1980 年 9 月 10 日第五届全国人民代表大会第三次会议通过，2018 年 8 月 31 日第十三届全国人民代表大会常务委员会第五次会议第七次修正）。

（2）《中华人民共和国个人所得税法实施条例》（1994 年 1 月 28 日中

华人民共和国国务院令第142号发布，2018年12月18日中华人民共和国国务院令第707号第四次修订）。

（3）《中华人民共和国企业所得税法》（2007年3月16日第十届全国人民代表大会第五次会议通过，2017年2月24日第十二届全国人民代表大会常务委员会第二十六次会议修改，2018年12月29日第十三届全国人民代表大会常务委员会第七次会议第二次修正）第三十条。

7.11 利用股权代持实现股权转让的目的

【税收筹划思路】

个人转让股权需要缴纳个人所得税，个人转让股权的收益权不需要缴纳个人所得税。纳税人可以通过股权代持的方式实现股权转让，待时机合适时再实际转让股权。

【税收筹划经典案例】

刘先生持有甲公司20%的股权，该笔股权的投资成本为100万元，目前对应的公司净资产为200万元。刘先生准备以200万元转让给王先生，刘先生应当缴纳个人所得税20万元［（200－100）×20%］。

如刘先生与王先生签订股权代持协议，刘先生作为名义股东，王先生作为实际出资人，刘先生将该20%股权的一切权利均委托王先生代为行使，同时将股权质押给王先生，为此，王先生向刘先生支付200万元。王先生每年取得甲公司的分红。假设若干年后，因甲公司经营不善，出现亏损，甲公司20%股权对应的净资产仅为110万元。此时，刘先生再将该笔股权以110万元的名义价格（实际不需支付任何价款）转让给王先生，刘先生需要缴纳个人所得税2万元［（110－100）×20%］。通过税收筹划，可节税18万元（20－2）。

【法律法规依据】

（1）《中华人民共和国个人所得税法》（1980年9月10日第五届全国

人民代表大会第三次会议通过，2018 年 8 月 31 日第十三届全国人民代表大会常务委员会第五次会议第七次修正）。

（2）《中华人民共和国个人所得税法实施条例》（1994 年 1 月 28 日中华人民共和国国务院令第 142 号发布，2018 年 12 月 18 日中华人民共和国国务院令第 707 号第四次修订）。

7.12 拍卖物品选择核定征税

【税收筹划思路】

个人财产拍卖所得适用“财产转让所得”项目计算应纳税所得额时，纳税人凭合法有效凭证（税务机关监制的正式发票、相关境外交易单据或海关报关单据、完税证明等），从其转让收入额中减除相应的财产原值、拍卖财产过程中缴纳的税金及有关合理费用。

纳税人如不能提供合法、完整、准确的财产原值凭证，不能正确计算财产原值的，按转让收入额的 3% 征收率计算缴纳个人所得税；拍卖品为经文物部门认定是海外回流文物的，按转让收入额的 2% 征收率计算缴纳个人所得税。

如纳税人拥有的拍卖品增值较高且税务机关并不掌握拍卖品的成本，纳税人可以选择核定征税。

【税收筹划经典案例】

陈先生酷爱收藏，若干年前在香港以 10 万元购得一幅古画。现陈先生通过拍卖的方式将该幅古画以 500 万元出售。陈先生有两种纳税方案可供选择：方案一，提供在香港购买古画的成本凭证，按照实际所得计算缴纳个人所得税；方案二，不提供在香港购买古画的成本凭证，由税务机关核定征税。仅考虑个人所得税，不考虑其他税费。

在方案一下，陈先生应缴纳个人所得税 98 万元［（500 － 10）×20%］。

在方案二下，陈先生应缴纳个人所得税 15 万元（500×3%）。方案二比方案一节税 83 万元（98 － 15）。

【法律法规依据】

（1）《中华人民共和国个人所得税法》（1980年9月10日第五届全国人民代表大会第三次会议通过，2018年8月31日第十三届全国人民代表大会常务委员会第五次会议第七次修正）。

（2）《中华人民共和国个人所得税法实施条例》（1994年1月28日中华人民共和国国务院令第142号发布，2018年12月18日中华人民共和国国务院令第707号第四次修订）。

（3）《国家税务总局关于加强和规范个人取得拍卖收入征收个人所得税有关问题的通知》（国税发〔2007〕38号）。

7.13 利用借款取得公司未分配利润

【税收筹划思路】

根据《财政部　国家税务总局关于规范个人投资者个人所得税征收管理的通知》（财税〔2003〕158号）的规定，纳税年度内个人投资者从其投资企业（个人独资企业、合伙企业除外）借款，在该纳税年度终了后既不归还，又未用于企业生产经营的，其未归还的借款可视为企业对个人投资者的红利分配，依照“利息、股息、红利所得”项目计征个人所得税。纳税人可以利用上述政策将利润留在投资公司，通过借款的方式取得公司未分配利润。

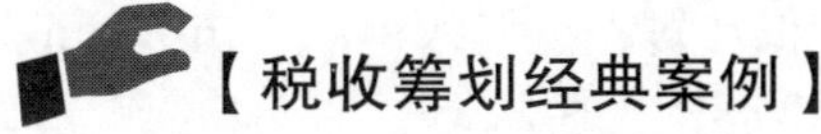

【税收筹划经典案例】

马先生投资设立了一人有限责任公司甲公司。甲公司每年产生100万元的未分配利润。关于该未分配利润的使用方式，马先生有三种方案可供选择：方案一，甲公司直接向马先生分配100万元的股息；方案二，马先生将甲公司的未分配利润以借款的形式取出，等公司解散时再归还；方案三，马先生在年初将甲公司的未分配利润借出，年底予以归还，第二年年初再将甲公司的未分配利润借出，年底再予以归还，循环往复。仅考虑该100万元未分配利润的个人所得税，不考虑其他税费。

在方案一下，马先生需要缴纳个人所得税 20 万元（100×20%）。

在方案二下，马先生需要缴纳个人所得税 20 万元（100×20%）。由于马先生不会主动缴纳税款，未来被税务机关查处时还面临每日 0.05% 的滞纳金（相当于年利息 18.25%）以及罚款。

在方案三下，马先生不需要缴纳个人所得税。方案三比方案二、方案一节税 20 万元。

【法律法规依据】

（1）《中华人民共和国个人所得税法》（1980 年 9 月 10 日第五届全国人民代表大会第三次会议通过，2018 年 8 月 31 日第十三届全国人民代表大会常务委员会第五次会议第七次修正）。

（2）《中华人民共和国个人所得税法实施条例》（1994 年 1 月 28 日中华人民共和国国务院令第 142 号发布，2018 年 12 月 18 日中华人民共和国国务院令第 707 号第四次修订）。

（3）《财政部　国家税务总局关于规范个人投资者个人所得税征收管理的通知》（财税〔2003〕158 号）。

7.14 利用上市公司股息差别化税收政策

自 2015 年 9 月 8 日起，个人从公开发行和转让市场取得的上市公司股票，持股期限超过 1 年的，股息红利所得暂免征收个人所得税。

个人从公开发行和转让市场取得的上市公司股票，持股期限在 1 个月以内（含 1 个月）的，其股息红利所得全额计入应纳税所得额；持股期限在 1 个月以上至 1 年（含 1 年）的，暂减按 50% 计入应纳税所得额；上述所得统一适用 20% 的税率计征个人所得税。

纳税人在取得股息以后，应尽量延长持有股票的时间，以减轻上市公司股息的税收负担。

自 2019 年 7 月 1 日起至 2024 年 6 月 30 日止，个人持有挂牌公司的股票，

持股期限超过1年的，对股息红利所得暂免征收个人所得税。个人持有挂牌公司的股票，持股期限在1个月以内（含1个月）的，其股息红利所得全额计入应纳税所得额；持股期限在1个月以上至1年（含1年）的，其股息红利所得暂减按50%计入应纳税所得额；上述所得统一适用20%的税率计征个人所得税。挂牌公司是指股票在全国中小企业股份转让系统公开转让的非上市公众公司；持股期限是指个人取得挂牌公司股票之日至转让交割该股票之日前一日的持有时间。

挂牌公司派发股息红利时，对截至股权登记日个人持股1年以内（含1年）且尚未转让的，挂牌公司暂不扣缴个人所得税；待个人转让股票时，证券登记结算公司根据其持股期限计算应纳税额，由证券公司等股票托管机构从个人资金账户中扣收并划付证券登记结算公司，证券登记结算公司应于次月5个工作日内划付挂牌公司，挂牌公司在收到税款当月的法定申报期内向主管税务机关申报缴纳，并应办理全员全额扣缴申报。个人应在资金账户留足资金，依法履行纳税义务。证券公司等股票托管机构应依法划扣税款，对个人资金账户暂无资金或资金不足的，证券公司等股票托管机构应当及时通知个人补足资金，并划扣税款。

个人转让股票时，按照先进先出的原则计算持股期限，即证券账户中先取得的股票视为先转让。应纳税所得额以个人投资者证券账户为单位计算，持股数量以每日日终结算后个人投资者证券账户的持有记录为准，证券账户取得或转让的股票数为每日日终结算后的净增（减）股票数。

【税收筹划经典案例】

2021年12月10日，沈女士购买了甲上市公司的股票。2021年12月30日，沈女士获得了甲上市公司的股息10万元。沈女士有三种持股方案可供选择：方案一，沈女士在2022年1月10日之前转让甲公司的股票；方案二，沈女士在2022年1月11日以后、在2022年12月10日之前转让甲公司的股票；方案三，沈女士在2022年12月11日以后转让甲公司的股票。仅考虑该10万股息的个人所得税，不考虑其他税费。

在方案一下，沈女士应当缴纳个人所得税2万元（10×20%）。

在方案二下，沈女士应当缴纳个人所得税1万元（10×50%×20%）。方案二比方案一节税1万元（2－1）。

在方案三下，沈女士免纳个人所得税。方案三比方案二节税1万元。方案三比方案一节税 2 万元。

【法律法规依据】

（1）《中华人民共和国个人所得税法》（1980 年 9 月 10 日第五届全国人民代表大会第三次会议通过，2018 年 8 月 31 日第十三届全国人民代表大会常务委员会第五次会议第七次修正）。

（2）《中华人民共和国个人所得税法实施条例》（1994 年 1 月 28 日中华人民共和国国务院令第 142 号发布，2018 年 12 月 18 日中华人民共和国国务院令第 707 号第四次修订）。

（3）《财政部　国家税务总局　证监会关于上市公司股息红利差别化个人所得税政策有关问题的通知》（财税〔2015〕101 号）。

（4）《财政部　税务总局　证监会关于继续实施全国中小企业股份转让系统挂牌公司股息红利差别化个人所得税政策的公告》（财政部　税务总局　证监会公告 2019 年第 78 号）。

7.15 增加财产租赁所得的次数

【税收筹划思路】

根据《个人所得税法》的规定，财产租赁所得，每次收入不超过 4 000 元的，减除费用 800 元；超过 4 000 元的，减除 20% 的费用，其余额为应纳税所得额。财产租赁所得适用 20% 的比例税率。根据《个人所得税法实施条例》的规定，财产租赁所得，以一个月内取得的收入为一次。

财产租赁所得的费用扣除实行定额与定率相结合的方法，如能将财产租赁所得多分几次，使得每次财产租赁所得均低于 4 000 元，可以起到节税的效果。

【税收筹划经典案例】

关先生将某商场的一层对外出租，年租金为 360 000 元。关先生有两个方案可供选择：方案一，将商场一层整个出租给某公司，月租金为 30 000 元；

方案二，将商场一层出租给10家个体工商户，每家每月租金为3 000元。仅考虑个人所得税，不考虑其他税费。

在方案一下，关先生每月需要缴纳个人所得税4 800元［30 000×（1－20%）×20%］。

在方案二下，关先生每月需要缴纳个人所得税4 400元［（3 000－800）×20%×10］。方案二比方案一节税400元（4 800－4 400）。

【法律法规依据】

（1）《中华人民共和国个人所得税法》（1980年9月10日第五届全国人民代表大会第三次会议通过，2018年8月31日第十三届全国人民代表大会常务委员会第五次会议第七次修正）。

（2）《中华人民共和国个人所得税法实施条例》（1994年1月28日中华人民共和国国务院令第142号发布，2018年12月18日中华人民共和国国务院令第707号第四次修订）。

7.16 利用公司取得财产租赁所得

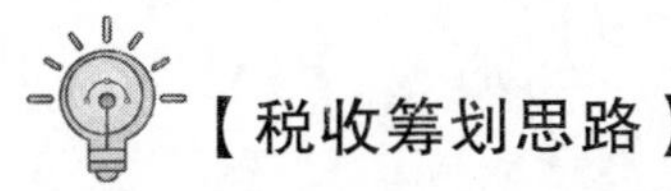

【税收筹划思路】

财产租赁所得适用20%的税率。由于小微企业的所得税税率已经降低至2.5%，对于长期经营的财产租赁而言，由公司作为经营主体更能起到节税的效果。

【税收筹划经典案例】

张先生计划出资1 000万元购置一处门面房，出租给某银行，每年取得100万元租金。张先生有两种方案可供选择：方案一，由张先生购置该处门面房，由个人出租给银行；方案二，张先生成立甲公司，由甲公司购置该处门面房并出租给银行。仅考虑个人所得税，不考虑其他税费。甲公司每年提取门面房折旧50万元。

在方案一下，张先生需要缴纳个人所得税 16 万元［100×（1 − 20%）× 20%］。

在方案二下，甲公司需要缴纳企业所得税 1.25 万元［（100 − 50）× 12.5%×20%］。方案二比方案一节税 14.75 万元（16 − 1.25）。

【法律法规依据】

（1）《中华人民共和国个人所得税法》（1980 年 9 月 10 日第五届全国人民代表大会第三次会议通过，2018 年 8 月 31 日第十三届全国人民代表大会常务委员会第五次会议第七次修正）。

（2）《中华人民共和国个人所得税法实施条例》（1994 年 1 月 28 日中华人民共和国国务院令第 142 号发布，2018 年 12 月 18 日中华人民共和国国务院令第 707 号第四次修订）。

（3）《财政部　税务总局关于实施小微企业普惠性税收减免政策的通知》（财税〔2019〕13 号）。

（4）《财政部　国家税务总局关于实施小微企业和个体工商户所得税优惠政策的公告》（财政部　税务总局公告 2021 年第 12 号）。

第8章

企业增值税税收筹划经典案例

8.1 恰当选择增值税纳税人身份

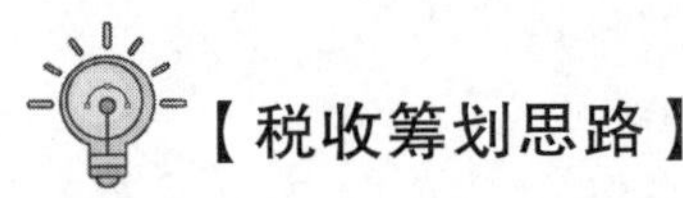

【税收筹划思路】

根据《增值税暂行条例》和《增值税暂行条例实施细则》的规定，我国增值税的纳税人分为两类：一般纳税人和小规模纳税人。

对一般纳税人实行凭增值税专用发票抵扣税款的制度，对其会计核算水平要求较高，管理也较为严格；对小规模纳税人实行简易征收办法，对纳税人的管理水平要求不高。一般纳税人适用的增值税税率为13%、9%或者6%；小规模纳税人适用的征收率为3%，自2020年1月1日起暂时降低为1%。一般纳税人的进项税额可以抵扣，而小规模纳税人的进项税额不可以抵扣。自2020年2月1日起，小规模纳税人均可以自行开具增值税专用发票。在增值税专用发票的开具上，小规模纳税人与一般纳税人的区别已经不明显。

由于小规模纳税人不能使用增值税专用发票，从小规模纳税人处购买商品的一般纳税人无法取得增值税专用发票，也就无法抵扣这部分商品中所包含的增值税款，因此，容易增加产品购买方的税收负担，小规模纳税人的产品销售可能因此受到影响。由于一般纳税人和小规模纳税人所使用的征税方法不同，因此就有可能导致二者的税收负担存在一定的差异。在一定情况下，小规模纳税人可以向一般纳税人转化，这就为具备相关条件的小规模纳税人提供了税收筹划的空间。小规模纳税人向一般纳税人转化，除了必须考虑税收负担，还必须考虑会计成本，因为税法对一般纳税人的会计制度要求比较

严格，小规模纳税人向一般纳税人转化会增加会计成本。比如，企业需要增设会计账簿、培养或聘请会计人员等。

企业为了减轻增值税税负，就需要综合考虑各种因素，从而决定如何在一般纳税人和小规模纳税人之间做出选择。一般来讲，企业可以根据三个标准来判断一般纳税人和小规模纳税人之间增值税税收负担的差异。

（1）增值率判别法。增值率是增值额占不含税销售额的比例。假设某工业企业某年度不含税的销售额为 M，不含税购进额为 N，增值率为 A。如果该企业为一般纳税人，我们以 13% 的税率为例，其应纳增值税为 $M\times13\%-N\times13\%$；引入增值率计算，则为 $M\times A\times13\%$；如果是小规模纳税人，应纳增值税为 $M\times3\%$。令两类纳税人的税负相等，则有：

$$M\times A\times13\%=M\times3\%$$

$$A=23.08\%$$

也就是说，当增值率为 23.08% 时，企业无论是选择成为一般纳税人还是小规模纳税人，增值税的税收负担是相等的；当增值率小于 23.08% 时，企业作为一般纳税人的税负小于作为小规模纳税人的税负；当增值率大于 23.08% 时，企业作为一般纳税人的税负大于作为小规模纳税人的税负。

需要指出的是，这里所考虑的仅仅是企业的增值税税收负担，而不包括其他因素。因此，在决定是选择一般纳税人还是小规模纳税人身份时，不能仅仅以增值率为标准，还要考虑企业对外经济活动的难易程度以及一般纳税人的会计成本等。由于后者难以量化，因此，税收筹划更多地体现了一种创造性的智力活动，而不是一个简单的计算问题或者数字操作问题。

（2）购货额占销售额比重判别法。由于增值税税率和征收率存在多种税率，这里仅仅考虑一般情况，其他情况的计算方法与这里的计算方法是一致的。假设一般纳税人适用 13% 的税率，小规模纳税人适用 3% 的税率。假定某工业企业不含税的销售额为 A，X 为购货额占销售额的比重，则购入货物的金额为 AX。如果该企业为一般纳税人，应纳增值税为 $A\times13\%-AX\times13\%$；如果是小规模纳税人，应纳增值税为 $A\times3\%$。令两类纳税人的税负相等，则有：

$$A\times13\%-AX\times13\%=A\times3\%$$

$$X=76.92\%$$

也就是说，当企业购货额占销售额的比重为 76.92% 时，两种纳税人的增值税税收负担完全相同；当比重大于 76.92% 时，一般纳税人的增值税税收负担轻于小规模纳税人；当比重小于 76.92% 时，一般纳税人的增值税税收负担重于小规模纳税人。

（3）含税销售额与含税购货额比较法。假设 Y 为含增值税的销售额，X

为含增值税的购货额，且两者均为同期。令两类纳税人的税负相等，则有：

$$[Y \div (1+13\%) - X \div (1+13\%)] \times 13\% = Y \div (1+3\%) \times 3\%$$

$$X \div Y = 74.68\%$$

可见，当企业的含税购货额为同期销售额的 74.68% 时，两种纳税人的增值税税收负担相同；当企业的含税购货额大于同期销售额的 74.68% 时，一般纳税人增值税税收负担轻于小规模纳税人；当企业含税购货额小于同期销售额的 74.68% 时，一般纳税人增值税税收负担重于小规模纳税人。

企业在设立时，可以根据上述三个标准来判断其自身所负担的增值税，并根据对各种因素的综合考量，进行合理的税收筹划。由于企业在成立之前就需要进行这种筹划，因此，企业对各种情况的估计就存在很大的不确定性，这种税收筹划结果的确定性就比较小。对此，小型企业一般可以先选择小规模纳税人的身份，在生产经营过程中积累本企业的各项指标数据，然后再进行增值税的税收筹划，这样，税收筹划的结果就比较确定了。

在进行税收筹划时需要注意，小规模纳税人的标准和一般纳税人的登记制度。自 2018 年 5 月 1 日起，增值税小规模纳税人标准为年应征增值税销售额 500 万元及以下。对月销售额 10 万元以下（含本数）的增值税小规模纳税人，免征增值税。

需要注意的是，纳税人销售额超过小规模纳税人标准，未申请办理一般纳税人认定手续的，应按销售额依照增值税税率计算应纳税额，不得抵扣进项税额，也不得使用增值税专用发票。

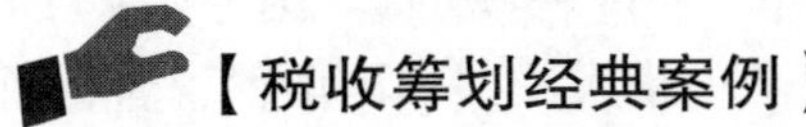

【税收筹划经典案例】

某生产型企业年应纳增值税销售额为 900 万元，会计核算制度也比较健全，符合一般纳税人的条件，属于增值税一般纳税人，适用 13% 的增值税税率。但是，该企业准予从销项税额中抵扣的进项税额较少，只占销项税额的 20%。依照增值率判别法，增值率 80%［（900 − 900×20%）÷900］大于 23.08%，所以，该企业作为一般纳税人的增值税税负要远大于小规模纳税人。请提出税收筹划方案（征收率按 3% 计算）。

由于增值税小规模纳税人可以转化为一般纳税人，而增值税一般纳税人不能转化为小规模纳税人，因此，可以将该企业分设为两个企业，各自作为独立核算的单位。两个企业年应税销售额分别为 450 万元和 450 万元，并且符合小规模纳税人的其他条件，按照小规模纳税人的征收率征税。在这种情况下，两个企业总共缴纳增值税 27 万元［（450 + 450）×3%］。作为一般纳税人则需要缴纳增值税 93.6 万元（900×80%×13%）。通过税收筹划，企业可以少纳增值税 66.6 万元（93.6 － 27）。

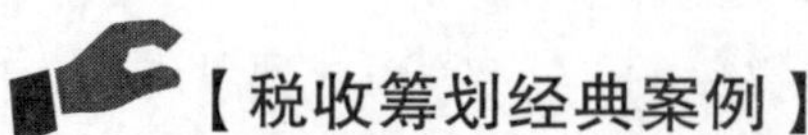

【税收筹划经典案例】

甲商贸公司为增值税一般纳税人，年销售额为 600 万元，由于可抵扣的进项税额较少，年实际缴纳增值税 60 万元，增值税税负较重。请为甲公司设计合理减轻增值税负担的税收筹划（征收率按 3% 计算）。

筹划方案一：由于一般情况下一般纳税人不允许直接变更为小规模纳税人，投资者可以将甲公司注销，同时成立乙公司和丙公司来承接甲公司的业务。乙公司和丙公司的年销售额均为 300 万元，符合小规模纳税人的标准。年应纳增值税 18 万元 [（300 ＋ 300）×3%]。

筹划方案二：投资者将甲公司注销，同时成立四家公司来承接甲公司的业务。四家公司的年销售额均为 150 万元，符合小规模纳税人的标准。同时将四家公司的季度销售额控制在 45 万元以内，则根据现行小规模纳税人月销售额不超过 15 万元免征增值税的优惠政策，四家公司年应纳增值税为 0。

【法律法规依据】

（1）《中华人民共和国增值税暂行条例》（国务院 1993 年 12 月 13 日颁布，国务院令〔1993〕第 134 号，根据 2017 年 11 月 19 日《国务院关于废止〈中华人民共和国营业税暂行条例〉和修改〈中华人民共和国增值税暂行条例〉的决定》第二次修订）。

（2）《中华人民共和国增值税暂行条例实施细则》（财政部　国家税务总局第 50 号令，根据 2011 年 10 月 28 日《关于修改〈中华人民共和国增值税暂行条例实施细则〉和〈中华人民共和国营业税暂行条例实施细则〉的决定》修订）。

（3）《增值税一般纳税人登记管理办法》（国家税务总局令第 43 号）。

（4）《财政部　税务总局关于统一增值税小规模纳税人标准的通知》（财税〔2018〕33 号）。

（5）《财政部　税务总局关于实施小微企业普惠性税收减免政策的通知》（财税〔2019〕13 号）。

（6）《国家税务总局关于增值税发票管理等有关事项的公告》（国家税务总局公告 2019 年第 33 号）。

（7）《财政部　税务总局关于明确增值税小规模纳税人免征增值税政策的公告》（财政部　税务总局公告 2021 年第 11 号）。

8.2 巧选供货方的增值税纳税人身份

【税收筹划思路】

增值税一般纳税人和小规模纳税人不仅会影响自身的增值税负担，而且会影响采购它们产品的企业的增值税负担，因为，增值税一般纳税人可以开具增值税专用发票，从一般纳税人处采购货物的纳税人可以抵扣其中所包含的增值税，增值税小规模纳税人通常只能开具普通发票（部分可以开具增值税专用发票的试点行业除外，自 2020 年 2 月 1 日起，小规模纳税人均可以自行开具增值税专用发票），从小规模纳税人处采购货物的纳税人无法抵扣其中所包含的增值税，但是，增值税一般纳税人的产品相对价格较高，这就有一个选择和比较的问题。很多企业都会遇到这样的问题：本厂需要的某材料一直由某一家企业供货，该企业属于增值税一般纳税人。同时，另外一家企业（属于工业小规模纳税人）也能够供货，而且愿意给予价格优惠，但不能提供增值税专用发票，因此该企业就想知道价格降到多少合适。与此相反的情况也会存在。问题的实质是，增值税一般纳税人产品的价格与增值税小规模纳税人产品的价格之比达到什么程度就会导致采购某种类型企业的产品比较合算。取得 13% 增值税税率专用发票与取得普通发票税收成本如何换算呢？

假定取得普通发票的购货单价为 X，取得 13% 增值税税率专用发票的购货单价为 Y，因为专用发票可以抵扣 $Y\div1.13\times13\%$ 的进项税，以及 12% 进项税的城建税、教育费附加和地方教育附加。令二者相等，得到下面的等式：

$$Y-Y\div1.13\times13\%\times(1+12\%)=X$$

$$Y=1.15\times X$$

也就是说，如果从增值税一般纳税人处的进价为 Y，从小规模纳税人处的进价等于 $Y\div1.15$，二者所导致的增值税负担就是相等的。如果大于 $Y\div1.15$，则从小规模纳税人采购货物所导致的增值税负担较轻。

实务中比较简单的方法就是将取得增值税专用发票上的不含税价格与增值税普通发票上的含税价格直接比较，价格低者即是应当选择的供货方。

【税收筹划经典案例】

某企业属于增值税一般纳税人，其所使用的原材料有两种进货渠道：一种是从一般纳税人那里进货，含税价格为116元/件，可以开具13%的增值税专用发票；另一种是从小规模纳税人那里进货，含税价格为100元/件，不能开具增值税专用发票。该企业2020年度一直从一般纳税人那里进货，一共进货10万件。请提出该企业的税收筹划方案。

根据上述标准来判断，如果开具增值税普通发票的价格为100元，与之相对应的增值税专用发票价格应为115元。本案中一般纳税人的含税价格为116元，因此，从一般纳税人那里购进货物的价格较高。该企业应当选择小规模纳税人为供货商。当然，选择购货伙伴除了考虑这里的增值税负担，还需要考虑其他因素，比如信用关系、运输成本、洽谈成本等，因此，应当将这里的增值税负担标准与其他的标准综合考虑。

【法律法规依据】

（1）《中华人民共和国增值税暂行条例》（国务院1993年12月13日颁布，国务院令〔1993〕第134号，根据2017年11月19日《国务院关于废止〈中华人民共和国营业税暂行条例〉和修改〈中华人民共和国增值税暂行条例〉的决定》第二次修订）。

（2）《中华人民共和国增值税暂行条例实施细则》（财政部　国家税务总局第50号令，根据2011年10月28日《关于修改〈中华人民共和国增值税暂行条例实施细则〉和〈中华人民共和国营业税暂行条例实施细则〉的决定》修订）。

（3）《增值税一般纳税人登记管理办法》（国家税务总局令第43号）。

（4）《国家税务总局关于增值税一般纳税人登记管理若干事项的公告》（国家税务总局公告2018年第6号）。

（5）《国家税务总局关于统一小规模纳税人标准等若干增值税问题的公告》（国家税务总局公告2018年第18号）。

8.3 兼营销售应分开核算

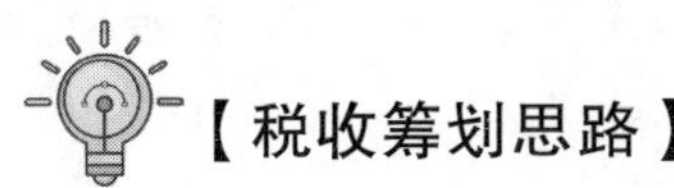

【税收筹划思路】

根据《增值税暂行条例》第三条的规定，纳税人兼营不同税率的项目，应当分别核算不同税率项目的销售额；未分别核算销售额的，从高适用税率。因此，纳税人兼营不同税率的项目时，一定要分别核算，否则，会增加纳税人的税收负担。

自 2017 年 7 月 1 日起，简并增值税税率结构，取消 13% 的增值税税率。纳税人销售或者进口下列货物，税率为 11%：农产品（含粮食）、自来水、暖气、石油液化气、天然气、食用植物油、冷气、热水、煤气、居民用煤炭制品、食用盐、农机、饲料、农药、农膜、化肥、沼气、二甲醚、图书、报纸、杂志、音像制品、电子出版物。

自 2018 年 5 月 1 日起，纳税人发生增值税应税销售行为或者进口货物，原适用 17% 和 11% 税率的，税率分别调整为 16%、10%。纳税人购进农产品，原适用 11% 扣除率的，扣除率调整为 10%。纳税人购进用于生产销售或委托加工 16% 税率货物的农产品，按照 12% 的扣除率计算进项税额。原适用 17% 税率且出口退税率为 17% 的出口货物，出口退税率调整至 16%。原适用 11% 税率且出口退税率为 11% 的出口货物、跨境应税行为，出口退税率调整至 10%。

自 2019 年 4 月 1 日起，增值税一般纳税人（以下称纳税人）发生增值税应税销售行为或者进口货物，原适用 16% 税率的，税率调整为 13%；原适用 10% 税率的，税率调整为 9%。纳税人购进农产品，原适用 10% 扣除率的，扣除率调整为 9%。纳税人购进用于生产或者委托加工 13% 税率货物的农产品，按照 10% 的扣除率计算进项税额。原适用 16% 税率且出口退税率为 16% 的出口货物劳务，出口退税率调整为 13%；原适用 10% 税率且出口退税率为 10% 的出口货物、跨境应税行为，出口退税率调整为 9%。适用 13% 税率的境外旅客购物离境退税物品，退税率为 11%；适用 9% 税率的境外旅客购物离境退税物品，退税率为 8%。

【税收筹划经典案例】

某钢材厂属于增值税一般纳税人。某月销售钢材，取得含税销售额1 800万元，同时又经营农机，取得含税销售额200万元。前项经营的增值税税率为13%，后项经营的增值税税率为9%。该钢材厂对两种经营统一进行核算。请计算该钢材厂应纳增值税税款，并提出税收筹划方案。

在未分别核算的情况下，该钢材厂应纳增值税230.09万元[（1 800＋200）÷（1＋13%）×13%]。由于两种经营的税率不同，分别核算对企业有利，建议该钢材厂对两种经营活动分别核算。这样，该钢材厂应纳增值税223.59万元{[1 800÷（1＋13%）×13%＋200÷（1＋9%）×9%]}。分别核算和未分别核算之差6.5万元（230.09－223.59）。由此可见，分别核算可以为该钢材厂减轻增值税税负6.5万元。

【法律法规依据】

（1）《中华人民共和国增值税暂行条例》（国务院1993年12月13日颁布，国务院令〔1993〕第134号，根据2017年11月19日《国务院关于废止〈中华人民共和国营业税暂行条例〉和修改〈中华人民共和国增值税暂行条例〉的决定》第二次修订）。

（2）《中华人民共和国增值税暂行条例实施细则》（财政部　国家税务总局第50号令，根据2011年10月28日《关于修改〈中华人民共和国增值税暂行条例实施细则〉和〈中华人民共和国营业税暂行条例实施细则〉的决定》修订）。

（3）《财政部　国家税务总局关于简并增值税税率有关政策的通知》（财税〔2017〕37号）。

（4）《财政部　税务总局关于调整增值税税率的通知》（财税〔2018〕32号）。

（5）《财政部　税务总局　海关总署关于深化增值税改革有关政策的公告》（财政部　税务总局　海关总署公告2019年第39号）。

8.4 折扣销售应在一张发票上注明

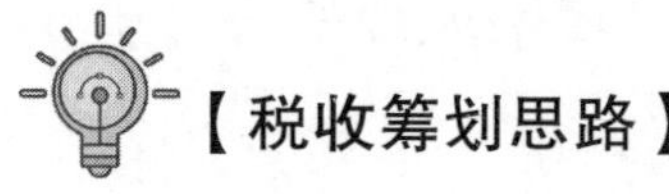

【税收筹划思路】

根据《增值税若干具体问题的规定》（国税发〔1993〕154 号）第二条第（2）项的规定，纳税人采取折扣方式销售货物，如果销售额和折扣额在同一张发票上分别注明的，可按折扣后的销售额征收增值税；如果将折扣额另开发票，不论其在财务上如何处理，均不得从销售额中减除折扣额。根据《国家税务总局关于折扣额抵减增值税应税销售额问题通知》（国税函〔2010〕56 号）的规定，纳税人采取折扣方式销售货物，销售额和折扣额在同一张发票上分别注明是指销售额和折扣额在同一张发票上的“金额”栏分别注明的，可按折扣后的销售额征收增值税。未在同一张发票“金额”栏注明折扣额，而仅在发票的“备注”栏注明折扣额的，折扣额不得从销售额中减除。

所谓折扣销售，是指售货方在销售货物或应税劳务时，因购货方购买数量较大或购买行为频繁等原因，给予购货方价格方面的优惠。这种行为在现实经济生活中很普遍，是企业销售策略的一部分。由于税法对上述两种情况规定了差别待遇，这就为企业进行税收筹划提供了空间。

根据《国家税务总局关于纳税人折扣折让行为开具红字增值税专用发票问题的通知》（国税函〔2006〕1279 号）的规定，纳税人销售货物并向购买方开具增值税专用发票后，由于购货方在一定时期内累计购买货物达到一定数量，或者由于市场价格下降等原因，销货方给予购货方相应的价格优惠或补偿等折扣、折让行为，销货方可按现行《增值税专用发票使用规定》的有关规定开具红字增值税专用发票。

【税收筹划经典案例】

某企业为了促销，规定凡购买其产品在 6 000 件以上的，给予折扣 10%。该产品不含税单价 200 元，折扣后的不含税价格为 180 元，适用的增值税税率为 13%。该企业未将销售额和折扣额在同一张发票上分别注明。请计算该企业应当缴纳的增值税，并提出税收筹划方案。

由于该企业没有将折扣额写在同一张发票上，该企业缴纳增值税应当以销售额的全额计缴 156 000 元（200×6 000×13%）。如果企业熟悉税法的规定，将销售额和折扣额在同一张发票上分别注明，那么企业应纳增值税应当以折扣后的余额计缴 140 400 元（180×6 000×13%）。节约增值税 156 000 元（156 000 － 140 400）。

【法律法规依据】

（1）《中华人民共和国增值税暂行条例》（国务院 1993 年 12 月 13 日颁布，国务院令〔1993〕第 134 号，根据 2017 年 11 月 19 日《国务院关于废止〈中华人民共和国营业税暂行条例〉和修改〈中华人民共和国增值税暂行条例〉的决定》第二次修订）。

（2）《中华人民共和国增值税暂行条例实施细则》（财政部　国家税务总局第 50 号令，根据 2011 年 10 月 28 日《关于修改〈中华人民共和国增值税暂行条例实施细则〉和〈中华人民共和国营业税暂行条例实施细则〉的决定》修订）。

（3）《增值税若干具体问题的规定》（国家税务总局 1993 年 12 月 28 日发布，国税发〔1993〕154 号）。

（4）《国家税务总局关于纳税人折扣折让行为开具红字增值税专用发票问题的通知》（国家税务总局 2006 年 12 月 29 日发布，国税函〔2006〕1279 号）。

（5）《国家税务总局关于折扣额抵减增值税应税销售额问题通知》（国家税务总局 2010 年 2 月 8 日发布，国税函〔2010〕56 号）。

（6）《财政部　税务总局　海关总署关于深化增值税改革有关政策的公告》（财政部　税务总局　海关总署公告 2019 年第 39 号）。

8.5 将实物折扣变价格折扣

【税收筹划思路】

企业在运用折扣销售的方式进行税收筹划时，应当注意一个问题，即折

扣销售的税收优惠仅适用于货物价格的折扣，而不适用于实物折扣。如果销售者将资产、委托加工和购买的货物用于实物折扣，则该实物款额不仅不能从货物销售额中扣除，而且还应当对用于折扣的实物按照“视同销售货物”中的“赠送他人”项目，计征增值税。因此，企业在选择折扣方式时，尽量不选择实物折扣，在必须采用实物折扣方式时，企业可以在发票上通过适当调整而变为价格折扣。

【税收筹划经典案例】

某企业销售一批商品，共 1 万件，每件不含税价格为 0.01 元，根据需要采取实物折扣的方式，即在 100 件商品的基础上赠送 10 件商品，实际赠送 1 000 件商品。该商品适用的增值税税率为 13%。请计算该企业应当缴纳的增值税并提出税收筹划方案。

按照实物折扣的方式销售后，企业收取价款 100 万元（1×100），收取增值税销项税额 13 万元（1×100×13%），需要自己承担销项税额 1.3 万元（0.1×100×13%）。如果该企业进行税收筹划，将这种实物折扣在开发票时变成价格折扣，即按照出售 1.1 万件商品计算，商品价格总额为 110 万元，打折以后的价格为 100 万元。这样，该企业就可以收取 100 万元的价款，同时收取增值税额 13 万元（100×13%），不用自己负担增值税。通过税收筹划，减轻税收负担 1.3 万元。

【法律法规依据】

（1）《中华人民共和国增值税暂行条例》（国务院 1993 年 12 月 13 日颁布，国务院令〔1993〕第 134 号，根据 2017 年 11 月 19 日《国务院关于废止〈中华人民共和国营业税暂行条例〉和修改〈中华人民共和国增值税暂行条例〉的决定》第二次修订）。

（2）《中华人民共和国增值税暂行条例实施细则》（财政部　国家税务总局第 50 号令，根据 2011 年 10 月 28 日《关于修改〈中华人民共和国增值税暂行条例实施细则〉和〈中华人民共和国营业税暂行条例实施细则〉的决定》修订）。

（3）《财政部　税务总局　海关总署关于深化增值税改革有关政策的公告》（财政部　税务总局　海关总署公告 2019 年第 39 号）。

8.6 将销售折扣变为折扣销售

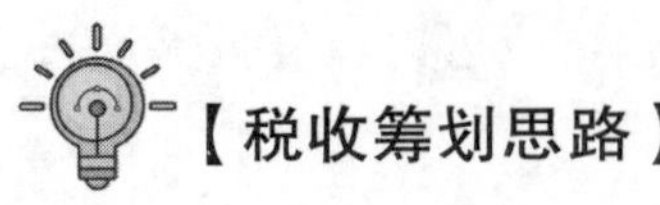

【税收筹划思路】

销售折扣是指企业在销售货物或提供应税劳务的行为发生后，为了尽快收回资金而给予债务方价格上的优惠。销售折扣通常采用 3/10、1/20、N/30 等符号。这三种符号的含义是：如果债务方在 10 天内付清款项，则折扣额为 3%；如果在 20 天内付清款项，则折扣额为 1%；如果在 30 天内付清款项，则应全额支付。由于销售折扣发生在销售货物之后，本身并不属于销售行为，而为一种融资性的理财行为，因此销售折扣不得从销售额中减除，企业应当按照全部销售额计缴增值税。销售折扣在实际发生时计入财务费用。

从企业税负角度考虑，折扣销售方式优于销售折扣方式。如果企业面对的是一个信誉良好的客户，销售货款回收的风险较小，那么企业可以考虑通过修改合同，将销售折扣方式改为折扣销售方式。

【税收筹划经典案例】

企业与客户签订的合同约定不含税销售额为 10 万元，合同中约定的付款期为 40 天。如果对方可以在 20 天内付款，将给予对方 3% 的销售折扣，即 0.3 万元。由于企业采取的是销售折扣方式，折扣额不能从销售额中扣除，企业应按照 10 万元的销售额计算增值税销项税额。假设适用的增值税税率为 13%，这样，增值税销项税额 1.3 万元（10×13%）。请提出该企业的税收筹划方案。

该企业可以用两种方法实现税收筹划。

方案一：企业在承诺给予对方 3% 的折扣的同时，将合同中约定的付款期缩短为 20 天，这样就可以在给对方开具增值税专用发票时，将以上折扣额与销售额开在同一张发票上，使企业按照折扣后的销售额计算销项增值税，增值税销项税额 1.261 万元［10×（1 － 3%）×13%］。这样，企业收入没有降低，但节省了 0.039 万元的增值税。当然，这种方法也有缺点，如果对方企业没有在 20 天之内付款，企业会遭受损失。

方案二：企业主动压低该批货物的价格，将合同金额降低为 9.7 万元，相

当于给予对方 3% 折扣之后的金额。同时在合同中约定，对方企业超过 20 天付款加收 0.339 万元滞纳金（相当于 0.3 万元销售额和 0.039 万元增值税）。这样，企业的收入并没有受到实质影响。如果对方在 20 天之内付款，可以按照 9.7 万元的价款给对方开具增值税专用发票，并计算 1.261 万元的增值税销项税额。如果对方没有在 20 天之内付款，企业可向对方收取 0.3 万元滞纳金及 0.039 万元增值税，并以“全部价款和价外费用”10 万元计算销项增值税，也符合税法的要求。

【法律法规依据】

（1）《中华人民共和国增值税暂行条例》（国务院 1993 年 12 月 13 日颁布，国务院令〔1993〕第 134 号，根据 2017 年 11 月 19 日《国务院关于废止〈中华人民共和国营业税暂行条例〉和修改〈中华人民共和国增值税暂行条例〉的决定》第二次修订）。

（2）《中华人民共和国增值税暂行条例实施细则》（财政部　国家税务总局第 50 号令，根据 2011 年 10 月 28 日《关于修改〈中华人民共和国增值税暂行条例实施细则〉和〈中华人民共和国营业税暂行条例实施细则〉的决定》修订）。

（3）《财政部　税务总局　海关总署关于深化增值税改革有关政策的公告》（财政部　税务总局　海关总署公告 2019 年第 39 号）。

8.7 将实物促销变为价格折扣

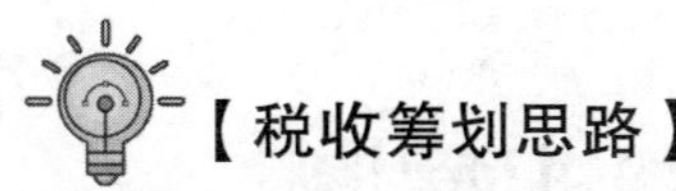

【税收筹划思路】

不同的促销方式在增值税上所受的待遇是不同的，利用这些不同待遇就可以进行税收筹划。在增值税法上，赠送行为视同销售行为征收增值税，因此，当企业计划采用赠送这种促销方式时，应当考虑将赠送的商品放入销售的商品中，与销售的商品一起进行销售，这样就把赠送行为隐藏在销售行为之中，避免了赠送商品所承担的税收。比如，市场上经常看到的“加量不加价”的促销方式就是运用这种税收筹划方法的典型例子，如果采用在原数量和价格的基础上赠送若干数量商品的方法进行促销，则该赠送的商品就需要缴纳增

值税，就加重了企业的税收负担。

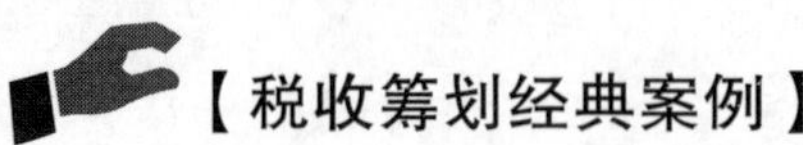

【税收筹划经典案例】

甲公司计划在年底开展一次“买一赠一”的促销活动。原计划提供促销商品正常销售额 2 000 万元，实际收取销售额 1 000 万元。已知甲公司销售该商品适用增值税税率为 13%。请为甲公司设计合理减轻增值税负担的筹划方案。

由于甲公司无偿赠与价值 1 000 万元的商品，需要视同销售，为此增加增值税销项税额 130 万元（1 000×13%）。如果甲公司能将此次促销活动改为五折促销，或者采取“加量不加价”的方式组合销售，即花一件商品的钱买两件商品，就可以少负担增值税 130 万元。

【法律法规依据】

（1）《中华人民共和国增值税暂行条例》（国务院 1993 年 12 月 13 日颁布，国务院令〔1993〕第 134 号，根据 2017 年 11 月 19 日《国务院关于废止〈中华人民共和国营业税暂行条例〉和修改〈中华人民共和国增值税暂行条例〉的决定》第二次修订）。

（2）《中华人民共和国增值税暂行条例实施细则》（财政部　国家税务总局第 50 号令，根据 2011 年 10 月 28 日《关于修改〈中华人民共和国增值税暂行条例实施细则〉和〈中华人民共和国营业税暂行条例实施细则〉的决定》修订）。

（3）《财政部　税务总局　海关总署关于深化增值税改革有关政策的公告》（财政部　税务总局　海关总署公告 2019 年第 39 号）。

8.8 分立农产品公司增加进项税额

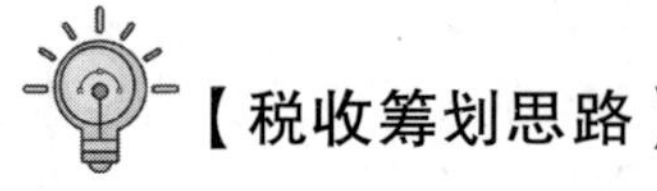

【税收筹划思路】

我国增值税的计算和征收方式是税额抵扣法，即用纳税人的销项税额减去进项税额，而确定销项税额和进项税额的依据都是增值税专用发票，因此，如果纳税人不能合法取得增值税专用发票，那么，纳税人的进项税额就不能

抵扣。这就会增加纳税人的税收负担，使其在与同行业的竞争中处于不利地位。但是，根据税法的规定，在某些情况下，虽然纳税人无法取得增值税专用发票，但是也可以抵扣进项税额。例如《增值税暂行条例》第八条规定，购进农产品，除取得增值税专用发票或者海关进口增值税专用缴款书外，按照农产品收购发票或者销售发票上注明的农产品买价和 9% 或者 10% 的扣除率计算的进项税额。进项税额计算公式：进项税额＝买价 × 扣除率。企业应当充分利用上述政策，尽量多地取得可以抵扣进项税额的发票。

根据《增值税暂行条例》第十五条的规定，农业生产者销售的自产农产品免征增值税，但其他生产者销售的农产品不能享受免税待遇。农业，是指种植业、养殖业、林业、牧业、水产业。农业生产者，包括从事农业生产的单位和个人。农产品，是指初级农产品，具体范围由财政部、国家税务总局确定。因此，企业如果有自产农产品，可以考虑单独设立相关的子公司负责生产销售自产农产品，从而享受免税待遇。

【税收筹划经典案例】

某市牛奶公司主要生产流程如下：饲养奶牛生产牛奶，将产出的新鲜牛奶进行加工制成奶制品，再将奶制品销售给各大商业公司，或直接通过销售网络转销给该市及其他地区的居民。奶制品的增值税税率适用 13%，进项税额主要由两部分组成：一是向农民个人收购的草料部分可以抵扣 10% 的进项税额；二是公司水费、电费和修理用配件等按规定可以抵扣进项税额。与销项税额相比，这两部分进项税额数额较小，致使公司的增值税税负较高。假设 2022 年度从农民生产者手中购入的草料不含税金额为 1 000 万元，允许抵扣的进项税额为 100 万元，其他水电费、修理用配件等进项税额为 80 万元，全年奶制品不含税销售收入为 5 000 万元。根据这种情况，请提出税收筹划方案。

税收筹划之前，该公司应纳增值税 470 万元［5 000×13% －（100 ＋ 80）］。

该公司可以将整个生产流程分成饲养和牛奶制品加工两部分，饲养场由独立的子公司来经营，该公司仅负责奶制品加工厂。税收筹划之后，假定饲养场销售给奶制品厂的鲜奶售价为 4 000 万元，其他条件不变，该公司应纳增值税 170 万元（5 000×13% － 4 000×10% － 80）。由于农业生产者销售的自产农产品免征增值税，饲养场销售鲜奶并不需要缴纳增值税。因此，减轻增值税负担 300 万元（470 － 170）。

【法律法规依据】

（1）《中华人民共和国增值税暂行条例》（国务院 1993 年 12 月 13 日颁布，国务院令〔1993〕第 134 号，根据 2017 年 11 月 19 日《国务院关于废止〈中华人民共和国营业税暂行条例〉和修改〈中华人民共和国增值税暂行条例〉的决定》第二次修订）。

（2）《中华人民共和国增值税暂行条例实施细则》（财政部　国家税务总局第 50 号令，根据 2011 年 10 月 28 日《关于修改〈中华人民共和国增值税暂行条例实施细则〉和〈中华人民共和国营业税暂行条例实施细则〉的决定》修订）。

（3）《财政部　税务总局　海关总署关于深化增值税改革有关政策的公告》（财政部　税务总局　海关总署公告 2019 年第 39 号）。

8.9 巧用起征点与小微企业免税优惠

【税收筹划思路】

根据《增值税暂行条例》第十七条的规定，纳税人销售额未达到国务院财政、税务主管部门规定的增值税起征点的，免征增值税；达到起征点的，依照规定全额计算缴纳增值税。根据《增值税暂行条例实施细则》第三十七条的规定，增值税起征点的适用范围限于个人。增值税起征点的幅度规定如下：①销售货物的，为月销售额 5 000 ～ 20 000 元；②销售应税劳务的，为月销售额 5 000 ～ 20 000 元；③按次纳税的，为每次（日）销售额 300 ～ 500 元。上述所称销售额，是指《增值税暂行条例实施细则》第三十条第一款所称小规模纳税人的销售额，即不含税销售额。省、自治区、直辖市财政厅（局）和国家税务局应在规定的幅度内，根据实际情况确定本地区适用的起征点，并报财政部、国家税务总局备案。

如果纳税人的不含税销售额位于当地规定的增值税起征点附近，应当尽量使自己的不含税销售额低于税法规定的起征点，从而享受免税的优惠待遇。但这一优惠仅能适用于个人和个体工商户，不能适用于个人独资企业、合伙企业、有限责任公司。

自 2013 年 8 月 1 日起，对增值税小规模纳税人中月销售额不超过 2 万元的企业或非企业性单位，暂免征收增值税。

自 2014 年 10 月 1 日起至 2017 年 12 月 31 日，对月销售额 2 万元（含本数，下同）至 3 万元的增值税小规模纳税人，免征增值税。其中，以 1 个季度为纳税期限的增值税小规模纳税人，季度销售额不超过 9 万元的，按照规定免征增值税。

自 2015 年 1 月 1 日起至 2017 年 12 月 31 日，对按月纳税的月销售额不超过 3 万元（含 3 万元），以及按季纳税的季度销售额不超过 9 万元（含 9 万元）的缴纳义务人，免征教育费附加、地方教育附加、水利建设基金、文化事业建设费。自工商登记注册之日起 3 年内，对安排残疾人就业未达到规定比例、在职职工总数 20 人以下（含 20 人）的小微企业，免征残疾人就业保障金。免征上述政府性基金后，有关部门依法履行职能和事业发展所需经费，由同级财政预算予以统筹安排。

2019 年 1 月 1 日至 2021 年 12 月 31 日，对月销售额 10 万元以下（含本数）的增值税小规模纳税人，免征增值税。由省、自治区、直辖市人民政府根据本地区实际情况，以及宏观调控需要确定，对增值税小规模纳税人可以在 50% 的税额幅度内减征资源税、城市维护建设税、房产税、城镇土地使用税、印花税（不含证券交易印花税）、耕地占用税和教育费附加、地方教育附加。

自 2021 年 4 月 1 日至 2022 年 12 月 31 日，对月销售额 15 万元以下（含本数）的增值税小规模纳税人，免征增值税。

上述优惠政策类似于起征点优惠，可以适用于所有属于小规模纳税人的各种类型的企业。

【税收筹划经典案例】

某个体工商户销售水果、杂货，每月含税销售额为 20 600 元，当地财政厅和税务局规定的增值税起征点为 20 000 元。请计算该个体工商户全年应纳增值税税额，并提出税收筹划方案。（不考虑月销售额 15 万元以下免税优惠政策，征收率按 3% 计算）

该个体工商户每月不含税销售额 20 000 元［20 600÷（1 + 3%）］，达到了增值税的起征点，应当缴纳增值税。全年应纳增值税 7 200 元［20 600÷（1 + 3%）×3%×12］。

如果该个体工商户通过打折让利将每月含税销售额降低至 20 500 元，由于其不含税销售额尚未达到20 000元起征点，可以免纳增值税。该个体工商户全年让利1 200元，节税7 200元，增加利润6 000元。

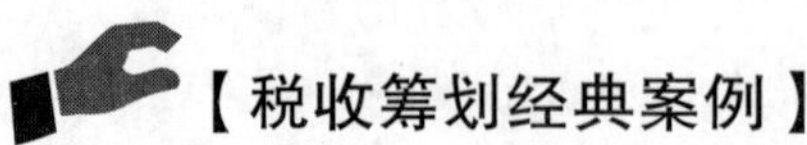

【税收筹划经典案例】

甲公司为增值税小规模纳税人，2022年度每月不含税销售额平均为15.1万元，全年需缴纳增值税1.81万元（15.1×12×1%）。若甲公司合理调剂每月销售额，将前三季度的销售额控制在45万元以内，由此可以享受免征增值税的优惠。最后一个季度的销售额46.2万元（15.1×12－45×3）。需要缴纳增值税0.46万元（46.2×1%）。通过税收筹划，可减轻增值税负担1.35万元（1.81－0.46）。

【法律法规依据】

（1）《中华人民共和国增值税暂行条例》（国务院1993年12月13日颁布，国务院令〔1993〕第134号，根据2017年11月19日《国务院关于废止〈中华人民共和国营业税暂行条例〉和修改〈中华人民共和国增值税暂行条例〉的决定》第二次修订）。

（2）《中华人民共和国增值税暂行条例实施细则》（财政部　国家税务总局第50号令，根据2011年10月28日《关于修改〈中华人民共和国增值税暂行条例实施细则〉和〈中华人民共和国营业税暂行条例实施细则〉的决定》修订）。

（3）《财政部　国家税务总局关于暂免征收部分小微企业增值税和营业税的通知》（财税〔2013〕52号）。

（4）《国家税务总局关于暂免征收部分小微企业增值税和营业税政策有关问题的公告》（国家税务总局公告2013年第49号）。

（5）《财政部　国家税务总局关于进一步支持小微企业增值税和营业税政策的通知》（财税〔2014〕71号）。

（6）《国家税务总局关于小微企业免征增值税和营业税有关问题的公告》（国家税务总局公告2014年第57号）。

（7）《财政部　国家税务总局关于对小微企业免征有关政府性基金的通知》（财税〔2014〕122号）。

（8）《财政部　国家税务总局关于继续执行小微企业增值税和营业税政策的通知》（财税〔2015〕96号）。

（9）《财政部　税务总局关于实施小微企业普惠性税收减免政策的通知》（财税〔2019〕13 号）。

（10）《财政部　税务总局　海关总署关于深化增值税改革有关政策的公告》（财政部　税务总局　海关总署公告 2019 年第 39 号）。

（11）《财政部　税务总局关于明确增值税小规模纳税人免征增值税政策的公告》（财政部　税务总局公告 2021 年第 11 号）。

8.10 巧妙控制委托代销纳税义务发生时间

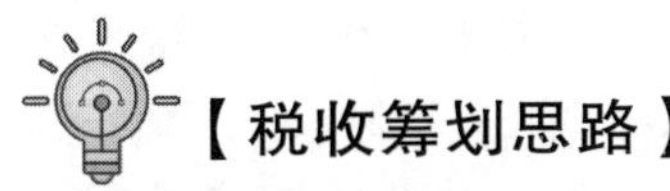

【税收筹划思路】

根据《增值税暂行条例》第十九条的规定，增值税纳税义务发生时间：①发生应税销售行为，为收讫销售款项或者取得索取销售款项凭据的当天；先开具发票的，为开具发票的当天。②进口货物，为报关进口的当天。

根据《增值税暂行条例实施细则》第三十八条的规定，收讫销售款项或者取得索取销售款项凭据的当天，按销售结算方式的不同，具体为：①采取直接收款方式销售货物，不论货物是否发出，均为收到销售款或者取得索取销售款凭据的当天；②采取托收承付和委托银行收款方式销售货物，为发出货物并办妥托收手续的当天；③采取赊销和分期收款方式销售货物，为书面合同约定的收款日期的当天，无书面合同的或者书面合同没有约定收款日期的，为货物发出的当天；④采取预收货款方式销售货物，为货物发出的当天，但生产销售生产工期超过 12 个月的大型机械设备、船舶、飞机等货物，为收到预收款或者书面合同约定的收款日期的当天；⑤委托其他纳税人代销货物，为收到代销单位的代销清单或者收到全部或者部分货款的当天。未收到代销清单及货款的，为发出代销货物满 180 天的当天；⑥销售应税劳务，为提供劳务同时收讫销售款或者取得索取销售款的凭据的当天；⑦纳税人发生视同销售货物行为，为货物移送的当天。

纳税人可以充分利用上述增值税纳税义务发生时间的规定，通过适当调整结算方式进行税收筹划。例如，采取赊销和分期收款方式销售货物时，购买方在合同约定时间无法支付货款，则应当及时修改合同，以确保销售方在收到货款后再缴纳增值税，否则，销售方则需要在合同约定的付款日期（在该日期实际上并未收到货款）产生增值税的纳税义务并应当在随后的纳税期限到来后缴纳增值税。对于委托销售的，如果发出代销货物即将满 180 天仍然未收到代销清单及货款，则应当及时办理退货手续，否则就产生了增值税的纳税义务。

【税收筹划经典案例】

甲公司委托乙公司代销一批货物。甲公司于 2021 年 1 月 1 日发出货物，2021 年 12 月 1 日收到乙公司的代销清单和全部货款 113 万元。甲公司是按月缴纳增值税的企业，适用增值税税率为 13%。甲公司应当在何时缴纳增值税，并提出税收筹划方案。

甲公司应当在发出代销货物满 180 天的当天计算增值税的纳税义务，即 2021 年 6 月 29 日计算增值税，应纳增值税 13 万元［113÷（1＋13%）×13%］。甲公司应当在 7 月 15 日之前缴纳 13 万元的增值税（如有进项税额，可以抵扣进项税额后再缴纳）。

经过税收筹划，甲公司为了避免在发出货物满 180 天时产生增值税的纳税义务，可以在发出货物 179 天之时，即 2021 年 6 月 28 日，要求乙公司退还代销的货物，然后在 2021 年 6 月 29 日与乙公司重新办理代销货物手续。这样，甲公司就可以在实际收到代销清单及 113 万元的货款时计算 13 万元的增值税销项税额，并于 2022 年 1 月 19 日之前缴纳 13 万元的增值税。

【法律法规依据】

（1）《中华人民共和国增值税暂行条例》（国务院 1993 年 12 月 13 日颁布，国务院令〔1993〕第 134 号，根据 2017 年 11 月 19 日《国务院关于废止〈中华人民共和国营业税暂行条例〉和修改〈中华人民共和国增值税暂行条例〉的决定》第二次修订）。

（2）《中华人民共和国增值税暂行条例实施细则》（财政部　国家税务总局第 50 号令，根据 2011 年 10 月 28 日《关于修改〈中华人民共和国增值税暂行条例实施细则〉和〈中华人民共和国营业税暂行条例实施细则〉的决定》修订）。

（3）《财政部　税务总局　海关总署关于深化增值税改革有关政策的公告》（财政部　税务总局　海关总署公告 2019 年第 39 号）。

（4）《国家税务总局办公厅关于明确 2022 年度申报纳税期限的通知》（税总办征科函〔2021〕201 号）。

8.11 充分利用农产品免税政策

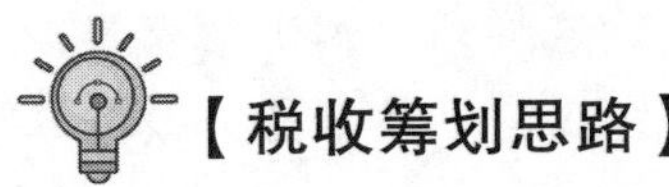

【税收筹划思路】

根据《增值税暂行条例》第十五条的规定，农业生产者销售的自产农产品免征增值税，但其他生产者销售的农产品不能享受免税待遇。农业，是指种植业、养殖业、林业、牧业、水产业。农业生产者，包括从事农业生产的单位和个人。农产品，是指初级农产品，具体范围由财政部、国家税务总局确定。销售农产品免税必须符合上述条件，否则，就无法享受免税的待遇。同时，根据《增值税暂行条例》第八条的规定，购进农产品，除取得增值税专用发票或者海关进口增值税专用缴款书外，按照农产品收购发票或者销售发票上注明的农产品买价和 9% 或者 10% 的扣除率计算的进项税额。进项税额计算公式：

进项税额＝买价 × 扣除率

如果农业生产者希望自己对产品进行深加工使其增值以后再出售，就无法享受免税待遇，往往获得比深加工之前更差的效果，摆脱这种状况就需要通过适当的安排使得自己既能够享受免税待遇同时还可以有机会得以对初级农产品进行加工增值。

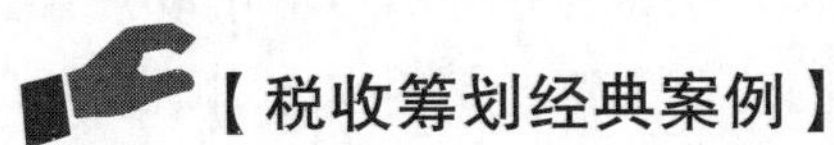

【税收筹划经典案例】

在某乡镇农村，一些农户在田头、地角栽种了大量速生材，目前，已进入砍伐期。一些农户直接出售原木，价格每立方米价格为 200 元，另一些农户则不满足廉价出售原木，自己对原木进行深加工，如将原木加工成薄板、包装箱等再出售。假设加工 1 立方米原木需要耗用电力 6 元，人工费 4 元，因此，其出售价最低为 210 元。但是这个价格没有人愿意收购，深加工以后的原木反而要以比没有加工的原木更低的价格出售。请分析其中的原因并提出税收筹划方案。

农户出售原木属免税农业产品，增值税一般纳税人收购后，可以抵扣 9% 的税款。因此，增值税一般纳税人收购 200 元的原木可抵扣 18 元税金，原材料成本只有182元。而农户深加工的产品出售给工厂，工厂不能计提进项税。增值税一般纳税人根据这种情况，只愿意以192元的价格收购深加工的产品（182元的原木成本加上加工所耗用的电力和人工费10元）。另外，深加工后的农产品已不属免税产品，农户还要纳增值税和所得税（如果达不到增值税起征点或每季度30万元，可以免征增值税）。这样，深加工的农户最后收入反而达不到200元。在这种情况下，农户深加工农业产品是失败的，这既有不能享受税收优惠的原因，也有增值率太低的因素。

经过税收筹划，可以采取另一种方式来避免出现以上情况，即农户将原木直接出售给工厂，工厂收购原木后雇用农户加工。通过改变加工方式，农户出售200元的原木可得收入200元，工厂雇用农户加工，6元的电费由工厂支付，还可以抵扣进项税额，工厂另外向农户支付人工费4元。这样，农户可得收入204元，比农户自行深加工增收12元（204－192），企业也可抵扣农产品的18元税款以及电费所含进项税额，使成本得以降低。

【法律法规依据】

（1）《中华人民共和国增值税暂行条例》（国务院1993年12月13日颁布，国务院令〔1993〕第134号，根据2017年11月19日《国务院关于废止〈中华人民共和国营业税暂行条例〉和修改〈中华人民共和国增值税暂行条例〉的决定》第二次修订）。

（2）《中华人民共和国增值税暂行条例实施细则》（财政部　国家税务总局第50号令，根据2011年10月28日《关于修改〈中华人民共和国增值税暂行条例实施细则〉和〈中华人民共和国营业税暂行条例实施细则〉的决定》修订）。

（3）《农业产品征税范围注释》（财政部　国家税务总局1995年6月15日发布，财税字〔1995〕052号）。

（4）《财政部　税务总局　海关总署关于深化增值税改革有关政策的公告》（财政部　税务总局　海关总署公告2019年第39号）。

8.12 充分利用促进重点群体创业就业优惠政策

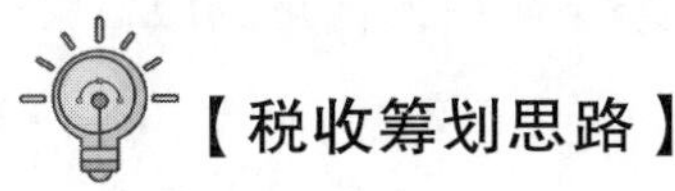

【税收筹划思路】

自 2019 年 1 月 1 日至 2025 年 12 月 31 日，建档立卡贫困人口、持《就业创业证》（注明“自主创业税收政策”或“毕业年度内自主创业税收政策”）或《就业失业登记证》（注明“自主创业税收政策”）的人员，从事个体经营的，自办理个体工商户登记当月起，在 3 年（36 个月，下同）内按每户每年 12 000 元为限额依次扣减其当年实际应缴纳的增值税、城市维护建设税、教育费附加、地方教育附加和个人所得税。限额标准最高可上浮 20%，各省、自治区、直辖市人民政府可根据本地区实际情况在此幅度内确定具体限额标准。

纳税人年度应缴纳税款小于上述扣减限额的，减免税额以其实际缴纳的税款为限；大于上述扣减限额的，以上述扣减限额为限。上述人员具体包括：①纳入全国扶贫开发信息系统的建档立卡贫困人口；②在人力资源社会保障部门公共就业服务机构登记失业半年以上的人员；③零就业家庭、享受城市居民最低生活保障家庭劳动年龄内的登记失业人员；④毕业年度内高校毕业生。高校毕业生是指实施高等学历教育的普通高等学校、成人高等学校应届毕业的学生；毕业年度是指毕业所在自然年，即 1 月 1 日至 12 月 31 日。

企业招用建档立卡贫困人口，以及在人力资源社会保障部门公共就业服务机构登记失业半年以上且持《就业创业证》或《就业失业登记证》（注明“企业吸纳税收政策”）的人员，与其签订 1 年以上期限劳动合同并依法缴纳社会保险费的，自签订劳动合同并缴纳社会保险当月起，在 3 年内按实际招用人数予以定额依次扣减增值税、城市维护建设税、教育费附加、地方教育附加和企业所得税优惠。定额标准为每人每年 6 000 元，最高可上浮 30%，各省、自治区、直辖市人民政府可根据本地区实际情况在此幅度内确定具体定额标准。城市维护建设税、教育费附加、地方教育附加的计税依据是享受本项税收优惠政策前的增值税应纳税额。按上述标准计算的税收扣减额应在企业当年实际应缴纳的增值税、城市维护建设税、教育费附加、地方教育附加和企业所得税税额中扣减，当年扣减不完的，不得结转下年使用。上述企业是指属于增值税纳税人或企业所得税纳税人的企业等单位。

国家乡村振兴局（原国务院扶贫办）在每年 1 月 15 日前将建档立卡贫困

人口名单及相关信息提供给人力资源社会保障部、税务总局，税务总局将相关信息转发给各省、自治区、直辖市税务部门。人力资源社会保障部门依托全国扶贫开发信息系统核实建档立卡贫困人口身份信息。

企业招用就业人员既可以适用本通知规定的税收优惠政策，又可以适用其他扶持就业专项税收优惠政策的，企业可以选择适用最优惠的政策，但不得重复享受。

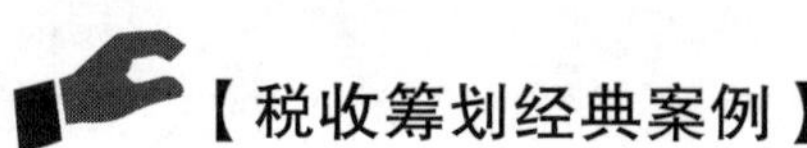

【税收筹划经典案例】

甲公司为当地有名的福利企业，安置残疾人人数达到职工总数的30%。2022年度，甲公司计划再招收100名残疾人职工。已知当地月最低工资标准为0.2万元。甲公司2022年度招用100名残疾人职工可以享受抵扣增值税80万元（0.2×4×100）。

【法律法规依据】

（1）《中华人民共和国增值税暂行条例》（国务院1993年12月13日颁布，国务院令〔1993〕第134号，根据2017年11月19日《国务院关于废止〈中华人民共和国营业税暂行条例〉和修改〈中华人民共和国增值税暂行条例〉的决定》第二次修订）。

（2）《中华人民共和国增值税暂行条例实施细则》（财政部　国家税务总局第50号令，根据2011年10月28日《关于修改〈中华人民共和国增值税暂行条例实施细则〉和〈中华人民共和国营业税暂行条例实施细则〉的决定》修订）。

（3）《财政部　税务总局　人力资源社会保障部　国务院扶贫办关于进一步支持和促进重点群体创业就业有关税收政策的通知》（财税〔2019〕22号）。

（4）《财政部　税务总局　人力资源社会保障部　国家乡村振兴局关于延长部分扶贫税收优惠政策执行期限的公告》（财政部　税务总局　人力资源社会保障部　国家乡村振兴局公告2021年第18号）。

8.13 利用资产重组不征增值税政策

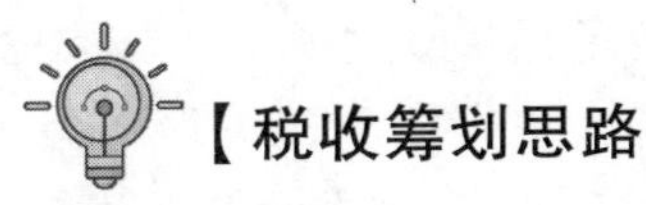

【税收筹划思路】

关于资产重组的增值税处理，我国税法的相关规定有一个历史发展的过程。《国家税务总局关于转让企业全部产权不征收增值税问题的批复》（国税函〔2002〕420 号）规定，根据《增值税暂行条例》及其实施细则的规定，增值税的征收范围为销售货物或者提供加工、修理修配劳务以及进口货物。转让企业全部产权是整体转让企业资产、债权、债务及劳动力的行为，因此，转让企业全部产权涉及的应税货物的转让，不属于增值税的征税范围，不征收增值税。

《国家税务总局关于纳税人资产重组有关增值税政策问题的批复》（国税函〔2009〕585 号）规定，纳税人在资产重组过程中将所属资产、负债及相关权利和义务转让给控股公司，但保留上市公司资格的行为，不属于《国家税务总局关于转让企业全部产权不征收增值税问题的批复》（国税函〔2002〕420 号）规定的整体转让企业产权行为。对其资产重组过程中涉及的应税货物转让等行为，应照章征收增值税。上述控股公司将受让获得的实物资产再投资给其他公司的行为，应照章征收增值税。

根据《国家税务总局关于纳税人资产重组有关增值税问题的公告》（国家税务总局公告 2011 年第 13 号）规定，自 2011 年 3 月 1 日起，纳税人在资产重组过程中，通过合并、分立、出售、置换等方式，将全部或者部分实物资产以及与其相关联的债权、负债和劳动力一并转让给其他单位和个人，不属于增值税的征税范围，其中涉及的货物转让，不征收增值税。《国家税务总局关于转让企业全部产权不征收增值税问题的批复》（国税函〔2002〕420 号）、《国家税务总局关于纳税人资产重组有关增值税政策问题的批复》（国税函〔2009〕585 号）、《国家税务总局关于中国直播卫星有限公司转让全部产权有关增值税问题的通知》（国税函〔2010〕350 号）同时废止。

根据《国家税务总局关于纳税人资产重组增值税留抵税额处理有关问题的公告》（国家税务总局公告 2012 年第 55 号）的规定，增值税一般纳税人（以下称“原纳税人”）在资产重组过程中，将全部资产、负债和劳动力一并转让给其他增值税一般纳税人（以下称“新纳税人”），并按程序办理

注销税务登记的，其在办理注销登记前尚未抵扣的进项税额可结转至新纳税人处继续抵扣。原纳税人主管税务机关应认真核查纳税人资产重组相关资料，核实原纳税人在办理注销税务登记前尚未抵扣的进项税额，填写《增值税一般纳税人资产重组进项留抵税额转移单》。《增值税一般纳税人资产重组进项留抵税额转移单》一式三份，原纳税人主管税务机关留存一份，交纳税人一份，传递新纳税人主管税务机关一份。新纳税人主管税务机关应将原纳税人主管税务机关传递来的《增值税一般纳税人资产重组进项留抵税额转移单》与纳税人报送资料进行认真核对，对原纳税人尚未抵扣的进项税额，在确认无误后，允许新纳税人继续申报抵扣。

根据《国家税务总局关于纳税人资产重组有关增值税问题的公告》（国家税务总局公告 2013 年第 66 号）的规定，纳税人在资产重组过程中，通过合并、分立、出售、置换等方式，将全部或者部分实物资产以及与其相关联的债权、负债经多次转让后，最终的受让方与劳动力接收方为同一单位和个人的，仍适用《国家税务总局关于纳税人资产重组有关增值税问题的公告》（国家税务总局公告 2011 年第 13 号）的相关规定，其中货物的多次转让行为均不征收增值税。资产的出让方须将资产重组方案等文件资料报其主管税务机关。

纳税人可以利用上述优惠政策进行资产重组。

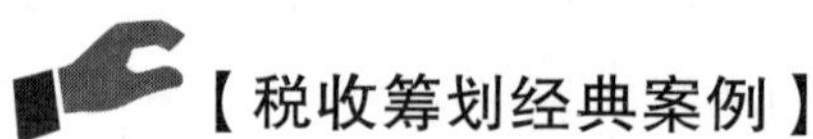
【税收筹划经典案例】

2009 年 8 月 25 日，大连市国家税务局《关于大连金牛股份有限公司资产重组过程中相关业务适用增值税政策问题的请示》（大国税函〔2009〕193 号）提供了大连金牛案例：大连金牛股份有限公司（以下简称大连金牛）是东北特钢集团有限责任公司（以下简称东特集团）控股子公司，于 1998 年 7 月 28 日成立，股本 3 亿元，主要经营钢冶炼、钢压延加工。

一、大连金牛股份有限公司重组原因

东特集团由大连金牛股份、抚顺特钢股份和北满特钢集团三大部分组成，集团除持有大连金牛 40.67% 外，还持有上市公司抚顺特钢 44.88% 股权、北满特钢 59% 的股权。大连金牛、抚顺特钢和北满特钢经营范围都是特殊钢冶炼、特殊钢材产品压延加工业务，集团内部存在同业竞争问题。大连金牛和抚顺特钢又同为上市公司，集团内部存在多个上市公司，互相之间存在关联交易，与上市公司监管的有关规定相悖。东特集团为消除集团内部同业竞争、减少关联交易、整合内部上市公司资源，向辽宁省国有资产监督管理委员会申请进行资产重组，获国务院国有资产监督管理委员会批准，2009 年 5 月经中国

证监会批准对大连金牛实施重组。

二、重组步骤

第一步：转让股权至中南房地产。

东特集团以协议方式将持有的大连金牛 9 000 万股股份转让给中南房地产，股份转让价格为 9.489 元 / 股，股份转让总金额为 8.54 亿元，东特集团应收中南房地产 8.54 亿元。转让完成后，东特集团仍持有大连金牛 3 223 万股股份。

第二步：转让资产至东特集团。

大连金牛将原生产必需的全部实物资产及负债、业务及附属于上述资产、业务或与上述资产、业务有关的一切权利和义务全部转让给东特集团。经双方协商确定本次出售资产作价为 11.6 亿元，东特集团以现金形式支付 3.06 亿元，其余部分形成大连金牛应收东特集团 8.54 亿元。

第三步：向中南房地产发行股份及购买资产。

大连金牛以“定向增发”的形式向中南房地产发行 4.78 亿股股票，每股 7.82 元，增发股票金额 37.38 亿元，中南房地产以资产作价 45.92 亿元注入大连金牛，注入的资产作价超过增发股份金额 8.54 亿元。

至此，东特集团出让股份给中南房地产形成的应收款 8.54 亿元，大连金牛整体出让全部资产及负债给东特集团形成的应收款 8.54 亿元，大连金牛购买中南房地产注入资产形成的应付款 8.54 亿元，上述往来款项通过抹账互相抵销。

第四步：东特集团成立新公司并注入资产。

东特集团于 2008 年成立新公司——东北特钢集团大连特殊钢有限责任公司（以下简称大连特钢），承接大连金牛原有的全部生产经营业务。大连金牛与东特集团、大连特钢已于交割日 2009 年 5 月 31 日签署了《资产、负债、业务及人员移交协议》，并已向大连特钢移交全部资产、负债、业务及人员。

三、资产转移中的会计处理

1．大连金牛将全部资产转到东特集团

（1）借：其他应收款——东特集团　　3 695 000 000

　　贷：各项资产（包括货币资金 3.06 亿）　　3 695 000 000

（2）借：各项负债　　2 504 000 000

　　贷：其他应收款——东特集团　　2 504 000 000

调整后，大连金牛报表列示三个科目：货币资金 3.06 亿元、其他应收款 8.84 亿元（合同额为 8.5 亿元，差额 0.34 亿元，主要为近期新增利润数）、净资产 1.90 亿元。

2．东特集团将收回的大连金牛资产投入到大连特钢

借：长期投资——大连特钢

贷：长期投资——大连金牛

投资收益

应交税费——应缴增值税（销项税额）

3．大连特钢收到东特集团投资

借：各项资产

贷：应交税费——应缴增值税（进项税额）

各项负债

注：由于案例未给出相关数据，上述会计分录省略金额。

四、重组过程中所涉及的资产转移如何征收增值税问题

经过上述步骤最终实现了中南房地产“买壳上市”，东特集团将大连金牛的上市公司资格转让给中南房地产。东特集团收回大连金牛原有的资产和生产经营业务后再全部转移至大连特钢继续经营。根据协议和审计报告，大连金牛 2009 年 5 月 31 日财务报表数据显示，本次资产重组涉及大连金牛资产总额 36.95 亿元，上述资产发生了两次转移：

一是大连金牛将原生产必需的全部实物资产及负债、业务及附着于上述资产、业务或与上述资产、业务有关的一切权利和义务全部转让给东特集团。

二是东特集团将大连金牛转让的全部资产及负债、业务及附着于上述资产、业务或与上述资产、业务有关的一切权利和义务再投资到大连特钢。在此期间东特集团对大连金牛转来资产中的部分设备进行了评估并产生增值。

企业认为，第一次资产转移是大连金牛整体转让全部资产及债权、负债、业务及附着于上述资产、业务或与上述资产、业务有关的一切权利和义务给东特集团，属于企业整体转让，不属于增值税范围，不征收增值税。

大连市国家税务局认为，大连金牛资产重组过程中的各项业务应适用如下税收政策。

1．对大连金牛将资产转让给东特集团的行为征收增值税

大连金牛将资产转移给东特集团的行为不属于《国家税务总局关于转让企业全部产权不征收增值税问题的批复》（国税函〔2002〕420 号）所述的转让企业全部产权的行为，应当对其征收增值税。

2．对东特集团将资产注入大连特钢的行为视同销售征收增值税

东特集团将资产注入大连特钢的行为属于投资行为，按照增值税暂行条例实施细则的规定应当视同销售征收增值税。

3．对其转让资产中的固定资产按照不同时段适用税收政策

对企业资产转移过程中涉及的 2004 年 7 月 1 日以前购进的固定资产按照 4% 减半征收增值税，对其他固定资产和流动资产按照适用税率征收增值税。

《国家税务总局关于纳税人资产重组有关增值税政策问题的批复》（国税函〔2009〕585 号）规定：纳税人在资产重组过程中将所属资产、负债及相关权利和义务转让给控股公司，但保留上市公司资格的行为，不属于《国家税务总局关于转让企业全部产权不征收增值税问题的批复》（国税函〔2002〕420 号）规定的整体转让企业产权行为。对其资产重组过程中涉及的应税货物转让等行为，应照章征收增值税。上述控股公司将受让获得的实物资产再投资给其他公司的行为，应照章征收增值税。纳税人在资产重组过程中所涉及的固定资产征收增值税问题，应按照《财政部　国家税务总局关于全国实施增值税转型改革若干问题的通知》（财税〔2008〕170 号）、《财政部　国家税务总局关于部分货物适用增值税低税率和简易办法征收增值税政策的通知》（财税〔2009〕9 号）及相关规定执行。

如果上述资产重组是 2011 年 3 月 1 日以后进行的，就不需要缴纳增值税了。

【税收筹划经典案例】

甲上市公司准备与乙公司进行资产互换，甲公司名下的所有资产和负债均转移给乙公司，乙公司名下的全部资产和负债转移给甲公司，双方互不支付差价。已知，甲公司名下的货物正常销售额为 5 000 万元，乙公司名下的货物正常销售额为 4 000 万元，适用增值税税率为 13%。甲公司与乙公司原计划各自按照资产销售的方式来进行税务处理，请对甲公司与乙公司的交易提出税收筹划方案。

如果按普通资产销售来进行税务处理，不考虑其他税费，仅销售货物部分就需要计算增值税销项税额 1 170 万元［（5 000 ＋ 4 000）×13%］。

如果甲公司和乙公司在资产重组的框架下开展资产置换，置换的范围增加债权债务和劳动力，并按照相关规定将资产重组方案等文件资料报其主管税务机关，则可以享受货物转让不征收增值税的优惠政策，免于计算增值税销项税额 1 170 万元。

【法律法规依据】

（1）《中华人民共和国增值税暂行条例》（国务院 1993 年 12 月 13 日

颁布，国务院令〔1993〕第134号，根据2017年11月19日《国务院关于废止〈中华人民共和国营业税暂行条例〉和修改〈中华人民共和国增值税暂行条例〉的决定》第二次修订）。

（2）《中华人民共和国增值税暂行条例实施细则》（财政部　国家税务总局第50号令，根据2011年10月28日《关于修改〈中华人民共和国增值税暂行条例实施细则〉和〈中华人民共和国营业税暂行条例实施细则〉的决定》修订）。

（3）《国家税务总局关于纳税人资产重组有关增值税问题的公告》（国家税务总局公告2011年第13号）。

（4）《国家税务总局关于纳税人资产重组增值税留抵税额处理有关问题的公告》（国家税务总局公告2012年第55号）。

（5）《国家税务总局关于纳税人资产重组有关增值税问题的公告》（国家税务总局公告2013年第66号）。

（6）《财政部　税务总局　海关总署关于深化增值税改革有关政策的公告》（财政部　税务总局　海关总署公告2019年第39号）。

第9章

企业营改增税收筹划经典案例

9.1 选择小规模纳税人身份

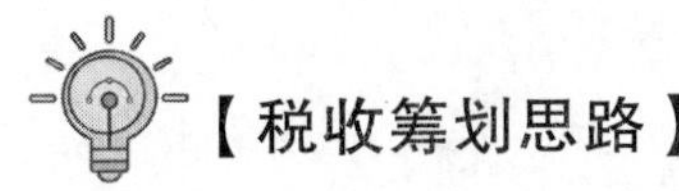

【税收筹划思路】

营改增纳税人分为一般纳税人和小规模纳税人。应税行为的年应征增值税销售额（以下称应税销售额）超过500万元的纳税人为一般纳税人，未超过500万元的纳税人为小规模纳税人。年应税销售额超过规定标准的其他个人不属于一般纳税人。年应税销售额超过规定标准但不经常发生应税行为的单位和个体工商户可选择按照小规模纳税人纳税。

年应税销售额未超过规定标准的纳税人，会计核算健全，能够提供准确税务资料的，可以向主管税务机关办理一般纳税人资格登记，成为一般纳税人。会计核算健全，是指能够按照国家统一的会计制度规定设置账簿，根据合法、有效凭证核算。

一般纳税人提供交通运输服务，税率为9%。小规模纳税人适用的增值税征收率为3%。

由于营改增之前营业税的最低税率为3%，营改增之后小规模纳税人的征税率为3%（自2020年1月1日起暂时降低为1%），所以，只要选择小规模纳税人身份，营改增纳税人的税负就不会上升，由于增值税是价外税，在计算增值税时还需要将取得的价款换算为不含税销售额，因此，选择小规模纳税人身份的营改增纳税人，其税负一定会下降。

如果营改增之后，纳税人的销售额超过了500万元，就必须申请成为一般纳税人，不能为了保持小规模纳税人的身份而一直不申请成为一般纳税人。根据税法规定，有下列情形之一者，应当按照销售额和增值税税率计算应纳税额，不得抵扣进项税额，也不得使用增值税专用发票：一般纳税人会计核算不健全，或者不能够提供准确税务资料的；应当办理一般纳税人资格登记而未办理的。如果纳税人的销售额超过了500万元却不办理一般纳税人资格登记，应当按照9%的税率缴纳增值税，而且不允许抵扣进项税额，纳税人的税负将会大大增加。

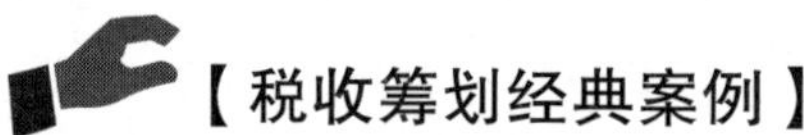

【税收筹划经典案例】

甲公司提供交通运输服务，年含税销售额为515万元，在营改增之后选择了一般纳税人身份，由于在营改增之前按照3%的税率缴纳营业税，而营改增之后按照9%的税率缴纳增值税，虽然可以抵扣一些进项税额，但整体税负仍然超过了营改增之前，请提出税收筹划方案。

甲公司的销售额500万元［515÷（1＋3%）］，由于并未超过500万元的标准，可以选择小规模纳税人的身份。在营改增之前，甲公司需要缴纳营业税15.45万元（515×3%），税后营业收入499.55万元（515－15.45）。营改增之后，如果选择小规模纳税人身份，甲公司需要缴纳增值税15万元［515÷（1＋3%）×3%］，销售收入500万元（515－15）。通过税收筹划，增加销售收入0.45万元（500－499.55）。

【税收筹划经典案例】

李先生经营一家餐馆和一家装修公司。营改增之前，该餐馆年营业额为300万元，适用5%的税率，缴纳营业税15万元，该装修公司年营业额为400万元，适用3%的税率，缴纳营业税12万元，合计缴纳营业税27万元。营改增之后，请为该餐馆和装修公司提出税收筹划方案。

营改增之后，如果两家企业选择一般纳税人，则餐馆适用6%的税率缴纳增值税，装修公司适用9%的税率缴纳增值税。由于可抵扣进项税额较少，其增值税负担会高于营业税负担。如果两家企业选择小规模纳税人，则需要缴纳增值税20.39万元［（300＋400）÷（1＋3%）×3%］。

【法律法规依据】

（1）《财政部　国家税务总局关于全面推开营业税改征增值税试点的通知》（财税〔2016〕36 号）。

（2）《增值税一般纳税人登记管理办法》（国家税务总局令 2017 年第 43 号）。

（3）《国家税务总局关于增值税一般纳税人登记管理若干事项的公告》（国家税务总局公告 2018 年第 6 号）。

（4）《财政部　税务总局　海关总署关于深化增值税改革有关政策的公告》（财政部、税务总局、海关总署公告 2019 年第 39 号）。

9.2 分立企业成为小规模纳税人

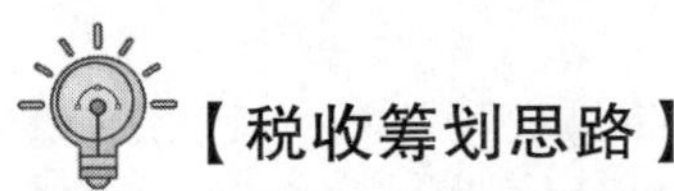

【税收筹划思路】

应税行为的年应税销售额超过 500 万元的纳税人为一般纳税人，未超过 500 万元的纳税人为小规模纳税人。

对于规模较大，年应税销售额超过 500 万元的营改增纳税人而言，如果其经营模式允许其分立，可以考虑通过分立企业，或者将分公司改制为子公司等形式保持小规模纳税人的身份，按照简易计税方法计算增值税，这样就可以将增值税税收负担率维持在 3% 的较低水平上。

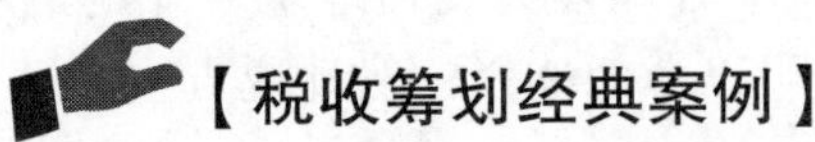

【税收筹划经典案例】

甲公司为一家餐饮连锁企业，下设 100 家分公司，各家分公司的年销售额约 500 万元。甲公司属于营改增一般纳税人，适用 6% 的税率，由于允许抵扣的进项税额比较少，增值税税收负担率（即增值税应纳税额除以销售额）约为 5%，请提出税收筹划方案。

甲公司将各家分公司改制为独立的子公司，同时确保各家子公司年销售额不超过 500 万元，这样，甲公司集团中的每一个子公司都可以保持小规模纳税人的身份，按照 3% 的征收率缴纳增值税，增值税税收负担率从 5% 降低为 3%。

（1）《财政部　国家税务总局关于全面推开营业税改征增值税试点的通知》（财税〔2016〕36号）。

（2）《增值税一般纳税人登记管理办法》（国家税务总局令2017年第43号）。

（3）《国家税务总局关于增值税一般纳税人登记管理若干事项的公告》（国家税务总局公告2018年第6号）。

9.3 公共交通运输服务企业选用简易计税方法

【税收筹划思路】

增值税的计税方法，包括一般计税方法和简易计税方法。简易计税方法的应纳税额，是指按照销售额和增值税征收率计算的增值税税额，不得抵扣进项税额。应纳税额计算公式：应纳税额＝销售额 × 征收率。一般纳税人发生下列应税行为可以选择适用简易计税方法计税：公共交通运输服务。增值税征收率为3%。根据2022年2月14日国务院常务会议的决定，2022年免征公交和长途客运、轮客渡、出租车等公共交通运输服务增值税。

根据前文所述，只要选择简易计税方法计税，营改增纳税人的税收负担都有所降低，因此，对于交通运输服务中的公共交通运输服务而言，原则上一定要选择简易计税方法计税。当然，如果有些公共交通运输企业的进项税额比较多，按照一般计税方法税负更低，可以考虑选择一般计税方法。

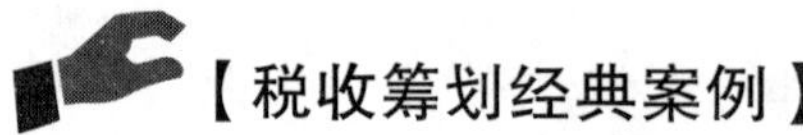

甲市公交公司年销售额约5 000万元，由于营改增之后作为一般纳税人要适用9%的税率缴纳增值税，其税负有明显上升，请提出税收筹划方案。

甲公司由于提供的是公共交通运输服务，可以选择简易计税方法计税。在营改增之前，甲公司需要缴纳营业税150万元（5 000×3%），税后营业收入4 850万元（5 000 － 150）。在营改增之后，甲公司需要缴纳增值税

145.63 万元［5 000÷（1 + 3%）×3%］，销售收入 4 854.37 万元（5 000 − 145.63）。通过税收筹划，增加销售收入 4.37 万元（4854.37 − 4850）。

【法律法规依据】

（1）《财政部　国家税务总局关于全面推开营业税改征增值税试点的通知》（财税〔2016〕36 号）。

（2）《增值税一般纳税人登记管理办法》（国家税务总局令 2017 年第 43 号）。

（3）《国家税务总局关于增值税一般纳税人登记管理若干事项的公告》（国家税务总局公告 2018 年第 6 号）。

（4）《财政部　税务总局　海关总署关于深化增值税改革有关政策的公告》（财政部　税务总局　海关总署公告 2019 年第 39 号）。

9.4 动漫企业选用简易计税方法

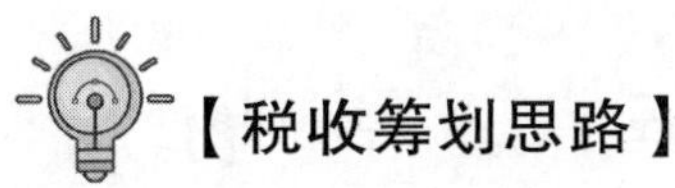

【税收筹划思路】

一般纳税人发生下列应税行为可以选择适用简易计税方法计税：经认定的动漫企业为开发动漫产品提供的动漫脚本编撰、形象设计、背景设计、动画设计、分镜、动画制作、摄制、描线、上色、画面合成、配音、配乐、音效合成、剪辑、字幕制作、压缩转码（面向网络动漫、手机动漫格式适配）服务，以及在境内转让动漫版权（包括动漫品牌、形象或者内容的授权及再授权）。

自 2018 年 1 月 1 日至 2018 年 4 月 30 日，对动漫企业增值税一般纳税人销售其自主开发生产的动漫软件，按照 17% 的税率征收增值税后，对其增值税实际税负超过 3% 的部分，实行即征即退政策。自 2018 年 5 月 1 日至 2023 年 12 月 31 日，对动漫企业增值税一般纳税人销售其自主开发生产的动漫软件，按照 16% 的税率征收增值税后，对其增值税实际税负超过 3% 的部分，实行即征即退政策。动漫软件出口免征增值税。

属于增值税一般纳税人的动漫企业销售其自主开发生产的动漫软件，一直缴纳增值税，不属于营改增的范围，只有动漫企业提供的动漫服务和转让动漫版权属于营改增。该类企业在营改增之后应当单独核算两类经营业务，前者按照《财政部　国家税务总局关于动漫产业增值税和营业税政策的通知》（财税〔2013〕98 号）规定的政策执行，后者可以选择适用简易计税方法计税。

【税收筹划经典案例】

甲公司为经过认定的动漫企业，除开发动漫产品以外，还为其他企业的动漫产品提供形象设计、动画设计等服务，偶尔也会转让动漫版权，甲公司为营改增增值税一般纳税人，适用税率为 6%，由于进项税额较少，增值税税收负担率为 4.8%，请提出税收筹划方案。

甲公司销售动漫产品可以享受实际税负超过 3% 的部分实行即征即退的优惠政策，实际税负为 3%。动漫服务和转让动漫版权实际税负较高，可以就该部分进行单独核算并选择适用简易计税方法计税，这样，动漫服务和转让动漫版权部分的实际税负也为 3%。甲公司的整体增值税负担率可以降低为 3%。

【法律法规依据】

（1）《财政部　国家税务总局关于全面推开营业税改征增值税试点的通知》（财税〔2016〕36 号）。

（2）《财政部　税务总局关于延续动漫产业增值税政策的通知》（财税〔2018〕38 号）。

（3）《财政部　税务总局　海关总署关于深化增值税改革有关政策的公告》（财政部　税务总局　海关总署公告 2019 年第 39 号）。

（4）《财政部　税务总局关于延长部分税收优惠政策执行期限的公告》（财政部　税务总局公告 2021 年第 6 号）。

9.5 其他企业选用简易计税方法

【税收筹划思路】

一般纳税人发生下列应税行为可以选择适用简易计税方法计税：电影放

映服务、仓储服务、装卸搬运服务、收派服务和文化体育服务；以纳入营改增试点之日前取得的有形动产为标的物提供的经营租赁服务；在纳入营改增试点之日前签订的尚未执行完毕的有形动产租赁合同。

对于既有在纳入营改增试点之日前签订的尚未执行完毕的有形动产租赁合同，又有在纳入营改增试点之日后签订的尚未执行完毕的有形动产租赁合同的属于增值税一般纳税人的企业而言，如果选择适用简易计税方法计税，应当将上述两类合同分开核算，前者可以选择适用简易计税方法计税，后者不能选择适用简易计税方法计税。

【税收筹划经典案例】

甲公司以在营改增试点之日前取得的挖掘机为标的物签订了长达 5 年的挖掘机租赁合同，适用 13% 的税率，由于进项税额较少，增值税税收负担率达到了 6%，请提出税收筹划方案。

甲公司可以单独核算上述有形动产租赁合同，对该类合同取得的销售额选择适用简易计税方法计税，这样，该部分的增值税税收负担率可以降低为 3%。

【税收筹划经典案例】

甲电影公司营改增之前年营业额为 8 000 万元，适用 3% 的税率，缴纳营业税 240 万元。营改增之后，适用 6% 的税率，由于其进项税额较少，税负较营改增之前有所提高，请为该电影公司提出税收筹划方案。

该电影公司虽然已经达到一般纳税人的标准，但仍可以选择适用简易计税方法，按照 3% 的征收率计算增值税应纳税额 233.01 万元［8 000÷（1＋3%）×3%］。与营改增之前相比，其税收负担有所降低。

【法律法规依据】

（1）《财政部　国家税务总局关于全面推开营业税改征增值税试点的通知》（财税〔2016〕36 号）。

（2）《增值税一般纳税人登记管理办法》（国家税务总局令 2017 年第 43 号）。

（3）《国家税务总局关于增值税一般纳税人登记管理若干事项的公告》

（国家税务总局公告 2018 年第 6 号）。

（4）《财政部　税务总局　海关总署关于深化增值税改革有关政策的公告》（财政部　税务总局　海关总署公告 2019 年第 39 号）。

9.6 利用免税亲属转赠住房进行税收筹划

个人将住房无偿赠与配偶、父母、子女、祖父母、外祖父母、孙子女、外孙子女、兄弟姐妹免征增值税、个人所得税。

房屋产权所有人将房屋产权无偿赠与配偶、父母、子女、祖父母、外祖父母、孙子女、外孙子女、兄弟姐妹以外的人，受赠人因无偿受赠房屋取得的受赠所得，按照“偶然所得”项目缴纳个人所得税，税率为 20%，即：无偿赠与的受赠人为近亲属以外的人时，受赠人须缴纳 20% 的个人所得税。

对受赠人无偿受赠房屋计征个人所得税时，其应纳税所得额为房地产赠与合同上标明的赠与房屋价值减除赠与过程中受赠人支付的相关税费后的余额。赠与合同标明的房屋价值明显低于市场价格或房地产赠与合同未标明赠与房屋价值的，税务机关可依据受赠房屋的市场评估价格或采取其他合理方式确定受赠人的应纳税所得额。

根据我国现行税收政策，亲属之间住房赠与免税的范围仅限于配偶、父母、子女、祖父母、外祖父母、孙子女、外孙子女、兄弟姐妹，其他亲属之间赠与住房不能享受免税待遇，此时，如果一定要赠与上述亲属以外的亲属，可以通过上述亲属进行转赠。例如，赠与侄子、侄女、外甥、外甥女，可以通过兄弟姐妹转赠；赠与岳父母、公婆、弟妹、小叔子、小舅子等，可以通过配偶转赠。

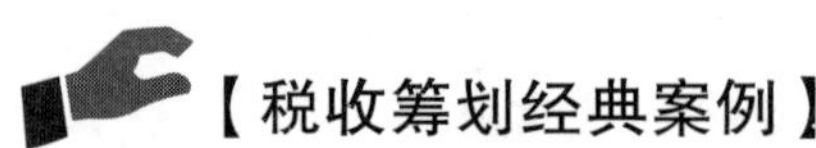

王女士想为自己的儿子在北京购买一套住房，由于他们均无北京户籍，而在北京缴纳社保和个人所得税的时间刚满 4 年，不具备在北京购买住房的资格。王女士便以其哥哥（具有北京户籍）的名义在北京购房，1 年之后，等自

己与儿子具备在北京买房资格后再过户到儿子名下。假设所涉住房购买时的价款为 300 万元，过户到王女士儿子名下时的市场价格为 500 万元，该套住房过户时，王女士的哥哥需要缴纳增值税 23.81 万元［500÷（1＋5%）×5%］，需要缴纳城市维护建设税、教育费附加和地方教育附加 2.86 万元［23.81×（7%＋3%＋2%）］；王女士的儿子需要缴纳契税 14.29 万元［500÷（1＋5%）×3%］，需要缴纳个人所得税 92.38 万元［（500－23.8－14.29）×20%］，合计税收负担 133.34 万元（23.81＋2.86＋14.29＋92.38）。

王女士的哥哥可以将房产先赠与王女士，由于两者是兄妹关系，根据现行税收政策，可以免征增值税和个人所得税，在过户时，王女士需要缴纳契税 14.29 万元［500÷（1＋5%）×3%］。随后，王女士可以再将住房赠与自己的儿子，由于两者是母子关系，根据现行税收政策，可以免征增值税和个人所得税，在过户时，王女士的儿子需要缴纳契税 14.29 万元［500÷（1＋5%）×3%］，合计税收负担 28.58 万元（14.29＋14.29）。通过税收筹划，减轻税收负担 104.76 万元（133.34－28.58）。

【法律法规依据】

（1）《财政部　国家税务总局关于全面推开营业税改征增值税试点的通知》（财税〔2016〕36 号）。

（2）《财政部　国家税务总局关于个人无偿受赠房屋有关个人所得税问题的通知》（财税〔2009〕78 号）。

（3）《中华人民共和国契税法》（2020 年 8 月 11 日第十三届全国人民代表大会常务委员会第二十一次会议通过）。

（4）《中华人民共和国城市维护建设税法》（2020 年 8 月 11 日第十三届全国人民代表大会常务委员会第二十一次会议通过）。

9.7 利用赡养关系免税进行税收筹划

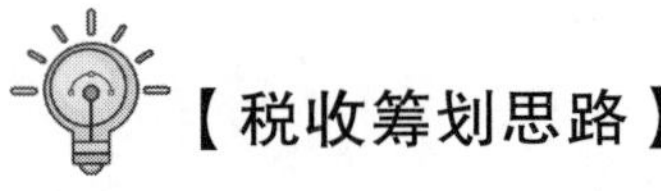

【税收筹划思路】

个人将住房无偿赠与对其承担直接抚养或者赡养义务的抚养人或者赡养

人免征增值税、个人所得税。

原则上，抚养和赡养关系并不要求具备亲属关系，但一般而言，亲属之间存在抚养和赡养关系的可能性较大一些。如果不具备亲属关系，双方可以签订赡养协议，以此来证明双方之间存在赡养关系。

【税收筹划经典案例】

李先生准备将一套市场价格为200万元的住房赠与侄子，原本希望通过自己的弟弟转赠，但自己的弟弟已经在一场车祸中去世，无法转赠。如果直接赠与，由于李先生持有该房产的时间不足2年，李先生需要缴纳增值税9.52万元［200÷（1＋5%）×5%］，需要缴纳城市维护建设税、教育费附加和地方教育附加1.14万元［9.52×（7%＋3%＋2%）］；李先生的侄子需要缴纳契税5.71万元［200÷（1＋5%）×3%］，需要缴纳个人所得税36.95万元［（200－9.52－5.71）×20%］，合计税收负担53.32万元（9.52＋1.14＋5.71＋36.95）。

李先生可以到当地乡镇政府或者街道办开具自己与侄子具有抚养或者赡养关系的证明，持该证明到税务机关办理免征增值税和个人所得税手续。在赠与过户时，李先生的侄子需要缴纳契税5.71万元［200÷（1＋5%）×3%］。通过税收筹划，减轻税收负担47.61万元（53.32－5.71）。

【法律法规依据】

（1）《财政部　国家税务总局关于全面推开营业税改征增值税试点的通知》（财税〔2016〕36号）。

（2）《财政部　国家税务总局关于个人无偿受赠房屋有关个人所得税问题的通知》（财税〔2009〕78号）。

（3）《中华人民共和国契税法》（2020年8月11日第十三届全国人民代表大会常务委员会第二十一次会议通过）。

（4）《中华人民共和国城市维护建设税法》（2020年8月11日第十三届全国人民代表大会常务委员会第二十一次会议通过）。

9.8 利用遗赠免税进行税收筹划

【税收筹划思路】

房屋产权所有人死亡，法定继承人、遗嘱继承人或者受遗赠人依法取得房屋产权免征增值税、个人所得税。

对于通过遗赠的方式赠与住房而言，法律并不要求双方有任何特别的关系。当然，为了能够在生前就在事实上将住房赠与对方，可以通过公证赠与的方式先将住房的永久使用权赠与对方，同时制作公证遗嘱，保证未来通过遗赠的方式将住房赠与对方。由于公证赠与是不能反悔的，因此，赠与住房的使用权之后就无法收回了，但公证遗嘱是可以变更的，因此，受赠人未来是否一定可以取得住房的所有权尚有不确定因素。

【税收筹划经典案例】

赵先生夫妻感情不和，事实上已经分居多年，由于各种原因，赵先生暂时无法办理离婚手续。在分居期间，赵先生与李女士共同生活在一起，李女士在赵先生生病期间悉心照料赵先生，赵先生准备将属于自己个人的一套住房赠与李女士，如果直接赠与，赵先生需要缴纳增值税、城市维护建设税、教育费附加和地方教育附加，李女士需要缴纳契税和个人所得税。请提出税收筹划方案。

赵先生可以先将该套住房的永久居住权赠与李女士，并办理赠与公证，同时立下遗嘱，在自己去世以后将该套房产遗赠给李女士，也办理遗嘱公证。这样，在赵先生生前，李女士可以一直使用该套住房，在赵先生去世之后，可以持公证遗嘱办理过户手续，在过户时，李女士只需要缴纳契税。

【法律法规依据】

（1）《财政部　国家税务总局关于全面推开营业税改征增值税试点的通知》（财税〔2016〕36 号）。

（2）《财政部　国家税务总局关于个人无偿受赠房屋有关个人所得税问

题的通知》（财税〔2009〕78 号）。

（3）《中华人民共和国契税法》（2020 年 8 月 11 日第十三届全国人民代表大会常务委员会第二十一次会议通过）。

（4）《中华人民共和国城市维护建设税法》（2020 年 8 月 11 日第十三届全国人民代表大会常务委员会第二十一次会议通过）。

9.9 持有满 2 年后再转让住房

【税收筹划思路】

个人将购买不足 2 年的住房对外销售的，按照 5% 的征收率全额缴纳增值税；个人将购买 2 年以上（含 2 年）的非普通住房对外销售的，以销售收入减去购买住房价款后的差额按照 5% 的征收率缴纳增值税；个人将购买 2 年以上（含 2 年）的普通住房对外销售的，免征增值税。上述政策仅适用于北京市、上海市、广州市和深圳市。2021 年，上海、广州九区和深圳已经将上述政策中的“2 年”延长为“5 年”。

个人将购买不足 2 年的住房对外销售的，按照 5% 的征收率全额缴纳增值税；个人将购买 2 年以上（含 2 年）的住房对外销售的，免征增值税。上述政策适用于北京市、上海市、广州市和深圳市之外的地区。

个人购买住房以取得的房屋产权证或契税完税证明上注明的时间作为其购买房屋的时间。“契税完税证明上注明的时间”是指契税完税证明上注明的填发日期。纳税人申报时，同时出具房屋产权证和契税完税证明且两者所注明的时间不一致的，按照“孰先”的原则确定购买房屋的时间，即：房屋产权证上注明的时间早于契税完税证明上注明的时间的，以房屋产权证注明的时间为购买房屋的时间；契税完税证明上注明的时间早于房屋产权证上注明的时间的，以契税完税证明上注明的时间为购买房屋的时间。个人购买住房以后要及时缴纳契税并办理房产证，否则，未来出售时会因为持有时间不满 2 年而享受不了相关优惠政策。

【税收筹划经典案例】

吴先生 2020 年 1 月 10 日在南京市区购买了一套普通住房，总价款为

400 万元。2021 年 7 月 1 日，吴先生准备将该套住房以 500 万元的价格转让给他人。如果此时转让，需要缴纳增值税 23.81 万元［500÷（1＋5%）×5%］，需要缴纳城市维护建设税、教育费附加和地方教育附加 2.86 万元［23.81×（7%＋3%＋2%）］，合计税收负担 26.67 万元（23.81＋2.86）。如果吴先生能够再持有房产一段时间，在 2022 年 1 月 10 日以后进行房产过户，此时，吴先生已经持有该套房产满 2 年，可以免征增值税。减轻税收负担 26.67 万元（暂时不考虑个人所得税负担）。

【法律法规依据】

（1）《财政部　国家税务总局关于全面推开营业税改征增值税试点的通知》（财税〔2016〕36 号）。

（2）《国家税务总局关于加强房地产交易个人无偿赠与不动产税收管理有关问题通知》（国税发〔2006〕144 号）。

（3）《中华人民共和国城市维护建设税法》（2020 年 8 月 11 日第十三届全国人民代表大会常务委员会第二十一次会议通过）。

9.10 通过抵押贷款延迟办理房产过户

【税收筹划思路】

个人将购买不足 2 年的住房对外销售的，按照 5% 的征收率全额缴纳增值税；个人将购买 2 年以上（含 2 年）的非普通住房对外销售的，以销售收入减去购买住房价款后的差额按照 5% 的征收率缴纳增值税；个人将购买 2 年以上（含 2 年）的普通住房对外销售的，免征增值税。上述政策仅适用于北京市、上海市、广州市和深圳市。2021 年，上海、广州九区和深圳已经将上述政策中的“2 年”延长为“5 年”。

个人将购买不足 2 年的住房对外销售的，按照 5% 的征收率全额缴纳增值税；个人将购买 2 年以上（含 2 年）的住房对外销售的，免征增值税。上述政策适用于北京市、上海市、广州市和深圳市之外的地区。

迟延办理过户手续是常用的筹划方案，但应注意确保买卖双方的合法权益并预防道德风险。除了采取上文所阐述的抵押贷款的方式，还可以采取先租赁后销售的方式，但也应注意防止房产所有人“一房二卖”以及未来拒绝过户的风险。

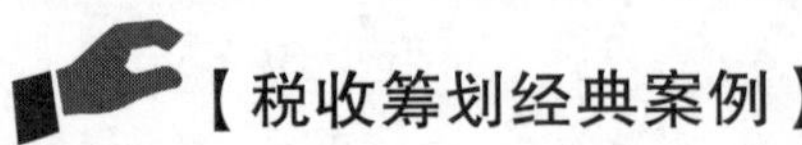

【税收筹划经典案例】

刘先生2020年1月10日在北京市区购买了一套普通住房，总价款为480万元。2021年7月1日，刘先生因急需用钱，准备将该套住房以500万元的价格转让给他人。如果此时转让，需要缴纳增值税23.81万元［500÷（1＋5%）×5%］，需要缴纳城市维护建设税、教育费附加和地方教育附加2.86万元［23.81×（7%＋3%＋2%）］，合计税收负担26.67万元（23.81＋2.86）。

由于刘先生急需用钱，此时已经无法等到持有满2年再销售住房了，为了享受满2年免增值税的政策，刘先生可以先实际销售住房，等待满2年后再办理房产过户手续。为保证购房者的利益并预防刘先生未来再将住房销售给他人或者不办理房产过户手续，双方可以签订一个抵押借款协议。刘先生向购房者借款500万元，以该套住房作为抵押，并办理抵押登记。这样，不经过购房者同意，刘先生是不可能再将住房销售给他人的。其次，刘先生与购房者签订一个购买该套住房的协议，协议约定住房办理过户的日期为2022年1月10日，如果刘先生拖延办理住房过户手续，可以约定每拖延一日支付一定数额的违约金，如果刘先生拒绝办理住房过户手续，可以约定一个比较高的违约金，这样就可以预防刘先生再以高价将住房出售给他人。通过上述筹划，可以减轻税收负担26.67万元。（暂时不考虑个人所得税负担）

【法律法规依据】

（1）《财政部　国家税务总局关于全面推开营业税改征增值税试点的通知》（财税〔2016〕36号）。

（2）《中华人民共和国城市维护建设税法》（2020年8月11日第十三届全国人民代表大会常务委员会第二十一次会议通过）。

9.11 将销售额控制在起征点以下

【税收筹划思路】

个人发生应税行为的销售额未达到增值税起征点的，免征增值税；达到起征点的，全额计算缴纳增值税。增值税起征点不适用于登记为一般纳税人的个体工商户。增值税起征点幅度如下：①按期纳税的，为月销售额 5 000 ～ 20 000 元（含本数）；②按次纳税的，为每次（日）销售额 300 ～ 500 元（含本数）。

起征点中的销售额为不含税销售额，现实生活中，经营者收取的价款为含税销售额，应当换算为不含税销售额之后再去判断是否达到起征点。营改增起征点的税收优惠只能由个人中的小规模纳税人享受。增值税法中的个人包括自然人和个体工商户。自然人只能作为小规模纳税人，不能成为一般纳税人。个体工商户可以作为小规模纳税人，也可以成为一般纳税人。属于一般纳税人的个体工商户不能享受起征点的优惠政策。

对于月销售额明显超过起征点的个人，可以考虑通过在月底调节销售额，将部分销售额调节至下 1 个月，从而可以在某 1 个月实现销售额不达到起征点，从而可以享受免征增值税的优惠。需要注意的是，这样调节应当符合增值税法关于增值税纳税义务发生时间的规定，最常用的方法就是通过签订赊销合同，推迟实现销售收入的时间以及开具发票的时间。

【税收筹划经典案例】

甲餐馆为个体工商户，每月含税销售额为 4 万元左右，其中有不少大客户的月结订单，每月需要缴纳增值税 1 165.05 元［40 000÷（1 + 3%）×3%］，全年需要缴纳增值税 13 980.6 元（1 165.05×12）。已知当地增值税起征点为 20 000 元，请提出税收筹划方案。（暂不考虑月销售额 150 000 元以下免税的临时性增值税优惠，征收率按 3% 计算）

由于甲餐馆的大客户订单比较多，可以考虑将某些订单改为赊销方式，即 1 月份的餐费放在 2 月份结算，这样可以实现在一个纳税年度中，有若干个月的含税销售额不达到 20 600 元，也就是不含税销售额不达到 20 000 元，这样该月就可以免纳增值税。假设有 6 个月的含税销售额控制为不达到 20 600 元，则剩余月份的含税销售额 356 400 元［40 000×12 － 20 600×6］。甲餐馆全年需要缴纳增值税 10 380.58 元［356 400÷（1 ＋ 3%）×3%］，少纳增值税 3 600.02 元（13 980.6 － 10 380.58）。

【法律法规依据】

（1）《中华人民共和国增值税暂行条例》（国务院 1993 年 12 月 13 日颁布，国务院令〔1993〕第 134 号，根据 2017 年 11 月 19 日《国务院关于废止〈中华人民共和国营业税暂行条例〉和修改〈中华人民共和国增值税暂行条例〉的决定》第二次修订）。

（2）《中华人民共和国增值税暂行条例实施细则》（财政部　国家税务总局第 50 号令，根据 2011 年 10 月 28 日《关于修改〈中华人民共和国增值税暂行条例实施细则〉和〈中华人民共和国营业税暂行条例实施细则〉的决定》修订）。

（3）《财政部　国家税务总局关于全面推开营业税改征增值税试点的通知》（财税〔2016〕36 号）。

9.12 巧用小微企业免税优惠

自 2019 年 1 月 1 日至 2021 年 12 月 31 日，对月销售额 10 万元以下（含本数）的增值税小规模纳税人，免征增值税。自 2021 年 4 月 1 日至 2022 年 12 月 31 日，对月销售额 15 万元以下（含本数）的增值税小规模纳税人，免征增值税。

这种筹划方案主要适用于季度销售额在 45 万元左右的企业，对于超过 45 万元的季度，企业应注意在季度末调控销售收入，尽量保证其中 1 个季度的销售额不超过 45 万元，临近季度的销售额可以超过 45 万元，这样就可以保证 1 个季度不纳税，另 1 个季度纳税，这样也可以适当降低税收负担。在筹划中应当注意增值税纳税义务的发生时间，不能为了少缴税而少申报销售

额，这样可能会构成偷税，从而产生税务风险。

对于季度销售额明显超过 45 万元的小规模纳税人，可以通过分立企业的形式来使其季度销售额不超过 45 万元，从而可以享受免征增值税的优惠。企业分立应当具有合理商业目的，否则，有可能会被税务机关认定为避税行为，从而无法享受相关税收优惠。分立企业还应注意避免导致企业客户流失。

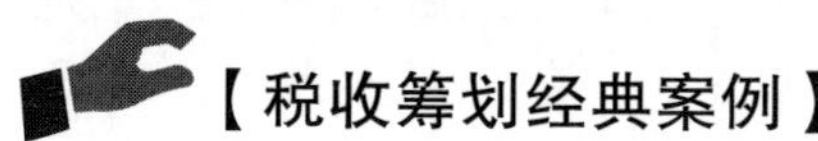

【税收筹划经典案例】

甲公司为营改增小规模纳税人，提供交通运输业劳务，2022 年度每季度含税销售额为 32 万元左右，请提出税收筹划方案。

如果不进行税收筹划，假设甲公司每季度含税销售额为 45.5 万元，则其季度不含税销售额 45.05 万元［45.5÷（1 ＋ 1%）］，由于超过了 45 万元的优惠标准，因此，每季度应当依法缴纳增值税 0.45 万元［45.5÷（1 ＋ 1%）×1%］，全年需要缴纳增值税 1.8 万元（0.45×4）。

甲公司通过合理控制每季度销售额以及发票开具等方式，将 3 个季度含税销售额控制在 45.45 万元，其中 1 个季度的含税销售额为 35.3 万元，全年含税销售额 182 万元（45.45×3 ＋ 45.65），与筹划前的全年含税销售额保持一致。由于其 3 个季度的含税销售额均为 45.45 万元，即不含税销售额 45 万元［45.45÷（1 ＋ 1%）］，由于没有超过 45 万元，可以享受免征增值税的优惠。其中 1 个季度应当缴纳增值税 0.45 万元［45.65÷（1 ＋ 1%）×1%］。通过税收筹划，减轻增值税负担 1.35 万元（1.8 － 0.45）。

【税收筹划经典案例】

甲咨询公司为营改增小规模纳税人，2022 年度每季度销售额为 90 万元，每季度需要缴纳增值税 0.9 万元（90×1%），全年缴纳增值税 3.6 万元（0.9×4）。已知甲咨询公司的主要客户为一些固定的老客户，请提出税收筹划方案。

甲咨询公司的客户是固定的老客户，企业分立不会导致客户资源流失。甲咨询公司分立为两家咨询公司，相关老客户也分别划归两家咨询公司。如企业分立比较烦琐，也可以由甲咨询公司的股东再成立一家咨询公司，或者由甲咨询公司成立一家全资子公司。将甲咨询公司的一半业务转移至新成立的公司。每家咨询公司季度销售额为 45 万元，可以免征增值税。通过税收筹划，甲咨询公司每年可减轻增值税负担 3.6 万元。

【法律法规依据】

（1）《财政部　国家税务总局关于全面推开营业税改征增值税试点的通知》（财税〔2016〕36号）。

（2）《财政部　税务总局关于实施小微企业普惠性税收减免政策的通知》（财税〔2019〕13号）。

（3）《财政部　税务总局关于明确增值税小规模纳税人免征增值税政策的公告》（财政部　税务总局公告2021年第11号）。

9.13 利用资产重组免税优惠

【税收筹划思路】

在资产重组过程中，通过合并、分立、出售、置换等方式，将全部或者部分实物资产以及与其相关联的债权、负债和劳动力一并转让给其他单位和个人，其中涉及的不动产、土地使用权转让行为不征收增值税。

纳税人在资产重组过程中，通过合并、分立、出售、置换等方式，将全部或者部分实物资产以及与其相关联的债权、负债和劳动力一并转让给其他单位和个人，不属于增值税的征税范围，其中涉及的货物转让，不征收增值税。

资产重组是指企业资产的拥有者、控制者与企业外部的经济主体进行的，对企业资产的分布状态进行重新组合、调整、配置的过程，或对设在企业资产上的权利进行重新配置的过程。只要在企业资产重组的大前提下，进行资产置换才有可能免征增值税。

【税收筹划经典案例】

甲公司准备与乙公司进行资产互换，其中涉及的不动产、土地使用权转让以及机器设备等转让的销售额约1亿元，大约需要缴纳增值税400万元，请提出税收筹划方案。

甲公司和乙公司将简单的资产互换设计为资产置换，不仅将全部实物资

产互换，其中所涉及的债权、负债和劳动力也一并互换，这样，其中所涉及的货物转让、不动产转让和土地使用权转让均不征收增值税。通过税收筹划，减轻增值税负担约 400 万元。

【税收筹划经典案例】

甲公司计划使用部分不动产、土地使用权、货物等实物出资，成立一家全资子公司，其中所涉及的不动产销售额为 2 000 万元，土地使用权销售额为 1 000 万元，请为甲公司提出税收筹划方案。

如果采取实物出资的方式设立子公司，则应计算增值税销项税额 270 万元［（2 000 ＋ 1 000）×9%］。如果在资产重组的框架中，采取公司分立的方式设立一家新公司，将相关资产及债权、债务和人员转移至新设立的公司，可以免纳增值税。

【法律法规依据】

（1）《财政部　国家税务总局关于全面推开营业税改征增值税试点的通知》（财税〔2016〕36 号）。

（2）《国家税务总局关于纳税人资产重组有关增值税问题的公告》（国家税务总局公告 2011 年第 13 号）。

（3）《财政部　税务总局　海关总署关于深化增值税改革有关政策的公告》（财政部、税务总局、海关总署公告 2019 年第 39 号）。

9.14 将资产转让转变为股权转让

【税收筹划思路】

股权转让不征收增值税。

通过股权转让进行税收筹划应当提前规划，且具有合理的商业目的，不能单纯地为了少纳税或者不纳税而设立公司并转让公司股权，否则，税务机关有可能对其股权转让行为进行反避税调查。

【税收筹划经典案例】

甲公司准备将一些无形资产、不动产和货物转让给乙公司，但该行为并不符合资产重组的定义，经初步核算，上述资产转让的应税销售额约 2 000 万元，需要缴纳增值税约 100 万元。请提出税收筹划方案。

甲公司可以分立为甲公司和 A 公司，将这些准备转让的无形资产、不动产和货物划入 A 公司，然后由 A 公司的股东将 A 公司的股权转让给乙公司，可以免纳增值税约 100 万元，未来，如果乙公司不想保留 A 公司，可以通过资产重组与 A 公司合并，此时发生的资产转让行为也不征收增值税。

【法律法规依据】

（1）《中华人民共和国增值税暂行条例》（国务院 1993 年 12 月 13 日颁布，国务院令〔1993〕第 134 号，根据 2017 年 11 月 19 日《国务院关于废止〈中华人民共和国营业税暂行条例〉和修改〈中华人民共和国增值税暂行条例〉的决定》第二次修订）。

（2）《中华人民共和国增值税暂行条例实施细则》（财政部　国家税务总局第 50 号令，根据 2011 年 10 月 28 日《关于修改〈中华人民共和国增值税暂行条例实施细则〉和〈中华人民共和国营业税暂行条例实施细则〉的决定》修订）。

（3）《财政部　国家税务总局关于全面推开营业税改征增值税试点的通知》（财税〔2016〕36 号）。

9.15 清包工提供建筑服务的税收筹划

【税收筹划思路】

一般纳税人以清包工方式提供的建筑服务，可以选择适用简易计税方法计税。以清包工方式提供建筑服务，是指施工方不采购建筑工程所需的材料或只采购辅助材料，并收取人工费、管理费或者其他费用的建筑服务。

一般纳税人只有以清包工方式提供的建筑服务才可以选择适用简易计税

方法计税，以包工包料的形式提供的建筑服务不能选择适用简易计税方法计税。因此，广大装修公司可以通过核算建筑工程所需的材料能够抵扣的进项税额来比较哪种提供建筑服务的方式税负较轻，从而在签订装修合同时，与客户协商采取该种方式。

【税收筹划经典案例】

甲装修公司主要以清包工方式提供装修服务，年含税销售额为 3 000 万元左右，属于营改增一般纳税人，适用 9% 的税率，全年进项税额约 50 万元，需要缴纳增值税 197.71 万元［3 000÷（1 + 9%）×9% − 50］，请提出税收筹划方案。

甲装修公司独立核算以清包工方式提供的建筑服务，并选择适用简易计税方法计税。全年需要缴纳增值税 87.38 万元［3 000÷（1 + 3%）×3%］。通过税收筹划，减轻增值税负担 110.33 万元（197.71 − 87.38）。

【法律法规依据】

（1）《中华人民共和国增值税暂行条例》（国务院 1993 年 12 月 13 日颁布，国务院令〔1993〕第 134 号，根据 2017 年 11 月 19 日《国务院关于废止〈中华人民共和国营业税暂行条例〉和修改〈中华人民共和国增值税暂行条例〉的决定》第二次修订）。

（2）《中华人民共和国增值税暂行条例实施细则》（财政部　国家税务总局第 50 号令，根据 2011 年 10 月 28 日《关于修改〈中华人民共和国增值税暂行条例实施细则〉和〈中华人民共和国营业税暂行条例实施细则〉的决定》修订）。

（3）《财政部　国家税务总局关于全面推开营业税改征增值税试点的通知》（财税〔2016〕36 号）。

（4）《财政部　税务总局　海关总署关于深化增值税改革有关政策的公告》（财政部　税务总局　海关总署公告 2019 年第 39 号）。

9.16 甲供工程提供建筑服务的税收筹划

【税收筹划思路】

一般纳税人为甲供工程提供的建筑服务，可以选择适用简易计税方法计税。甲供工程，是指全部或部分设备、材料、动力由工程发包方自行采购的建筑工程。

一般纳税人只有采取甲供工程的方式提供建筑服务才能选择适用简易计税方法计税，否则，应当按照一般计税方法计税。当然，具体哪种方式更加节税，应当综合考虑工程所使用的设备、材料、动力中能够抵扣的进项税额的多少。多数情形下，选择适用简易计税方法计税可以实现最低税负。

【税收筹划经典案例】

甲安装公司主要通过甲供工程的方式提供建筑服务，年销售额约2 000万元，属于营改增一般纳税人，适用9%的税率，全年进项税额约40万元，需要缴纳增值税125.14万元［2 000÷（1＋9%）×9%－40］，请提出税收筹划方案。

甲安装公司独立核算以甲供工程的方式提供的建筑服务，并选择适用简易计税方法计税。全年需要缴纳增值税58.25万元［2 000÷（1＋3%）×3%］。通过税收筹划，减轻增值税负担66.89万元（125.14－58.25）。

【法律法规依据】

（1）《中华人民共和国增值税暂行条例》（国务院1993年12月13日颁布，国务院令〔1993〕第134号，根据2017年11月19日《国务院关于废止〈中华人民共和国营业税暂行条例〉和修改〈中华人民共和国增值税暂行条例〉的决定》第二次修订）。

（2）《中华人民共和国增值税暂行条例实施细则》（财政部　国家税务总局第50号令，根据2011年10月28日《关于修改〈中华人民共和国增值税暂行条例实施细则〉和〈中华人民共和国营业税暂行条例实施细则〉的决定》

修订）。

（3）《财政部　国家税务总局关于全面推开营业税改征增值税试点的通知》（财税〔2016〕36 号）。

（4）《财政部　税务总局　海关总署关于深化增值税改革有关政策的公告》（财政部、税务总局、海关总署公告 2019 年第 39 号）。

9.17 利用学生勤工俭学免税优惠

【税收筹划思路】

学生勤工俭学提供的服务免征增值税。

由于增值税一般纳税人是不能直接变更为增值税小规模纳税人的，因此，甲公司只能先解散，再重新成立一家公司，该新设公司在年销售额不超过 500 万元的前提下可以选择增值税小规模纳税人身份。

【税收筹划经典案例】

甲教育公司从各高校聘请了大量本科生和研究生提供教育服务，原经营模式为由甲公司与客户签订合同，甲公司收取费用后向其聘请的学生发放劳务报酬。由于甲公司为营改增一般纳税人，适用税率为 6%。甲公司年含税销售额为 1 000 万元，可以抵扣的进项税额为 2 万元，实际缴纳增值税 54.60 万元［1 000÷（1＋6%）×6%－2］，已知发放给学生的劳务费为 700 万元，请提出税收筹划方案（征收率按 3% 计算）。

甲公司将上述由本公司提供教育服务的经营模式改为中介服务模式，即由其聘请的学生以勤工俭学的形式直接与客户签订合同，提供教育劳务，原由甲公司向学生发放的劳务报酬由客户直接支付给学生，甲公司以中介服务的身份收取一定的服务费。假设经营效益不发生变化，则甲公司可以取得含税服务费 300 万元（1 000－700），实际缴纳增值税 14.98 万元［300÷（1＋6%）×6%－2］。通过税收筹划，少纳增值税 39.62 万元（54.60－14.98）。

如果甲公司年销售额一直保持在 500 万元以下，也可以考虑以小规模纳税人的身份缴纳增值税，这样实际缴纳增值税 8.74 万元［300÷（1＋3%）×3%］，税负更轻。如果甲公司的股东设立更多公司来承接该项业务，每家公司

每季度销售额保持在45万元以下，则可以免征增值税。

【法律法规依据】

（1）《中华人民共和国增值税暂行条例》（国务院1993年12月13日颁布，国务院令〔1993〕第134号，根据2017年11月19日《国务院关于废止〈中华人民共和国营业税暂行条例〉和修改〈中华人民共和国增值税暂行条例〉的决定》第二次修订）。

（2）《中华人民共和国增值税暂行条例实施细则》（财政部　国家税务总局第50号令，根据2011年10月28日《关于修改〈中华人民共和国增值税暂行条例实施细则〉和〈中华人民共和国营业税暂行条例实施细则〉的决定》修订）。

（3）《财政部　国家税务总局关于全面推开营业税改征增值税试点的通知》（财税〔2016〕36号）。

（4）《财政部　税务总局关于明确增值税小规模纳税人免征增值税政策的公告》（财政部　税务总局公告2021年第11号）。

9.18 利用残疾人提供服务免税优惠

【税收筹划思路】

残疾人员本人为社会提供的服务免征增值税。

只有残疾人员本人为社会提供的服务才能免征增值税，残疾人员创办个体工商户、个人独资企业、合伙企业、公司等组织形式并通过这些组织为社会提供的服务不能免征增值税。

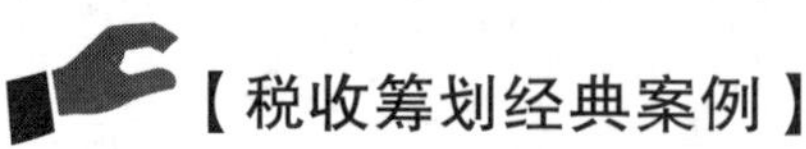

【税收筹划经典案例】

王先生为残疾人员，由于掌握了一门特殊手艺，其提供的服务很受社会欢迎。王先生计划创办一家公司提供生活服务，预计年含税销售额为600万元，可以抵扣的进项税额为2万元，实际缴纳增值税31.96万元[600÷（1＋6%）×6%－2]，请提出税收筹划方案。

王先生虽然是残疾人，但其创办的公司不能享受免征增值税的优惠，因此，王先生应当注销公司，或者将该公司专业从事其他经营，由王先生本人为社会提供服务，假设其年销售额不发生变化，则每年可以少纳增值税 31.96 万元。

【法律法规依据】

（1）《中华人民共和国增值税暂行条例》（国务院 1993 年 12 月 13 日颁布，国务院令〔1993〕第 134 号，根据 2017 年 11 月 19 日《国务院关于废止〈中华人民共和国营业税暂行条例〉和修改〈中华人民共和国增值税暂行条例〉的决定》第二次修订）。

（2）《中华人民共和国增值税暂行条例实施细则》（财政部　国家税务总局第 50 号令，根据 2011 年 10 月 28 日《关于修改〈中华人民共和国增值税暂行条例实施细则〉和〈中华人民共和国营业税暂行条例实施细则〉的决定》修订）。

（3）《财政部　国家税务总局关于全面推开营业税改征增值税试点的通知》（财税〔2016〕36 号）。

（4）《财政部　税务总局关于明确增值税小规模纳税人免征增值税政策的公告》（财政部　税务总局公告 2021 年第 11 号）。

9.19 利用家政服务优惠进行税收筹划

【税收筹划思路】

家政服务企业由员工制家政服务员提供家政服务取得的收入免征增值税。家政服务企业，是指在企业营业执照的规定经营范围中包括家政服务内容的企业。

员工制家政服务员必须同时符合下列三个条件：①依法与家政服务企业签订半年及半年以上的劳动合同或者服务协议，且在该企业实际上岗工作；②家政服务企业为其按月足额缴纳了企业所在地人民政府根据国家政策规定的基本养老保险、基本医疗保险、工伤保险、失业保险等社会保险；③家政服务企业通过金融机构向其实际支付不低于企业所在地适用的经省级人民政府批准的最低工资标准的工资。

【税收筹划经典案例】

甲家政服务公司为营改增一般纳税人，年销售额为 1 060 万元，适用税率为 6%，可以抵扣的进项税额为 10 万元，实际缴纳增值税 50 万元［1 060÷（1 + 6%）×6% − 10］，请提出税收筹划方案。

甲家政服务公司转型为由员工制家政服务员提供家政服务，由此取得的收入可以享受免征增值税的优惠，每年可以少纳增值税 50 万元。

【法律法规依据】

（1）《中华人民共和国增值税暂行条例》（国务院 1993 年 12 月 13 日颁布，国务院令〔1993〕第 134 号，根据 2017 年 11 月 19 日《国务院关于废止〈中华人民共和国营业税暂行条例〉和修改〈中华人民共和国增值税暂行条例〉的决定》第二次修订）。

（2）《中华人民共和国增值税暂行条例实施细则》（财政部　国家税务总局第 50 号令，根据 2011 年 10 月 28 日《关于修改〈中华人民共和国增值税暂行条例实施细则〉和〈中华人民共和国营业税暂行条例实施细则〉的决定》修订）。

（3）《财政部　国家税务总局关于全面推开营业税改征增值税试点的通知》（财税〔2016〕36 号）。

9.20 利用应收未收利息税收优惠

【税收筹划思路】

金融企业发放贷款后，自结息日起 90 天内发生的应收未收利息按现行规定缴纳增值税，自结息日起 90 天后发生的应收未收利息暂不缴纳增值税，待实际收到利息时按规定缴纳增值税。

上述所称金融企业，是指银行（包括国有、集体、股份制、合资、外资银行以及其他所有制形式的银行）、城市信用社、农村信用社、信托投

资公司、财务公司。另外，只有超过 90 天以后再发生的应收未收利息才能暂时不纳税，90 天之内的应收未收利息仍然应当根据权责发生制原则确认收入。

【税收筹划经典案例】

某农村信用社每年产生的自结息日超过 90 天后发生的应收未收利息有 5 000 万元，其中有相当一部分是无法收回的，按照之前的营业税政策，需要缴纳营业税及其附加 280 万元［5 000×5%×（1 ＋ 7% ＋ 3% ＋ 2%）］。

按照 2016 年 5 月 1 日以后的政策，上述 5 000 万元应收未收利息可以暂时不缴纳增值税，待实际收到利息时再缴纳增值税。这样就可以为其他节省一大笔税款支出，同时也取得了延期纳税的利益。

【法律法规依据】

（1）《中华人民共和国增值税暂行条例》（国务院 1993 年 12 月 13 日颁布，国务院令〔1993〕第 134 号，根据 2017 年 11 月 19 日《国务院关于废止〈中华人民共和国营业税暂行条例〉和修改〈中华人民共和国增值税暂行条例〉的决定》第二次修订）。

（2）《中华人民共和国增值税暂行条例实施细则》（财政部　国家税务总局第 50 号令，根据 2011 年 10 月 28 日《关于修改〈中华人民共和国增值税暂行条例实施细则〉和〈中华人民共和国营业税暂行条例实施细则〉的决定》修订）。

（3）《财政部　国家税务总局关于全面推开营业税改征增值税试点的通知》（财税〔2016〕36 号）。

9.21 利用个人买卖金融商品免税优惠

【税收筹划思路】

个人从事金融商品转让业务取得的收入免征增值税。

上述个人包括个体工商户及其他个人，即自然人。个人成立公司、个人独资企业或者合伙企业从事金融商品转让业务不能免征增值税。

【税收筹划经典案例】

张先生计划成立一家公司从事外汇、有价证券、非货物期货和其他金融商品买卖业务，预计年应税销售额约 1 000 万元，需要缴纳增值税约 50 万元。请提出税收筹划方案。

张先生可以成立一家个体工商户从事上述金融商品买卖业务，这样就可以免纳增值税，每年可以减轻增值税负担约 50 万元。

【法律法规依据】

（1）《中华人民共和国增值税暂行条例》（国务院 1993 年 12 月 13 日颁布，国务院令〔1993〕第 134 号，根据 2017 年 11 月 19 日《国务院关于废止〈中华人民共和国营业税暂行条例〉和修改〈中华人民共和国增值税暂行条例〉的决定》第二次修订）。

（2）《中华人民共和国增值税暂行条例实施细则》（财政部　国家税务总局第 50 号令，根据 2011 年 10 月 28 日《关于修改〈中华人民共和国增值税暂行条例实施细则〉和〈中华人民共和国营业税暂行条例实施细则〉的决定》修订）。

（3）《财政部　国家税务总局关于全面推开营业税改征增值税试点的通知》（财税〔2016〕36 号）。

9.22 农村金融机构选择简易计税

【税收筹划思路】

农村信用社、村镇银行、农村资金互助社、由银行业机构全资发起设立的贷款公司、法人机构在县（县级市、区、旗）及县以下地区的农村合作银行和农村商业银行提供金融服务收入，可以选择适用简易计税方法按照 3% 的征收率计算缴纳增值税。

村镇银行，是指经中国银行业监督管理委员会依据有关法律、法规批准，

由境内外金融机构、境内非金融机构企业法人、境内自然人出资，在农村地区设立的主要为当地农民、农业和农村经济发展提供金融服务的银行业金融机构。

农村资金互助社，是指经银行业监督管理机构批准，由乡（镇）、行政村农民和农村小企业自愿入股组成，为社员提供存款、贷款、结算等业务的社区互助性银行业金融机构。

由银行业机构全资发起设立的贷款公司，是指经中国银行业监督管理委员会依据有关法律、法规批准，由境内商业银行或农村合作银行在农村地区设立的专门为县域农民、农业和农村经济发展提供贷款服务的非银行业金融机构。

县（县级市、区、旗），不包括直辖市和地级市所辖城区。

我国针对农村金融的一些税收优惠政策也值得关注和享受。

2017 年 1 月 1 日至 2023 年 12 月 31 日，对金融机构向农户、小型企业、微型企业及个体工商户发放小额贷款取得的利息收入，免征增值税。金融机构应将相关免税证明材料留存备查，单独核算符合免税条件的小额贷款利息收入，按现行规定向主管税务机构办理纳税申报；未单独核算的，不得免征增值税。

2017 年 1 月 1 日至 2023 年 12 月 31 日，对金融机构农户小额贷款的利息收入，在计算应纳税所得额时，按 90% 计入收入总额。

2017 年 1 月 1 日至 2023 年 12 月 31 日，对保险公司为种植业、养殖业提供保险业务取得的保费收入，在计算应纳税所得额时，按 90% 计入收入总额。

2018 年 1 月 1 日至 2023 年 12 月 31 日，对金融机构与小型企业、微型企业签订的借款合同免征印花税。

农户，是指长期（一年以上）居住在乡镇（不包括城关镇）行政管理区域内的住户，还包括长期居住在城关镇所辖行政村范围内的住户和户口不在本地而在本地居住一年以上的住户，国有农场的职工和农村个体工商户。位于乡镇（不包括城关镇）行政管理区域内和在城关镇所辖行政村范围内的国有经济的机关、团体、学校、企事业单位的集体户；有本地户口，但举家外出谋生一年以上的住户，无论是否保留承包耕地均不属于农户。农户以户为统计单位，既可以从事农业生产经营，也可以从事非农业生产经营。农户贷款的判定应以贷款发放时的承贷主体是否属于农户为准。

小额贷款，是指单笔且该农户贷款余额总额在 10 万元（含本数）以下的贷款。保费收入，是指原保险保费收入加上分保费收入减去分出保费后的余额。金融机构应对符合条件的农户小额贷款利息收入进行单独核算，不能单独核算的不得适用上述规定的优惠政策。

小型企业、微型企业，是指符合《中小企业划型标准规定》（工信部联企业〔2011〕300 号）的小型企业和微型企业。其中，资产总额和从业人员指标均以贷款发放时的实际状态确定；营业收入指标以贷款发放前 12 个自然月的累计数确定，不满 12 个自然月的，按照以下公式计算：

营业收入（年）＝企业实际存续期间营业收入 ÷ 企业实际存续月数 ×12

【税收筹划经典案例】

甲农村信用社为营改增一般纳税人，适用增值税税率为 6%，由于进项税额较少，实际增值税税负为 5%，请提出税收筹划方案。

甲农村信用社提供金融服务收入可以选择适用简易计税方法按照 3% 的征收率计算缴纳增值税，这样就可以将其增值税实际税负从 5% 降低为 3%。

【法律法规依据】

（1）《中华人民共和国增值税暂行条例》（国务院 1993 年 12 月 13 日颁布，国务院令〔1993〕第 134 号，根据 2017 年 11 月 19 日《国务院关于废止〈中华人民共和国营业税暂行条例〉和修改〈中华人民共和国增值税暂行条例〉的决定》第二次修订）。

（2）《中华人民共和国增值税暂行条例实施细则》（财政部　国家税务总局第 50 号令，根据 2011 年 10 月 28 日《关于修改〈中华人民共和国增值税暂行条例实施细则〉和〈中华人民共和国营业税暂行条例实施细则〉的决定》修订）。

（3）《财政部　国家税务总局关于全面推开营业税改征增值税试点的通知》（财税〔2016〕36 号）。

（4）《财政部　税务总局关于延续支持农村金融发展有关税收政策的通知》（财税〔2017〕44 号）

（5）《财政部　税务总局关于支持小微企业融资有关税收政策的通知》（财税〔2017〕77 号）

（6）《财政部　税务总局关于延续实施普惠金融有关税收优惠政策的公告》（财政部　税务总局公告 2020 年第 22 号）。

9.23 利用国际货物运输代理服务免税优惠

【税收筹划思路】

纳税人提供的直接或者间接国际货物运输代理服务免税。纳税人提供直接或者间接国际货物运输代理服务，向委托方收取的全部国际货物运输代理服务收入，以及向国际运输承运人支付的国际运输费用，必须通过金融机构进行结算。

纳税人为内地（大陆）与港澳台地区之间的货物运输提供的货物运输代理服务参照国际货物运输代理服务有关规定执行。委托方索取发票的，纳税人应当就国际货物运输代理服务收入向委托方全额开具增值税普通发票。

【税收筹划经典案例】

甲公司主要提供国际货物运输代理服务，年销售额约 2 000 万元，由于其部分费用未通过金融机构进行结算，无法享受免征增值税的优惠，需要缴纳增值税约 60 万元。请提出税收筹划方案。

甲公司提供国际货物运输代理服务，本来可以享受免征增值税优惠，只是由于其部分收入并未通过金融机构进行结算而无法享受，因此，其可以通过加强财务管理，严格要求所有免税收入均通过金融机构进行结算，这样就可以享受免征增值税的优惠，每年减轻增值税负担约 60 万元。

【法律法规依据】

（1）《中华人民共和国增值税暂行条例》（国务院 1993 年 12 月 13 日颁布，国务院令〔1993〕第 134 号，根据 2017 年 11 月 19 日《国务院关于废止〈中华人民共和国营业税暂行条例〉和修改〈中华人民共和国增值税暂行条例〉的决定》第二次修订）。

（2）《中华人民共和国增值税暂行条例实施细则》（财政部　国家税务总局第 50 号令，根据 2011 年 10 月 28 日《关于修改〈中华人民共和国增值税暂行条例实施细则〉和〈中华人民共和国营业税暂行条例实施细则〉的决定》修订）。

（3）《财政部　国家税务总局关于全面推开营业税改征增值税试点的通知》（财税〔2016〕36号）。

9.24 利用管道运输税收优惠

【税收筹划思路】

一般纳税人提供管道运输服务，对其增值税实际税负超过3%的部分实行增值税即征即退政策。

增值税实际税负，是指纳税人当期提供应税服务实际缴纳的增值税额占纳税人当期提供应税服务取得的全部价款和价外费用的比例。

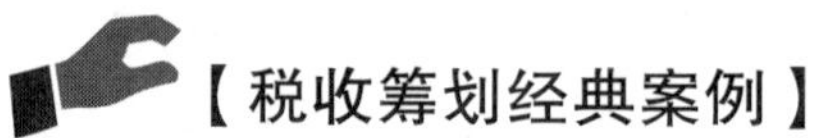

【税收筹划经典案例】

甲公司主要提供管道运输服务，适用9%的增值税税率，且进项税额相对较少，导致其增值税实际税负达到了6%，请提出税收筹划方案。

甲公司对管道运输服务单独核算，可以享受增值税实际税负超过3%的部分实行增值税即征即退政策，这样，其增值税税负就可以从6%降低为3%。

【法律法规依据】

（1）《中华人民共和国增值税暂行条例》（国务院1993年12月13日颁布，国务院令〔1993〕第134号，根据2017年11月19日《国务院关于废止〈中华人民共和国营业税暂行条例〉和修改〈中华人民共和国增值税暂行条例〉的决定》第二次修订）。

（2）《中华人民共和国增值税暂行条例实施细则》（财政部　国家税务总局第50号令，根据2011年10月28日《关于修改〈中华人民共和国增值税暂行条例实施细则〉和〈中华人民共和国营业税暂行条例实施细则〉的决定》修订）。

（3）《财政部　国家税务总局关于全面推开营业税改征增值税试点的

通知》（财税〔2016〕36 号）。

（4）《财政部　税务总局　海关总署关于深化增值税改革有关政策的公告》（财政部　税务总局　海关总署公告 2019 年第 39 号）。

9.25 利用退役士兵税收优惠

【税收筹划思路】

2019 年 1 月 1 日至 2021 年 12 月 31 日，自主就业退役士兵从事个体经营的，自办理个体工商户登记当月起，在 3 年（36 个月，下同）内按每户每年 12 000 元为限额依次扣减其当年实际应缴纳的增值税、城市维护建设税、教育费附加、地方教育附加和个人所得税。限额标准最高可上浮 20%，各省、自治区、直辖市人民政府可根据本地区实际情况在此幅度内确定具体限额标准。

纳税人年度应缴纳税款小于上述扣减限额的，减免税额以其实际缴纳的税款为限；大于上述扣减限额的，以上述扣减限额为限。纳税人的实际经营期不足 1 年的，应当按月换算其减免税限额。换算公式为：

减免税限额＝年度减免税限额 ÷12× 实际经营月数

城市维护建设税、教育费附加、地方教育附加的计税依据是享受本项税收优惠政策前的增值税应纳税额。

企业招用自主就业退役士兵，与其签订 1 年以上期限劳动合同并依法缴纳社会保险费的，自签订劳动合同并缴纳社会保险当月起，在 3 年内按实际招用人数予以定额依次扣减增值税、城市维护建设税、教育费附加、地方教育附加和企业所得税优惠。定额标准为每人每年 6 000 元，最高可上浮 50%，各省、自治区、直辖市人民政府可根据本地区实际情况在此幅度内确定具体定额标准。

企业按招用人数和签订的劳动合同时间核算企业减免税总额，在核算减免税总额内每月依次扣减增值税、城市维护建设税、教育费附加和地方教育附加。企业实际应缴纳的增值税、城市维护建设税、教育费附加和地方教育附加小于核算减免税总额的，以实际应缴纳的增值税、城市维护建设税、教育费附加和地方教育附加为限；实际应缴纳的增值税、城市维护建设税、教育费附加和地方教育附加大于核算减免税总额的，以核算减免税总额为限。

纳税年度终了，如果企业实际减免的增值税、城市维护建设税、教育费附加和地方教育附加小于核算减免税总额，企业在企业所得税汇算清缴时以差额部分扣减企业所得税。当年扣减不完的，不再结转以后年度扣减。

自主就业退役士兵在企业工作不满 1 年的，应当按月换算减免税限额。计算公式为：

$$\text{企业核算减免税总额}=\frac{\sum \text{每名自主就业退役士兵本年度在本单位工作月份}}{12}\times\text{具体定额标准}$$

城市维护建设税、教育费附加、地方教育附加的计税依据是享受本项税收优惠政策前的增值税应纳税额。

上述自主就业退役士兵是指依照《退役士兵安置条例》（国务院　中央军委令第 608 号）的规定退出现役并按自主就业方式安置的退役士兵。上述企业是指属于增值税纳税人或企业所得税纳税人的企业等单位。

自主就业退役士兵从事个体经营的，在享受税收优惠政策进行纳税申报时，注明其退役军人身份，并将《中国人民解放军义务兵退出现役证》《中国人民解放军士官退出现役证》或《中国人民武装警察部队义务兵退出现役证》《中国人民武装警察部队士官退出现役证》留存备查。

企业招用自主就业退役士兵享受税收优惠政策的，将以下资料留存备查：①招用自主就业退役士兵的《中国人民解放军义务兵退出现役证》《中国人民解放军士官退出现役证》或《中国人民武装警察部队义务兵退出现役证》《中国人民武装警察部队士官退出现役证》；②企业与招用自主就业退役士兵签订的劳动合同（副本），为职工缴纳的社会保险费记录；③自主就业退役士兵本年度在企业工作时间表。

企业招用自主就业退役士兵既可以适用上述规定的税收优惠政策，又可以适用其他扶持就业专项税收优惠政策的，企业可以选择适用最优惠的政策，但不得重复享受。

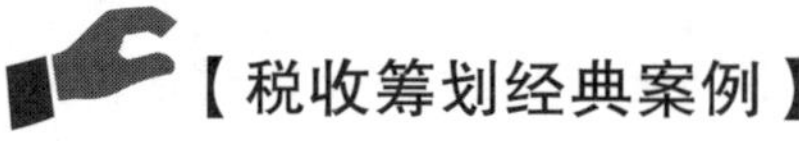

【税收筹划经典案例】

赵先生是自主就业退役士兵，原计划创办一家运输公司，预计年销售额为 200 万元，按照小规模纳税人纳税，需要缴纳增值税约 6 万元，请提出税收筹划方案。

赵先生可以创办个体工商户从事运输服务，这样每年可以扣减增值税 1.2 万元，3 年可以扣减增值税 3.6 万元。

【法律法规依据】

（1）《财政部　国家税务总局关于全面推开营业税改征增值税试点的通知》（财税〔2016〕36 号）。

（2）《财政部　税务总局　退役军人部关于进一步扶持自主就业退役士兵创业就业有关税收政策的通知》（财税〔2019〕21 号）。

（3）《财政部　税务总局关于延长部分税收优惠政策执行期限的公告》（财政部　税务总局公告 2022 年第 4 号）。

9.26 巧妙转化服务性质进行税收筹划

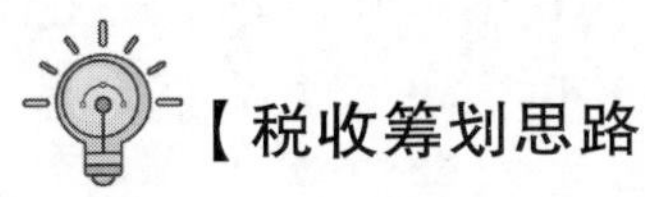

【税收筹划思路】

营改增后，我国增值税的税率分为 13%，9%，6% 和 0，不同性质的服务适用不同的税率。对于性质接近或者类似但适用税率不同的服务，可以通过巧妙转化服务性质来适用较低税率，从而降低增值税负担。

如不动产租赁与仓储、会议等生活服务性质接近，但分别适用 9% 和 6% 的税率，存在转化的空间。

有形动产租赁与其他服务业也存在诸多类似之处，由于其适用 13% 的最高税率，也可以适当转化。

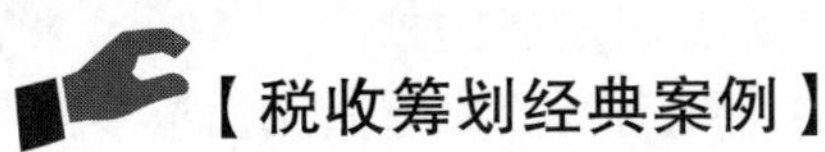

【税收筹划经典案例】

甲公司因会议与培训需要，租用乙培训学校的礼堂一周，租金为 10.9 万元，原计划签订教室租赁合同，按照不动产租赁服务开具增值税普通发票，请为乙培训学校提出税收筹划方案。

按照原计划，乙培训学校需要计算增值税销项税额 0.9 万元［10.9÷（1 +

9%）×9%］。如果双方签订培训合同或者会议服务，仅需计算增值税销项税额0.62万元［10.9÷（1＋6%）×6%］。通过税收筹划，减轻增值税负担0.28万元（0.9－0.62）。

【法律法规依据】

（1）《中华人民共和国增值税暂行条例》（国务院1993年12月13日颁布，国务院令〔1993〕第134号，根据2017年11月19日《国务院关于废止〈中华人民共和国营业税暂行条例〉和修改〈中华人民共和国增值税暂行条例〉的决定》第二次修订）。

（2）《中华人民共和国增值税暂行条例实施细则》（财政部　国家税务总局第50号令，根据2011年10月28日《关于修改〈中华人民共和国增值税暂行条例实施细则〉和〈中华人民共和国营业税暂行条例实施细则〉的决定》修订）。

（3）《财政部　国家税务总局关于全面推开营业税改征增值税试点的通知》（财税〔2016〕36号）。

（4）《财政部　税务总局　海关总署关于深化增值税改革有关政策的公告》（财政部　税务总局　海关总署公告2019年第39号）。

9.27 用机器取代人的劳动

增值税以增值额为计税依据，而人的劳动是增值额的重要组成部分，因此，如果人的劳动占的比重过高，必然导致增值税负担过重。

原征收营业税的7个行业，人的劳动所占比重都比较高，从长远来看，营改增之后，这些行业都应当逐步提高物化劳动所占比重，从而逐步降低增值税负担。

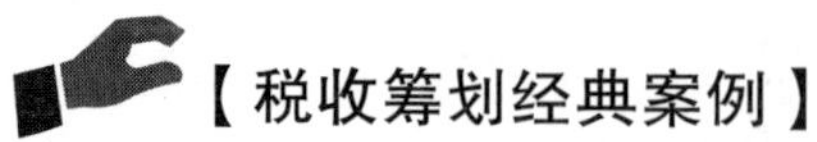

甲建筑公司人的劳动所占比重较高，增值税负担也较重。由于大量的建

筑劳动可以由机器来代替人工，经测算，该部分每年需负担机器购置租赁等支出约 5 000 万元（含税），该部分支付的工资与之大体相当，请为甲公司提出税收筹划方案。

如能将该部分劳动由人的劳动全部转为机器工作，则可以增加增值税进项税额 575.22 万元［5 000÷（1＋13%）×13%］。

【法律法规依据】

（1）《中华人民共和国增值税暂行条例》（国务院 1993 年 12 月 13 日颁布，国务院令〔1993〕第 134 号，根据 2017 年 11 月 19 日《国务院关于废止〈中华人民共和国营业税暂行条例〉和修改〈中华人民共和国增值税暂行条例〉的决定》第二次修订）。

（2）《中华人民共和国增值税暂行条例实施细则》（财政部　国家税务总局第 50 号令，根据 2011 年 10 月 28 日《关于修改〈中华人民共和国增值税暂行条例实施细则〉和〈中华人民共和国营业税暂行条例实施细则〉的决定》修订）。

（3）《财政部　国家税务总局关于全面推开营业税改征增值税试点的通知》（财税〔2016〕36 号）。

（4）《财政部　税务总局　海关总署关于深化增值税改革有关政策的公告》（财政部　税务总局　海关总署公告 2019 年第 39 号）。

第 10 章

企业消费税税收筹划经典案例

10.1 巧用消费税征税范围

【税收筹划思路】

根据《消费税暂行条例》附录“消费税税目税率表”中规定的征收范围，我国目前对消费税的征收范围仅局限于 15 类商品，分别是烟、酒、高档化妆品、贵重首饰及珠宝玉石、鞭炮及烟火、成品油、摩托车、小汽车、高尔夫球及球具、高档手表、游艇、木制一次性筷子、实木地板税目、电池和涂料。即使在上述 15 类消费品的范围内，也有一些免税的消费品。如无汞原电池、金属氢化物镍蓄电池（又称“氢镍蓄电池”或“镍氢蓄电池”）、锂原电池、锂离子蓄电池、太阳能电池、燃料电池和全钒液流电池免征消费税，电动汽车不征消费税等。

如果企业希望从源头上节税，不妨在投资决策的时候就避开上述消费品，而选择其他符合国家产业政策、在流转税及所得税方面有优惠措施的产品进行投资，如高档摄像机、高档组合音响、裘皮制品、移动电话、装饰材料。在市场前景看好的情况下，企业选择这类项目投资，也可以达到减轻消费税税收负担的目的。

消费税的具体税目及税率，参见消费税税目税率表（见表 10-1）的规定。

表 10-1 消费税税目税率表

税目	税率（税额）
一、烟	
1. 甲类卷烟	56% 加每支 0.003 元（生产环节）
2. 乙类卷烟	36% 加每支 0.003 元（生产环节）
3. 卷烟批发	11% 加每支 0.005 元
4. 雪茄烟	36%
5. 烟丝	30%
二、酒	
1. 白酒	20% 加 0.5 元 / 斤或 500 毫升
2. 黄酒	240 元 / 吨
3. 甲类啤酒	250 元 / 吨
4. 乙类啤酒	220 元 / 吨
5. 其他酒	10%
三、高档化妆品	15%
四、贵重首饰及珠宝玉石	10%
1. 金银首饰、铂金首饰，钻石及钻石饰品	5%
2. 其他贵重首饰、珠宝玉石	10%
五、鞭炮、焰火	15%
六、成品油	
1. 汽油	1.52 元 / 升
2. 柴油	1.20 元 / 升
3. 石脑油	1.52 元 / 升
4. 溶剂油	1.52 元 / 升
5. 润滑油	1.52 元 / 升
6. 燃料油	1.20 元 / 升
7. 航空煤油	1.20 元 / 升
七、摩托车	
1. 气缸容量（排气量，下同）为 250 毫升的	3%
2. 气缸容量为 250 毫升以上的	10%
八、小汽车	

（续表）

税目	税率（税额）
1. 乘用车	
气缸容量在 1.0 升（含 1.0 升）以下的	1%
气缸容量在 1.0 升以上至 1.5 升（含 1.5 升）的	3%
气缸容量在 1.5 升以上至 2.0 升（含 2.0 升）的	5%

【法律法规依据】

（1）《中华人民共和国消费税暂行条例》（国务院 1993 年 12 月 13 日颁布，国务院令〔1993〕第 135 号，2008 年 11 月 5 日国务院第 34 次常务会议修订通过）。

（2）《中华人民共和国消费税暂行条例实施细则》（财政部　国家税务总局 2008 年第 51 号令）。

（3）《财政部　国家税务总局关于调整消费税政策的通知》（财税〔2014〕93 号）。

（4）《财政部　国家税务总局关于对电池 涂料征收消费税的通知》（财税〔2015〕16 号）。

（5）《财政部　国家税务总局关于调整卷烟消费税的通知》（财税〔2015〕60 号）。

（6）《财政部　国家税务总局关于调整化妆品消费税政策的通知》（财税〔2016〕103 号）。

10.2 准确计算消费税的计税依据

【税收筹划思路】

由于增值税属于价外税，增值税税款不应作为消费税的计税依据。根据《消费税暂行条例实施细则》第十二条的规定，销售额不包括应向购货方收取的增值税税款。如果纳税人应税消费品的销售额中未扣除增值税税款或者

因不得开具增值税专用发票而发生价款和增值税税款合并收取的，在计算消费税时，应当换算为不含增值税税款的销售额。其换算公式为：

应税消费品的销售额＝含增值税的销售额 ÷（1 ＋增值税税率或者征收率）

因此，在现实经济生活中，应该深刻理解增值税价外税的属性，如果直接将含增值税的销售额作为消费税的计税依据，显然增大了消费税的计税依据，增加了纳税人的税收负担。

这种情况属于正确计算消费税税额的问题，在西方发达国家，纳税人计算出现错误，税务机关会给予指出，多缴纳的税款也可以退回或者抵扣以后月份的消费税税额。在我国虽然也有这种规定，但是在具体实践中并不如此完善，因此，纳税人因计算错误而多缴纳的税款并不总是能够退回的，即使能够退回，其中所涉及的资金占用成本、与税务机关交涉成本、举证成本等都是巨大的，因此，在计算阶段就按照税法规定合理计算，不多缴纳税款也是一种税收筹划的方法。

【法律法规依据】

（1）《中华人民共和国消费税暂行条例》（国务院 1993 年 12 月 13 日颁布，国务院令〔1993〕第 135 号，2008 年 11 月 5 日国务院第 34 次常务会议修订通过）。

（2）《中华人民共和国消费税暂行条例实施细则》（财政部　国家税务总局 2008 年第 51 号令）。

10.3 巧用生产制作环节纳税的规定

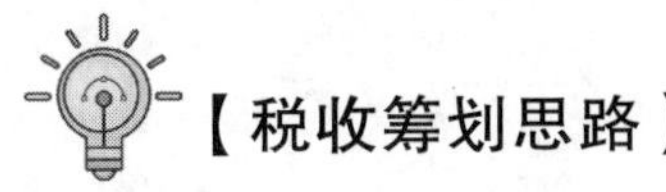

【税收筹划思路】

我国税法规定，生产应税消费品的，于销售时纳税，但企业可以通过降低商品价值，通过“物物交换”进行税收筹划，也可以改变和选择某种对企业有利的结算方式推迟纳税时间，获得资金使用利益。

我国的消费税除金银首饰改在零售环节课税，烟在批发环节额外征收一道消费税，超豪华小汽车在零售环节加征一道消费税以外，其他应税消费都在生产制作环节或者委托加工环节课税。这样的规定主要是从方便征管的角度考虑的，因为在生产制作环节纳税人数量较少，征管对象明确，便于控制税源，降低征管成本。由于生产制作环节不是商品实现消费以前的最后一个流转环节，在这个环节之后还存在批发、零售等若干个流转环节，这就为纳税人进行税收筹划提供了空间。纳税人可以用分设独立核算的经销部、销售公司，以较低的价格向它们供货，再以正常价格对外销售，由于消费税主要在生产制作环节征收，纳税人的税收负担会因此减轻许多。

以较低的销售价格将应税消费品销售给其独立核算的销售分公司，由于处在销售环节，只缴纳增值税不缴纳消费税，可使纳税人的整体消费税税负下降，但这种方法并不影响纳税人的增值税税负。目前，这种在纳税环节进行的税收筹划在生产化妆品、烟、酒、摩托车、小汽车的行业里得到了较为普遍的应用。但是，应当指出的是，首先，根据《消费税暂行条例》第十条的规定，纳税人应税消费品的计税价格明显偏低并无正当理由的，由主管税务机关核定其计税价格。因此，生产厂家向销售分公司出售应税消费品时，只能适度压低价格，如果压低的幅度过大，就构成了《消费税暂行条例》所称“计税价格明显偏低”的情况，税务机关可以行使价格调整权。其次，这种行为有税收筹划的嫌疑，国家有可能出台相关的税收法规来防止纳税人采用这种方式进行税收筹划。

另外还需要注意的是，2009 年 7 月 17 日，国家税务总局发布了《关于加强白酒消费税征收管理的通知》（国税函〔2009〕380 号），规定了白酒消费税最低计税价格核定管理的最新政策。白酒生产企业销售给销售单位的白酒，生产企业消费税计税价格低于销售单位对外销售价格（不含增值税，下同）70% 以下的，税务机关应核定消费税最低计税价格。因此，白酒生产企业采取这种方式节税应当注意节税的空间。

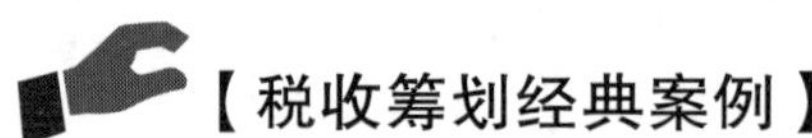

某化妆品生产企业生产的高档化妆品，假设正常生产环节的不含税售价为每件 400 元，适用消费税税率为 15%，则该企业应纳消费税 60 元（400×15%）。请提出该厂的税收筹划方案。

倘若该企业经过税收筹划，设立一个独立核算的子公司负责对外销售，向该子公司供货时不含税价格定为每套 200 元，则该企业在转移产品时须缴纳消费税 30 元（200×15%）。该子公司对外零售商品时不需要缴纳消费税，没有消费税负担。通过这种税收筹划，该企业每套商品可少纳消费税 30 元。

可见，以较低的销售价格将应税消费品销售给其独立核算的销售子公司，

由于处在销售环节，只缴纳增值税不缴纳消费税，可使纳税人的整体消费税税负下降，但这种方法并不影响纳税人的增值税税负。

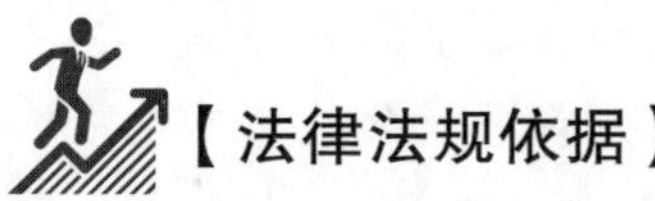

【法律法规依据】

（1）《中华人民共和国消费税暂行条例》（国务院 1993 年 12 月 13 日颁布，国务院令〔1993〕第 135 号，2008 年 11 月 5 日国务院第 34 次常务会议修订通过）。

（2）《中华人民共和国消费税暂行条例实施细则》（财政部 国家税务总局 2008 年第 51 号令）。

（3）《国家税务总局关于加强白酒消费税征收管理的通知》（国家税务总局 2009 年 7 月 17 日发布，国税函〔2009〕380 号）。

10.4 兼营行为应分别核算

【税收筹划思路】

根据《消费税暂行条例》第三条的规定，纳税人兼营不同税率的应当缴纳消费税的消费品（简称应税消费品），应当分别核算不同税率应税消费品的销售额、销售数量；未分别核算销售额、销售数量，或者将不同税率的应税消费品组成成套消费品销售的，从高适用税率。税法的上述规定要求纳税人必须注意分别核算不同税率的应税消费品的生产情况，这一税收筹划方法看似简单，但如果纳税人不了解税法的这一规定，而没有分别核算的话，在缴纳消费税的时候就会吃亏。因此，纳税人在进行纳税申报的时候，必须要注意消费品的组合问题，没有必要成套销售的，就不宜采用这种销售方式。

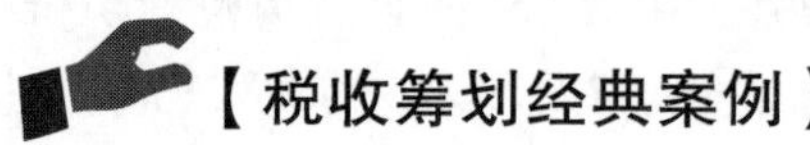

【税收筹划经典案例】

某公司既生产经营普通化妆品，又生产经营高档化妆品，高档化妆品的消费税税率为 15%，普通化妆品不征收消费税。2022 年度，该公司高档化妆品的不含税销售额为 2 000 万元，普通化妆品的不含税销售额为 1 000 万元，如果该公司没有分别核算或者将高档化妆品与普通化妆品组成成套商品销售。

请计算该公司应当缴纳的消费税，并提出税收筹划方案。

由于该公司不分别核算销售额，应当一律按高档化妆品的税率 15% 征收消费税。如果该公司将高档化妆品与普通化妆品组成成套消费品销售，全部销售额也要适用 15% 的税率，这两种做法显然都会加重普通化妆品的税收负担。2022 年度该公司应纳消费税额 450 万元［（2 000 ＋ 1 000）×15%］。如果该公司事先进行税收筹划，分别核算两种经营项目，则该公司 2022 年度应纳消费税额 300 万元（2 000×15%），减轻税收负担 150 万元（450 － 300）。同时，纳税人在进行纳税申报的时候，必须注意消费品的组合问题，没有必要成套销售的，就不宜采用这种销售方式。

【法律法规依据】

（1）《中华人民共和国消费税暂行条例》（国务院 1993 年 12 月 13 日颁布，国务院令〔1993〕第 135 号，2008 年 11 月 5 日国务院第 34 次常务会议修订通过）第三条。

（2）《中华人民共和国消费税暂行条例实施细则》（财政部　国家税务总局 2008 年第 51 号令）。

（3）《财政部　国家税务总局关于调整化妆品消费税政策的通知》（财税〔2016〕103 号）。

10.5 巧用白酒消费税最低计税价格

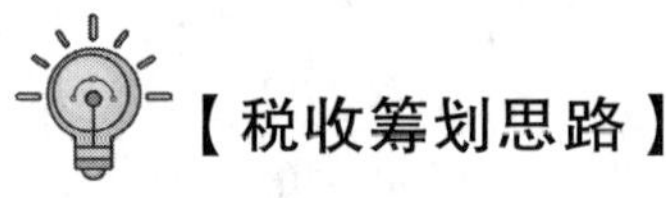

根据《国家税务总局关于加强白酒消费税征收管理通知》（国税函〔2009〕380 号），白酒生产企业销售给销售单位的白酒，生产企业消费税计税价格低于销售单位对外销售价格（不含增值税，下同）70% 以下的，税务机关应核定消费税最低计税价格。

销售单位是指销售公司、购销公司及委托境内其他单位或个人包销本企业生产白酒的商业机构。销售公司、购销公司是指专门购进并销售白酒生产企业生产的白酒，并与该白酒生产企业存在关联性质。包销是指销售单位依据协定价格从白酒生产企业购进白酒，同时承担大部分包装材料等成本费用，并负责销售白酒。

白酒生产企业应将各种白酒的消费税计税价格和销售单位销售价格，在主管税务机关规定的时限内填报。白酒消费税最低计税价格由白酒生产企业自行申报，税务机关核定。

主管税务机关应将白酒生产企业申报的销售给销售单位的消费税计税价格低于销售单位对外销售价格 70% 以下、年销售额 1 000 万元以上的各种白酒，在规定的时限内逐级上报至国家税务总局。税务总局选择其中部分白酒核定消费税最低计税价格。除税务总局已核定消费税最低计税价格的白酒外，其他需要核定消费税最低计税价格的白酒，消费税最低计税价格由各省、自治区、直辖市和计划单列市税务局核定。

白酒消费税最低计税价格核定标准如下：

（1）白酒生产企业销售给销售单位的白酒，生产企业消费税计税价格高于销售单位对外销售价格 70%（含 70%）以上的，税务机关暂不核定消费税最低计税价格。

（2）白酒生产企业销售给销售单位的白酒，生产企业消费税计税价格低于销售单位对外销售价格 70% 以下的，消费税最低计税价格由税务机关根据生产规模、白酒品牌、利润水平等情况在销售单位对外销售价格 50% ～ 70% 范围内自行核定。其中生产规模较大，利润水平较高的企业生产的需要核定消费税最低计税价格的白酒，税务机关核价幅度原则上应选择在销售单位对外销售价格 60% ～ 70% 范围内。

已核定最低计税价格的白酒，生产企业实际销售价格高于消费税最低计税价格的，按实际销售价格申报纳税；实际销售价格低于消费税最低计税价格的，按最低计税价格申报纳税。

已核定最低计税价格的白酒，销售单位对外销售价格持续上涨或下降时间达到 3 个月以上、累计上涨或下降幅度在 20%（含）以上的白酒，税务机关重新核定最低计税价格。

对于已经核定白酒最低计税价格的企业而言，尽量按照白酒最低计税价格来确定自己的实际销售价格，这样可以按照最低的计税价格来纳税。

【税收筹划经典案例】

某白酒生产企业所生产的 A 类白酒经过税务机关核定的最低计税价格为 50 元 /500 克，该企业批发给自己设立的销售公司的价格为 49 元 /500 克，批发给其他商贸公司的价格为 55 元 /500 克。2022 年度该企业向其他商贸公司销售白酒 5 000 千克。请针对该情况提出税收筹划方案。

根据上述情况，5 000 千克 A 类白酒应当缴纳消费税 11.5 万元（1×0.5 ＋ 55×1×20%）。如果该企业将 A 类白酒统一批发给其设立的销售公司，再由销售公司统一对外批发和零售，则应当缴纳消费税 10.5 万元（1×0.5 ＋ 50×1×20%）。经过税收筹划，降低消费税负担 1 万元（11.5 － 10.5）。

【法律法规依据】

（1）《中华人民共和国消费税暂行条例》（国务院 1993 年 12 月 13 日颁布，国务院令〔1993〕第 135 号，2008 年 11 月 5 日国务院第 34 次常务会议修订通过）。

（2）《中华人民共和国消费税暂行条例实施细则》（财政部　国家税务总局 2008 年第 51 号令）。

（3）《国家税务总局关于加强白酒消费税征收管理的通知》（国家税务总局 2009 年 7 月 17 日发布，国税函〔2009〕380 号）。

10.6 巧用啤酒消费税税率临界点

【税收筹划思路】

根据《财政部　国家税务总局关于调整酒类产品消费税政策的通知》（财税〔2001〕84 号）的规定，每吨啤酒出厂价格（含包装物及包装物押金）在 3 000 元（含 3 000 元，不含增值税）以上的，单位税额 250 元 / 吨；每吨啤酒出厂价格在 3 000 元（不含 3 000 元，不含增值税）以下的，单位税额 220 元 / 吨。娱乐业、饮食业自制啤酒，单位税额 250 元 / 吨。啤酒消费税的税率为从量定额税率，同时根据啤酒的单位价格实行全额累进。全额累进税率的一个特点是：在临界点，税收负担变化比较大，会出现税收负担的增加大于计税依据的增加的情况。在这种情况下，巧妙运用临界点的规定适当降低产品价格反而能够增加税后利润。

某啤酒厂 2021 年生产销售某品牌啤酒，每吨出厂价格为 2 990 元（不包括增值税）。2022 年，该厂对该品牌啤酒的生产工艺进行了改进，使该种啤

酒的质量得到了较大提高。该厂准备将价格提到 3 010 元。根据以上信息，请提出该厂的税收筹划方案。

如果将啤酒的价格提高到 3 010 元，每吨啤酒需要缴纳消费税 250 元，每吨啤酒扣除消费税后的利润 2 760 元（3 010 － 250）。

该厂经过税收筹划，认为适当降低产品的价格不仅能够获得更大的税后利润，而且可以增加产品在市场上的竞争力，于是该厂将 2022 年啤酒的出厂价格仍然定为 2 990 元，这样，每吨啤酒需要缴纳消费税 220 元，每吨啤酒扣除消费税后的利润 2 770 元（2 990 － 220）。

由此可见，这种税收筹划方法实现了“一箭双雕”，既增加了企业的利润，又增强了本厂产品在价格上的竞争力。

【法律法规依据】

（1）《中华人民共和国消费税暂行条例》（国务院 1993 年 12 月 13 日颁布，国务院令〔1993〕第 135 号，2008 年 11 月 5 日国务院第 34 次常务会议修订通过）。

（2）《中华人民共和国消费税暂行条例实施细则》（财政部　国家税务总局 2008 年第 51 号令）。

（3）《财政部　国家税务总局关于调整酒类产品消费税政策的通知》（财政部　国家税务总局 2001 年 5 月 11 日发布，财税〔2001〕84 号）。

10.7 消费品包装物的核算技巧

【税收筹划思路】

根据《消费税暂行条例实施细则》第十三条的规定，应税消费品连同包装物销售的，无论包装物是否单独计价及在会计上如何核算，均应并入应税消费品的销售额中缴纳消费税。如果包装物不作价随同产品销售，而是收取押金，此项押金则不应并入应税消费品的销售额中征税。但对因逾期未收回的包装物不再退还的或者已收取的时间超过 12 个月的押金，应并入应税消费品的销售额，按照应税消费品的适用税率缴纳消费税。对既作价随同应税消费品销售，又另外收取押金的包装物的押金，凡纳税人在规定的期限内没有退还的，均应并入应税消费品的销售额，按照应税消费品的适用税率缴纳消费税。因此，企业如果想在包装物上节省消费税，关键是包装物不能作价随同产品出售，而应采取收取“押金”的形式，这样“押金”就不并入销售额计算消费税税额。即使在经过1年以后，需要将押金并入应税消费品的销售额，按照应税消费品的适用税率征收消费税，也使企业获得了该笔消费税的1年的免费使用权。

值得注意的是，根据《财政部　国家税务总局关于酒类产品包装物押金征税问题的通知》（财税〔1995〕53号）及《国家税务总局关于印发〈消费税问题解答〉的通知》（国税函发〔1997〕306号）的规定，从1995年6月1日起，对销售除啤酒、黄酒外的其他酒类产品而收取的包装物押金，无论是否返还以及会计上如何核算，均应并入当期销售额征税（之所以将啤酒和黄酒除外，是因为对酒类包装物押金征税的规定只适用于实行从价定率办法征收消费税的酒类，而啤酒和黄酒产品是实行从量定额办法征收消费税的，因此，无法适用这一规定）。这在一定程度上限制了经营酒类产品的企业利用包装物税收筹划的可能性。同时，财政部和税务总局的上述规定也从反面说明了企业大量使用这种税收筹划方法，导致企业节约了大量税款，相应导致国家税款流失。

根据《财政部　国家税务总局关于调整金银首饰消费税纳税环节有关问题的通知》（财税〔1994〕95号）的规定，金银首饰连同包装物销售的，无论包装是否单独计价，也无论会计上如何核算，均应并入金银首饰的销售额，计征消费税。根据这一规定，金银首饰生产企业仍然可以通过把包装物变成押金的方式进行税收筹划。

【税收筹划经典案例】

某焰火厂生产一批焰火共10 000箱，每箱不含税价格为0.02万元，其中包含包装物价值15元，该月销售额200万元（0.02×10 000），焰火的消费税税率为15%。请计算该厂该月应当缴纳的消费税，并提出税收筹划方案。

根据《消费税暂行条例实施细则》第十三条的规定，该月应纳消费税税额30万元（200×15%）。

根据《消费税暂行条例实施细则》第十三条的规定，如果包装物不作价随同产品销售，而是收取押金，此项押金则不应并入应税消费品的销售额中征税。但对因逾期未收回的包装物不再退还的和已收取一年以上的押金，应并入应税消费品的销售额，按照应税消费品的适用税率征收消费税。

通过税收筹划，该焰火厂以每箱 0.018 5 万元的价格销售，并收取 0.0015 万元押金，并规定，包装物如有损坏则从押金中扣除相应修理费用直至全部扣除押金（这种规定与直接销售包装物大体相当），这样，该厂应纳消费税降低 27.75 万元（1×185×15%）。一年以后，如果该批包装物的押金没有退回，则该企业应当补缴消费税 2.25 万元（1×15×15%）。对于企业来讲，相当于获得了 2.25 万元的一年无息贷款。

【法律法规依据】

（1）《中华人民共和国消费税暂行条例》（国务院 1993 年 12 月 13 日颁布，国务院令〔1993〕第 135 号，2008 年 11 月 5 日国务院第 34 次常务会议修订通过）。

（2）《中华人民共和国消费税暂行条例实施细则》（财政部　国家税务总局 2008 年第 51 号令）第十三条。

（3）《财政部　国家税务总局关于酒类产品包装物押金征税问题的通知》（财政部　国家税务总局 1995 年 6 月 9 日发布，财税〔1995〕53 号）。

（4）《国家税务总局关于印发〈消费税问题解答〉的通知》（国家税务总局 1997 年 5 月 21 日发布，国税函发〔1997〕306 号）。

（5）《财政部　国家税务总局关于调整金银首饰消费税纳税环节有关问题的通知》（财政部　国家税务总局 1994 年 12 月 24 日发布，财税〔1994〕95 号）。

10.8 自产自用消费品的税收筹划方案

【税收筹划思路】

根据《消费税暂行条例》第七条的规定，纳税人自产自用的应税消费品，按照纳税人生产的同类消费品的销售价格计算纳税；没有同类消费品销售价格的，按照组成计税价格计算纳税。实行从价定率办法计算纳税的组成计税价格计算公式：

组成计税价格＝（成本＋利润）÷（1－比例税率）

实行复合计税办法计算纳税的组成计税价格计算公式：

$$\text{组成计税价格}=\frac{\text{成本}+\text{利润}+\text{自产自用数量}\times\text{定额税率}}{1-\text{比例税率}}$$

应税消费品的全国平均成本利润率如下：①甲类卷烟为10%；②乙类卷烟为5%；③雪茄烟为5%；④烟丝为5%；⑤粮食白酒为10%；⑥薯类白酒为5%；⑦其他酒为5%；⑧高档化妆品为5%；⑨鞭炮、焰火为5%；⑩贵重首饰及珠宝玉石为6%；⑪摩托车为6%；⑫高尔夫球及球具为10%；⑬高档手表为20%；⑭游艇为10%；⑮木制一次性筷子为5%；⑯实木地板为5%；⑰乘用车为8%；⑱中轻型商用客车为5%；⑲电池为4%；⑳涂料为7%。

根据《消费税暂行条例实施细则》第十五条的规定，同类消费品的销售价格，是指纳税人或者代收代缴义务人当月销售的同类消费品的销售价格，如果当月同类消费品各期销售价格高低不同，应按销售数量加权平均计算。但销售的应税消费品有下列情况之一的，不得列入加权平均计算：①销售价格明显偏低并无正当理由的；②无销售价格的。

如果当月无销售或者当月未完结，应按照同类消费品上月或最近月份的销售价格计算纳税。纳税人可以通过自产自用消费品计价方式的不同来选择税负最轻的纳税方式。

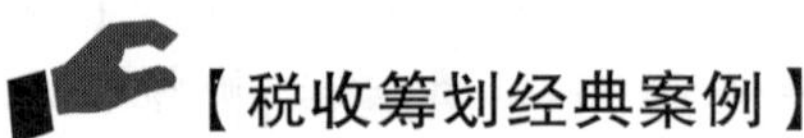

【税收筹划经典案例】

某摩托车生产企业只生产一种品牌的摩托车，某月将100辆摩托车作为职工年终奖发放给职工，当月生产的摩托车的销售价格为5 000元，当月，该企业按照5 000元的价格销售了400辆，按照5 500元的价格销售了400辆，已知该摩托车消费税税率为10%。请计算100辆摩托车应当缴纳多少消费税，并给出税收筹划方案。

如果该企业能够准确提供该批摩托车的销售价格，则按照销售价格确定消费税的税基，应纳消费税50 000元（5 000×100×10%）。如果不能准确提供该批摩托车的销售价格，即该批摩托车有两种销售价格，则应按销售数量加权平均计算，应纳消费税52 500元［（400×5 000＋400×5 500）÷800×100×10%］。如果没有“同类消费品的销售价格”，则应当按照组成计税价格计算纳税，应纳消费税53 000元［4 500×（1＋6%）÷（1－10%）×100×10%］。由此可以看出，按照同类商品的销售价格计算税负最轻，这就

要求该企业健全会计核算制度，可以准确计算该批摩托车的销售价格。

【法律法规依据】

（1）《中华人民共和国消费税暂行条例》（国务院1993年12月13日颁布，国务院令〔1993〕第135号，2008年11月5日国务院第34次常务会议修订通过）第四条、第七条。

（2）《中华人民共和国消费税暂行条例实施细则》（财政部　国家税务总局2008年第51号令）第十五条。

（3）《财政部　国家税务总局关于调整和完善消费税政策的通知》（财政部　国家税务总局2006年3月20日发布，财税〔2006〕33号）。

（4）《财政部　国家税务总局关于对电池 涂料征收消费税的通知》（财税〔2015〕16号）。

10.9 包装礼盒的税收筹划

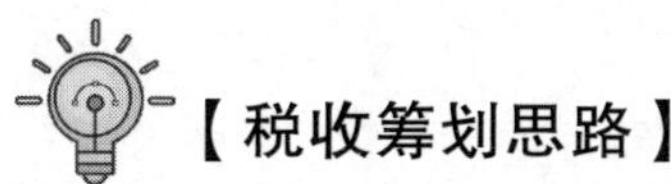

【税收筹划思路】

根据《消费税暂行条例》第三条的规定，纳税人兼营不同税率的应税消费品，应当分别核算不同税率应税消费品的销售额、销售数量。未分别核算销售额、销售数量，或者将不同税率的应税消费品组成成套消费品销售的，从高适用税率。如果纳税人需要将不同税率的商品组成套装进行销售时应当尽量采取先销售后包装的方式进行核算，而不要采取先包装后销售的方式进行核算。

【税收筹划经典案例】

某酒厂生产各种类型的酒，以适应不同消费者需求。春节来临，大部分消费者都以酒作为馈赠亲朋好友的礼品，针对这种市场情况，公司于一月初推出“组合装礼品酒”的促销活动，将白酒、白兰地酒和葡萄酒各一瓶组成价值0.023万元的成套礼品酒进行销售，三种酒的出厂价分别为0.005万元/瓶、0.01万元/瓶、0.008万元/瓶，白酒消费税税率是0.000 05万元/500克＋出厂价的20%、白兰地酒和葡萄酒消费税税率是销售额的10%。假设这三种酒每瓶均为500克装，该月共销售1万套礼品酒。该酒厂采取先包装后销售的方式促销。请计算该酒厂应当缴纳的消费税，并提出税收筹划方案。

由于该酒厂采取先包装后销售的方式促销，属于混合销售行为，应当按照较高的税率计算消费税额，应纳消费税额为47.5万元［1×（3×0.5＋230×20%）］。由于三种酒的税率不同，因此，采取混合销售的方式增加了该酒厂的税收负担。该酒厂可以采取先销售后包装的方式进行促销，应纳消费税额为28.5万元［1×（1×0.5＋50×20%）＋100×1×10%＋80×1×10%］，减轻该酒厂税收负担19万元（47.5－28.5）。

【法律法规依据】

（1）《中华人民共和国消费税暂行条例》（国务院1993年12月13日颁布，国务院令〔1993〕第135号，2008年11月5日国务院第34次常务会议修订通过）第三条。

（2）《中华人民共和国消费税暂行条例实施细则》（财政部　国家税务总局2008年第51号令）。

第 11 章

房地产领域税收筹划经典案例

11.1 降低销售价格享受免税优惠

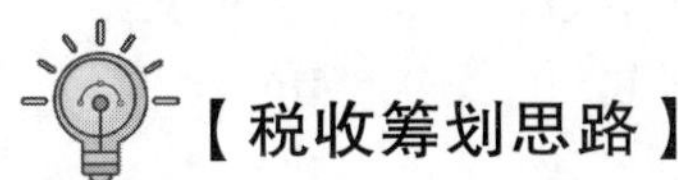

【税收筹划思路】

根据《土地增值税暂行条例》第八条的规定，有下列情形之一的，免征土地增值税：①纳税人建造普通标准住宅出售，增值额未超过扣除项目金额 20% 的；②因国家建设需要依法征用、收回的房地产。

根据《土地增值税暂行条例》第七条的规定，土地增值税实行四级超额累进税率：①增值额未超过扣除项目金额 50% 的部分，税率为 30%；②增值额超过扣除项目金额 50%、未超过扣除项目金额 100% 的部分，税率为 40%；③增值额超过扣除项目金额 100%、未超过扣除项目金额 200% 的部分，税率为 50%；④增值额超过扣除项目金额 200% 的部分，税率为 60%。具体税率与速算扣除系数如表 11–1 所示。

表 11–1　土地增值税税率表

级数	增值额与扣除项目金额的比率	税率	速算扣除系数
1	不超过 50% 的部分	30%	0
2	超过 50% 至 100% 的部分	40%	5%
3	超过 100% 至 200% 的部分	50%	15%
4	超过 200% 的部分	60%	35%

土地增值税的计算公式为：

土地增值税应纳税额＝增值额 × 适用税率－扣除项目金额 × 速算扣除系数

如果企业建造的普通标准住宅出售的增值率在20%这个临界点上，可以通过适当控制出售价格而避免缴纳土地增值税。根据《土地增值税暂行条例》第六条的规定，计算增值额的扣除项目包括：①取得土地使用权所支付的金额；②开发土地的成本、费用；③新建房及配套设施的成本、费用，或者旧房及建筑物的评估价格；④与转让房地产有关的税金；⑤财政部规定的其他扣除项目。

根据《土地增值税暂行条例实施细则》第七条的规定，这里的“其他扣除项目”为取得土地使用权所支付的金额以及开发土地和新建房及配套设施的成本之和的20%。

根据《国务院办公厅转发建设部等部门关于做好稳定住房价格工作意见的通知》（国办发〔2005〕26号）的规定，普通标准住宅的标准为：住宅小区建筑容积率在1.0以上，单套建筑面积在120平方米以下，实际成交价格低于同级别土地上住房平均交易价格1.2倍以下。各省、自治区、直辖市要根据实际情况，制定本地区享受优惠政策普通住房的具体标准。允许单套建筑面积和价格标准适当浮动，但向上浮动的比例不得超过上述标准的20%。

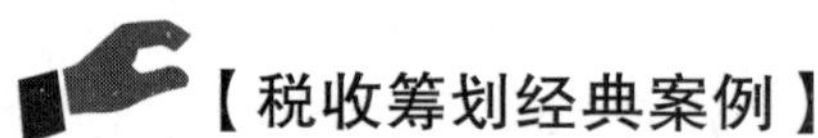

【税收筹划经典案例】

某房地产开发企业建造一批普通标准住宅，取得销售收入2 500万元，根据税法规定允许扣除的项目金额为2 070万元。该项目的增值额为430万元（2 500 － 2 070）；该项目增值额占扣除项目的比例为20.77%（430÷2 070×100%）。根据税法规定，应当按照30%的税率缴纳土地增值税129万元（430×30%）。请提出税收筹划方案。

如果该房地产开发企业能够将销售收入降低为2 480万元，则该项目的增值额为410万元（2 480 － 2 070）；该项目增值额占扣除项目的比例为19.81%（410÷2 070×100%）。增值率没有超过20%，可以免征土地增值税。该企业降低销售收入20万元，少缴土地增值税129万元，增加税前利润109万元。

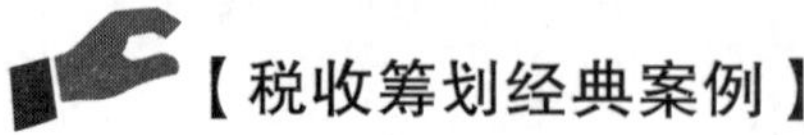

【税收筹划经典案例】

甲公司建造一栋普通标准住宅，经核算，税法规定的扣除项目金额为5 000万元，甲公司原定不含增值税销售价格为6 100万元，请为甲公司提出税收筹划方案。

如果按 6 100 万元销售，增值额为 1 100 万元（6 100 － 5 000），增值率为 22%（1 100÷5 000×100%），应纳土地增值税 330 万元（1 100×30%）。若甲公司能将销售价格降低为 6 000 万元，此时增值额为 1 000 万元，增值率为 20%，可以免征土地增值税。虽然甲公司销售收入减少了 100 万元，但其节省了 330 万元的土地增值税，实际上增加利润 230 万元。

【法律法规依据】

（1）《中华人民共和国土地增值税暂行条例》（1993 年 12 月 13 日中华人民共和国国务院令第 138 号发布，根据 2011 年 1 月 8 日国务院令第 588 号《国务院关于废止和修改部分行政法规的决定》修订）。

（2）《中华人民共和国土地增值税暂行条例实施细则》（财政部 1995 年 1 月 27 日发布，财法〔1995〕6 号）。

（3）《国务院办公厅转发建设部等部门关于做好稳定住房价格工作意见的通知》（国务院办公厅 2005 年 5 月 9 日发布，国办发〔2005〕26 号）。

11.2 增加扣除项目享受免税优惠

【税收筹划思路】

土地增值税是房地产开发的主要成本之一，而土地增值税在建造普通标准住宅增值率不超过 20% 的情况下可以免征，企业可以通过增加扣除项目使得房地产的增值率不超过 20%，从而享受免税待遇。

纳税人建造普通标准住宅出售，在增值额大大超过扣除项目金额 20% 的情形下，单纯靠确定适宜的销售价格已经不足以将增值率控制在 20% 以内，或者通过大幅降低销售价格已经得不偿失，此时就可以考虑适当提高扣除项目金额。

在增值额不变的前提下，提高扣除项目金额就可以大大降低增值率，从而可以享受免征土地增值税的优惠。

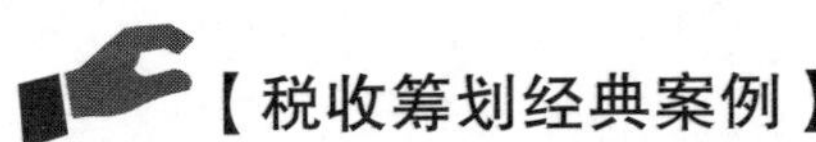

【税收筹划经典案例】

某房地产公司开发一栋普通标准住宅，房屋售价为 1 000 万元（不含增

值税，下同），按照税法规定可扣除费用为800万元，增值额为200万元，增值率25%（200÷800）。该房地产公司需要缴纳土地增值税60万元（200×30%）。请提出该企业的税收筹划方案。

如果该房地产公司进行税收筹划，将该房屋进行简单装修，费用为200万元，房屋售价增加至1 200万元，则按照税法规定可扣除项目增加为1 000万元，增值额为200万元，增值率为20%（200÷1 000），不需要缴纳土地增值税。该税收筹划降低企业土地增值税负担60万元。

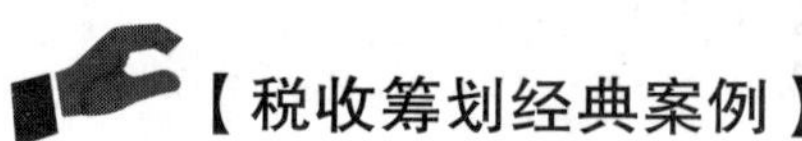

【税收筹划经典案例】

甲公司建造一栋普通标准住宅，经核算，税法规定的扣除项目金额为5 000万元，甲公司原定不含增值税销售价格为6 500万元，请为甲公司提出税收筹划方案。

如果按6 500万元销售，增值额1 500万元（6 500－5 000），增值率30%（1 500÷5 000），应纳土地增值税450万元（1 500×30%）。若甲公司将销售价格降低为6 000万元，虽然免征了土地增值税，但仍得不偿失。甲公司可以加大对住宅的装修，使得扣除项目金额提高至7 500万元，但增值额仍保持1 500万元，此时的增值率20%（1 500÷7 500）。可以免征土地增值税。

【法律法规依据】

（1）《中华人民共和国土地增值税暂行条例》（1993年12月13日中华人民共和国国务院令第138号发布，根据2011年1月8日国务院令第588号《国务院关于废止和修改部分行政法规的决定》修订）。

（2）《中华人民共和国土地增值税暂行条例实施细则》（财政部1995年1月27日发布，财法〔1995〕6号）。

11.3 分解房地产销售与装修

【税收筹划思路】

房地产销售所负担的税收主要是土地增值税和增值税，而土地增值税是

超率累进税率，即房地产的增值率越高，所适用的税率也越高，因此，如果有可能分解房地产销售的价格，从而降低房地产的增值率，则房地产销售所承担的土地增值税就可以大大降低。由于很多房地产在出售时已经进行了简单装修，因此，可以从简单装修上做文章，将其作为单独的业务独立核算，这样就可以通过两次销售房地产进行税收筹划。

【税收筹划经典案例】

某房地产公司出售一栋房屋，房屋不含增值税售价为 1 000 万元，该房屋进行了简单装修并安装了简单必备设施。根据相关税法的规定，该房地产开发业务允许扣除的费用为 400 万元，增值额为 600 万元。该房地产公司应该缴纳土地增值税、增值税、城市维护建设税、教育费附加以及企业所得税。土地增值率为 150%（600÷400×100%），应当缴纳土地增值税 240 万元（600×50% － 400×15%）。请提出该企业的税收筹划方案。

如果进行税收筹划，该房地产公司的股东设立一家独立的装修公司，同时将该房屋的出售分为两个合同，第一个合同为房屋出售合同，不包括装修费用，房屋不含增值税出售价格为 700 万元，允许扣除的成本为 300 万元。第二个合同为房屋装修合同，装修费用不含增值税 300 万元，允许扣除的成本为 100 万元，则土地增值率 133%（400÷300×100%），应缴纳土地增值税 155 万元（400×50% － 300×15%）。经过税收筹划，减轻企业土地增值税负担 85 万元（240 － 155）。

【法律法规依据】

（1）《中华人民共和国土地增值税暂行条例》（1993 年 12 月 13 日中华人民共和国国务院令第 138 号发布，根据 2011 年 1 月 8 日国务院令第 588 号《国务院关于废止和修改部分行政法规的决定》修订）。

（2）《中华人民共和国土地增值税暂行条例实施细则》（财政部 1995 年 1 月 27 日发布，财法〔1995〕6 号）。

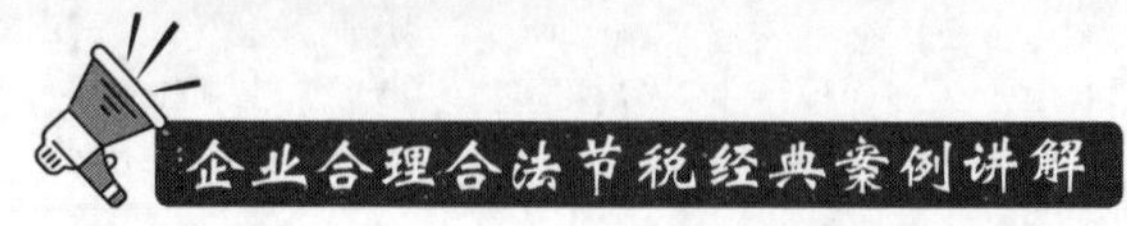

11.4 代收费用处理过程中的税收筹划

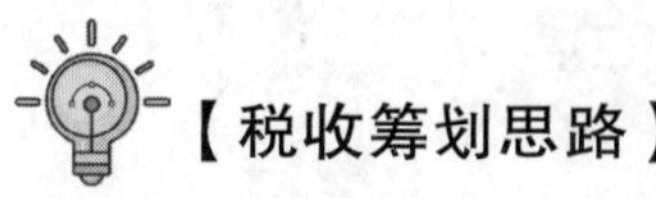

【税收筹划思路】

根据《财政部　国家税务总局关于土地增值税一些具体问题规定的通知》（财税〔1995〕48 号）的规定，对于县级及县级以上人民政府要求房地产开发企业在售房时代收的各项费用，如果代收费用是计入房价中向购买方一并收取的，可作为转让房地产所取得的收入计税；如果代收费用未计入房价中，而是在房价之外单独收取的，可以不作为转让房地产的收入。对于代收费用作为转让收入计税的，在计算扣除项目金额时，可予以扣除，但不允许作为加计 20% 扣除的基数；对于代收费用未作为转让房地产的收入计税的，在计算增值额时不允许扣除代收费用。

企业是否将该代收费用计入房价对于企业的增值额不会产生影响，但是会影响房地产开发的总成本，也就会影响房地产的增值率，进而影响土地增值税的数额。由此，企业利用这一规定可以进行税收筹划。

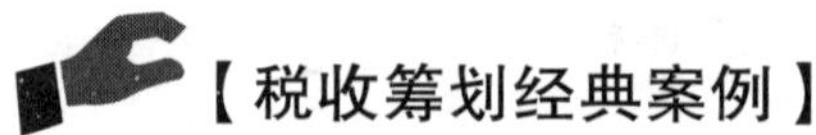

【税收筹划经典案例】

某房地产开发企业开发一套房地产，取得土地使用权支付费用 300 万元，土地和房地产开发成本为 800 万元，允许扣除的房地产开发费用为 100 万元，转让房地产税费为 140 万元，房地产出售价格为 2 500 万元。为当地县级人民政府代收各种费用为 100 万元。现在需要确定该企业是单独收取该项费用，还是并入房价收取该费用？

如果将该费用单独收取，该房地产可扣除费用 1 560 万元［300 + 800 + 100 +（300 + 800）×20% + 140］；增值额为 940 万元（2 500 － 1 560）；增值率 60.25%（940÷1 560×100%）；应纳土地增值 298 万元（940×40% － 1 560×5%）。

如果将该费用计入房价，该房地产可扣除费用 1 660 万元［300 + 800 + 100 +（300 + 800）×20% + 140 + 100］；增值额为 940 万元（2 500 + 100 － 1 660）；增值率 56.62%（940÷1 660×100%）；应纳土地增值税 293 万元

（940×40% － 1 660×5%）。该税收筹划减轻土地增值税负担 5 万元（298 － 293）。

【法律法规依据】

（1）《中华人民共和国土地增值税暂行条例》（1993 年 12 月 13 日中华人民共和国国务院令第 138 号发布，根据 2011 年 1 月 8 日国务院令第 588 号《国务院关于废止和修改部分行政法规的决定》修订）。

（2）《中华人民共和国土地增值税暂行条例实施细则》（财政部 1995 年 1 月 27 日发布，财法〔1995〕6 号）。

（3）《财政部　国家税务总局关于土地增值税一些具体问题规定的通知》（财政部　国家税务总局 1995 年 5 月 25 日发布，财税〔1995〕48 号）。

11.5 利息核算的税收筹划

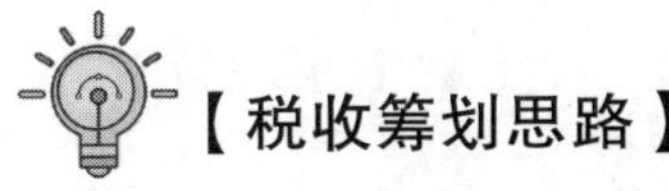

【税收筹划思路】

房地产开发企业往往需要利用大量贷款，其中涉及利息的支出，关于利息支出的扣除，我国税法规定了一些限制。《土地增值税暂行条例实施细则》第七条规定："财务费用中的利息支出，凡能够按转让房地产项目计算分摊并提供金融机构证明的，允许据实扣除，但最高不能超过按商业银行同类同期贷款利率计算的金额。其他房地产开发费用，按本条（一）、（二）项规定计算的金额之和的 5% 以内计算扣除。凡不能按转让房地产项目计算分摊利息支出或不能提供金融机构证明的，房地产开发费用按本条（一）、（二）项规定计算的金额之和的 10% 以内计算扣除。上述计算扣除的具体比例，由各省、自治区、直辖市人民政府规定。"这里的（一）项为取得土地使用权所支付的金额，是指纳税人为取得土地使用权所支付的地价款和按国家统一规定缴纳的有关费用。这里的（二）项为开发土地和新建房及配套设施的成本，是指纳税人房地产开发项目实际发生的成本，包括土地征用及拆迁补偿费、前期工程费、建筑安装工程费、基础设施费、公共配套设施费、开发间接费用。

房地产企业贷款利息扣除的限额分为两种情况：一种是在商业银行同类同期贷款利率的限度内据实扣除；另一种是与其他费用一起按税法规定的房

地产开发成本的 10% 以内扣除。这两种扣除方式就为企业进行税收筹划提供了空间，企业可以根据两种计算方法所能扣除的费用的不同而决定具体采用哪种扣除方法。

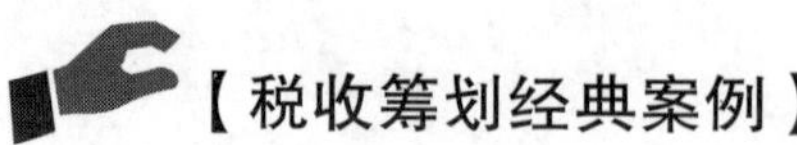

【税收筹划经典案例】

某房地产企业开发一处房地产，为取得土地使用权支付 1 000 万元，为开发土地和新建房及配套设施花费 1200 万元，财务费用中可以按转让房地产项目计算分摊利息的利息支出为 200 万元，不超过商业银行同类同期贷款利率。请确定该企业是否提供金融机构证明？

如果不提供金融机构证明，则该企业所能扣除费用的最高额 220 万元［（1 000 ＋ 1 200）×10%］。如果提供金融机构证明，该企业所能扣除费用的最高额 310 万元［200 ＋（1 000 ＋ 1 200）×5%］。可见，在这种情况下，提供金融机构证明是有利的选择。

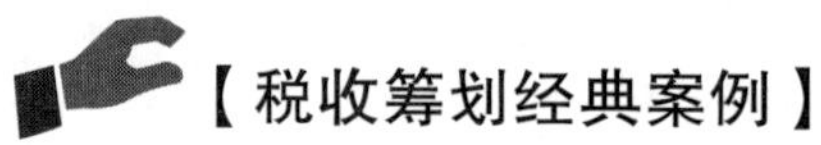

【税收筹划经典案例】

某房地产企业开发一处房地产，为取得土地使用权支付 1 000 万元，为开发土地和新建房及配套设施花费 1200 万元，财务费用中可以按转让房地产项目计算分摊利息的利息支出为 80 万元，不超过商业银行同类同期贷款利率。请确定该企业是否提供金融机构证明？

如果不提供金融机构证明，则该企业所能扣除费用的最高额 220 万元［（1 000 ＋ 1 200）×10%］。如果提供金融机构证明，该企业所能扣除费用的最高额 190 万元［80 ＋（1 000 ＋ 1 200）×5%］。可见，在这种情况下，不提供金融机构证明是有利的选择。

企业判断是否提供金融机构证明，关键在于看所发生的能够扣除的利息支出占税法规定的开发成本的比例，如果超过 5%，则提供证明比较有利，如果没有超过 5%，则不提供证明比较有利。

【法律法规依据】

（1）《中华人民共和国土地增值税暂行条例》（1993 年 12 月 13 日中华人民共和国国务院令第 138 号发布，根据 2011 年 1 月 8 日国务院令第 588 号《国务院关于废止和修改部分行政法规的决定》修订）。

（2）《中华人民共和国土地增值税暂行条例实施细则》（财政部 1995 年 1 月 27 日发布，财法〔1995〕6 号）第八条。

11.6 利用企业改制重组的土地增值税优惠

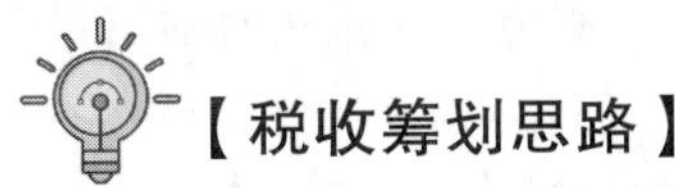

【税收筹划思路】

2018 年 1 月 1 日至 2020 年 12 月 31 日，按照《公司法》的规定，非公司制企业整体改制为有限责任公司或者股份有限公司，有限责任公司（股份有限公司）整体改制为股份有限公司（有限责任公司），对改制前的企业将国有土地使用权、地上的建筑物及其附着物（以下称房地产）转移、变更到改制后的企业，暂不征土地增值税。上述所称整体改制是指不改变原企业的投资主体，并承继原企业权利、义务的行为。

按照法律规定或者合同约定，两个或两个以上企业合并为一个企业，且原企业投资主体存续的，对原企业将房地产转移、变更到合并后的企业，暂不征土地增值税。

按照法律规定或者合同约定，企业分设为两个或两个以上与原企业投资主体相同的企业，对原企业将房地产转移、变更到分立后的企业，暂不征土地增值税。

单位、个人在改制重组时以房地产作价入股进行投资，对其将房地产转移、变更到被投资的企业，暂不征土地增值税。

上述改制重组有关土地增值税政策不适用于房地产转移任意一方为房地产开发企业的情形。

企业改制重组后再转让国有土地使用权并申报缴纳土地增值税时，应以改制前取得该宗国有土地使用权所支付的地价款和按国家统一规定缴纳的有关费用，作为该企业“取得土地使用权所支付的金额”扣除。企业在改制重组过程中经省级以上（含省级）国土管理部门批准，国家以国有土地使用权作价出资入股的，再转让该宗国有土地使用权并申报缴纳土地增值税时，应以该宗土地作价入股时省级以上（含省级）国土管理部门批准的评估价格，作为该企业“取得土地使用权所支付的金额”扣除。办理纳税申报时，企业应提供该宗土地作价入股时省级以上（含省级）国土管理部门的批准文件和批准的评估价格，不能提供批准文件和批准的评估价格的，不得扣除。

企业在申请享受上述土地增值税优惠政策时，应向主管税务机关提交房地产转移双方营业执照、改制重组协议或等效文件，相关房地产权属和价值证明、转让方改制重组前取得土地使用权所支付地价款的凭据（复印件）等书面材料。

上述所称不改变原企业投资主体、投资主体相同，是指企业改制重组前后出资人不发生变动，出资人的出资比例可以发生变动；投资主体存续，是指原企业出资人必须存在于改制重组后的企业，出资人的出资比例可以发生变动。

2021 年 1 月 1 日至 2023 年 12 月 31 日，企业按照《公司法》有关规定整体改制，包括非公司制企业改制为有限责任公司或股份有限公司，有限责任公司变更为股份有限公司，股份有限公司变更为有限责任公司，对改制前的企业将国有土地使用权、地上的建筑物及其附着物（以下称房地产）转移、变更到改制后的企业，暂不征土地增值税。整体改制是指不改变原企业的投资主体，并承继原企业权利、义务的行为。

按照法律规定或者合同约定，两个或两个以上企业合并为一个企业，且原企业投资主体存续的，对原企业将房地产转移、变更到合并后的企业，暂不征土地增值税。

按照法律规定或者合同约定，企业分设为两个或两个以上与原企业投资主体相同的企业，对原企业将房地产转移、变更到分立后的企业，暂不征土地增值税。

单位、个人在改制重组时以房地产作价入股进行投资，对其将房地产转移、变更到被投资的企业，暂不征土地增值税。

上述改制重组有关土地增值税政策不适用于房地产转移任意一方为房地产开发企业的情形。

改制重组后再转让房地产并申报缴纳土地增值税时，对“取得土地使用权所支付的金额”，按照改制重组前取得该宗国有土地使用权所支付的地价款和按国家统一规定缴纳的有关费用确定；经批准以国有土地使用权作价出资入股的，为作价入股时县级及以上自然资源部门批准的评估价格。按购房发票确定扣除项目金额的，按照改制重组前购房发票所载金额并从购买年度起至本次转让年度止每年加计 5% 计算扣除项目金额，购买年度是指购房发票所载日期的当年。

纳税人享受上述税收政策，应按税务机关规定办理。上述所称不改变原企业投资主体、投资主体相同，是指企业改制重组前后出资人不发生变动，出资人的出资比例可以发生变动；投资主体存续，是指原企业出资人必须存在于改制重组后的企业，出资人的出资比例可以发生变动。

【税收筹划经典案例】

甲公司计划将一栋不动产转让给乙公司，由于该不动产增值较高，预计仅土地增值税一项税负就达 5 000 万元，请为甲公司提出税收筹划方案。

甲公司可以在企业改制重组的大框架下进行该项交易，将不动产转让改为不动产投资，即将该处不动产出资至乙公司，持有乙公司一定份额的股权。此时即可免纳土地增值税。未来，甲公司可以通过取得股息以及转让乙公司股权等方式来获取该项投资的收益。从长期来看，与转让不动产的收益是相当的，但税负将大大降低。

【法律法规依据】

（1）《中华人民共和国土地增值税暂行条例》（1993 年 12 月 13 日中华人民共和国国务院令第 138 号发布，根据 2011 年 1 月 8 日国务院令第 588 号《国务院关于废止和修改部分行政法规的决定》修订）。

（2）《中华人民共和国土地增值税暂行条例实施细则》（财政部 1995 年 1 月 27 日发布，财法〔1995〕6 号）。

（3）《财政部　国家税务总局关于继续实施企业改制重组有关土地增值税政策的通知》（财税〔2018〕57 号）。

（4）《财政部　税务总局关于继续实施企业改制重组有关土地增值税政策的公告》（财政部　税务总局公告 2021 年第 21 号）。

11.7 土地增值税清算中的税收筹划

【税收筹划思路】

根据《国家税务总局关于房地产开发企业土地增值税清算管理有关问题的通知》（国税发〔2006〕187 号）的规定，土地增值税以国家有关部门审批的房地产开发项目为单位进行清算，对于分期开发的项目，以分期项目为单位清算。开发项目中同时包含普通住宅和非普通住宅的，应分别计算增值额。

符合下列情形之一的，纳税人应进行土地增值税的清算：①房地产开发项目全部竣工、完成销售的；②整体转让未竣工决算房地产开发项目的；③直接转让土地使用权的。

符合下列情形之一的，主管税务机关可要求纳税人进行土地增值税清算：①已竣工验收的房地产开发项目，已转让的房地产建筑面积占整个项目可售建筑面积的比例在85%以上，或该比例虽未超过85%，但剩余的可售建筑面积已经出租或自用的；②取得销售（预售）许可证满三年仍未销售完毕的；③纳税人申请注销税务登记但未办理土地增值税清算手续的；④省税务机关规定的其他情况。

根据上述政策，房地产开发企业可以有意将转让比例控制在85%以下即可规避清算。另外，上述规定中的“剩余的可售建筑面积已经出租或自用”是指全部出租还是部分出租并未明确，根据法律解释的一般原则，应当解释为“全部出租”，房地产开发企业很容易通过预留一部分房屋的方式来规避上述规定。

房地产开发企业将开发产品用于职工福利、奖励、对外投资、分配给股东或投资人、抵偿债务、换取其他单位和个人的非货币性资产等，发生所有权转移时应视同销售房地产，其收入按下列方法和顺序确认：①按本企业在同一地区、同一年度销售的同类房地产的平均价格确定；②由主管税务机关参照当地当年、同类房地产的市场价格或评估价值确定。

房地产开发企业将开发的部分房地产转为企业自用或用于出租等商业用途时，如果产权未发生转移，不征收土地增值税，在税款清算时不列收入，不扣除相应的成本和费用。根据上述政策，如果不发生所有权转移，就不视同销售房地产，因此，房地产开发企业完全可以通过不办理产权转让手续，而仅将房地产的实际占有使用权用于职工福利、奖励、对外投资、分配给股东或投资人、抵偿债务、换取其他单位和个人的非货币性资产等，从而就规避了上述“视同销售”的规定。另外，房地产开发企业通过长期以租代售（如50年租赁）方式转让房地产就可以规避清算，上述规定实际上给企业提供了税收筹划的渠道。

房地产开发企业办理土地增值税清算时计算与清算项目有关的扣除项目金额，应根据《土地增值税暂行条例》第六条及《土地增值税暂行条例实施细则》第七条的规定执行。除另有规定外，扣除取得土地使用权所支付的金额、房地产开发成本、费用及与转让房地产有关税金，须提供合法有效凭证；不能提供合法有效凭证的，不予扣除。房地产开发企业办理土地增值税清算所附送的前期工程费、建筑安装工程费、基础设施费、开发间接费用的凭证

或资料不符合清算要求或不实的，地方税务机关可参照当地建设工程造价管理部门公布的建安造价定额资料，结合房屋结构、用途、区位等因素，核定上述四项开发成本的单位面积金额标准，并据以计算扣除。具体核定方法由省税务机关确定。房地产开发企业开发建造的与清算项目配套的居委会和派出所用房、会所、停车场（库）、物业管理场所、变电站、热力站、水厂、文体场馆、学校、幼儿园、托儿所、医院、邮电通信等公共设施，按以下原则处理：①建成后产权属于全体业主所有的，其成本、费用可以扣除；②建成后无偿移交给政府、公用事业单位用于非营利性社会公共事业的，其成本、费用可以扣除；③建成后有偿转让的，应计算收入，并准予扣除成本、费用。

房地产开发企业销售已装修的房屋，其装修费用可以计入房地产开发成本。房地产开发企业的预提费用，除另有规定外，不得扣除。属于多个房地产项目共同的成本费用，应按清算项目可售建筑面积占多个项目可售总建筑面积的比例或其他合理的方法，计算确定清算项目的扣除金额。

符合应进行土地增值税清算条件的纳税人，须在满足清算条件之日起 90 日内到主管税务机关办理清算手续；符合主管税务机关可要求进行土地增值税清算条件的纳税人，须在主管税务机关限定的期限内办理清算手续。纳税人办理土地增值税清算应报送以下资料：①房地产开发企业清算土地增值税书面申请、土地增值税纳税申报表；②项目竣工决算报表、取得土地使用权所支付的地价款凭证、国有土地使用权出让合同、银行贷款利息结算通知单、项目工程合同结算单、商品房购销合同统计表等与转让房地产的收入、成本和费用有关的证明资料；③主管税务机关要求报送的其他与土地增值税清算有关的证明资料等。纳税人委托税务中介机构审核鉴证的清算项目，还应报送中介机构出具的《土地增值税清算税款鉴证报告》。

税务中介机构受托对清算项目审核鉴证时，应按税务机关规定的格式对审核鉴证情况出具鉴证报告。对符合要求的鉴证报告，税务机关可以采信。税务机关要对从事土地增值税清算鉴证工作的税务中介机构在准入条件、工作程序、鉴证内容、法律责任等方面提出明确要求，并做好必要的指导和管理工作。

房地产开发企业有下列情形之一的，税务机关可以参照与其开发规模和收入水平相近的当地企业的土地增值税税负情况，按不低于预征率的征收率核定征收土地增值税：①依照法律、行政法规的规定应当设置但未设置账簿的；②擅自销毁账簿或者拒不提供纳税资料的；③虽设置账簿，但账目混乱或者成本资料、收入凭证、费用凭证残缺不全，难以确定转让收入或扣除项目金额的；④符合土地增值税清算条件，未按照规定的期限办理清算手续，

经税务机关责令限期清算，逾期仍不清算的；⑤申报的计税依据明显偏低，又无正当理由的。

在土地增值税清算时未转让的房地产，清算后销售或有偿转让的，纳税人应按规定进行土地增值税的纳税申报，扣除项目金额按清算时的单位建筑面积成本费用乘以销售或转让面积计算。单位建筑面积成本费用＝清算时的扣除项目总金额 ÷ 清算的总建筑面积。

这一规定使得房地产开发企业在清算后销售的房地产可以按照清算时的平均费用予以扣除，但清算后销售房地产的费用并不一定等于清算时的平均费用，这就会给房地产开发企业提供通过调控清算前后扣除费用来减轻纳税义务的空间。

【税收筹划经典案例】

某房地产开发企业2020年1月取得房产销售许可证，开始销售房产。2021年年底已经销售了86%的房产，经过企业内部初步核算，该企业需要缴纳土地增值税8 000万元。目前该企业已经预缴土地增值税2 000万元。该企业应当如何进行税收筹划？

根据《国家税务总局关于房地产开发企业土地增值税清算管理有关问题的通知》（国税发〔2006〕187号）的规定，已竣工验收的房地产开发项目，已转让的房地产建筑面积占整个项目可售建筑面积的比例在85%以上的，主管税务机关可要求纳税人进行土地增值税清算。如果该企业进行土地增值税清算，则需要在2022年年初补缴6 000万元的税款。如果该企业有意控制房产销售的速度和规模，将销售比例控制在84%，剩余的房产可以留待以后销售或者用于出租，这样，该企业就可以避免在2022年年初进行土地增值税的清算，可以将清算时间推迟到2023年年初，这样就相当于该企业获得了6 000万元资金的一年期无息贷款。假设一年期资金成本为8%，则该税收筹划为企业节约利息480万元（6 000×8%）。

【法律法规依据】

（1）《中华人民共和国土地增值税暂行条例》（1993年12月13日中华人民共和国国务院令第138号发布，根据2011年1月8日国务院令第588号《国务院关于废止和修改部分行政法规的决定》修订）第七条。

（2）《中华人民共和国土地增值税暂行条例实施细则》（财政部1995年

1 月 27 日发布，财法〔1995〕6 号）第七条。

（3）《国家税务总局关于房地产开发企业土地增值税清算管理有关问题的通知》（国家税务总局 2006 年 12 月 28 日发布，国税发〔2006〕187 号）。

（4）《土地增值税清算管理规程》（国税发〔2009〕91 号）。

11.8 转换房产税计税方式

【税收筹划思路】

根据《房产税暂行条例》第三条、第四条的规定，房产税依照房产原值一次减除 10% ～ 30% 后的余值计算缴纳。房产出租的，以房产租金收入为房产税的计税依据。房产税的税率，依照房产余值计算缴纳的，税率为 1.2%；依照房产租金收入计算缴纳的税率为 12%。两种方式计算出来的应纳税额有时候存在很大差异，在这种情况下，就存在税收筹划的空间。企业可以适当将出租业务转变为承包业务而避免采用依照租金计算房产税的方式。

【税收筹划经典案例】

某商业企业是从计划经济时期发展过来的，在计划经济时期，商品较为短缺。该公司作为商业批发零售兼营企业，为了“发展经济，保障供给”，千方百计圈地建库，尽可能多地储存商品。现在商品极大丰富了，企业界逐步向零库存发展，他们的库房大量闲置。近年来，部分闲置的库房用于出租，但是，租赁过程的税负过高，是否有可能通过税收筹划减轻税收负担呢？

假设该公司用于出租的库房有三栋，其房产原值为 2 000 万元，年不含增值税租金收入为 400 万元，则应纳房产税 48 万元（400×12%）。

如果对该公司的上述经营活动进行税收筹划。假如年底合同到期，公司派代表与客户进行友好协商，继续利用库房为客户存放商品，但将租赁合同改为仓储保管合同，增加服务内容，配备保管人员，为客户提供 24 小时服务。这样，该公司需要增加费用支出，假设增加支出 15 万元。如果该公司在增加的服务上不盈利，即收取的仓储费为房屋租赁费加 15 万元，则客户会非常欢迎这种做法。这样，该企业提供仓储服务的不含增值税收入仍然

约为 400 万元，收入不变，则应纳房产税 16.8 万元［2 000×（1 － 30%）× 1.2%］。通过税收筹划，使得该企业每年降低房产税负担 31.2 万元（48 － 16.8）。需要注意的是，收入性质的转化必须具有真实性、合法性，同时能够满足客户的利益要求。否则，该项性质的转化是行不通的。

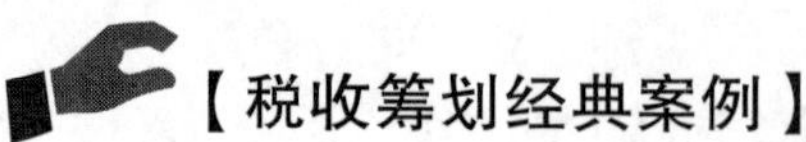

【税收筹划经典案例】

甲公司将一处自建仓库对外出租，原签订的均为仓库租赁合同，每年取得不含增值税租金 1 000 万元，缴纳房产税 120 万元，已知该处房产的计税余值为 5 000 万元，请为甲公司提出房产税的税收筹划方案。

未来，甲公司可以将仓库租赁合同修改为仓储保管合同，将单纯的房产租赁改为仓储保管服务，增加相应的物业管理，这样就可以按照计税余值计算房产税 60 万元（5 000 ×1.2%）。节省的房产税足够支付增加相应物业管理的支出。

【法律法规依据】

（1）《中华人民共和国房产税暂行条例》（1986 年 9 月 15 日国务院发布，根据 2011 年 1 月 8 日国务院令第 588 号《国务院关于废止和修改部分行政法规的决定》修订）。

（2）《财政部　国家税务总局关于营改增后契税房产税土地增值税个人所得税计税依据问题的通知》（财税〔2016〕43 号）。

11.9 将不动产出租变为投资

【税收筹划思路】

企业将其所拥有的房产出租，需要缴纳增值税、房产税、印花税、城市维护建设税、教育费附加、地方教育附加和企业所得税，承租企业需要支付房租并缴纳印花税。对于双方来讲，其成本都是比较大的，如果能够将出租改为投资，则双方都有可能从中受益，因为免除了增值税、城市维护建设税、教育费附加和地方教育附加。

根据《国家税务总局关于房地产开发企业土地增值税清算管理有关问题的通知》（国税发〔2006〕187 号）的规定，房地产开发企业将开发产品用于职工福利、奖励、对外投资、分配给股东或投资人、抵偿债务、换取其他单位和个人的非货币性资产等，发生所有权转移时应视同销售房地产，其收入按下列方法和顺序确认：①按本企业在同一地区、同一年度销售的同类房地产的平均价格确定；②由主管税务机关参照当地当年、同类房地产的市场价格或评估价值确定。

根据《财政部　税务总局关于继续实施企业改制重组有关土地增值税政策的公告》（财政部　税务总局公告 2021 年第 21 号）的规定，单位、个人在改制重组时以房地产作价入股进行投资，对其将房地产转移、变更到被投资的企业，暂不征土地增值税。

由此可见，房地产开发企业将房地产对外投资，需要视同销售，缴纳土地增值税，而其他企业将房地产对外投资仍可以免征土地增值税。

【税收筹划经典案例】

位于城区的甲公司将其拥有的一套房屋出租给某商贸公司，租期 10 年，不含增值税租金为 200 万元 / 年。此项交易将产生增值税 18 万元（200×9%）；城市维护建设税、教育费附加和地方教育附加 2.16 万元（18×12%）；房产税 24 万元（200×12%）。不考虑其他税费，综合税收负担 44.16 万元（18 ＋ 2.16 ＋ 24）。请提出该企业的税收筹划方案。

如果进行税收筹划，将甲公司房屋出租改为企业重组改制下的投资。甲公司将该房屋出资至该商贸公司，每年从该商贸公司取得股息若干元，假设该房屋的计税余值为 1 000 万元，则每年需要缴纳房产税 12 万元（1 000×1.2%）。企业重组改制之下的投资免于缴纳增值税及其附加、土地增值税和契税。减轻税收负担 32.16 万元（44.16 － 12）。

需要注意的是，甲公司将房屋投资商贸公司需要视同销售缴纳企业所得税，由于甲公司取得 200 万租金也需要缴纳企业所得税，而取得若干股息则不需要缴纳企业所得税，二者在企业所得税上的综合负担基本相同，可以不予考虑。

【法律法规依据】

（1）《中华人民共和国土地增值税暂行条例》（1993 年 12 月 13 日中华

人民共和国国务院令第138号发布，根据2011年1月8日国务院令第588号《国务院关于废止和修改部分行政法规的决定》修订）。

（2）《中华人民共和国土地增值税暂行条例实施细则》（财政部1995年1月27日发布，财法〔1995〕6号）。

（3）《国家税务总局关于房地产开发企业土地增值税清算管理有关问题的通知》（国家税务总局2006年12月28日发布，国税发〔2006〕187号）。

（4）《财政部　税务总局关于继续实施企业改制重组有关土地增值税政策的公告》（财政部　税务总局公告2021年第21号）。

11.10 降低房产出租的名义租金

根据《财政部　国家税务总局关于调整住房租赁市场税收政策的通知》（财税〔2000〕125号）的规定，对按政府规定价格出租的公有住房和廉租住房，包括企业和自收自支事业单位向职工出租的单位自有住房，房管部门向居民出租的公有住房，落实私房政策中带户发还产权并以政府规定租金标准向居民出租的私有住房等，暂免征收房产税、营业税。对个人按市场价格出租的居民住房，其应缴纳的房产税暂减按4%的税率征收。对个人出租房屋取得的所得暂减按10%的税率征收个人所得税。根据《财政部　国家税务总局关于廉租住房经济适用住房和住房租赁有关税收政策的通知》（财税〔2008〕24号）的规定，自2008年3月1日起，对个人出租住房，不区分用途，按4%的税率征收房产税，免征城镇土地使用税。对企事业单位、社会团体以及其他组织按市场价格向个人出租用于居住的住房，减按4%的税率征收房产税。对个人出租、承租住房签订的租赁合同，免征印花税。

出租房屋收取的租金应当缴纳4%的房产税，由于税率是不能改变的，因此，只能从租金数额上找税收筹划的空间。如果出租人和承租人有可以互相交换的物品、劳务，出租人可以一方面降低租金，另一方面通过获得承租人的物品或者劳务来获得一定的补偿，这样，出租人获得的实际利益是相同的，但是降低了租金，减轻了房产税负担。

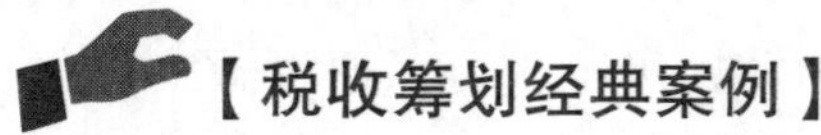

王先生有一套房屋出租，每月不含增值税租金 3 000 元。承租人是三位研究生。王先生同时还为自己的孩子聘请英语家教，每月家教费 2 000 元。请计算王先生应当缴纳的税款，并提出税收筹划方案。

王先生每月需要缴纳房产税 120 元（3 000×4%），需要预扣预缴个人所得税 240 元［（2 000 － 800）×20%］。

王先生可以考虑由该三位研究生作为其孩子的英语家教，这样，每月只需要收取 1 000 元的房租。王先生每月需要缴纳房产税 40 元（1 000×4%），节约房产税 80 元。不需要代扣代缴个人所得税。对于王先生和三位研究生而言都有利。

【法律法规依据】

（1）《财政部　国家税务总局关于调整住房租赁市场税收政策的通知》（财政部　国家税务总局 2000 年 12 月 7 日发布，财税〔2000〕125 号）。

（2）《中华人民共和国房产税暂行条例》（国务院 1986 年 9 月 15 日颁布，国发〔1986〕90 号）。

（3）《财政部　国家税务总局关于廉租住房经济适用住房和住房租赁有关税收政策的通知》（财政部　国家税务总局 2008 年 3 月 3 日发布，财税〔2008〕24 号）。

（4）《财政部　国家税务总局关于营改增后契税房产税土地增值税个人所得税计税依据问题的通知》（财税〔2016〕43 号）。

11.11 出租房屋的家具家电单独计价

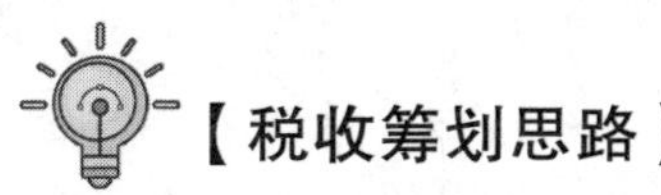

很多出租的房屋都附带很多家具和家电，租金相对比较高，而缴纳房产税时是按照收取的租金的全额来征收的，而实际上，租金中的很大一部分是

家具和家电的租金，而出租家具是不需要缴纳房产税的，这样，纳税人无形之中就增加了自己的房产税税收负担。因此，出租人可以通过减少出租房屋的附属设施来降低租金。如果出租房屋内的家具和家电无法处理或者承租人就希望有丰富的家具和家电，此时，可以通过两种方法来解决，第一种方法是与承租人签订一个买卖协议，即先将家具和家电出售给承租人，出租人收取的仅仅是房屋的租金，租赁期满以后，出租人再将这些家具和家电以比较低的价格购买回来，这样，通过买卖差价，出租人就收回了出租这些家具和家电的租金，而这些租金是不需要缴纳房产税的，这样就降低了出租人的房产税税收负担。第二种方法是与承租人签订两份租赁协议，一份是房屋租赁协议，一份是家具和家电的租赁协议。其中，房屋租赁需要缴纳房产税和增值税，而家具和家电租赁仅需要缴纳增值税。

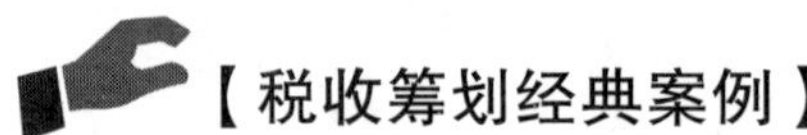

【税收筹划经典案例】

甲租赁公司有一套住房出租，每年不含增值税租金 40 000 元。出租的房屋中有彩电一台、洗衣机一台、冰箱一台、煤气灶一台、油烟机一台、写字台一个、空调两台、双人床一张等家具。请计算甲租赁公司每年应当缴纳的房产税，并提出税收筹划方案。

甲租赁公司每年需要缴纳房产税 1 600 元（40 000×4%）。甲租赁公司可以和承租人签订两个合同，一个房屋租赁合同，每年租金为 20 000 元，一个家具家电租赁合同，每年租金 20 000 元。此时，甲租赁公司需要缴纳房产税 800 元（20 000×4%），减轻税收负担 800 元。

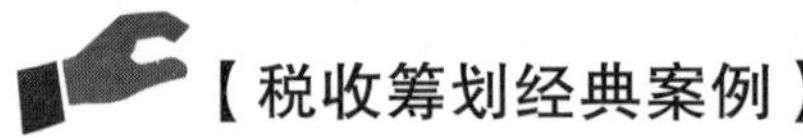

【税收筹划经典案例】

甲公司将一栋写字楼出租给若干家公司，每年取得不含增值税租金 1 000 万元，需要缴纳房产税 120 万元，甲公司为该写字楼配备了充足的办公设备和家具家电，也提供物业服务，请为甲公司提出房产税的税收筹划方案。

甲公司可以在重新核算相关经营成本的基础上，将写字楼租赁合同修改为三份合同，一份写字楼租赁合同，不含增值税租金为 800 万元，一份办公设施租赁合同，不含增值税租金为 100 万元，一份物业服务合同，不含增值税服务费为 100 万元。甲公司每年仅需缴纳房产税 96 万元（800×12%）。

【法律法规依据】

（1）《财政部　国家税务总局关于调整住房租赁市场税收政策的通知》（财政部　国家税务总局 2000 年 12 月 7 日发布，财税〔2000〕125 号）。

（2）《中华人民共和国房产税暂行条例》（国务院 1986 年 9 月 15 日颁布，国发〔1986〕90 号）。

（3）《财政部　国家税务总局关于廉租住房经济适用住房和住房租赁有关税收政策的通知》（财政部　国家税务总局 2008 年 3 月 3 日发布，财税〔2008〕24 号）。

（4）《财政部　国家税务总局关于营改增后契税房产税土地增值税个人所得税计税依据问题的通知》（财税〔2016〕43 号）。

11.12 利用房产交换的契税优惠

【税收筹划思路】

根据《契税法》规定，土地使用权互换、房屋互换，契税的计税依据为所互换的土地使用权、房屋价格的差额。

在当前为子女上学以及工作需要而存在大量二手房交易的时期，对于具有互补需要的购房者可以考虑通过房产互换来进行契税的税收筹划。

【税收筹划经典案例】

张先生在甲市 A 区拥有一套价值 500 万元的房产，为子女上学方便，他准备在 B 区购置一套价值 600 万元的学区房，未来还准备将该学区房再以 700 万元的价格售出，在 C 区以 800 万元购置一套别墅，已知当地契税税率为 4%，请为张先生提出契税的税收筹划方案。

上述三次房产交易，交易当事人合计需要缴纳契税 84 万元［（600 + 700 + 800）×4%］。如张先生可以找到合适的房源，可以考虑与对方互换房产，即用 A 区的房产换购 B 区的房产，支付 100 万元差价，未来再用 B 区房产换购 C 区别墅，支付 100 万元差价，合计仅需缴纳契税 8 万元。

【法律法规依据】

（1）《中华人民共和国契税法》（2020 年 8 月 11 日第十三届全国人民代表大会常务委员会第二十一次会议通过）。

（2）《财政部　税务总局关于贯彻实施契税法若干事项执行口径的公告》（财政部　税务总局公告 2021 年第 23 号）。

（3）《财政部　税务总局关于契税法实施后有关优惠政策衔接问题的公告》（财政部　税务总局公告 2021 年第 29 号）。

第 12 章

公司股权架构税收筹划经典案例

12.1 个人非货币性资产投资的税收筹划

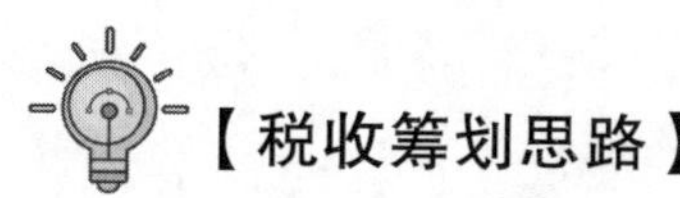

【税收筹划思路】

个人以非货币性资产投资，属于个人转让非货币性资产和投资同时发生。对个人转让非货币性资产的所得，应按照“财产转让所得”项目，依法计算缴纳个人所得税。非货币性资产投资个人所得税以发生非货币性资产投资行为并取得被投资企业股权的个人为纳税人。

个人以非货币性资产投资，应按评估后的公允价值确认非货币性资产转让收入。非货币性资产转让收入减除该资产原值及合理税费后的余额为应纳税所得额。个人以非货币性资产投资，应于非货币性资产转让、取得被投资企业股权时，确认非货币性资产转让收入的实现。

个人应在发生上述应税行为的次月 15 日内向主管税务机关申报纳税。纳税人一次性缴税有困难的，可合理确定分期缴纳计划并报主管税务机关备案后，自发生上述应税行为之日起不超过 5 个公历年度内（含）分期缴纳个人所得税。

个人以非货币性资产投资交易过程中取得现金补价的，现金部分应优先用于缴税；现金不足以缴纳的部分，可分期缴纳。个人在分期缴税期间转让其持有的上述全部或部分股权，并取得现金收入的，该现金收入应优先用于缴纳尚未缴清的税款。

非货币性资产，是指现金、银行存款等货币性资产以外的资产，包括股

权、不动产、技术发明成果以及其他形式的非货币性资产。非货币性资产投资，包括以非货币性资产出资设立新的企业，以及以非货币性资产出资参与企业增资扩股、定向增发股票、股权置换、重组改制等投资行为。

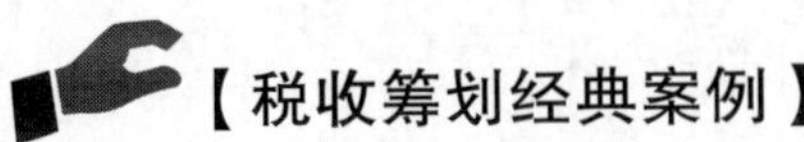

【税收筹划经典案例】

张先生将自己名下的一处不动产投资一人有限责任公司甲公司，该不动产的原值及合理税费为 1 000 万元，评估后的公允价值为 5 000 万元，请为张先生提出税收筹划方案。

如不进行税收筹划，张先生需要在不动产转让、取得甲公司股权时计算缴纳个人所得税 800 万元［（5 000 － 1 000）×20%］。

如张先生合理确定分期缴纳计划并报主管税务机关备案后，则可以在不超过 5 个公历年度内分期缴纳个人所得税。例如，前 4 年每年缴纳个人所得税 1 万元，第 5 年缴纳个人所得税 796 万元。

【法律法规依据】

（1）《中华人民共和国个人所得税法》（1980 年 9 月 10 日第五届全国人民代表大会第三次会议通过，2018 年 8 月 31 日第十三届全国人民代表大会常务委员会第五次会议第七次修正）。

（2）《财政部　国家税务总局关于个人非货币性资产投资有关个人所得税政策的通知》（财税〔2015〕41 号）。

（3）《国家税务总局关于个人非货币性资产投资有关个人所得税征管问题的公告》（国家税务总局公告 2015 年第 20 号）。

12.2 个人技术成果出资的税收筹划

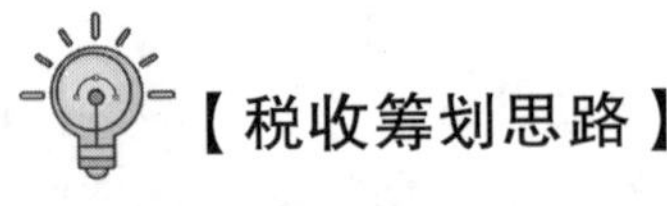

【税收筹划思路】

企业或个人以技术成果投资入股到境内居民企业，被投资企业支付的对价全部为股票（权）的，企业或个人可选择继续按现行有关税收政策执行，也可选择适用递延纳税优惠政策。选择技术成果投资入股递延纳税政策的，经

向主管税务机关备案，投资入股当期可暂不纳税，允许递延至转让股权时，按股权转让收入减去技术成果原值和合理税费后的差额计算缴纳所得税。

企业或个人选择适用上述任一项政策，均允许被投资企业按技术成果投资入股时的评估值入账并在企业所得税前摊销扣除。

技术成果是指专利技术（含国防专利）、计算机软件著作权、集成电路布图设计专有权、植物新品种权、生物医药新品种，以及科技部、财政部、国家税务总局确定的其他技术成果。技术成果投资入股，是指纳税人将技术成果所有权让渡给被投资企业、取得该企业股票（权）的行为。

【税收筹划经典案例】

李先生自创或者购置一项专利，成本为 100 万元，现将该专利投资成立李先生一人有限责任公司甲公司，评估值为 1 000 万元，请为李先生进行税收筹划。

如李先生不进行税收筹划，李先生应当在取得甲公司股权之时计算并缴纳个人所得税 180 万元［（1 000 － 100）×20%］。

如李先生向主管税务机关备案，选择递延纳税优惠政策。则李先生在投资入股时不需要缴纳个人所得税，同时，甲公司还可以每年提取该项专利的摊销 100 万元，10 年期间合计抵扣企业所得税 250 万元（1 000×25%）。李先生可以选择在第 10 年解散甲公司，假设甲公司清算时并无资本利得，则该项专利在出资时潜在的 180 万元个人所得税就免除了。就该项专利技术而言，李先生付出的成本为 100 万元，10 年间该项技术为李先生实现节税 250 万元。如李先生在投资入股时能将该项专利的评估值进一步提高为 2 000 万元，则节税额可以达到 500 万元。

【法律法规依据】

（1）《中华人民共和国个人所得税法》（1980 年 9 月 10 日第五届全国人民代表大会第三次会议通过，2018 年 8 月 31 日第十三届全国人民代表大会常务委员会第五次会议第七次修正）。

（2）《财政部　国家税务总局关于完善股权激励和技术入股有关所得税政策的通知》（财税〔2016〕101 号）。

12.3 利用税收洼地进行股权转让或减持

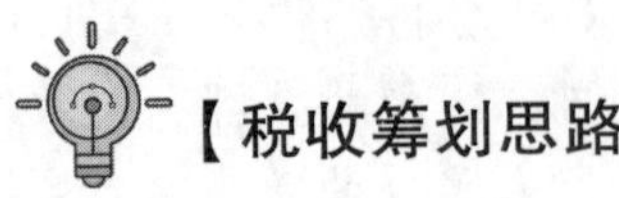

股权转让或上市公司股份减持是非常常见的交易形式，上述转让与减持行为一般均会带来巨额的所得，如何对该笔所得进行税收筹划是很多投资者关心的问题。如果能够将上述所得装入一个享受免税政策的公司之中，就可以实现股权转让所得的节税目的。

2021 年 1 月 1 日至 2030 年 12 月 31 日，对在新疆喀什、霍尔果斯两个特殊经济开发区内新办的属于《新疆困难地区重点鼓励发展产业企业所得税优惠目录》（以下简称《目录》）范围内的企业，自取得第一笔生产经营收入所属纳税年度起，五年内免征企业所得税。第一笔生产经营收入，是指产业项目已建成并投入运营后所取得的第一笔收入。

【税收筹划经典案例】

孙先生持有甲公司 30% 的股权，现准备转让其中 10% 的股权。已知孙先生取得该 10% 股权的成本为 100 万元，转让价款为 1 000 万元，请为孙先生进行税收筹划。

如果不进行税收筹划，孙先生在股权转让完成之时需要计算并缴纳个人所得税 180 万元［（1 000 － 100）×20%］。

如果孙先生事先在新疆喀什、霍尔果斯两个特殊经济开发区成立 A 公司，由 A 公司购置并持有甲公司的股权，则可以由 A 公司转让甲公司 10% 的股权，取得 900 万元应纳税所得额。由于 A 公司享受五年免税待遇，该笔股权转让所得实际缴纳企业所得税为 0，节税 180 万元。

【法律法规依据】

（1）《中华人民共和国个人所得税法》（1980 年 9 月 10 日第五届全国人民代表大会第三次会议通过，2018 年 8 月 31 日第十三届全国人民代表大会

常务委员会第五次会议第七次修正）。

（2）《财政部　税务总局关于新疆困难地区及喀什、霍尔果斯两个特殊经济开发区新办企业所得税优惠政策的通知》（财税〔2021〕27 号）。

12.4 利用亏损企业进行股权转让或减持

【税收筹划思路】

企业纳税年度发生的亏损，准予向以后年度结转，用以后年度的所得弥补，但结转年限最长不得超过五年。企业的亏损在特定的环境下有可能成为宝贵的资源，特别是如果能将企业的亏损与股权转让或减持的所得结合在一起，将取得意想不到的节税效果。

【税收筹划经典案例】

赵先生持有甲公司 30% 的股权，现准备转让其中 10% 的股权。已知赵先生取得该 10% 股权的成本为 100 万元，转让价款为 1 000 万元，请为赵先生进行税收筹划。

如果不进行税收筹划，赵先生在股权转让完成之时需要计算并缴纳个人所得税 180 万元［（1 000 － 100）×20%］。

如果赵先生事先购置一家亏损企业 A 公司，其拥有尚未过弥补期的亏损 900 万元。由 A 公司购置甲公司的股权并转让，上述 900 万元的应纳税所得额将由 A 公司实现，正好弥补其亏损，实现了该笔股权转让所得的免税目的。

【法律法规依据】

（1）《中华人民共和国企业所得税法》（2007 年 3 月 16 日第十届全国人民代表大会第五次会议通过，2017 年 2 月 24 日第十二届全国人民代表大会常务委员会第二十六次会议修改，2018 年 12 月 29 日第十三届全国人民代表大会常务委员会第七次会议第二次修正）第十八条。

（2）《中华人民共和国企业所得税法实施条例》（国务院2007年12月6日颁布，国务院令〔2007〕第512号，自2008年1月1日起实施，2019年4月23日国务院令第714号修正）。

12.5 将公司股权转让转变为个人股权转让

【税收筹划思路】

一般情形下，以公司进行股权转让，需要缴纳25%的企业所得税，而以个人进行股权转让，仅需要缴纳20%的个人所得税。因此，在公司不享受税收优惠以及公司没有可以弥补的亏损的情形下，可以通过将公司转让股权转变为个人转让股权，从而降低股权转让所得的税负。将公司转让股权转变为个人转让股权的核心在于通过不公允增资将个人增加为公司股东。

【税收筹划经典案例】

王先生夫妇持有甲公司100%的股权，甲公司持有乙公司100%的股权，现甲公司准备将乙公司40%的股权转让给孙先生，股权转让价为2 000万元，已知乙公司注册资本为1 000万元，当前公允价值为5 000万元，该笔股权的成本为400万元，请为该笔交易进行税收筹划。

如果不进行税收筹划，甲公司需要缴纳企业所得税400万元［（2 000－400）×25%］。

如果王先生向乙公司增加出资666.67万元，持有乙公司40%的股权，转让价为2 266.67万元［（5 000＋666.67）×40%］，则王先生需要缴纳个人所得税320万元［（2 266.67－666.67）×20%］，节税80万元（400－320）。

【法律法规依据】

（1）《中华人民共和国企业所得税法》（2007年3月16日第十届全国

人民代表大会第五次会议通过，2017 年 2 月 24 日第十二届全国人民代表大会常务委员会第二十六次会议修改，2018 年 12 月 29 日第十三届全国人民代表大会常务委员会第七次会议第二次修正）。

（2）《中华人民共和国个人所得税法》（1980 年 9 月 10 日第五届全国人民代表大会第三次会议通过，2018 年 8 月 31 日第十三届全国人民代表大会常务委员会第五次会议第七次修正）。

12.6 通过撤资实现股权转让的目的

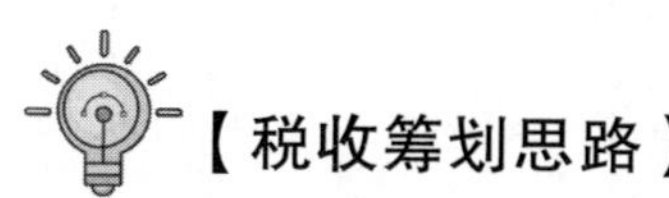

【税收筹划思路】

企业转让股权收入，应于转让协议生效、且完成股权变更手续时，确认收入的实现。转让股权收入扣除为取得该股权所发生的成本后，为股权转让所得。企业在计算股权转让所得时，不得扣除被投资企业未分配利润等股东留存收益中按该项股权所可能分配的金额。

投资企业从被投资企业撤回或减少投资，其取得的资产中，相当于初始出资的部分，应确认为投资收回；相当于被投资企业累计未分配利润和累计盈余公积按减少实收资本比例计算的部分，应确认为股息所得；其余部分确认为投资资产转让所得。

通过将股权转让巧妙地转化为撤资，可以实现节税的效果。

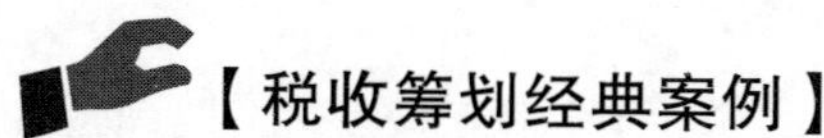

【税收筹划经典案例】

王先生夫妇持有甲公司 100% 的股权，甲公司持有乙公司 40% 的股权，现甲公司准备将乙公司 40% 的股权转让给孙先生，股权转让价为 2 000 万元，已知乙公司注册资本为 1 000 万元，当前公允价值为 5 000 万元，该笔股权的成本为 400 万元，该笔股权对应的未分配利润和盈余公积金为 1 100 万元，请为该笔交易进行税收筹划。

如果不进行税收筹划，甲公司需要缴纳企业所得税 400 万元［（2 000－400）×25%］。

如果甲公司从乙公司撤资，可以从甲公司取得2 000万元，其中，400万元为投资收回，不缴纳企业所得税，其中1 100万元为未分配利润和盈余公积金，确认为股息所得，也不缴纳企业所得税，剩余500万元为投资资产转让所得，需要缴纳企业所得税125万元（500×25%）。甲公司撤资后，由孙先生出资2 000万元投资乙公司，并持有乙公司40%的股权。最终实现与股权转让相同的效果，实现节税275万元（400－125）。

【法律法规依据】

（1）《中华人民共和国企业所得税法》（2007年3月16日第十届全国人民代表大会第五次会议通过，2017年2月24日第十二届全国人民代表大会常务委员会第二十六次会议修改，2018年12月29日第十三届全国人民代表大会常务委员会第七次会议第二次修正）。

（2）《国家税务总局关于贯彻落实企业所得税法若干税收问题的通知》（国税函〔2010〕79号）。

（3）《国家税务总局关于企业所得税若干问题的公告》（国家税务总局公告2011年第34号）。

12.7 将资产转让转化为股权转让

【税收筹划思路】

资产转让的税负比较重，一般情形下，资产转让方需要缴纳增值税及其附加、土地增值税、所得税和印花税，资产受让方需要缴纳契税和印花税。而股权转让一般情形下，资产转让方仅需缴纳所得税和印花税，资产受让方仅需要缴纳印花税。因此，企业与个人在投资之初就应当采取由公司持有资产的方式进行投资。

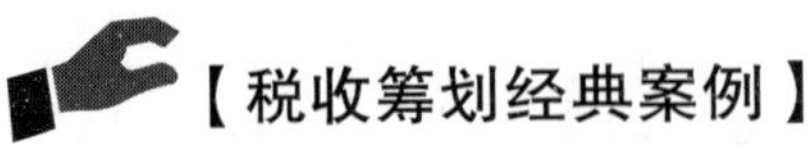

【税收筹划经典案例】

甲公司准备购置几处写字楼，持有若干年，待增值后再转让。假设上述

写字楼的购置成本为 10 000 万元，转让价款为 20 000 万元，请为甲公司提供税收筹划方案。

如果不进行税收筹划，甲公司需要缴纳增值税 476.19 万元［（20 000 － 10 000）÷（1 ＋ 5%）×5%］。需要缴纳城市维护建设税、教育费附加和地方教育附加 57.14 万元［476.19×（7% ＋ 3% ＋ 2%）］，需要缴纳土地增值税（暂按交易额的 3% 核定）600 万元（20 000×3%）。需要缴纳印花税 10 万元（20 000×0.05%），需要缴纳企业所得税 2 214.17 万元［（20 000 － 10 000 － 476.19 － 57.14 － 600 － 10）×25%］。购买方需要缴纳契税 571.43 万元［20 000÷（1 ＋ 5%）×3%］，需要缴纳印花税 10 万元。整个交易的综合税负为 3 938.9 万元（476.19 ＋ 57.14 ＋ 600 ＋ 10 ＋ 2 214.17 ＋ 571.4 ＋ 10）。

如果甲公司成立乙公司、丙公司、丁公司等若干家公司，每一家公司持有一处写字楼，未来通过转让乙公司、丙公司、丁公司等公司股权的方式来转让写字楼。假设将上述交易合并视为一次交易，则甲公司需要缴纳印花税 10 万元（20 000×0.05%），需要缴纳企业所得税 2 497.5 万元［（20 000 － 10 000 － 10）×25%］。购买方需要缴纳印花税 10 万元。整个交易的综合税负为 2 517.5 万元（2 497.5 ＋ 10 ＋ 10），减轻税收负担 1 421.4 万元（3 938.9 － 2 517.5）。

【法律法规依据】

（1）《中华人民共和国企业所得税法》（2007 年 3 月 16 日第十届全国人民代表大会第五次会议通过，2017 年 2 月 24 日第十二届全国人民代表大会常务委员会第二十六次会议修改，2018 年 12 月 29 日第十三届全国人民代表大会常务委员会第七次会议第二次修正）。

（2）《财政部　国家税务总局关于全面推开营业税改征增值税试点的通知》（财税〔2016〕36 号）。

（3）《中华人民共和国土地增值税暂行条例》（1993 年 12 月 13 日中华人民共和国国务院令第 138 号发布，根据 2011 年 1 月 8 日国务院令第 588 号《国务院关于废止和修改部分行政法规的决定》修订）。

（4）《中华人民共和国契税法》（2020 年 8 月 11 日第十三届全国人民代表大会常务委员会第二十一次会议通过）。

（5）《中华人民共和国印花税法》（2021 年 6 月 10 日第十三届全国人民代表大会常务委员会第二十九次会议通过）。

12.8 分立企业增加销售收入

【税收筹划思路】

企业发生的与生产经营活动有关的业务招待费支出、广告费和业务宣传费支出均以销售收入为基数计算允许税前扣除的数额，为提高扣除数额，在不影响利润的前提下增加销售收入就是常用的税收筹划技巧。

将分公司改为子公司，从而将不计入销售收入的总分公司之间的交易转变为计入销售收入的母子公司之间的交易；增加关联企业之间不影响整体利润的关联交易；零利润促销等都是常用的在不影响利润前提下迅速增加销售收入的方法。

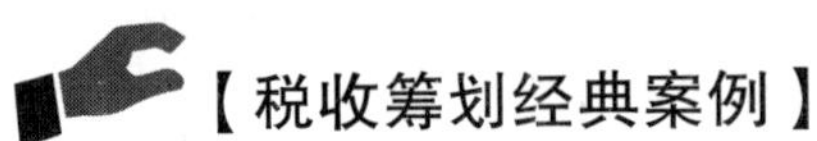

【税收筹划经典案例】

甲服装厂年销售收入为 1 000 万元，年业务招待费支出为 20 万元，但仅允许在税前扣除 5 万元，由于市场竞争比较激烈，甲服装厂大幅提高销售收入的可能性比较小，请为甲服装厂提出税收筹划的方案。

将甲服装厂的三个部门分立为三家公司，甲公司为服装设计公司，乙公司为服装加工厂，丙公司为服装销售公司。丙公司对外销售收入仍为 1 000 万元，但需支付甲公司设计费 100 万元，支付乙公司加工费 700 万元，原甲服装厂的业务招待费由甲、乙、丙三家公司合理分担，允许税前扣除的业务招待费总额为 9 万元［（1 000 ＋ 100 ＋ 700）×5‰］。

【法律法规依据】

（1）《中华人民共和国企业所得税法》（2007 年 3 月 16 日第十届全国人民代表大会第五次会议通过，2017 年 2 月 24 日第十二届全国人民代表大会

常务委员会第二十六次会议修改，2018 年 12 月 29 日第十三届全国人民代表大会常务委员会第七次会议第二次修正）。

（2）《中华人民共和国企业所得税法实施条例》（国务院 2007 年 12 月 6 日颁布，国务院令〔2007〕第 512 号，自 2008 年 1 月 1 日起实施，2019 年 4 月 23 日国务院令第 714 号修正）。

第 13 章

税收筹划与反避税经典案例分析

13.1 个人股权转让税收筹划方案分析

【税收筹划思路】

个人股权转让在监管不到位的情况下，个人只需要到市场监督管理局办理股东变更手续，并不需要缴纳个人所得税。在监管较严必须纳税的情况下，个人可以通过股权赠与的方式以及平价或者低价转让股权的方式进行税收筹划。

根据《股权转让所得个人所得税管理办法（试行）》（国家税务总局公告 2014 年第 67 号）的规定，股权是指自然人股东（以下简称个人）投资于在中国境内成立的企业或组织（以下统称被投资企业，不包括个人独资企业和合伙企业）的股权或股份。

股权转让是指个人将股权转让给其他个人或法人的行为，包括以下情形：

（1）出售股权；

（2）公司回购股权；

（3）发行人首次公开发行新股时，被投资企业股东将其持有的股份以公开发行方式一并向投资者发售；

（4）股权被司法或行政机关强制过户；

（5）以股权对外投资或进行其他非货币性交易；

（6）以股权抵偿债务；

（7）其他股权转移行为。

个人转让股权，以股权转让收入减除股权原值和合理费用后的余额为应纳税所得额，按“财产转让所得”缴纳个人所得税。合理费用是指股权转让时按照规定支付的有关税费。

个人股权转让所得个人所得税，以股权转让方为纳税人，以受让方为扣缴义务人。扣缴义务人应于股权转让相关协议签订后 5 个工作日内，将股权转让的有关情况报告主管税务机关。被投资企业应当详细记录股东持有本企业股权的相关成本，如实向税务机关提供与股权转让有关的信息，协助税务机关依法执行公务。

股权转让收入是指转让方因股权转让而获得的现金、实物、有价证券和其他形式的经济利益。转让方取得与股权转让相关的各种款项，包括违约金、补偿金以及其他名目的款项、资产、权益等，均应当并入股权转让收入。纳税人按照合同约定，在满足约定条件后取得的后续收入，应当作为股权转让收入。股权转让收入应当按照公平交易原则确定。

符合下列情形之一的，主管税务机关可以核定股权转让收入：

（1）申报的股权转让收入明显偏低且无正当理由的；

（2）未按照规定期限办理纳税申报，经税务机关责令限期申报，逾期仍不申报的；

（3）转让方无法提供或拒不提供股权转让收入的有关资料；

（4）其他应核定股权转让收入的情形。

符合下列情形之一，视为股权转让收入明显偏低：

（1）申报的股权转让收入低于股权对应的净资产份额的。其中，被投资企业拥有土地使用权、房屋、房地产企业未销售房产、知识产权、探矿权、采矿权、股权等资产的，申报的股权转让收入低于股权对应的净资产公允价值份额的；

（2）申报的股权转让收入低于初始投资成本或低于取得该股权所支付的价款及相关税费的；

（3）申报的股权转让收入低于相同或类似条件下同一企业同一股东或其他股东股权转让收入的；

（4）申报的股权转让收入低于相同或类似条件下同类行业的企业股权转让收入的；

（5）不具合理性的无偿让渡股权或股份；

（6）主管税务机关认定的其他情形。

符合下列条件之一的股权转让收入明显偏低，视为有正当理由：

（1）能出具有效文件，证明被投资企业因国家政策调整，生产经营受到重大影响，导致低价转让股权；

（2）继承或将股权转让给其能提供具有法律效力身份关系证明的配偶、父母、子女、祖父母、外祖父母、孙子女、外孙子女、兄弟姐妹以及对转让人承担直接抚养或者赡养义务的抚养人或者赡养人；

（3）相关法律、政府文件或企业章程规定，并有相关资料充分证明转让价格合理且真实的本企业员工持有的不能对外转让股权的内部转让；

（4）股权转让双方能够提供有效证据证明其合理性的其他合理情形。

主管税务机关应依次按照下列方法核定股权转让收入：

（1）净资产核定法：股权转让收入按照每股净资产或股权对应的净资产份额核定。被投资企业的土地使用权、房屋、房地产企业未销售房产、知识产权、探矿权、采矿权、股权等资产占企业总资产比例超过20%的，主管税务机关可参照纳税人提供的具有法定资质的中介机构出具的资产评估报告核定股权转让收入。6个月内再次发生股权转让且被投资企业净资产未发生重大变化的，主管税务机关可参照上一次股权转让时被投资企业的资产评估报告核定此次股权转让收入。

（2）类比法：参照相同或类似条件下同一企业同一股东或其他股东股权转让收入核定；参照相同或类似条件下同类行业企业股权转让收入核定。

（3）其他合理方法：主管税务机关采用以上方法核定股权转让收入存在困难的，可以采取其他合理方法核定。

个人转让股权的原值依照以下方法确认：

（1）以现金出资方式取得的股权，按照实际支付的价款与取得股权直接相关的合理税费之和确认股权原值；

（2）以非货币性资产出资方式取得的股权，按照税务机关认可或核定的投资入股时非货币性资产价格与取得股权直接相关的合理税费之和确认股权原值；

（3）通过无偿让渡方式取得股权，具备《股权转让所得个人所得税管理办法（试行）》第十三条第2项所列情形的，按取得股权发生的合理税费与原持有人的股权原值之和确认股权原值；

（4）被投资企业以资本公积、盈余公积、未分配利润转增股本，个人股东已依法缴纳个人所得税的，以转增额和相关税费之和确认其新转增股本的股权原值；

（5）除以上情形外，由主管税务机关按照避免重复征收个人所得税的原则合理确认股权原值。

股权转让人已被主管税务机关核定股权转让收入并依法征收个人所得税的，该股权受让人的股权原值以取得股权时发生的合理税费与股权转让人被主管税务机关核定的股权转让收入之和确认。

个人转让股权未提供完整、准确的股权原值凭证，不能正确计算股权原值的，由主管税务机关核定其股权原值。对个人多次取得同一被投资企业股权的，转让部分股权时，采用“加权平均法”确定其股权原值。

个人股权转让所得个人所得税以被投资企业所在地地税机关为主管税务机关。

具有下列情形之一的，扣缴义务人、纳税人应当依法在次月 15 日内向主管税务机关申报纳税：

（1）受让方已支付或部分支付股权转让价款的；

（2）股权转让协议已签订生效的；

（3）受让方已经实际履行股东职责或者享受股东权益的；

（4）国家有关部门判决、登记或公告生效的；

（5）《股权转让所得个人所得税管理办法（试行）》第三条第 4 至第 7 项行为已完成的；

（6）税务机关认定的其他有证据表明股权已发生转移的情形。

纳税人、扣缴义务人向主管税务机关办理股权转让纳税（扣缴）申报时，还应当报送以下资料：

（1）股权转让合同（协议）；

（2）股权转让双方身份证明；

（3）按规定需要进行资产评估的，须提供具有法定资质的中介机构出具的净资产或土地房产等资产价值评估报告；

（4）计税依据明显偏低但有正当理由的证明材料；

（5）主管税务机关要求报送的其他材料。

被投资企业应当在董事会或股东会结束后 5 个工作日内，向主管税务机关报送与股权变动事项相关的董事会或股东会决议、会议纪要等资料。被投资企业发生个人股东变动或者个人股东所持股权变动的，应当在次月 15 日内向主管税务机关报送含有股东变动信息的《个人所得税基础信息表（A 表）》及股东变更情况说明。主管税务机关应当及时向被投资企业核实其股权变动情况，并确认相关转让所得，及时督促扣缴义务人和纳税人履行法定义务。

转让的股权以人民币以外的货币结算的，按照结算当日人民币汇率中间价，折算成人民币计算应纳税所得额。

税务机关应加强与工商部门合作，落实和完善股权信息交换制度，积极开展股权转让信息共享工作。税务机关应当建立股权转让个人所得税电子台账，将个人股东的相关信息录入征管信息系统，强化对每次股权转让间股权转让收入和股权原值的逻辑审核，对股权转让实施链条式动态管理。税务机关应当落实好国税部门、地税部门之间的信息交换与共享制度，不断提升股权登记信息应用能力。税务机关应当加强对股权转让所得个人所得税的日常管理和税务检查，积极推进股权转让各税种协同管理。纳税人、扣缴义务人及被投资企业未按照规定期限办理纳税（扣缴）申报和报送相关资料的，依照《税收征收管理法》及其实施细则有关规定处理。各地可通过政府购买服务的方式，引入中介机构参与股权转让过程中相关资产的评估工作。

个人在上海证券交易所、深圳证券交易所转让从上市公司公开发行和转让市场取得的上市公司股票，转让限售股，以及其他有特别规定的股权转让，不适用《股权转让所得个人所得税管理办法（试行）》。

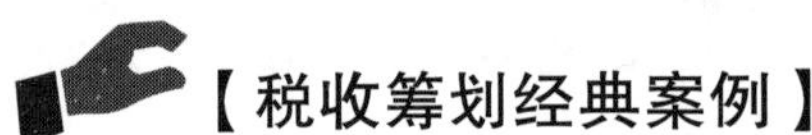

【税收筹划经典案例】

2008 年 1 月 1 日，甲、乙、丙三人成立一家有限责任公司，每人出资 1 000 万元，公司注册资本为 3 000 万元。但公司股东为甲、乙两人，丙不作为公司股东，实际是隐名股东。2022 年 1 月 1 日，丙想成为公司显名股东。已知 2021 年年底，公司资产负债表显示：公司资产总额为 8 000 万元，负债为 2 000 万元，所有者权益（即净资产）为 6 000 万元。在办理股权登记前，税务机关通知甲和乙需要缴纳个人所得税 200 万元。股权转让所得为 1 000 万元［（6 000 － 3 000）×1/3］，需缴纳个人所得税 200 万元（1 000×20%）。

【应对反避税策略】

从长期角度来看，当事人应当提前规划，让该有限责任公司常年亏损，降低所有者权益，这样就可以按照成本价转让股权，纳税额为 0。从短期角度来看，当事人可以通过信任的会计师事务所编制和审计资产负债表，适当降低所有者权益：4 － 3×1/3×20% ＝ 66.67（万元）。上述税收筹划思路都应当有一定的限度，即最好缴纳一定数额的个人所得税。如果是平价转让或者明显低价转让都会引起税务机关的反避税调查。

【法律法规依据】

（1）《中华人民共和国个人所得税法》（1980 年 9 月 10 日第五届全国人民代表大会第三次会议通过，2018 年 8 月 31 日第十三届全国人民代表大会常务委员会第五次会议第七次修正）。

（2）《中华人民共和国个人所得税法实施条例》（1994 年 1 月 28 日中华人民共和国国务院令第 142 号发布，2018 年 12 月 18 日中华人民共和国国务院令第 707 号第四次修订）。

（3）《股权转让所得个人所得税管理办法（试行）》（国家税务总局公告 2014 年第 67 号）。

13.2 宗庆后税案分析

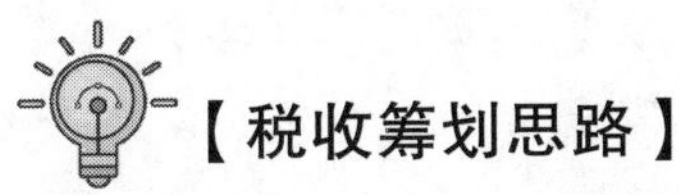

【税收筹划思路】

在中国境内有住所，或者无住所而一个纳税年度内在中国境内居住累计满一百八十三天的个人，从中国境内和境外取得的所得，都应当依照《个人所得税法》的规定缴纳个人所得税。在中国境内有住所的个人，是指因户籍、家庭、经济利益关系而在中国境内习惯性居住的个人。

个人所得的形式，包括现金、实物、有价证券和其他形式的经济利益；所得为实物的，应当按照取得的凭证上所注明的价格计算应纳税所得额，无凭证的实物或者凭证上所注明的价格明显偏低的，参照市场价格核定应纳税所得额；所得为有价证券的，根据票面价格和市场价格核定应纳税所得额；所得为其他形式的经济利益的，参照市场价格核定应纳税所得额。

个人将所得存放境外税收筹划的常用手段包括：①低价购买股权，取得股息，将劳务报酬转化为股息；股息的税负为 20%，劳务报酬的税负在 2019 年 1 月 1 日之前则可以接近 32%，在 2019 年 1 月 1 日以后可以接近 45%。②利用低价授予股权再高价收购，将劳务报酬转化为财产转让所得；财产转让所得的税负为 20%，劳务报酬的税负在 2019 年 1 月 1 日之前则可以接近 32%，在 2019 年 1 月 1 日以后可以接近 45%。③利用家庭成员获得所得，分散所得，降低相关税收负担。④将所得存放境外，通过瞒报的方式逃避中国的纳税义务。

【税收筹划经典案例】

2007年之前，娃哈哈集团董事长宗庆后一直自称“中国最廉价的CEO”。2007年8月，一名自称“税务研究爱好者”的举报人，实名举报宗庆后隐瞒巨额境内外收入，未如实申报个人所得税。国家税务总局收到举报后，迅速督促杭州地税局查办。2007年11月，杭州地税局稽查局正式立案。宗庆后于2007年10月突击补交了2亿多元的税款，使其成为中国一次补税最多的个人。

1996年，达能以及达能娃哈哈各合资企业与宗庆后签订了《服务协议》，达能将一些子公司的部分股权以1元/股的低价“奖励”给宗庆后。《服务协议》和《奖励股协议》对宗庆后的税务责任有明确约定，即宗庆后对自己的收入，要“负责在中国及其他地区的任何种类的税款、收费或征费”。

税务部门从达能获得的银行往来凭证显示，1996—2005年，宗庆后累计获得“服务费”842万美元；在“奖励股”安排中，达能将若干境外子公司的若干股权“奖励”给宗庆后，1996—2006年，宗庆后从这两家公司的股权分红中，累计获得资金1 100余万美元的奖励。

根据宗庆后本人的要求，这些资金都打入了在香港开立的多个银行账户，这些账户分别属于宗庆后本人、其妻施某、其女宗某，以及娃哈哈集团党委书记杜某，总金额约为7 100万元。

【应对反避税策略】

宗庆后避税失败的主要原因包括：第一，以个人名义取得所得，为日后税务机关的反避税调查留下了证据；第二，存放在香港银行，其与内地的关系及其公开性为税务机关反避税调查打开了方便之门；第三，仅做简单节税安排，没有为日后可能出现的反避税调查留出退路；第四，将个人收入信息置于商场合作伙伴之手，为日后的纷争和检举留下了隐患。严格来讲，宗庆后的行为属于偷税，已经超越了避税的范围。

宗庆后可以选择如下税收筹划方案：第一，在避税地（如英属维尔京群岛、百慕大、开曼群岛、萨摩亚、伯利兹、巴哈马等）设立海外公司，以公司的名义持股，公司取得股息，公司再转让股权获得股权转让所得，将个人劳务报酬转入境外公司，境外公司只要不分配股息，个人就不需要缴纳

个人所得税，而个人在境外的消费和投资可以由公司进行；第二，即使有部分所得需要以个人的名义取得，也应当依法纳税，或者存在保密制度比较完善的瑞士银行；第三，即使需要向他人提供汇款账户，也应当设置中转账户，在取得收入之后及时转移资金，避免将自己的开户信息泄漏给他人。

【法律法规依据】

（1）《中华人民共和国个人所得税法》（1980 年 9 月 10 日第五届全国人民代表大会第三次会议通过，2018 年 8 月 31 日第十三届全国人民代表大会常务委员会第五次会议第七次修正）。

（2）《中华人民共和国个人所得税法实施条例》（1994 年 1 月 28 日中华人民共和国国务院令第 142 号发布，2018 年 12 月 18 日中华人民共和国国务院令第 707 号第四次修订）。

13.3 陈发树税案分析

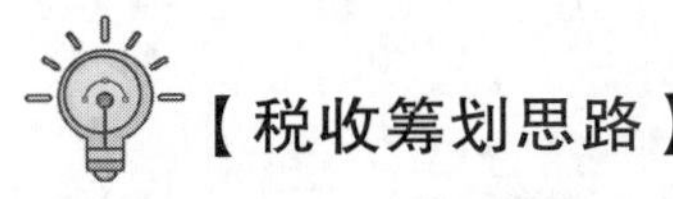

根据《财政部　国家税务总局关于个人转让股票所得继续暂免征收个人所得税的通知》（财税〔1998〕61 号）规定，个人转让境内上市公司股票所得继续免税。根据《企业所得税法》规定，企业转让上市公司股票所得需要缴纳 25% 的个人所得税。如果将企业持有的公司股票转让给个人，该公司再上市，然后再由个人转让上市公司股票，其所得就不需要缴纳个人所得税了。

根据《财政部　国家税务总局　证监会关于个人转让上市公司限售股所得征收个人所得税有关问题的通知》（财税〔2009〕167 号）、《财政部　国家税务总局　证监会关于个人转让上市公司限售股所得征收个人所得税有关问题的补充通知》（财税〔2010〕70 号）文件规定，自 2010 年 1 月 1 日起，上市公司股东转让限售股需要缴纳 20% 个人所得税。

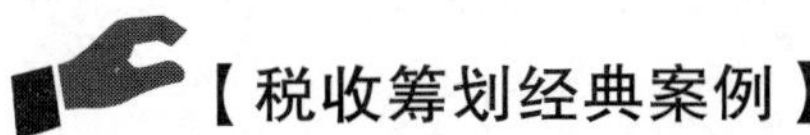

从紫金矿业上市招股说明书中查到，紫金矿业股份公司成立时，与陈发

树有关的3家公司持有紫金矿业的股份，即新华都实业股份有限公司出资2 602.15万元，持有1 729万股，占紫金矿业股份的18.2%，是第二大股东。新华都建设工程有限公司新华都工程出资1 000.83万元，持有665万股，占紫金矿业股份的7%，是第4大股东。新华都百货有限责任公司出资246.35万元，持有163.69万股，占紫金矿业股份的1.72%。

从招股说明书来看，紫金矿业成立之初陈发树个人并没有直接持有紫金矿业的股份。随着紫金矿业谋划A股上市，陈发树等人也谋划直接持有紫金矿业的股份。紫金矿业上市招股说明书披露，2007年2月5日，新华都工程有限责任公司、新华都百货有限责任公司以每股面值0.1元的价格合计转让给陈发树3.59亿股紫金矿业股份，陈发树总计支付转让款0.359亿元。于是，经过股份转让，紫金矿业股份就从新华都工程等法人名下转移到陈发树个人名下。

新华都工程以0.1元的面值转让给陈发树3.59亿股紫金矿业，同样以0.1元的面值转让给柯希平2.6亿股，新华都工程没有赚到一分钱，明知紫金矿业上市必然产生大幅溢价收益，赚取超额利润，新华都工程为何如此慷慨转让给陈发树和柯希平一个巨大的馅饼呢？

陈发树通过自己控制的新华都实业集团股份有限公司，持有新华都工程51%的股权；而柯希平是厦门恒兴集团有限公司的实际控制人，这家公司持有新华都工程49%的股权。

紫金矿业于2008年4月25日在A股上市，发行价为7.13元/股，陈发树等自然人股东持有的原始股票的限售期为1年。至2009年4月27日，紫金矿业49.2亿股解禁并在A股上市流通，当日最低的交易价格也高达9.18元/股。从2009年4月开始，陈发树几次减持紫金矿业股份，总计套现已接近40亿元。而仅在2009年4月至7月，陈发树前后两次减持紫金矿业股份总计约2.94亿股，套现27.3亿元，而成本仅仅是2 940万元，利润达27亿元。

如果陈发树出售的2.94亿股股票没有转让到其名下，变为自然人股票，仍然通过新华都工程有限责任公司等转让，27亿元的利润需要按照25%的企业所得税税率计算缴纳企业所得税，税额超过6.75亿元。公司缴纳企业所得税后，税后利润分配给自然人股东，自然人股东还要缴纳20%的个人所得税，假设全部分配，大约要缴纳4亿元个人所得税。但陈发树把法人股票转让为自然人股票后出售，不仅6亿多元企业所得税可以分文不缴，潜在的4亿元个人所得税也免去了。

随着以上税收筹划模式愈演愈烈，财政部和国家税务总局于2009年12月31日发布财税〔2009〕167号文件，对限售股开始征收20%个人所得税，对证券公司技术完备之前的股票，按限售股转让收入的 15% 核定限售股原值及合理税费，技术完备以后的股票则据实由证券公司扣缴个人所得税。

面对个人限售股征税，大小非个人股东纷纷寻求新的税收筹划方式。一是，在大小非解禁后，等待大盘低迷之时卖出股票，然后再买入，等到高价时再卖出。例如，限售股成本价为 1 元，如果股价上涨到 11 元时出售，此时每股所得为 10 元，需要缴纳 2 元个人所得税。如果等到股价跌至 2 元时出售并随后再买入，此时每股所得为 1 元，需要缴纳 0.2 元个人所得税。等到股价上涨到 11 元再出售，每股所得为 9 元，不需要缴纳个人所得税。

二是，利用 ETF 税收筹划。ETF 是指（Exchange Traded Fund），交易型开放式指数基金，又称交易所交易基金，是一种在交易所上市交易的开放式证券投资基金产品，交易手续与股票完全相同。投资者既可以向基金公司申购或赎回基金份额，又可以像封闭式基金那样在证券市场上按市场价格购买。但是向基金公司申购时只能通过该品种 ETF 基金所涉及的一揽子股票换取基金份额，赎回时以持有基金份额换取一揽子股票。

财税〔2009〕167 号文件只说售限售股获利需要缴纳个人所得税，但是并未说明用股票换基金，卖出基金获利需要缴税，这就为那些持有限售股的个人大小非提供了一个税收筹划通道。以中国平安为例，持有中国平安的个人大小非可以通过购买上证 50 除平安外的其他 49 只股票，然后将包括中国平安在内的一揽子 50 只股票拿去申购上证 50ETF 基金，再将这些基金售出，其成本大约在 3‰ 左右，售出后获利部分则不用缴纳个人所得税。2010 年，沪深两市共计有 9 只 ETF 基金，其中沪市 6 只，深市 3 只，涉及的成分股数百只之多，而这些成分股中很多都涉及机构、个人大小非，合计持有市值超过 1 000 亿元。依据上述模式，这些大小非都可以通过这种“借道”ETF 的方式实现税收筹划。

这种税收筹划方式又引起了财政部和国家税务总局的注意，2010 年 11 月 10 日，财政部和国家税务总局下发了《关于个人转让上市公司限售股所得征收个人所得税有关问题的补充通知》（财税〔2010〕70 号文件），规定：对具有下列情形的，应按规定征收个人所得税：个人用限售股认购或申购交易型开放式指数基金（ETF）份额。

由于限售股解禁缴纳的个人所得税由证券公司代扣代缴，而国家法律并没有限制必须在哪一个证券公司进行交易，因此各地财政部门盯上了这个所谓的“可流动财源”，纷纷出台财政返还政策，以吸引限售股到本地解禁，其中比较出名的是所谓“鹰潭模式”，根据税法的规定，地方税务机关征收的个人所得税，60% 要上缴中央财政，40% 归地方财政。而江西省鹰潭市政府2010年7月出台的《鼓励个人在鹰潭市辖区证券机构转让上市公司限售股的奖励办法》规定，如果个人限售股东愿意来本地营业部减持，政府可将限售股东减持个人所得税的地方实得部分的80%作为奖励再返还给纳税人。纳税人如果愿意将奖励全部留在鹰潭投资置业的话，还可按个人所得税地方实得部分的10%再奖励。

其运作模式如下：第一步，办理销户手续，即大小非持有者持本人有效身份证原件、深沪股东账户卡原件，到原开户证券营业部填写《撤销指定交易申请表》，办理股票转托管和撤销指定交易手续；第二步，在鹰潭市辖区内证券营业部开设新的营业部资金账户及第三方存管银行账户。

统计数据显示，2010年8月份以后，江西鹰潭市证券营业部突然崛起，从2010年年初至2010年11月24日，该营业部共计发生138笔大宗交易减持，涉及总成交金额超过34亿元，分属国盛证券鹰潭胜利西路营业部和国泰君安证券鹰潭环城西路营业部。

上述事实被媒体披露后，“鹰潭模式”声名鹊起，并迅速在江西省内被效法，萍乡、新余、景德镇、吉州等地区也开始对限售股转让实行优惠政策。此外，现在这一模式还复制到了其他省市，江苏、福建、西藏等地方政府和营业部也纷纷加入进来，抢食这块税源大“蛋糕”。

鹰潭市财税系统的知情人士曾向媒体透露，引进个人限售股东是鹰潭市政府2010年年初就定好的招商硬指标，市政府打算在当年招徕楼宇、总部企业以及个人转让上市公司限售股35家，争取纳税额上2亿元。任务下达后，政府专门抽调人员成立了办公室，市政府和相关部门的领导在双休日都会出去跑，到上海、北京、江浙一带找客会商，推广鹰潭对限售股转让的财政奖励政策。

【法律法规依据】

（1）《中华人民共和国个人所得税法》（1980年9月10日第五届全国人民代表大会第三次会议通过，2018年8月31日第十三届全国人民代表大会常务委员会第五次会议第七次修正）。

（2）《中华人民共和国个人所得税法实施条例》（1994年1月28日中华人民共和国国务院令第142号发布，2018年12月18日中华人民共和国国务院令第707号第四次修订）。

（3）《财政部　国家税务总局关于个人转让股票所得继续暂免征收个人所得税的通知》（财税〔1998〕61号）。

（4）《财政部　国家税务总局　证监会关于个人转让上市公司限售股所得征收个人所得税有关问题的通知》（财税〔2009〕167 号）。

（5）《财政部　国家税务总局关于个人转让上市公司限售股所得征收个人所得税有关问题的补充通知》（财税〔2010〕70 号文件）。

13.4 张大中税案分析

【税收筹划思路】

股权收购，收购企业购买的股权不低于被收购企业全部股权的 75%（2014 年 1 月 1 日以后为 50%），且收购企业在该股权收购发生时的股权支付金额不低于其交易支付总额的 85%，可以选择按以下规定处理：

被收购企业的股东取得收购企业股权的计税基础，以被收购股权的原有计税基础确定。收购企业取得被收购企业股权的计税基础，以被收购股权的原有计税基础确定。收购企业、被收购企业的原有各项资产和负债的计税基础和其他相关所得税事项保持不变。

企业发生上述股权收购业务，应准备以下资料：①当事方的股权收购业务总体情况说明，情况说明中应包括股权收购的商业目的；②双方或多方所签订的股权收购业务合同或协议；③由评估机构出具的所转让及支付的股权公允价值；④证明重组符合特殊性税务处理条件的资料，包括股权比例，支付对价情况，以及 12 个月内不改变资产原来的实质性经营活动和原主要股东不转让所取得股权的承诺书等；⑤工商等相关部门核准相关企业股权变更事项证明材料；⑥税务机关要求的其他材料。

个人转让公司股权可以先设计成一个比较复杂的公司转让股权的架构，然后再采取免税股权收购的交易模式即可暂时免缴所得税。

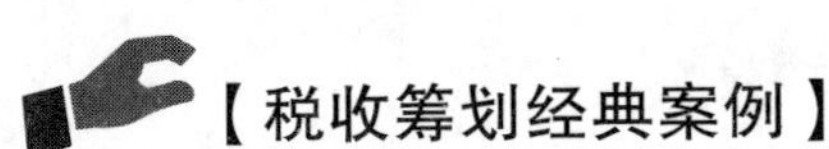

【税收筹划经典案例】

2007 年年底，张大中将大中电器的独家管理与经营权转让给国美电器，转让价格为 36.5 亿元。张大中由于转让大中电器股权，向市地税局一次性缴纳个人所得税达 5.6 亿元，比 2007 年度青海省全年的个人所得税税款 4.17 亿元还多 1 亿多元，也由此创下了国内一次性缴纳个人所得税最多的纪录。2008 年

张大中获得北京市纳税人的“最高奖项”——特别杰出贡献奖。请对张大中的纳税行为提出税收筹划方案。

张大中将其持有的大中电器股权（36.5 亿元）加 30% 现金（15.7 亿元）投资设立 A 公司（52.2 亿元），国美电器出资 36.5 亿元设立 B 公司，A 公司将其持有的大中电器股权换取国美电器持有的 B 公司股权，国美持有大中电器的股权，A 公司持有 B 公司股权，股权换股权，可按特殊税务处理，暂时免税。

【法律法规依据】

（1）《中华人民共和国企业所得税法》（2007 年 3 月 16 日第十届全国人民代表大会第五次会议通过，2017 年 2 月 24 日第十二届全国人民代表大会常务委员会第二十六次会议修改，2018 年 12 月 29 日第十三届全国人民代表大会常务委员会第七次会议第二次修正）。

（2）《中华人民共和国企业所得税法实施条例》（国务院 2007 年 12 月 6 日颁布，国务院令〔2007〕第 512 号，自 2008 年 1 月 1 日起实施，2019 年 4 月 23 日国务院令第 714 号修正）。

（3）《财政部　国家税务总局关于企业重组业务企业所得税处理若干问题的通知》（财政部　国家税务总局 2009 年 4 月 30 日发布，财税〔2009〕59 号）。

（4）《企业重组业务企业所得税管理办法》（国家税务总局公告 2010 年第 4 号）。

（5）《财政部　国家税务总局关于促进企业重组有关企业所得税处理问题的通知》（财税〔2014〕109 号）。

（6）《国家税务总局关于企业重组业务企业所得税征收管理若干问题的公告》（国家税务总局公告 2015 年第 48 号）。

13.5 平安保险税案分析

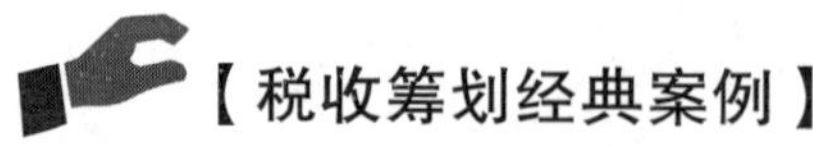

【税收筹划经典案例】

2007 年平安保险上市之前，由于个人不能成为上市保险公司的股东，所以将员工受益计划设计为法人持股，即：由新豪时公司和景傲实业这两家员工投资集合相关公司代表员工持股，股权架构为：平安保险员工——（新豪时公司、景傲实业公司）——平安保险上市公司。2010 年 4 月，首批平安保险限售股解禁，根据计算 1.9 万名平安保险员工平均每个人出售所持股票获利为 200 万元，但是出售股票的主体是新豪时公司和景傲公司，200 万元按照 25% 税率缴纳企业所得税后，只剩下 150 万元，分给员工的时候尚需要扣缴 20% 的个人所得税 30 万元，因此以出售股票获利为 200 万元为例，员工需要负担 80 万元的个人所得税，财富大幅缩水，受益打了六折。

此举引起而来平安保险员工的极大不满，他们高举着“我的股票我做主”的旗帜，在平安保险总部静坐，但是平安保险公司的说法却是，如果不是目前的股权结构，由于个人不能做上市保险公司的股东，员工连 120 万元的利润都得不到，正是由于公司的架构设计，才使得员工享受到公司上市的红利。

那么是否有其他更好的合理方式解决该问题呢?

第一，根据财税〔2009〕159 号文件规定，合伙企业是税收透明体，采取先分后税的原则，即：如果新豪时公司是合伙企业的话，只需要就 200 万元利润按照个体工商户生产经营所得代扣代缴个人所得税约 70 万元即可，25% 的企业所得税不需要缴纳。如果合伙企业不能持有上市保险公司股权，平安保险员工还可以采取从公司按月领取 800 元劳务报酬的方式每年领取 9 600 元劳务报酬，税负为 0；或者每月领取 2.5 万元劳务报酬（扣税 4 000 元，税负为 16%），每年领取 30 万元劳务报酬；如果动员平安保险的亲朋好友参与领取，则一年即可将 200 万元所得全部领出，纳税 32 万元。

第二，将新豪时公司、景傲实业公司等持股平台转移至免征企业所得税的税收洼地，上述持股平台转让平安保险股份取得的所得免纳企业所得税，平安员工从持股平台取得股息需要承担 20% 的个人所得税，综合税负率为 20%。

第三，保留新豪时公司、景傲实业公司等持股平台，平安员工将持股平台转移给其他主体，平安员工仅就股权转让所得承担 20% 的个人所得税，综合税负率为 20%。

【法律法规依据】

（1）《中华人民共和国个人所得税法》（1980 年 9 月 10 日第五届全国人民代表大会第三次会议通过，2018 年 8 月 31 日第十三届全国人民代表大会常务委员会第五次会议第七次修正）。

（2）《中华人民共和国个人所得税法实施条例》（1994 年 1 月 28 日中华人民共和国国务院令第 142 号发布，2018 年 12 月 18 日中华人民共和国国务院令第 707 号第四次修订）。

（3）《财政部　国家税务总局关于合伙企业合伙人所得税问题的通知》（财税〔2009〕159 号）。

13.6 四川双马发行股份购买资产案例分析

资产收购，受让企业收购的资产不低于转让企业全部资产的 75%（2014 年 1 月 1 日以后为 50%），且受让企业在该资产收购发生时的股权支付金额不低于其交易支付总额的 85%，可以选择按以下规定处理：转让企业取得受让企业股权的计税基础，以被转让资产的原有计税基础确定；受让企业取得转让企业资产的计税基础，以被转让资产的原有计税基础确定。

企业发生上述资产收购业务，应准备以下资料：①当事方的资产收购业务总体情况说明，情况说明中应包括资产收购的商业目的；②当事各方所签订的资产收购业务合同或协议；③评估机构出具的资产收购所体现的资产评估报告；④受让企业股权的计税基础的有效凭证；⑤证明重组符合特殊性税务处理条件的资料，包括资产收购比例，支付对价情况，以及 12 个月内不改变资产原来的实质性经营活动、原主要股东不转让所取得股权的承诺书等；⑥工商部门核准相关企业股权变更事项证明材料；⑦税务机关要求提供的其他材料证明。

企业在实行资产收购交易时尽量按照上述条件来设计，这样就可以享受暂时免税的优惠政策。

2008 年 9 月，四川双马（SZ.000935）发布重大重组预案公告称，公司将通过定向增发，向该公司的实际控制人拉法基中国海外控股公司（以下简称拉法基中国）发行 3.68 亿股 A 股股票，收购其持有的都江堰拉法基水泥有限公司（以下简称都江堰拉法基）50% 的股权。增发价 7.61 元 / 股。收购完成后，都江堰拉法基将成为四川双马的控股子公司。

都江堰拉法基成立时的注册资本为 8.57 亿元，其中都江堰市建工建材总公司的出资金额为 2.14 亿元，出资比例为 25%，拉法基中国的出资金额为 6.43 亿元，出资比例为 75%。

根据法律法规，拉法基中国承诺，本次认购的股票自发行结束之日起 36 个月内不上市交易或转让。

第一，业务的性质。

此项股权收购完成后，四川双马将达到控制都江堰拉法基的目的，因此符合财税〔2009〕59 号文规定的股权收购的定义。

第二，企业所得税政策的适用。

尽管符合控股合并的条件，尽管所支付的对价均为上市公司的股权，但由于四川双马只收购了都江堰拉法基的 50% 股权，没有达到 75% 的要求，因此应当适用一般性税务处理：

（1）被收购企业的股东：拉法基，应确认股权转让所得。

股权转让所得＝取得对价的公允价值－原计税基础

＝ 7.61×3.68 － 8.57×50% ＝ 23.73（亿元）

由于拉法基中国的注册地在英属维尔京群岛，属于非居民企业，因此其股权转让应纳的所得税为：23.73×10% ＝ 2.37（亿元）。

（2）收购方：四川双马取得（对都江堰拉法基）股权的计税基础应以公允价值为基础确定，即 28.01 亿元（7.61×3.68）。

（3）被收购企业：都江堰拉法基的相关所得税事项保持不变。

如果其他条件不变，拉法基中国将转让的股权份额提高到 75%，即转让其持有的全部都江堰拉法基的股权，那么由于此项交易同时符合财税〔2009〕59 号文规定的五个条件，因此可以选择特殊性税务处理：

（1）被收购企业的股东：拉法基中国，暂不确认股权转让所得。

（2）收购方：四川双马取得（对都江堰拉法基）股权的计税基础应以被收购股权的原有计税基础确定，即 4.28 亿元（8.57×50%）。

（3）被收购企业：都江堰拉法基的相关所得税事项保持不变。

可见，如果拉法基中国采用后一种方式，转让都江堰拉法基水泥有限公司 75% 的股权，则可以在当期避免 2.37 亿元的所得税支出。

【法律法规依据】

（1）《中华人民共和国企业所得税法》（2007 年 3 月 16 日第十届全国

人民代表大会第五次会议通过，2017 年 2 月 24 日第十二届全国人民代表大会常务委员会第二十六次会议修改，2018 年 12 月 29 日第十三届全国人民代表大会常务委员会第七次会议第二次修正）。

（2）《中华人民共和国企业所得税法实施条例》（国务院 2007 年 12 月 6 日颁布，国务院令〔2007〕第 512 号，自 2008 年 1 月 1 日起实施，2019 年 4 月 23 日国务院令第 714 号修正）。

（3）《财政部　国家税务总局关于企业重组业务企业所得税处理若干问题的通知》（财政部、国家税务总局 2009 年 4 月 30 日发布，财税〔2009〕59 号）。

（4）《企业重组业务企业所得税管理办法》（国家税务总局公告 2010 年第 4 号）。

（5）《财政部　国家税务总局关于促进企业重组有关企业所得税处理问题的通知》（财税〔2014〕109 号）。

（6）《国家税务总局关于企业重组业务企业所得税征收管理若干问题的公告》（国家税务总局公告 2015 年第 48 号）。

13.7 上海锦江国际酒店重大资产置换案例分析

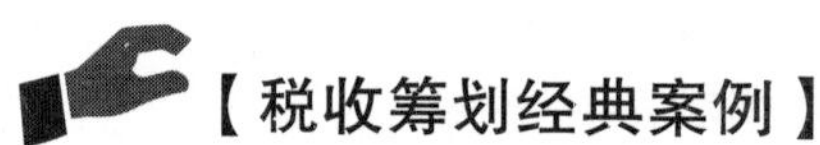

【税收筹划经典案例】

2010 年 5 月 14 日，上海锦江国际酒店发展股份有限公司（以下简称锦江股份）发布了《重大资产置换及购买暨关联交易报告书》，同上海锦江国际酒店（集团）股份有限公司（以下简称锦江酒店集团）进行了重大资产置换。交易的核心是本公司以星级酒店业务资产与锦江酒店集团的“锦江之星”经济型酒店业务资产进行置换，以达到专业经营的目的。

在本案例中锦江酒店集团以自己旗下锦江之星 71.225% 的股份、旅馆投资 80%、达华宾馆 99% 的股份，以及 3.39 亿元现金去收购锦江股份 11 家公司（其中两家分公司，9 家子公司）的权益，标的资产公允价值为 30.67 亿元，股权支付比例为 89%，超过了 85% 的股权支付比例；收购资产达到锦江股份的 95.32%，达到了 75% 的比例。

因此，锦江股份和锦江酒店（集团）的资产重组行为符合财税〔2009〕

59 号文特殊性税务处理条件，可以享受特殊性税务处理。如果锦江股份的重组不符合特殊性税务处理条件，重组双方需要缴纳企业所得税 9.3 亿元。

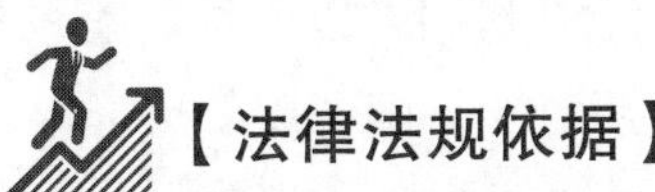

【法律法规依据】

（1）《中华人民共和国企业所得税法》（2007 年 3 月 16 日第十届全国人民代表大会第五次会议通过，2017 年 2 月 24 日第十二届全国人民代表大会常务委员会第二十六次会议修改，2018 年 12 月 29 日第十三届全国人民代表大会常务委员会第七次会议第二次修正）。

（2）《中华人民共和国企业所得税法实施条例》（国务院 2007 年 12 月 6 日颁布，国务院令〔2007〕第 512 号，自 2008 年 1 月 1 日起实施，2019 年 4 月 23 日国务院令第 714 号修正）。

（3）《财政部　国家税务总局关于企业重组业务企业所得税处理若干问题的通知》（财政部　国家税务总局 2009 年 4 月 30 日发布，财税〔2009〕59 号）。

（4）《企业重组业务企业所得税管理办法》（国家税务总局公告 2010 年第 4 号）。

（5）《国家税务总局关于企业重组业务企业所得税征收管理若干问题的公告》（国家税务总局公告 2015 年第 48 号）。

13.8 东方航空合并上海航空案例分析

【税收筹划思路】

企业合并，企业股东在该企业合并发生时取得的股权支付金额不低于其交易支付总额的 85%，以及同一控制下且不需要支付对价的企业合并，可以选择按以下规定处理：

（1）合并企业接受被合并企业资产和负债的计税基础，以被合并企业的原有计税基础确定。

（2）被合并企业合并前的相关所得税事项由合并企业承继。这些事项包括尚未确认的资产损失、分期确认收入的处理以及尚未享受期满的税收优惠政策承继处理问题等。

（3）可由合并企业弥补的被合并企业亏损的限额＝被合并企业净资产公允价值 × 截至合并业务发生当年年末国家发行的最长期限的国债利率。

（4）被合并企业股东取得合并企业股权的计税基础，以其原持有的被合并企业股权的计税基础确定。

同一控制，是指参与合并的企业在合并前后均受同一方或相同的多方最终控制，且该控制并非暂时性的。能够对参与合并的企业在合并前后均实施最终控制权的相同多方，是指根据合同或协议的约定，对参与合并企业的财务和经营政策拥有决定控制权的投资者群体。在企业合并前，参与合并各方受最终控制方的控制在 12 个月以上，企业合并后所形成的主体在最终控制方的控制时间也应达到连续 12 个月。

可由合并企业弥补的被合并企业亏损的限额，是指按《企业所得税法》规定的剩余结转年限内，每年可由合并企业弥补的被合并企业亏损的限额。

企业发生上述合并，应准备以下资料：①当事方企业合并的总体情况说明。情况说明中应包括企业合并的商业目的；②企业合并的政府主管部门的批准文件；③企业合并各方当事人的股权关系说明；④被合并企业的净资产、各单项资产和负债及其账面价值和计税基础等相关资料；⑤证明重组符合特殊性税务处理条件的资料，包括合并前企业各股东取得股权支付比例情况以及 12 个月内不改变资产原来的实质性经营活动、原主要股东不转让所取得股权的承诺书等；⑥工商部门核准相关企业股权变更事项证明材料；⑦主管税务机关要求提供的其他资料证明。

企业在合并时应尽量满足上述条件，这样就可以享受暂时免税的优惠政策。

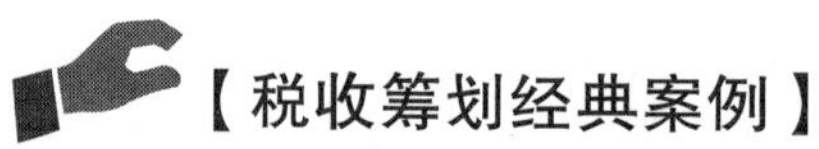

【税收筹划经典案例】

2009 年 12 月，东航发布《中国东方航空股份有限公司换股吸收合并上海航空股份有限公司报告书》，按照 5.28 元每股股票的股价定向增发 A 股，以购买上海航空公司的全部净资产，按照 1 ∶ 1.3 的换股比例向上海航空公司的股东换股吸收合并，该业务符合特殊性税务处理条件。

（1）该交易具有合理的商业目的。

（2）该交易属于依法合并。

（3）东航按照 1 ∶ 1.3 的换股比例换股吸收合并上海航空，同时按照 5.50 元 / 股，提供异议股东现金选择权，取得现金支付的股东属于东航非股权支付额。该项交易预计异议股东达不到总发行股份 15% 的比例，因此股权支付额应该超过 85%。

（4）吸收合并后，上海航空公司的资产继续从事民航运输，因此具有经营的连续性。

（5）吸收合并后，占股份 20% 以上的原主要股东，在 12 个月内不能转让股份，以保持权益的连续性。上海航空公司的原股东有两个超过 20% 的持股比例，分别为上海联合投资有限公司和锦江酒店（集团）有限公司。预计这两家企业在 12 个月内不会转让其取得的存续企业东航股份。

【法律法规依据】

（1）《中华人民共和国企业所得税法》（2007 年 3 月 16 日第十届全国人民代表大会第五次会议通过，2017 年 2 月 24 日第十二届全国人民代表大会常务委员会第二十六次会议修改，2018 年 12 月 29 日第十三届全国人民代表大会常务委员会第七次会议第二次修正）。

（2）《中华人民共和国企业所得税法实施条例》（国务院 2007 年 12 月 6 日颁布，国务院令〔2007〕第 512 号，自 2008 年 1 月 1 日起实施，2019 年 4 月 23 日国务院令第 714 号修正）。

（3）《财政部　国家税务总局关于企业重组业务企业所得税处理若干问题的通知》（财政部、国家税务总局 2009 年 4 月 30 日发布，财税〔2009〕59 号）。

（4）《企业重组业务企业所得税管理办法》（国家税务总局公告 2010 年第 4 号）。

（5）《国家税务总局关于企业重组业务企业所得税征收管理若干问题的公告》（国家税务总局公告 2015 年第 48 号）。

13.9 东北高速股份公司分立案例分析

【税收筹划思路】

企业分立，被分立企业所有股东按原持股比例取得分立企业的股权，分立企业和被分立企业均不改变原来的实质经营活动，且被分立企业股东在该

企业分立发生时取得的股权支付金额不低于其交易支付总额的85%，可以选择按以下规定处理：

（1）分立企业接受被分立企业资产和负债的计税基础，以被分立企业的原有计税基础确定。

（2）被分立企业已分立出去资产相应的所得税事项由分立企业承继。这些事项包括尚未确认的资产损失、分期确认收入的处理以及尚未享受期满的税收优惠政策承继处理问题等。

（3）被分立企业未超过法定弥补期限的亏损额可按分立资产占全部资产的比例进行分配，由分立企业继续弥补。

（4）被分立企业的股东取得分立企业的股权（以下简称新股），如需部分或全部放弃原持有的被分立企业的股权（以下简称旧股），新股的计税基础应以放弃旧股的计税基础确定。如不需放弃旧股，则其取得新股的计税基础可从以下两种方法中选择确定：直接将新股的计税基础确定为零；或者以被分立企业分立出去的净资产占被分立企业全部净资产的比例先调减原持有的旧股的计税基础，再将调减的计税基础平均分配到新股上。

企业发生上述分立，应准备以下资料：①当事方企业分立的总体情况说明。情况说明中应包括企业分立的商业目的；②企业分立的政府主管部门的批准文件；③被分立企业的净资产、各单项资产和负债账面价值和计税基础等相关资料；④证明重组符合特殊性税务处理条件的资料，包括分立后企业各股东取得股权支付比例情况以及12个月内不改变资产原来的实质性经营活动、原主要股东不转让所取得股权的承诺书等；⑤工商部门认定的分立和被分立企业股东股权比例证明材料；分立后，分立和被分立企业工商营业执照复印件；分立和被分立企业分立业务账务处理复印件；⑥税务机关要求提供的其他资料证明。

企业分立时应当尽量按照上述条件来设计分立方案，这样就可以享受暂时免税的优惠政策。

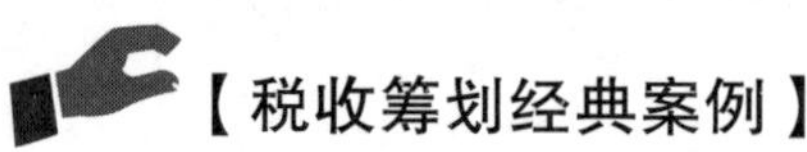

2010年2月26日，ST东北高在上海证券交易所终止上市，代之以分立后的两个上市公司：龙江交通和吉林高速。东北高速公路股份有限公司成立于1999年7月21日，由龙高集团、吉高集团、华建交通三家企业共同发起，由于大股东龙高集团、吉高集团、华建交通之间持股比例差距不大，均没有

绝对控股权，三方的利益始终无法协调，终发展成不可收拾的股东大战。为了解决公司治理结构形成的矛盾，2010 年东北高速进行了分立，其分立方案要点为：

（1）东北高速将分立为两家股份有限公司，即龙江交通和吉林高速。

（2）东北高速在分立日在册的所有股东，其持有的每股东北高速股份将转换为一股龙江交通的股份和一股吉林高速的股份。

（3）在此基础上，龙高集团将其持有的吉林高速的股份与吉高集团持有的龙江交通的股份互相无偿划转，上述股权划转是本次分立上市的一部分，将在分立后公司股票上市前完成，东北高速在分立完成后将依法办理注销手续。

东北高速的上市公司公告中声明同税务机关沟通后，本次分立符合财税〔2009〕59 号文特殊性税务处理条件，但从方案上看，显然不能满足被分立企业所有股东按原持股比例取得分立企业的股权条件。因此不应当享受特殊性税务处理，该企业存在重大税收风险。

【法律法规依据】

（1）《中华人民共和国企业所得税法》（2007 年 3 月 16 日第十届全国人民代表大会第五次会议通过，2017 年 2 月 24 日第十二届全国人民代表大会常务委员会第二十六次会议修改，2018 年 12 月 29 日第十三届全国人民代表大会常务委员会第七次会议第二次修正）。

（2）《中华人民共和国企业所得税法实施条例》（国务院 2007 年 12 月 6 日颁布，国务院令〔2007〕第 512 号，自 2008 年 1 月 1 日起实施，2019 年 4 月 23 日国务院令第 714 号修正）。

（3）《财政部　国家税务总局关于企业重组业务企业所得税处理若干问题的通知》（财政部、国家税务总局 2009 年 4 月 30 日发布，财税〔2009〕59 号）。

（4）《企业重组业务企业所得税管理办法》（国家税务总局公告 2010 年第 4 号）。

（5）《国家税务总局关于企业重组业务企业所得税征收管理若干问题的公告》（国家税务总局公告 2015 年第 48 号）。

13.10 青岛啤酒股权转让税案分析

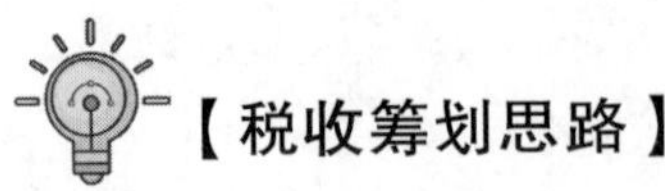

【税收筹划思路】

根据《企业所得税法实施条例》第七条规定，转让财产所得，不动产转让所得按照不动产所在地确定，动产转让所得按照转让动产的企业或者机构、场所所在地确定，权益性投资资产转让所得按照被投资企业所在地确定。因此，股权转让所得是否纳税关键是要看目标企业是否在中国境内，虽然是两个非居民企业之间的交易，但是由于标的股权是中国的居民企业，因此中国政府具有税收管辖权，这一点是毫无疑问的。难题在于税收征管问题，由于取得收入的一方与支付价款的一方均在境外，如何能够实现税款入库呢？

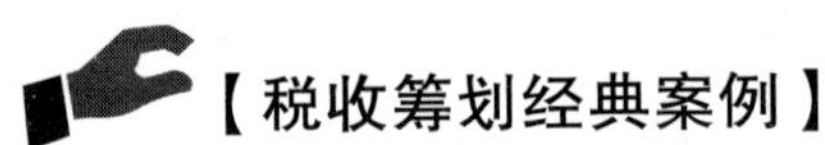

【税收筹划经典案例】

百威英博公司（Anheuser-Busch InBev）的香港全资子公司 A-B Jade Hong Kong Holding Company，Limited（以下简称 ABJ）2009 年 1 月 23 日与日本朝日啤酒株式会社签署股权转让协议，以每股 2.55 美元向朝日啤酒株式会社转让其持有的青岛啤酒股份有限公司（以下简称青啤）2.6 亿股 H 股股份（占青啤已发行总股本的 19.99%），买价共计 6.67 亿美元，2009 年 4 月 30 日完成交割；2009 年 5 月 7 日与中国香港居民陈发树签署股权转让协议，以每股 2.57 美元向陈发树转让其持有的青啤公司 9164 万股 H 股股份（占青啤已发行总股本的 7.01%），买价共计 2.35 亿美元，2009 年 6 月 5 日完成交割。

百威英博公司占境内企业股份已超过 25%，并且持有期限超过 12 月，我国内地对该股权转让所得拥有首先征税权，ABJ 应该就其股权转让所得在青啤企业所得税主管税务机关青岛市地税局市北分局申报缴纳企业所得税。百威英博公司却因纳税数额大财务资金紧张，应纳税款迟迟未缴入国库。因交易双方均为外国企业，国内没有开设资金账户，无法实施强制执行措施扣缴税款。青岛地税向普华发送了《税务事项通知书》，要求纳税人在 2009 年 6 月 15 日前缴纳税款，逾期按规定加征滞纳金，并明确了拟采取的包括媒体曝光等在内的进一步措施。

2009 年 7 月 1 日，普华代理申报缴纳了百威英博公司第一笔向日本朝日啤酒株式会社股权转让应纳企业所得税款 3.34 亿元。7 月 10 日，普华代理申报缴纳了百威英博公司第二笔向陈发树先生股权转让应纳企业所得税 1.18 亿元。至此，百威英博公司转让青啤股权应纳税款 4.52 亿元全部依法征缴入库。

【法律法规依据】

（1）《中华人民共和国企业所得税法》（2007 年 3 月 16 日第十届全国人民代表大会第五次会议通过，2017 年 2 月 24 日第十二届全国人民代表大会常务委员会第二十六次会议修改，2018 年 12 月 29 日第十三届全国人民代表大会常务委员会第七次会议第二次修正）。

（2）《中华人民共和国企业所得税法实施条例》（国务院 2007 年 12 月 6 日颁布，国务院令〔2007〕第 512 号，自 2008 年 1 月 1 日起实施，2019 年 4 月 23 日国务院令第 714 号修正）。

13.11 中国移动股权转让案例分析

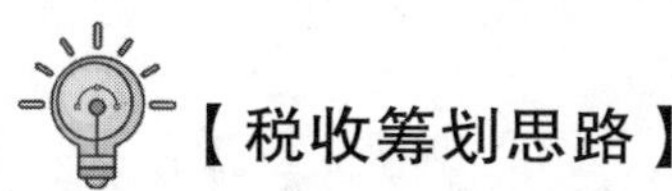

【税收筹划思路】

境外注册的中资控股企业（以下称境外中资企业）是指由中国境内的企业或企业集团作为主要控股投资者，在境外依据外国（地区）法律注册成立的企业。对于实际管理机构的判断，应当遵循实质重于形式的原则。

境外中资企业同时符合以下条件的，应判定其为实际管理机构在中国境内的居民企业，并实施相应的税收管理，就其来源于中国境内、境外的所得征收企业所得税：①企业负责实施日常生产经营管理运作的高层管理人员及其高层管理部门履行职责的场所主要位于中国境内；②企业的财务决策（如借款、放款、融资、财务风险管理等）和人事决策（如任命、解聘和薪酬等）由位于中国境内的机构或人员决定，或需要得到位于中国境内的机构或人员批准；③企业的主要财产、会计账簿、公司印章、董事会和股东会议纪要档案等位于或存放于中国境内；④企业 1/2（含 1/2）以上有投票权的董事或高层管理人员经常居住于中国境内。

来源于中国境内、境外的所得，按照以下原则确定：①销售货物所得，按照交易活动发生地确定；②提供劳务所得，按照劳务发生地确定；③转让财产所得，不动产转让所得按照不动产所在地确定，动产转让所得按照转让动产的企业或者机构、场所所在地确定，权益性投资资产转让所得按照被投资企业所在地确定；④股息、红利等权益性投资所得，按照分配所得的企业所在地确定；⑤利息所得、租金所得、特许权使用费所得，按照负担、支付所得的企业或者机构、场所所在地确定，或者按照负担、支付所得的个人的住所地确定；⑥其他所得，由国务院财政、税务主管部门确定。

【税收筹划经典案例】

2010年9月8日，酝酿已久的沃达丰出售中国移动（00941，HK）股权一事终于落定，沃达丰是英国的电信业巨头，也是中国移动主要的外资股东之一，持股数量为6.42亿股，占中国移动总股份的3.2%。8日，沃达丰向国际投行沃达丰以每股79.2港元至80港元的价格（较前一天收市价折让2.4%～3.4%）配售所持股份，据悉，参与配售的包括高盛、瑞银、摩根士丹利、汇丰等8家投行。出售所持的中国移动3.2%的股权，交易涉资超过509亿港元（66亿美元），净赚超过33亿美元。

沃达丰对中国移动的投资，已经有10年的历史。2000年沃达丰斥资25亿美元，购入中国移动2.5%的股份，每股平均作价为48港元，成为当时中资电信运营商迎来的第一个海外投资者。2002年，中国移动收购8省资产注入上市公司，沃达丰又斥资7.5亿美元增持，每股平均价为24.7港元。

香港中国移动虽然是注册在香港的上市公司，但是作为中国政府主导的红筹股上市公司，已经根据国税发〔2009〕82号文件，被认定为“境外注册中资控股”的居民企业，因此沃达丰转让香港中国移动股票，根据《企业所得税法实施条例》第七条规定，属于非居民企业来源于中国境内的所得，因此对于该项所得应该缴纳预提所得税。北京市国税局在国家税务总局的指导下，2010年10月27日将该笔21.96亿元税款顺利入库。成为中国第一笔和目前最大一笔外资减持“境外注册中资控股”的红筹股上市公司股权转让所得税。

【法律法规依据】

（1）《中华人民共和国企业所得税法》（2007年3月16日第十届全国

人民代表大会第五次会议通过，2017 年 2 月 24 日第十二届全国人民代表大会常务委员会第二十六次会议修改，2018 年 12 月 29 日第十三届全国人民代表大会常务委员会第七次会议第二次修正）。

（2）《中华人民共和国企业所得税法实施条例》（国务院 2007 年 12 月 6 日颁布，国务院令〔2007〕第 512 号，自 2008 年 1 月 1 日起实施，2019 年 4 月 23 日国务院令第 714 号修正）。

（3）《国家税务总局关于境外注册中资控股企业依据实际管理机构标准认定为居民企业有关问题的通知》（国税发〔2009〕82 号）。

13.12 关联企业转让定价反避税案例分析

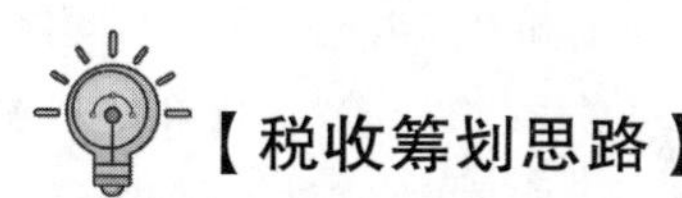

【税收筹划思路】

转让定价，也称转移定价，是指关联企业之间在转让货物、无形资产或提供劳务、资金信贷等活动中，为了一定的目的所确定的不同于一般市场价格的内部价格。关联企业之间转让定价的主要形式通常有购销货物（零部件、原材料和产成品）、购置设备（固定资产）、无形资产（专利、专有技术、商标、厂商名称等）转让与使用、提供劳务（技术、管理、广告、咨询等）、融通资金及有形资产的租赁等。在跨国经济活动中，利用关联企业之间的转让定价进行税收筹划已成为一种常见的税收逃避方法。其一般做法是：高税国企业向其低税国关联企业销售货物、提供劳务、转让无形资产时制定低价；低税国企业向其高税国关联企业销售货物、提供劳务、转让无形资产时制定高价。这样，利润就从高税国转移到低税国，从而达到最大限度地减轻其税负的目的。

关联方，是指与企业有下列关联关系之一的企业、其他组织或者个人：①在资金、经营、购销等方面存在直接或者间接的控制关系；②直接或者间接地同为第三者控制；③在利益上具有相关联的其他关系。企业与另一公司、企业和其他经济组织（统称另一企业）有下列之一关系的，即为关联企业：①相互间直接或间接持有其中一方的股份总和达到 25% 或以上的；②直接或间接同为第三者所拥有或控制股份达到 25% 或以上的；③企业与另一企业之间借贷资金占企业自有资金 50% 或以上，或企业借贷资金总额的 10% 是由另一企业担保的；④企业的董事或经理等高级管理人员一半以上或有一名常务董事是由另一企业所委派的；⑤企业的生产经营活动必须由另一企业提供的特许权利（包括工业产权、专有技术等）才能正常进行的；⑥企业生产经营购进原材料、零配件等（包括价格及交易条件等）是由另一企业所控制或供应的；⑦企业生产的产品或商品的销售（包括价格及交易条件等）是由另一企业所控制的；⑧对企业生产经营、交易具有实际控制的其他利益上相关联的关系，包括家族、亲属关系等。

企业与其关联方之间的业务往来，不符合独立交易原则而减少企业或者其关联方应纳税收入或者所得额的，税务机关有权按照合理方法调整。独立交易原则，是指没有关联关系的交易各方，按照公平成交价格和营业常规进行业务往来遵循的原则。企业与其关联方共同开发、受让无形资产，或者共同提供、接受劳务发生的成本，在计算应纳税所得额时应当按照独立交易原则进行分摊。合理方法包括：①可比非受控价格法，即按照没有关联关系的交易各方进行相同或者类似业务往来的价格进行定价的方法；②再销售价格法，即按照从关联方购进商品再销售给没有关联关系的交易方的价格，减除相同或者类似业务的销售毛利进行定价的方法；③成本加成法，即按照成本加合理的费用和利润进行定价的方法；④交易净利润法，即按照没有关联关系的交易各方进行相同或者类似业务往来取得的净利润水平确定利润的方法；⑤利润分割法，即将企业与其关联方的合并利润或者亏损在各方之间采用合理标准进行分配的方法；⑥其他符合独立交易原则的方法。

企业与其关联方之间的业务往来，不符合独立交易原则而减少企业或者其关联方应纳税收入或者所得额的，税务机关可以按照合理方法调整。关联企业之间的转让定价情形主要包括：①购销业务未按照独立企业之间的业务往来作价；②融通资金所支付或者收取的利息超过或者低于没有关联关系的企业之间所能同意的数额，或者利率超过或者低于同类业务的正常利率；③提供劳务，未按照独立企业之间业务往来收取或者支付劳务费用；④转让财产、提供财产使用权等业务往来，未按照独立企业之间业务往来作价或者收取、支付费用；⑤未按照独立企业之间业务往来作价的其他情形。

企业与其关联企业共同开发、受让无形资产，或者共同提供、接受劳务发生的成本，在计算应纳税所得额时应当按照独立交易原则进行分摊。企业可以按照独立交易原则与其关联方分摊共同发生的成本，达成成本分摊协议。企业与其关联方分摊成本时，应当按照成本与预期收益相配比的原则进行分摊，并在税务机关规定的期限内，按照税务机关的要求报送有关资料。企业与其关联方分摊成本时违反上述规定的，其自行分摊的成本不得在计算应纳税所得额时扣除。

【税收筹划经典案例】

大连市国税局在对该市外资企业的亏损情况进行调查时发现，大连某机电公司利用关联公司进行价格转移，长期制造亏损，使得税务部门无税可征。经过长达一年半的调查，大连市国税局在掌握大量确凿证据后，决定调增该公司应纳税收入 2.77 亿元，调增应纳税所得额 2.78 亿元，增补所得税近千万元。

一、年销售过亿元却连年亏损

自 1997 年成立以来，大连某机电公司的年销售收入一直在亿元以上，但是却长期亏损，没有所得税。不仅如此，该企业由于 90% 以上的产品出口给外方投资者，不仅没有增值税，还因为在国内采购了原材料，申请出口退税。

该企业主要产品广泛应用于工业、农业、国防、医院、商场、宾馆等领域。数据显示，世界上此类产品的年贸易额约为 35 亿美元，我国出口的比例占此类产品全球总产量的 20% 左右。而大连某机电公司的前身，是我国该行业最大的生产企业之一，称得上龙头企业。20 世纪 90 年代，由于企业冗员多、管理不善、资金周转不灵、负债高，企业陷入亏损。1997 年 4 月，他们和国外一家公司签了合资协议，成为一家合资企业。

合资企业当时的注册资金为 1 亿元人民币，中方以土地、厂房、设备等入股，而外方公司则以 5 000 万元资金分期注入合资企业，中外双方各占股份 50%。 但是，合资之后，大连某机电公司的亏损情况并未因外资的介入而有所好转。在两年小幅亏损之后，2000 年企业出现大幅亏损，合资的中方难以维持。2000 年 4 月， 在经历了 3 年的合资之后，中方股份被迫退出，外方公司全部收购了中方 5 000 万元的股份，大连某机电公司变成了独资企业。

虽然调查显示，大连某机电公司有技术、有市场，但是主管该企业的税务机关对其长期亏损感到很头疼。对他们进行的常规检查，发现不了问题，企业形象好，销售正规，内部管理严格，收入真实，账面清楚，但是税务人员也清楚地感到，这家企业的亏损值得怀疑。于是，税务部门在 2004 年 6 月，开始着手对该企业进行特别调查。

二、有钱不赚忙出口，财务报表有点怪

近年来，中国不少外资企业生产的产品，其技术、品牌都属于外方投资者，在中国的外资企业承担的只是加工的角色，赚的都是辛苦费，导致企业利润较低。大连某机电公司是不是属于这种情况呢？

税务机关的调查否定了这种推论。大连某机电公司在外方入主之后，管

理层发生了变化，企业的面貌也有了改善，产品质量提高了，企业的生产效率更高了。但是，外方并未对企业的技术改造进行任何实质性投入，工人们仍在原先的老厂房里生产着与原来类似的产品。可以说，合资公司在技术上吃的还是以前中方的“老本儿”，只是在销售上基本放弃了国内市场，绝大部分产品用于出口。

大连某机电公司不是一个单纯的组装厂，他们有自己的技术，一般而言，这类企业的利润率都会较高。但是这家企业却整体亏损，尤其毛利率格外低，有些蹊跷。在向该公司下达了转让定价调查通知书后，大连市国税机关正式开始了对这家企业的检查。在翻阅了这家公司的财务报表后，税务人员发现，毛利率较低，而且2001—2003年，毛利率竟然都是3%，“像刀切得一样齐”，与收入的大幅波动毫不相干。检查人员意识到，只有人为操纵价格时，才能出现如此绝对的数字。而以前反避税工作的经验告诉他们，关联交易确定交易价格时，可以人为确定价格而不需要完全借助于市场定价。另外，在调查中，税务人员还发现，该公司的产品中，90%出口给外方投资者，10%在国内市场上销售给非关联第三方。非关联的内销部分是赚钱的，关联的外销部分却是严重亏损的。国内市场存在一定的需求，为什么企业放着赚钱的内销生意不做，却非要去做赔钱买卖？显然，这里面也是大有文章的。

蛛丝马迹的线索随着调查的深入而变得越来越清晰。这更加坚定了检查人员一查到底的决心。现在，问题的关键就是寻找证据。该公司被外方接管后，账务系统用电脑管理。税务人员进去查账，公司只扔过来几本简单的手工账目，根本不把电脑中的明细账提供给税务人员，尽管税务人员依法有权要求企业提供。公司的财务总监是个外籍人士，他很傲慢地宣称：“这是商业机密，不能给你们。只有手工账目，（你们）爱要不要。”

那些手工账只是一些概括性的数据，过于简单。为了得到有价值的资料，检查人员采取严密分工、协同配合、全面出击的策略，扎到企业内部去了解情况、收集证据。按照重新制定的计划，税务人员又一次来到大连机电公司，每个人都有不同的分工，有的了解生产情况，有的找销售人员，有的找财务人员。企业一时搞不清楚税务人员的目的何在，看情形有点儿乱了阵脚。一时摸不到头脑的销售部门最先露出了破绽，他们“稀里糊涂”地将公司的销售明细账提供给了检查人员。

“这个资料非常珍贵，拿到时我们都不相信是真的！”调查小组的成员们感叹。正在检查人员感到看见了一线曙光的时候，新的麻烦又出现了。

三、大连、香港、投资方所在国自编自演“连环套”

为了进一步证实企业的销售情况，还必须取得另一个重要资料——企业

的销售合同。于是，新一轮较量开始了。“要合同做什么？”这次，企业的财务经理显然汲取了经验，显得相当谨慎。“我们想了解一下合同是怎样签的，执行条件是什么样的。”税务人员回答。“我们的合同是英文的，你们看不懂。”对方显然没有把中国税务人员放在眼里。“这一点不用你们操心。你们只需依照法律规定，提供应该提供的所有资料，包括销售合同。”检查人员心平气和地做着解释。看到无法推脱，财务经理只得向财务总监做了汇报。自视甚高的外籍财务总监显然低估了税务人员的能力，略做沉吟后答应了检查人员的要求。

在该公司相关人员的带领下，检查人员来到了档案库。该公司 90 多个主要客户，五六年的所有合同，整整齐齐排了一面墙。税务人员顺利地拿到了这些重要的原始证据。公司的外籍管理人员可能没有想到，税务机关的调查团队内可是藏龙卧虎，既有从英国学成归来的工商管理硕士，也有留学美国的国际注册会计师。事后，检查人员笑称：“看不懂英文文本？你就是日文、俄文、韩文、法文的文本又怎么样？不出大连，不出国税局，一样能‘拿下’。”

拿到合同后，虽然全部是英文，但是一位曾到英国奥斯特大学学习的税务人员一翻，很快就发现了一个关键问题。原来，合同的第一张，就是大连某机电公司与一家香港公司签订的销售合同。而这家香港公司，是其母公司在香港设立的。合同上面清楚地写明了货物的价格和购买的数量；合同的第二张，则是就同一批货物由香港公司与其他的国外公司签订的销售合同，而到这张合同上的价格却凭空高了 20%。

很显然，这就是关联价格和非关联价格。这就是大连机电公司利用关联公司进行价格转移的直接证据。在这位税务人员发现“香港公司”秘密的同时，从美国学成归来的另一位税务人员也在加紧分析从大连公司销售部门拿来的数据。经过紧张周密的工作，大连某机电公司利用关联公司税收筹划的情况逐渐清晰起来。

大连市国税局要求税务人员再接再厉，从各种角度证明大连某机电公司的税收筹划事实。不能有一点漏洞，要让他们心服口服。为此，办案人员又通过互联网，找到了在境外公开上市的外方投资者历年的财务报表。报表显示，该公司同类产品收入规模年均在几十亿美元，税后利润均达到了 10% 以上，有些年度高达 20%。这说明，该公司的业务盈利能力很强，常年亏损显然有悖常理。心中有数之后，沉稳机敏的税务人员耐心地与大连某机电公司的高层管理人员进行了交涉，终于让他们自己说出了母公司、香港公司及中国这家公司在经营上的角色定位。

原来，大连某机电公司的外销产品，表面上都是销售给香港的关联公司，但实质上，香港公司仅仅是个“壳公司”。母公司派人在大连某机电公司以香港公司的名义，与世界各地的非关联企业客户签订合同，产品由大连直接发往世界各地，资金结算则由母公司来完成。至此，关联交易中最重要问题之一，功能定性问题终于得以解决——大连某机电公司负责生产及销售的功能，实质上是“全能公司”；香港公司无任何工作职能，是用来存放利润的，是“壳公司”；母公司是真正的幕后操纵者，它不直接介入到产品生产和销售的任何环节。

为了清楚地反映利用关联定价税收筹划的过程，税务人员还做了一个多国税制环境分析模型，从税制角度证明该公司的税收筹划行为具有可操作性。从表面上看，两国三地中，投资方所在国所得税率最高，达26%，并且没有任何优惠；壳公司所在地香港次之，所得税税率为16%；生产厂的所在地，中国境内所得税最低，仅为10%，而且还有很多定期的减免优惠。通常来讲，中国境内应该是利润存放的最优选择。但是，该企业却逆向选择了香港，这是为什么呢？

原来，香港对贸易性离岸业务的利润是免税的。也就是说，只要合同签订不在香港、合同执行监督不在香港、货物不在香港停留，就可以申请免税。毫无疑问，投资方母公司正是利用了香港地区的这一规定，利用了这种在地域和管辖权上的盲点，通过关联交易把本应属于大连某机电公司的利润暗度陈仓，放在了香港，实施了税收筹划。

经过为时一年半之久的检查之后，迄今为止大连地区最大的一起反避税案件终于落下了帷幕。2005年年底，大连市国税局向大连某机电公司发出了转让定价调整应纳税收入通知书，决定调增该公司应纳税收入2.77亿元，调增应纳税所得额2.78亿元，增补所得税近千万元。在大量的事实面前，大连某机电公司对结果表示了认可。

【法律法规依据】

（1）《中华人民共和国企业所得税法》（2007年3月16日第十届全国人民代表大会第五次会议通过，2017年2月24日第十二届全国人民代表大会常务委员会第二十六次会议修改，2018年12月29日第十三届全国人民代表大会常务委员会第七次会议第二次修正）。

（2）《中华人民共和国企业所得税法实施条例》（国务院2007年12月6日颁布，国务院令〔2007〕第512号，自2008年1月1日起实施，2019年4月23日国务院令第714号修正）。

（3）《特别纳税调整实施办法（试行）》（国税发〔2009〕2 号）。

（4）《国家税务总局关于规范成本分摊协议管理的公告》（国家税务总局公告 2015 年第 45 号）。

（5）《国家税务总局关于完善关联申报和同期资料管理有关事项的公告》（国家税务总局公告 2016 年第 42 号）。

（6）《国家税务总局关于完善预约定价安排管理有关事项的公告》（国家税务总局公告 2016 年第 64 号）。

13.13 利用知识产权转移利润反避税案例分析

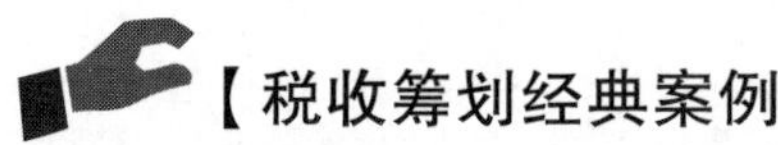

【税收筹划经典案例】

一、企业基本情况

C 有限公司广州分公司（简称广州分公司）是 C 有限公司（简称 C 公司）的分支机构。C 公司于 1992 年 3 月由 C 集团成员香港 C 企业有限公司与深圳 X 公司合作设立。1994 年成立了广州分公司，C 公司派员管理，独立核算，所得税在广州缴纳。

广州分公司从 1994 年开业至今，销售收入不断增长，1996—1999 年的销售收入保持在 5 亿多元。2000 年开始，销售收入大幅增长，达到 7 亿元，比 1999 年增长了 33.27%，以后各年销售收入稳定，在 7 亿～ 8 亿元之间。其中，2002 年和 2004 年度的销售收入分别达到 8.5 亿元、8.3 亿元。1996—2004 年销售收入累计达到 62.5 亿元，经营状况良好。但该公司利润始终维持在较低的水平，发展规模与获利能力不相匹配。除 1996 年和 2001 年的销售利润率达到 6% 以外，其余年度为 1.51% ～ 4.85%。虽然 2002 年为收入的高峰（达到 8.5 亿元），但销售利润率也只维持在 3.10%，1996—2004 年平均销售利润率只有 3.51%。

二、主要税收筹划疑点

广州市税务局通过调查认为，该公司销售费用占销售收入比例较大，1996—2004 年分别占销售收入的 14.38% ～ 20.10%。其中，各年商标使用费分别占销售费用的 29% ～ 54%。据统计，该公司 1996—2004 年计提商标使用费累计达到 4.8 亿元，而企业历年利润总额只有 2.7 亿元，计提的商标使用费占利润总额的 1.78 倍。

经调查，该公司在 1996 年 1 月 1 日将商标使用费计提标准由原来的按销售总额（含增值税）的3.5%调整至5%，1997年1月1日再次调整至7%。调整得比较随意，且没有提供相关的文件证明来说明提高计提比例的依据，由于该公司自1994年开业至1997年三次提高计提商标费的标准，使商标使用费占销售费用的比例不断提高。

从C集团网站下载的公司年度报告中显示，商标使用费的收取方是Y公司，该公司是C集团设立在开曼群岛专门用于授权使用商标专利权的公司，注册资本只有200美元。开曼群岛是国际上著名的避税港。因此，广州分公司存在通过提高商标使用费计提比例转移利润的税收筹划嫌疑，是调查的重点。

三、情况调查分析

针对上述情况，税务机关对广州分公司按照全部销售收入（含增值税额）的7%计提商标使用费的合理性进行了调查，发现其存在两方面的问题。

第一，计提比例不合理。

通过对广州分公司职能和风险的综合分析，广州分公司作为中国地区的实质管理机构，除负责广州地区的零售业务外，更主要的是负责该品牌成衣在全国的采购供货、批发等业务，负责全国广告宣传的策划和推广，负责全国业务协调有序地开展，负责在各地通过设立分公司或特许加盟店的形式发展业务，并对各地分公司和加盟商实施不同的管理和监督等一系列职能，同时承担了职能的全部风险。

广州分公司并非像企业解释的那样是一个单纯的分销服务提供商。C商标的价值如果有提升（或保持）的话，与被许可人（广州分公司）做出的努力和贡献是分不开的。但是，广州分公司在这个过程中，所有的营销支出从未得到回报。为此，广州市税务局认定广州分公司按7%支付商标使用费比例过高。此外，由于广州分公司计算商标使用费的口径为含增值税的销售收入，因此经换算的商标使用费实际计提标准为销售收入的8.19%，远高于表面上的7%。

第二，计提基数不合理。

广州分公司销售给C集团在外地分公司的货物，如出现退货情况，不是开具红字发票对冲，而是由外地的分公司开出增值税专用发票，以成本价返销给广州分公司，广州分公司在核算上将该货物作为存货处理并进行再次销售，同时按再次销售价格的7%重复计提商标使用费。此外，广州分公司销售给商场专柜按8折开具发票，但计提商标使用费时则按全额计提。该公司给予商场的折扣作为一种利益的让渡，是作为商场利润留在商场的。所以，广州分公司将该部分作为企业销售收入计提商标使用费显然是不合理的。

四、调整方案落实

在税务机关出示的证据面前，企业同意对商标使用费采用利润分割法进行调整。用于分割的利润是广州分公司实际计提的商标使用费 4.8 亿元。

广州市国税局通过 BVD 数据库[①]选取了 15 家与广州分公司业务近似的公司，营业利润率在 3.87% ～ 7.61% 之间，中位值是 6.43%。广州市国税局一方面用可比公司的中位值 6.43% 去测算广州分公司的常规利润，另一方面用广州分公司 1996 年按 5% 计提商标使用费后营业利润率仍然达到 6.01%，从而认定广州分公司的常规利润在 6.43% 左右比较合理。由于税企双方对选取可比企业仍然存在不同意见，企业坚持用国家统计局的行业中位值 4.78% 设定为常规利润率，在税企双方各自做出让步的情况下，最后将企业 1997—2004 年度的常规利润率定在 6%。

考虑到广州分公司 1996 年的营业利润率（6.01%）已达到常规利润水平，拟对 1996 年暂不做调整。对企业 1997—2004 年尚未达到常规利润的年度进行调整。在保证广州分公司取得应有的常规利润后，余下的剩余利润作为超额利润在广州分公司与境外公司之间根据各自职能和贡献的大小进行分割。1997—2004 年共调增应纳税所得额 2 亿多元，补缴企业所得税 6 000 多万元，调整后 1997—2004 年度的平均利润率为 7.5%。

【法律法规依据】

（1）《中华人民共和国企业所得税法》（2007 年 3 月 16 日第十届全国人民代表大会第五次会议通过，2017 年 2 月 24 日第十二届全国人民代表大会常务委员会第二十六次会议修改，2018 年 12 月 29 日第十三届全国人民代表大会常务委员会第七次会议第二次修正）。

（2）《中华人民共和国企业所得税法实施条例》（国务院 2007 年 12 月 6 日颁布，国务院令〔2007〕第 512 号，自 2008 年 1 月 1 日起实施，2019 年 4 月 23 日国务院令第 714 号修正）。

（3）《特别纳税调整实施办法（试行）》（国税发〔2009〕2 号）。

（4）《国家税务总局关于规范成本分摊协议管理的公告》（国家税务总局公告 2015 年第 45 号）。

（5）《国家税务总局关于完善关联申报和同期资料管理有关事项的公告》（国家税务总局公告 2016 年第 42 号）。

---

① Bureau van Dijk（简称 BVD）是欧洲著名的全球金融与企业资信分析数据库电子提供商。BVD 为各国政府金融监管部门、银行与金融机构、证券投资公司等提供国际金融与各国宏观经济走势分析等专业数据。

（6）《国家税务总局关于完善预约定价安排管理有关事项的公告》（国家税务总局公告 2016 年第 64 号）。

13.14 资产定价模型反避税案例分析

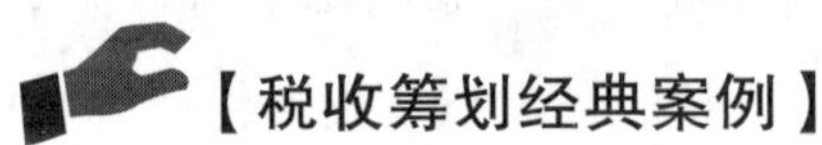
【税收筹划经典案例】

2010 年 12 月，境外企业某集团公司 1 100 万元税款顺利缴入国库，大连市国税局首次运用“资产定价模型”计算追缴股权转让税款取得了成功。据了解，这是中国完整运用“收益法”进行股权转让反避税调整的第一案，是反避税领域运用经济分析方法的一个新突破。

2010 年年初，一则美国跨国集团收购境外某知名企业集团公司并整合内部生产结构的网络信息，引起了大连开发区国税局反避税人员的关注。根据以往的工作经验，跨国公司旗下企业的股权关系复杂，整合结果牵一发而动全身。该集团公司在大连投资多家企业，存在着股权转让的可能。大连开发区国税局立即启动反避税机制，最终确定了该集团公司下属的四家企业存在股权转让行为。

在确认了股权转让行为的事实后，反避税人员又遇到了新的难题。股权转让行为的发生并不必然代表股权转让收益的存在，尤其是企业集团内部之间的股权转移，如何确认税收上的境外企业股权转让收益，是谈判中面对的一道难关。

在谈判中，该集团公司认为其股权转让收益应为转让价格减去转让成本，即以董事会决议中确认的股权转让价格（账面价值）为基础。税务机关认为，虽然是集团内部整合发生股权转让，但平价或低价转让不符合中国税法规定的独立交易原则，应该按照公允价值予以调整。该境外集团公司为上市公司，税务人员首先选择采用市盈率指标计算价值，但企业认为境外集团公司的市盈率无法反映境内公司的实际情况，而境内公司又不是上市公司，很难寻找到可比企业。在双方谈判僵持不下的情况下，大连市国税局反避税人员果断地将视线转向了“资产定价模型”，利用评估无形资产价值的“收益法”来计算股权转让所得。

收益法就是通过估算评估对象未来预期收益的现值来判断资产价值，确定企业在现实市场的公平市场价值。这种办法虽然是国际惯例，但在大连市

乃至中国税务系统都是首次实际运用。大连市国税局采取了十分谨慎的态度，反复论证其合理性。在计算过程中主要考虑三个变量，即评估对象的预期收益、折现率和取得预期收益的持续时间，这三个因素的确定是收益法的核心。税务机关科学合理的办法获得了企业的认可，该集团公司最终依据法律规定将 2008 年以后的股权转让价格进行了调整并缴纳了税款。

以往的企业价值评估，税务机关多是借助中介机构出具的评估报告，在谈判中并不占据主动地位，对评估的数据很难提出反驳的意见。采用收益法后，税务机关掌握整个评估测算过程，在谈判中始终处于主导地位，不容易为中介机构的数据所左右。收益法是国际上通行的评估无形资产价值方法，这种评估方法容易被跨国公司接受。运用好这一方法，反避税调查人员必须熟练掌握经济分析和财务分析技术。随着反避税工作领域的不断拓展，反避税案件不仅局限于购销业务，越来越多的案件涉及无形资产和股权的评估。这对反避税工作人员的素质提出了更高要求。如何按照税务总局反避税工作的部署和要求，并借鉴其他国家的做法，尽快建立一支适应反避税工作要求的经济分析师团队，将是摆在我们面前的一项迫切工作任务。

大连市国税局在转让定价调查中运用“资产定价模型”计算追缴税款的案例，得到国家税务总局的肯定，并评价此案是完整运用“收益法”进行股权转让调整的第一案。“收益法”作为无形资产转让定价调整的主要方法之一，应在中国进一步推广使用。此案在经济分析方面的探索对全国反避税工作起着典范和带头作用。

【应对反避税策略】

转让定价反避税所针对的对象是关联企业，因此，企业应对转让定价反避税的策略之一就是避免成为关联企业。这就需要充分运用避税港、信托等方式构建比较复杂的股权结构，从而避免被认定为关联企业。

应对转让定价反避税调查的另外一种方式就是预约定价安排，它是指企业就其未来年度关联交易的定价原则和计算方法，向税务机关提出申请，与税务机关按照独立交易原则协商、确认后达成的协议。企业可以向税务机关提出与其关联方之间业务往来的定价原则和计算方法，税务机关与企业协商、确认后，达成预约定价安排。在企业向税务机关提出预约定价安排请求后，可以根据以下步骤加以实施：①预备阶段，税务机关和纳税人召开预备会议讨论预先定价安排是否适当，以及达成协议所需的分析范围；②正式申请的提交，如果税企双方初步认为预先定价安排可行，纳税人就应在会晤准备后向有关税务机关提出书面申请；③审核与评估，税务机关收到纳税人提交的正式申请及所需文件资料，向纳税人及其税务代理提出质询，并形成审核评估报告；④磋商，税企双方就职能与风险、可比定价信息、关键假设、转让定价方法及公平交易值域等与预先定价安排有关问题的分歧进行相互沟通、论证，达成共识，并形成预先定价安排草案；⑤预先定价安排的签订；⑥执行与跟踪监控。

2005 年 4 月 19 日在北京由中日两国税务主管当局就东芝复印机（深圳）有限公司双边预约定价安排事宜正式签署了有关协议，9 月 9 日深圳市地税局与东芝复印机（深圳）有限公司签署预约定价安排。这是我国首例双边预约定价安排。2007 年 4 月 20 日，沃尔玛集团在华九家子公司与国家税务总局在深圳市地税局签署了双边预约定价安排。这是中美首例双边预约定价安排。2007 年 12 月 20 日，苏州工业园区国家税务局与三星电子（苏州）半导体有限公司签署了苏州工业园区国家税务局与三星电子（苏州）半导体有限公司双边预约定价安排。这是中韩两国之间的第一例预约定价安排，是中韩两国税务局真诚合作的结果。

【法律法规依据】

（1）《中华人民共和国企业所得税法》（2007 年 3 月 16 日第十届全国人民代表大会第五次会议通过，2017 年 2 月 24 日第十二届全国人民代表大会常务委员会第二十六次会议修改，2018 年 12 月 29 日第十三届全国人民代表大会常务委员会第七次会议第二次修正）。

（2）《中华人民共和国企业所得税法实施条例》（国务院 2007 年 12 月 6 日颁布，国务院令〔2007〕第 512 号，自 2008 年 1 月 1 日起实施，2019 年 4 月 23 日国务院令第 714 号修正）。

（3）《特别纳税调整实施办法（试行）》（国税发〔2009〕2 号）。

（4）《国家税务总局关于规范成本分摊协议管理的公告》（国家税务总局公告 2015 年第 45 号）。

（5）《国家税务总局关于完善关联申报和同期资料管理有关事项的公告》（国家税务总局公告 2016 年第 42 号）。

（6）《国家税务总局关于完善预约定价安排管理有关事项的公告》（国家税务总局公告 2016 年第 64 号）。

13.15 向关联免税企业转移利润反避税案例分析

【税收筹划思路】

根据税法规定，一些企业在特定期间可以享受免税待遇。企业可以通过设立享受免税待遇的企业并将应税所得转入该免税企业享受免税待遇。

在 2008 年《企业所得税法》实施之前，享受免税待遇的企业比较多，在 2008 年以后，享受免税待遇的企业比较少，目前主要包括以下几种类型：

（1）对经济特区和上海浦东新区内在 2008 年 1 月 1 日（含）之后完成登记注册的国家需要重点扶持的高新技术企业（简称新设高新技术企业），在经济特区和上海浦东新区内取得的所得，自取得第一笔生产经营收入所属纳税年度起，第一年至第二年免征企业所得税，第三年至第五年按照 25% 的法定税率减半征收企业所得税。经济特区和上海浦东新区内新设高新技术企业同时在经济特区和上海浦东新区以外的地区从事生产经营的，应当单独计算其在经济特区和上海浦东新区内取得的所得，并合理分摊企业的期间费用；没有单独计算的，不得享受企业所得税优惠。

（2）国家鼓励的重点集成电路设计企业和软件企业，自获利年度起，第一年至第五年免征企业所得税，接续年度减按 10% 的税率征收企业所得税。

（3）国家鼓励的集成电路线宽小于 28 纳米（含），且经营期在 15 年以上的集成电路生产企业或项目，第一年至第十年免征企业所得税；国家鼓励的集成电路线宽小于 65 纳米（含），且经营期在 15 年以上的集成电路生产企业或项目，第一年至第五年免征企业所得税，第六年至第十年按照 25% 的法定税率减半征收企业所得税；国家鼓励的集成电路线宽小于 130 纳米（含），且经营期在 10 年以上的集成电路生产企业或项目，第一年至第二年免征企业所得税，第三年至第五年按照 25% 的法定税率减半征收企业所得税。

（4）国家鼓励的集成电路设计、装备、材料、封装、测试企业和软件企业，自获利年度起，第一年至第二年免征企业所得税，第三年至第五年按照 25% 的法定税率减半征收企业所得税。

（5）我国境内新办的集成电路设计企业和符合条件的软件企业，经认定后，在 2017 年 12 月 31 日前自获利年度起计算优惠期，第一年至第二年免征企业所得税，第三年至第五年按照 25% 的法定税率减半征收企业所得税，并

享受至期满为止。

（6）非营利组织的下列收入为免税收入：接受其他单位或者个人捐赠的收入；除《企业所得税法》第七条规定的财政拨款以外的其他政府补助收入，但不包括因政府购买服务取得的收入；按照省级以上民政、财政部门规定收取的会费；不征税收入和免税收入滋生的银行存款利息收入；财政部、国家税务总局规定的其他收入。

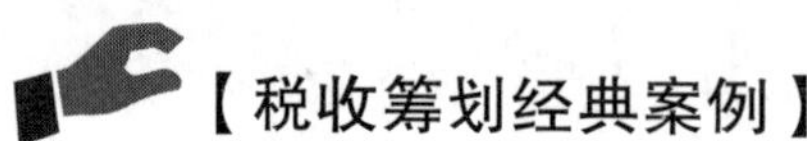

【税收筹划经典案例】

北京市国家税务局稽查局于2007年6月14日至2007年10月25日对北京A税务师事务所有限公司（简称A公司）2002年5月至2006年12月31日的纳税情况进行了检查，发现A公司利用所控制的多家公司，将取得的劳务收入转移到互为关联的免税企业，共计转移应税收入810万元。

2006年6月，A公司协同北京B信息咨询有限责任公司（简称B公司）与甲公司签订代理业务协议书，同年7月出具加盖“北京A税务师事务所有限公司”印章的审计报告，共取得业务收入480万元，将其中460万元转移到B公司。

2004年11月16日，A公司协同北京某投资有限公司信息咨询分公司（简称C咨询分公司）与乙公司签订办理核销历史欠税业务的代理协议书，当日由C咨询分公司将预收款200万元作收入并开具发票。由于合同未履行，又于2006年1月协同北京某投资有限公司某区信息咨询分公司（简称D咨询分公司）与乙公司重新签订协议书。直至同年8月才由C咨询分公司退还乙公司预收的150万元，并将余款50万元转入B公司，由B公司作收入并出具发票。在此期间，一直由A公司委派本单位员工负责该项代理业务的实施。

2006年6月1日，A公司与丙公司签订代理协议书，6月15日由B公司收取150万元并出具了300万元的发票，同时作收入300万元。2006年12月26日，A公司协同B公司与丙公司签订三方协议书后，由B公司收取余款150万元。在此期间，一直由A公司委派本单位员工负责该项代理业务的实施。

现已查明A公司与B公司、C咨询分公司、D咨询分公司都为同一法人，在资金、业务经营等方面，存在直接或者间接的拥有或者控制关系，互为关联企业。其中B公司在2006年期间为免税企业，A公司利用对其的实质控制权，将自己的收入转移到免税公司欲以逃税，转移收入合计810万元。实际应调增应纳税所得额 7 654 500 元。

【应对反避税策略】

本案税收筹划失败的原因有两个：第一，未隔断 A 公司与 B 公司的关联关系；第二，未由 B 公司实际提供劳务。如果企业想享受免税待遇，应当设立免税公司，并由免税公司来实际提供劳务。不能由其他公司提供劳务，而由免税公司取得收入。此时的免税公司就成了一个收钱公司，这是非常明显的税收筹划行为，极易为税务机关察觉。企业在设立免税公司时，为了避免被认定为关联企业，应当对照关联企业的标准，在资金、人员等方面隔断二者之间的关联关系。

【法律法规依据】

（1）《国务院关于经济特区和上海浦东新区新设立高新技术企业实行过渡性税收优惠的通知》（国发〔2007〕40 号）。

（2）《财政部　国家税务总局关于企业所得税若干优惠政策的通知》（财税〔2008〕1 号）。

（3）《特别纳税调整实施办法（试行）》（国税发〔2009〕2 号）。

（4）《国家税务总局关于规范成本分摊协议管理的公告》（国家税务总局公告 2015 年第 45 号）。

（5）《国家税务总局关于完善关联申报和同期资料管理有关事项的公告》（国家税务总局公告 2016 年第 42 号）。

（6）《国家税务总局关于完善预约定价安排管理有关事项的公告》（国家税务总局公告 2016 年第 64 号）。

（7）《财政部　国家税务总局关于非营利组织企业所得税免税收入问题的通知》（财税〔2009〕122 号）。

（8）《财政部　国家税务总局　国家发展改革委　工业和信息化部关于促进集成电路产业和软件产业高质量发展企业所得税政策的公告》（财政部　国家税务总局　发展改革委　工业和信息化部公告 2020 年第 45 号）。

13.16 新加坡公司间接转让境内股权反避税案例分析

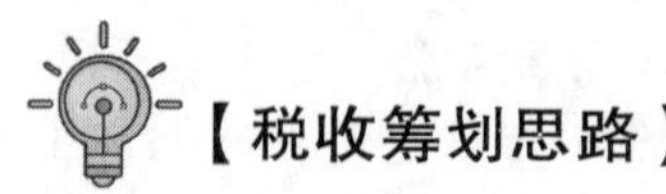

【税收筹划思路】

《企业所得税法实施条例》第七条规定，来源于中国境内、境外的所得，按照以下原则确定：①销售货物所得，按照交易活动发生地确定；②提供劳务所得，按照劳务发生地确定；③转让财产所得，不动产转让所得按照不动产所在地确定，动产转让所得按照转让动产的企业或者机构、场所所在地确定，权益性投资资产转让所得按照被投资企业所在地确定；④股息、红利等权益性投资所得，按照分配所得的企业所在地确定；⑤利息所得、租金所得、特许权使用费所得，按照负担、支付所得的企业或者机构、场所所在地确定，或者按照负担、支付所得的个人的住所地确定；⑥其他所得，由国务院财政、税务主管部门确定。

外商投资企业中的外方股东如果要转让其在外商投资企业的股权，根据上述规定的第4项，应当认定为来自中国境内的所得，应当在中国缴纳企业所得税。但如果外方股东先在中国境外设立子公司，由该子公司持有外商投资企业的股权，然后再将该子公司的股权转让，此时，由于被转让的公司位于中国境外，中国对该笔所得没有征税权。例如，法国A公司在中国香港设立B公司，B公司持有中国境内C公司股权，A公司将B公司的股权转让给D公司，相当于将C公司的股权转让给D公司，此时，由于被转让公司是中国香港的B公司，中国境内对A公司的股权转让所得没有征税权。这种税收筹划方案被称为间接转让中国境内企业股权。

《特别纳税调整实施办法（试行）》（国税发〔2009〕2号）第九十四条规定，税务机关应按照经济实质对企业的税收筹划安排重新定性，取消企业从税收筹划安排获得的税收利益。对于没有经济实质的企业，特别是设在避税港并导致其关联方或非关联方税收筹划的企业，可在税收上否定该企业的存在。

《国家税务总局关于非居民企业间接转让财产企业所得税若干问题的公告》（国家税务总局公告2015年第7号）规定，非居民企业通过实施不具有合理商业目的的安排，间接转让中国居民企业股权等财产，规避企业所得税纳税义务的，应按照《企业所得税法》第四十七条的规定，重新定性该间接转让交易，确认为直接转让中国居民企业股权等财产。中国居民企业股权等财产，是指非居民企业直接持有，且转让取得的所得按照中国税法规定，应在中国缴纳企业所得税的中国境内机构、场所财产，中国境内不动产，在中国居民企业的权益性投资资产等（以下称中国应税财产）。间接转让中国应税财产，是指非居民企业通过转让直接或间接持有中国应税财产的境外企业（不含境外注册中国居民企业，以下称境外企业）股权及其他类似权益（以下称股权），产生与直接转让中国应税财产相同或相近实质结果的交易，包括非居民企业重组引起境外企业股东发生变化的情形。间接转让中国应税财产的非居民企业称股权转让方。

判断合理商业目的，应整体考虑与间接转让中国应税财产交易相关的所有安排，结合实际情况综合分析以下相关因素：

（1）境外企业股权主要价值是否直接或间接来自中国应税财产；

（2）境外企业资产是否主要由直接或间接在中国境内的投资构成，或其取得的收入是否主要直接或间接来源于中国境内；

（3）境外企业及直接或间接持有中国应税财产的下属企业实际履行的功能和承担的风险是否能够证实企业架构具有经济实质；

（4）境外企业股东、业务模式及相关组织架构的存续时间；

（5）间接转让中国应税财产交易在境外应缴纳所得税情况；

（6）股权转让方间接投资、间接转让中国应税财产交易与直接投资、直接转让中国应税财产交易的可替代性；

（7）间接转让中国应税财产所得在中国可适用的税收协定或安排情况；

（8）其他相关因素。

税务机关根据上述制度可以否定 B 公司的存在，从而认为，A 公司实际上转让的是 C 公司的股权，而 C 公司是中国企业，因此，A 公司的股权转让所得应当在中国纳税。

【税收筹划经典案例】

新加坡 A 公司持有新加坡 B 公司 100% 的股权，新加坡 B 公司持有重庆合资公司 C 公司 31.6% 的股权，现在 A 公司将其持有的 B 公司的股权转让给 D 公司。由于 B 公司位于新加坡，应当认为该笔股权转让所得来源于新加坡，中国对该笔所得没有征税权。

新加坡 A 公司通过转让为控制重庆合资公司权益而在新加坡成立的中间控股公司的股权，以达到转让其在重庆合资公司的权益性投资的目的。由于目标公司（B 公司）是一家新加坡公司，而且有关股权转让交易并未涉及对重庆合资公司（C公司）股权的任何直接转让，所以从技术上来讲，该交易的转让所得并不是来源于中国，无须在中国缴纳预提所得税。然而，重庆国税则作出了不同的分析与结论：

首先，目标公司除在转让时持有重庆合资公司31.6%的股权外，没有从事任何其他经营活动。基于上述情况，转让方新加坡公司（A公司）转让目标公司的交易，本质上就是转让重庆合资公司的股权。因此，在请示国税总局后，重庆国税得出的结论是：新加坡控股公司的股权转让所得来源于中国。因此，依据《中华人民共和国企业所得税法》第三条及《中华人民共和国政府和新加坡共和国政府关于对所得避免双重征税和防止偷漏税的协定》第十三条的规定，中国有权对转让方新加坡公司的股权转让所得征税。

重庆国税在2008年5月提出中国对上述股权转让交易所得有征税权的论点，并在2008年10月按照上述结论对转让所得作出了处理。最终，重庆国税对转让方新加坡公司所有的股权转让所得征收了98万元人民币（约合14.5万美元）的预提所得税。

【法律法规依据】

（1）《中华人民共和国企业所得税法》（2007年3月16日第十届全国人民代表大会第五次会议通过，2017年2月24日第十二届全国人民代表大会常务委员会第二十六次会议修改，2018年12月29日第十三届全国人民代表大会常务委员会第七次会议第二次修正）。

（2）《中华人民共和国企业所得税法实施条例》（国务院2007年12月6日颁布，国务院令〔2007〕第512号，自2008年1月1日起实施，2019年4月23日国务院令第714号修正）。

（3）《特别纳税调整实施办法（试行）》（国税发〔2009〕2号）。

（4）《国家税务总局关于非居民企业间接转让财产企业所得税若干问题的公告》（国家税务总局公告2015年第7号）。

（5）《国家税务总局关于规范成本分摊协议管理的公告》（国家税务总局公告2015年第45号）。

（6）《国家税务总局关于完善关联申报和同期资料管理有关事项的公告》（国家税务总局公告2016年第42号）。

（7）《国家税务总局关于完善预约定价安排管理有关事项的公告》（国家税务总局公告2016年第64号）。

13.17 中国香港公司减持境内股反避税案例分析

【税收筹划思路】

根据内地和香港避免双重征税及偷漏税的安排及其他双边税收协定，一般规定只有持有境内股权 25% 以上的股东转让其持有的股权，中国境内才有征税权。比如，百威英博啤酒持有青岛啤酒的股份就是 27%，符合在中国境内纳税的规定。为了防止企业分次转让股权税收筹划，比如：百威英博可以先转让 3% 股份缴纳少部分预提所得税，再次转让剩余 24% 股份即可税收筹划。协定又规定，这里的持股 25% 以上，是指在股权转让前 12 个月内任何时间内曾经达到 25% 的股权比例，从而堵塞了税收漏洞，很难想象为了税收上的利益，12 个月时间不去办理股权变更手续，当然如果客观条件支持，也可以先转让部分股权，12 个月后转让剩余的不足 25% 的股权可以达到税收筹划的目的。

那么涉及外资股权架构时，每一个股东的持股比例都使之达不到 25%，是不是可以税收筹划呢？例如，A 公司在中国境内投资一个全资子公司，为了避免将来转让股权时缴纳预提所得税，可以在中国香港设立 5 家公司，每家公司控股 20%，将来转让的时候，均达不到 25% 的比例限制，这样的运作也属于一般反避税的范畴。

【税收筹划经典案例】

香港某公司减持一家上市公司股票应征的 9 828 万元税款顺利入库，该公司也创下了福建征收单户非居民税收的最高纪录。从 2009 年 10 月份以来，该公司共减持同一家上市公司原始股 2.8 亿股，累计缴纳非居民企业所得税 3.79 亿元。这家上市公司在上海证券交易所挂牌上市，其中香港公司占注册资本的 15.6%。2009 年 10 月 9 日至 27 日，香港公司在二级市场以竞价交易方式出售上市公司股票 1982 万股，交易金额 2.21 亿元。当福州市国税局上市公司调研组通过上证所公开渠道获知此信息时，企业却向主管的福清市国税局提出要求享受免税的税收协定待遇。

根据 2008 年 1 月内地和香港签订的《内地和香港特别行政区关于避免双

重征税和防止偷漏税的安排第二议定书》（以下简称《第二议定书》）第三条规定：“一方居民转让其在另一方居民公司资本中的股份或其他权利取得的收益，如果该收益人在转让行为前的12个月内，曾经直接或间接参与该公司至少25%的资本，可以在另一方征税。”由于香港公司占该上市公司的股份未达到25%，因此企业认为内地没有征税权。

福州市和福清市两级国税局人员通过查阅2008年上市公司年报信息、历年股东持股情况，认真分析税收协定政策和香港的相关税收法规后，判定香港公司并不符合税收协定免税待遇。虽然香港公司转让股票前的12个月内只占上市公司股份的15.60%，但从年报上看，该上市公司的第一大股东公司与第二大股东香港公司是“行动一致人”，这两家股东公司均由某香港居民个人100%投资，因此香港公司实际控股人、转让股票的最终受益人是该香港居民，间接拥有该上市公司38.09%的股份。同时，上市公司2008年年报披露，香港的两家股东公司都是非业务经营性投资控股公司。按照内地与香港签订的税收协定安排和《第二议定书》以及国家税务总局有关规定，内地有权征税。

按照《中华人民共和国企业所得税法》，应对非居民企业香港公司取得的转让股权收益实行源泉扣缴，以支付人为扣缴义务人。但由于上市公司的股票是通过证券市场减持，本案中的纳税人香港公司在获得巨额收益的同时，并没有真正意义的扣缴义务人，税务机关也因此无法确定支付人。为此，福清市国税局让香港公司在所得来源地，即该上市公司所在地办理临时税务登记，并指定其作为代理人协助税务机关履行纳税义务。

经过税企双方多次磋商，最终香港公司同意就其股票出售收益在内地缴纳非居民企业所得税。2009年10月，该上市公司作为香港股东的代理人，到福清市国税局申报扣缴了2210万元非居民企业所得税。福州市国税局上市公司调研组随后密切跟踪其关于股东减持的公告。2009年11月和2010年4月，香港公司先后6次减持该上市公司的股票2.6亿股，取得股权转让金额33亿多元。该上市公司在主管税务机关的要求下，比照前例及时缴纳了非居民企业所得税3.57亿元。

【法律法规依据】

（1）《中华人民共和国企业所得税法》（2007年3月16日第十届全国人民代表大会第五次会议通过，2017年2月24日第十二届全国人民代表大会常务委员会第二十六次会议修改，2018年12月29日第十三届全国人民代表大会常务委员会第七次会议第二次修正）。

（2）《中华人民共和国企业所得税法实施条例》（国务院 2007 年 12 月 6 日颁布，国务院令〔2007〕第 512 号，自 2008 年 1 月 1 日起实施，2019 年 4 月 23 日国务院令第 714 号修正）。

（3）《内地和香港特别行政区关于避免双重征税和防止偷漏税的安排第二议定书》。

（4）《国家税务总局关于规范成本分摊协议管理的公告》（国家税务总局公告 2015 年第 45 号）。

（5）《国家税务总局关于完善关联申报和同期资料管理有关事项的公告》（国家税务总局公告 2016 年第 42 号）。

（6）《国家税务总局关于完善预约定价安排管理有关事项的公告》（国家税务总局公告 2016 年第 64 号）。

13.18 中国香港公司间接转让境内股权反避税案例分析

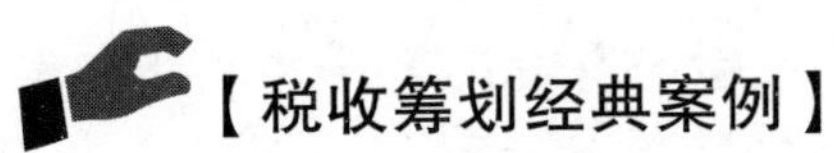

扬州 A 公司是一家从事大口径无缝钢管及相关产品的设计、制造和销售的公司，注册资本 1.6 亿元人民币。2007—2009 年销售收入分别为 13.65 亿元、30.62 亿元和 20.57 亿元。2007—2009 年税前利润分别为 3.99 亿元、10.34 亿元和 5.84 亿元。2007—2009 年各项税金分别为 9 万元。扬州 A 公司被间接转让之前，其公司投资方发生过两次变更，对应着两次股权转让：第一次股权转让发生于 2007 年 3 月，股权转让前，张先生 100% 持股扬州 A 公司，股权转让后，张先生持有扬州 A 公司 51% 的股权，开曼 K 公司持有扬州 A 公司 49% 的股权。第二次股权转让发生于 2007 年 11 月，开曼 K 公司持有中国香港 K 公司 100% 股权，开曼 K 公司将其持有的扬州 A 公司 49% 的股权转让给中国香港 K 公司，此时，股权结构变更为张先生持有扬州 A 公司 51% 的股权，中国香港 K 公司持有扬州 A 公司 49% 的股权，开曼 K 公司持有中国香港 K 公司 100% 股权。2008 年 9 月，境外投资方名称发生变更，中国香港 K 公司更名为中国香港 A 公司。2010 年 1 月 14 日，开曼 K 公司将其持有的中国香港 A 公司 100% 的股权转让给中国香港 S 公司，美国 S 公司持有中国香港 S 公司 100% 的股权。股权转让完成后的股权结构为美国 S 公司持有中国香港

S公司100%的股权，中国香港S公司持有中国香港A公司100%的股权，中国香港A公司持有扬州A公司49%的股权。

2009年年初，潜在的收购者来考察扬州A公司，该地国税局通过与政府部门沟通，获得了该公司的外方股权有可能转让的线索。国税局积极与扬州A公司的财务人员和高管联系，了解该公司股权可能被转让的形式，及时向上级税务机关汇报，寻求政策支持，同时持续监控，说服中方积极配合调查。2009年12月，总局下发了国税函〔2009〕698号文，对非居民企业间接转让行为进行了规范，主管税务机关及时向扬州A公司及其股东发送该文件及相关的税收政策，做好政策宣传。

2010年1月29日，主管税务机关与扬州A公司49%股权的实际控制方代表及其税务代理人进行首次接触，初步了解交易情况和交易实质，并要求其提供698号文规定的资料。开曼K公司认为该笔股权转让所得在中国没有纳税义务。

主管税务机关经分析，该笔间接转让符合国税函698号文第五条要求提供资料的间接转让的条件，中国香港对其居民的境外所得不征税，按698号文要求，开曼K公司应提供文件所列的相关资料。2010年2月初，主管税务机关向开曼K公司发出“税务事项通知书”，要求其根据国税函698号文提供相关资料。同时，主管税务机关向股权转让的受让方香港S公司发出“税务事项通知书”，要求其履行扣缴义务。中国香港S公司回复：交易于2010年1月14日完成；若涉及纳税义务，根据其与开曼K公司的协议，应由开曼K公司履行。开曼K公司迫于中国香港S公司方面的压力，开始配合税务机关提供资料。

2月16日，税务机关收到开曼K公司提交的三份文件：①与中国香港S公司的股权转让协议；②开曼K公司在2007年3月取得扬州A公司49%股权的股权转让协议；③商务部门对于开曼K公司将其持有扬州A公司49%股权转让给其在中国香港设立的全资子公司中国香港K公司的批复，以及相关批准证书及扬州A公司在股权变更后的企业法人营业执照。

经审核，税务机关认为开曼K提供的资料并不完整，且未办理延期提供的申请。3月初，主管税务机关向其发出责令限期改正通知书。3月5日，税务机关收到开曼K提供的以下资料：①中国香港A公司审计报告；②中国香港A公司财务报表；③中国香港A公司董事会名单；④中国香港A公司纳税申报资料；⑤转让中国香港A公司的股权交易说明（开曼K公司撰写）。

主管税务机关经过审查，发现中国香港A公司无雇员（未列示支付其委派担任扬州A公司董事会成员、财务总监和运营总监的人员工资费用）、无其他资产（无现金资产，成立时股本只有1万港币）、无其他负债、无其他经营活动（无其他经营收入与其他经营费用）。

主管税务机关从外网了解到拥有中国香港 S 公司 100% 股权的美国 S 公司是一家美国上市公司，2010 年 1 月 14 日其网站新闻宣布收购扬州 A 公司 49% 股份交易已经完成，新闻稿件中未提及香港 A 公司。

主管税务机关得出初步结论：中国香港 A 公司为无实质经营活动的空壳公司，境外投资方 K 公司转让中国香港 A 公司的目的就是为了转让扬州 A 公司，该间接转让行为规避了我国的企业所得税纳税义务。主管税务机关根据国税函〔2009〕698 号文规定层报国家税务总局审核后，认为应按照经济实质对该股权转让交易重新定性，否定境外投资方即中国香港 A 公司的存在，并对该笔股权转让所得征收非居民企业所得税。

2010 年 3 月 18 日，国家税务总局国际税务管理司有关领导专程到江都市①国税局，与江苏省局大企业和国际税收管理处、扬州市局、江都市局共同就上述股权转让事项进行了审核，一致认定，这次股权转让尽管形式上是转让香港公司股权，但实质是转让扬州某公司的外方股权，应在中国负有纳税义务，予以征税。根据税务总局的审核结果，4 月 2 日、21 日，江都市国税局向扬州某公司先后发出相关文书，通知其股权转让在中国负有纳税义务，应申报纳税。经过数次艰难谈判、交涉后，4 月 29 日，江都市国税局收到了扬州某公司的非居民企业所得税申报表。5 月 18 日上午，1.73 亿元税款顺利缴入国库。

【应对反避税策略】

税务机关通过否定中间层公司的存在来反对通过间接转让股权来税收筹划的行为应当具备以下要件：第一，没有经济实质；第二，不具有合理的商业目的；第三，规避企业所得税纳税义务。关于经济实质的判断应当从该企业的注册资本、资产和负债情况、雇员数量、是否实际从事生产经营等方面来考察。纯粹的控股公司一般属于无经济实质的企业。是否具有合理的商业目的应当从企业整体股权架构所欲实现的目的及其所面临的法律环境来判断。一般而言，间接转让股权的合理商业目的包括规避外汇管制、规避外商投资企业审批限制、增加投资者身份的隐蔽性、方便投资和撤资等，节税本身不属于合理商业目的。但在追求合理商业目的的同时进行节税也被认为具有合理商业目的。是否规避企业所得税纳税义务主要看否定该中间层公司后

① 2011 年 11 月 13 日，经国务院批准，正式撤市设区，称为扬州市江都区。

中国是否取得了征税权，如果中国仍然无法取得征税权或者按照中国税法规定是免税的，则不能认为其规避了企业所得税纳税义务。税务机关在反避税时应当同时满足以上条件才能否定中间层公司的存在。就扬州公司反避税案来看，税务机关显然并未完全证明其满足上述三个条件。税务机关主要论证了第一、第三两个条件。从案件所述情形来看，本案的确符合第一、第三两个条件。但税务机关并未证明本案中的相关当事人这样设计转让方案没有合理商业目的。当然，本案当事人也并未提出其合理商业目的，从而争取免税待遇。可能原因有两个：第一，当事人在客观上的确没有合理商业目的，仅仅是为了税收筹划；第二，当事人有其他合理商业目的，但并不清楚中国税法的规定，没有很好地维护自身权利。

应对策略主要是避免构成上述第一、第二两个条件。为了避免被认为没有经济实质，企业应当有足够的注册资本，应当有适当数量的员工，应当开展适当的生产经营活动，具有相对复杂的资产和负债结构。为了避免被认为不具有合理的商业目的，应当充分挖掘企业税收筹划方案除节税外的合理商业目的。

【法律法规依据】

（1）《中华人民共和国企业所得税法》（2007 年 3 月 16 日第十届全国人民代表大会第五次会议通过，2017 年 2 月 24 日第十二届全国人民代表大会常务委员会第二十六次会议修改，2018 年 12 月 29 日第十三届全国人民代表大会常务委员会第七次会议第二次修正）。

（2）《中华人民共和国企业所得税法实施条例》（国务院 2007 年 12 月 6 日颁布，国务院令〔2007〕第 512 号，自 2008 年 1 月 1 日起实施，2019 年 4 月 23 日国务院令第 714 号修正）。

（3）《特别纳税调整实施办法（试行）》（国税发〔2009〕2 号）。

（4）《国家税务总局关于非居民企业间接转让财产企业所得税若干问题的公告》（国家税务总局公告 2015 年第 7 号）。

（5）《国家税务总局关于规范成本分摊协议管理的公告》（国家税务总局公告 2015 年第 45 号）。

（6）《国家税务总局关于完善关联申报和同期资料管理有关事项的公告》（国家税务总局公告 2016 年第 42 号）。

（7）《国家税务总局关于完善预约定价安排管理有关事项的公告》（国

家税务总局公告 2016 年第 64 号）。

13.19 利用协定免预提税反避税案例分析

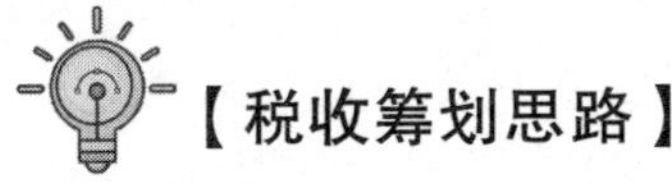

【税收筹划思路】

根据《企业所得税法实施条例》的规定，来源于中国境内、境外的所得，按照以下原则确定：①销售货物所得，按照交易活动发生地确定；②提供劳务所得，按照劳务发生地确定；③转让财产所得，不动产转让所得按照不动产所在地确定，动产转让所得按照转让动产的企业或者机构、场所所在地确定，权益性投资资产转让所得按照被投资企业所在地确定；④股息、红利等权益性投资所得，按照分配所得的企业所在地确定；⑤利息所得、租金所得、特许权使用费所得，按照负担、支付所得的企业或者机构、场所所在地确定，或者按照负担、支付所得的个人的住所地确定；⑥其他所得，由国务院财政、税务主管部门确定。

由于不同所得来源地的判断原则不同，因此，将一种所得转变为其他所得以后，就可以相对容易地税收筹划。例如，利息所得按照负担、支付所得的企业或者机构、场所所在地确定，或者按照负担、支付所得的个人的住所地确定，改变所得来源地比较困难。而股权转让所得按照被投资企业所在地确定，而被投资企业所在地相对比较容易改变，通过设立中间层公司即可将股权转让所得转移至境外。

税务机关反避税的主要法律依据如下：

《特别纳税调整实施办法（试行）》第九十三条规定，税务机关应按照实质重于形式的原则审核企业是否存在税收筹划安排，并综合考虑安排的以下内容：①安排的形式和实质；②安排订立的时间和执行期间；③安排实现的方式；④安排各个步骤或组成部分之间的联系；⑤安排涉及各方财务状况的变化；⑥安排的税收结果。

《特别纳税调整实施办法（试行）》第九十四条规定，税务机关应按照经济实质对企业的税收筹划安排重新定性，取消企业从税收筹划安排获得的税收利益。对于没有经济实质的企业，特别是设在避税港并导致其关联方或非关联方税收筹划的企业，可在税收上否定该企业的存在。

【税收筹划经典案例】

2003年3月，新疆维吾尔自治区某公司（简称B公司）与乌鲁木齐市某公司（简称C公司）共同出资成立液化天然气生产和销售的公司（简称A公司）。注册资金8亿元人民币，其中B公司为主要投资方，出资7.8亿元，占注册资金的97.5%，C公司出资2 000万元，占注册资金的2.5%。

2006年7月，A公司出资方B公司和C公司与某巴巴多斯的公司（简称D公司）签署了合资协议，D公司通过向B公司购买其在A公司所占股份方式参股A公司。D公司支付给B公司364.18%，C公司占2.5%，D公司占33.32%。

合资协议签署27天后，投资三方签署增资协议，B公司增加投资2.66亿元人民币（B公司出售其股权所得3 380万美元）。增资后，A公司的注册资本变更为10.66亿元人民币，各公司相应持股比例再次发生变化。其中，B公司占73.13%，D公司占24.99%，C公司占1.88%。

2007年6月，D公司决定将其所持有的A公司24.99%的股权以4 596.8万美元的价格转让给B公司，并与B公司签署了股权转让协议，由B公司支付D公司股权转让款4 596.8万美元。至此，D公司从2006年6月与中方签订3 380万美元的投资协议到2007年6月转让股权撤出投资（均向中方同一家公司买卖股份），仅一年的时间取得收益1 217万美元。

在为转让股权所得款项汇出境外开具售付汇证明时，付款单位代收款方D公司向主管税务机关提出要求开具不征税证明。理由是：根据中国和巴巴多斯税收协定“第十三条 财产收益”的规定，该笔股权转让款4 596.8万美元应仅在巴巴多斯征税。（2010年3月，中国同巴巴多斯已经重新修订了协定。即使根据新修订的税收协定，如果不进行反避税调整的话，由于巴巴多斯公司持有境内股权比例不超过25%，在中国也无须纳税。）

乌鲁木齐市国税局及时对此项不征税申请进行了研究，并将情况反映到新疆维吾尔自治区国税局，引起了上级机关的高度重视，围绕居民身份的确定及税收协定条款的适用问题开展了调查，发现了种种疑点。

疑点一：D公司是美国NB投资集团于2006年5月在巴巴多斯注册成立的企业。在其注册一个月后即与中方签订投资合资协议，而投入的资金又是从开曼开户的银行汇入中国的。该公司投资仅一年就将股份转让，并转让收益高达136%，可以想象该交易是这样的：美国NB投资集团要借款给A公司，借款利率为36%。美国NB投资集团要缴纳3.6%的预提所得税，为此采取

了“假股权真债权”的方式，同时利用中巴协定股权转让所得不征税条款，避免缴纳中国的股权转让所得预提所得税。

疑点二：关于 D 公司的居民身份问题，税务机关提出了疑问。为此，D 公司提供了由我驻巴巴多斯大使馆为其提供的相关证明，称其为巴巴多斯居民。但该证明文件只提到 D 公司是按巴巴多斯法律注册的，证明该法律的签署人是真实的；同时该公司还出具了巴巴多斯某律师证明文件，证明 D 公司是依照“巴巴多斯法律”注册成立的企业，成立日期为 2006 年 5 月 10 日（同年 7 月即与我国公司签署合资协议），公司地址为巴巴多斯 ×× 大街 ×× 花园。但公司登记的三位董事都是美国国籍，家庭住址均为美国 ×× 州 ×× 镇 ×× 街 ×× 号。

疑点三：D 公司作为合资企业的外方，并未按共同投资、共同经营、风险共担、利益共享的原则进行投资，而是只完成了组建我国中外合资企业的有关法律程序，便获取了一笔巨额收益。从形式上看是投资，而实际上却很难判断是投资、借款或融资，还是仅仅帮助国内企业完成变更手续，或者还有更深层次的其他经济问题。

根据中巴税收协定，此项发生在我国的股权转让收益我国没有征税权，征税权在巴方。在 D 公司是否构成巴巴多斯居民的身份尚未明确的情况下，付款方——股权回购公司——多次催促税务部门尽快答复是否征税并希望税务部门配合办理付汇手续。根据付款协议，如果付款方不按时汇款，将额外支付高额的利息。为了避免中方企业遭受不必要的经济损失，新疆维吾尔自治区国税局同意乌鲁木齐市国税局及付款方提议，对股权转让款先行汇出，但扣留相当于应纳税款部分的款项，余额部分待 D 公司能否享受税收协定待遇确定后再做决定。

对此，乌鲁木齐市国税局一方面进行深入的调查了解，开展对 D 公司居民身份的取证工作，判定是否可以执行中巴税收协定；另一方面将案情进展情况及具体做法及时向新疆维吾尔自治区国税局汇报并通过新疆维吾尔自治区国税局向税务总局报告。税务总局启动了税收情报交换机制，最终确认 D 公司不属于巴巴多斯的税收居民，不能享受中巴税收协定的有关规定，对其在华投资活动中的所得应按国内法规定处理。2008 年 7 月完成了该项 916.4 万元税款的入库工作。至此，此项工作顺利结束。

【应对反避税策略】

本案反避税调查的核心是 D 公司是否属于巴巴多斯的税收居民，是否可

以享受中巴税收协定的有关规定。由于D公司在巴巴多斯没有经济实质，因此，无法被认定为巴巴多斯的税收居民。因此，该类税收筹划方案的核心在于将避税地公司变成具有经济实质的公司，其方法主要包括具有真实经营业务，具有真实注册资本，具有一定的员工和相对复杂的资产负债。此类反避税不需要考虑D公司的设立是否具有合理商业目的，因此，使用合理的商业目的来应对反避税是没有用的，必须从经济实质角度入手。

【法律法规依据】

（1）《中华人民共和国企业所得税法》（2007年3月16日第十届全国人民代表大会第五次会议通过，2017年2月24日第十二届全国人民代表大会常务委员会第二十六次会议修改，2018年12月29日第十三届全国人民代表大会常务委员会第七次会议第二次修正）。

（2）《中华人民共和国企业所得税法实施条例》（国务院2007年12月6日颁布，国务院令〔2007〕第512号，自2008年1月1日起实施，2019年4月23日国务院令第714号修正）。

（3）《特别纳税调整实施办法（试行）》（国税发〔2009〕2号）。

（4）《国家税务总局关于规范成本分摊协议管理的公告》（国家税务总局公告2015年第45号）。

（5）《国家税务总局关于完善关联申报和同期资料管理有关事项的公告》（国家税务总局公告2016年第42号）。

（6）《国家税务总局关于完善预约定价安排管理有关事项的公告》（国家税务总局公告2016年第64号）。

13.20 解除低价股权转让协议反避税案例分析

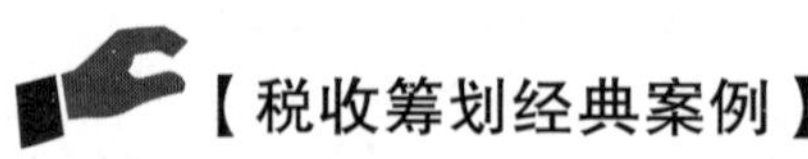
【税收筹划经典案例】

2015年8月，北京市地税局某分局（以下简称某分局）收到该区国税局转来的一起非居民企业向境内居民企业平价转让股权案件。美国某国际集团有限公司（以下简称美国某公司）与某科技公司于2014年9月先后签订《股权转让协议》《补充协议》，将美国某公司持有的某控制设备（中国）有限

公司（以下简称某设备公司）50% 的股权平价转让给某科技公司，转让价格为 1 000 万美元。2014 年 11 月，转让双方完成股权变更。2014 年 12 月，某科技公司资产负债表显示，长期股权投资增加 6 160 万元。

经调查，以上三家公司实际均为其共同的法定代表人洪某所有，以上三家企业构成关联企业，本次股权转让构成关联交易，且价格明显偏低，不符合独立交易原则，主管税务机关拟对此开展特别纳税调整。

案件调查过程中，因受让方某科技公司一直未向美国某公司支付股权转让款项，美国某公司与某科技公司于 2016 年 1 月 6 日协议解除原《股权转让协议》《补充协议》，由某科技公司支付美国某公司违约金 10 万元，并协助美国某公司恢复原来的股权登记。

2016 年 8 月，因某科技公司未向美国某公司支付违约金，美国某公司向法院提起诉讼，要求法院确认解除双方《股权转让协议》《补充协议》，同时判令某科技公司协助恢复股权，并支付违约金。同月，经法院民事调解，美国某公司与某科技公司确认签订的《股权转让协议》《补充协议》于 2016 年 1 月 6 日解除，由某科技公司在调解书生效后 7 日内协助美国某公司办理股权恢复手续，并在 9 月 2 日前向美国某公司支付违约金 10 万元。调解书生效后，双方履行了调解书内容，恢复了股权，支付了违约金。

对税务机关拟开展的特别纳税调整，美国某公司和某科技公司提出异议，认为双方在法院调解下已经解除了合同，并且股权已经恢复原状态，税务机关不能再对其进行特别纳税调整。该案件经北京市地税局研究，并请示税务总局，认为根据《特别纳税调整实施办法（试行）》（国税发〔2009〕2 号）的相关规定，鉴于相关交易虽为关联交易，但由于交易最终没有实际完成，非居民企业并未取得所得，采用特别纳税调整方法对其股权交易价格进行调整依据不充分。同时，按照《企业所得税法》第三十七条规定，该笔对外支付款项应当扣缴企业所得税，但因该交易为平价转让，非居民企业并没有通过该笔交易取得所得，应扣缴税款为零。最终某分局未对原股权转让行为进行特别纳税调整。

该案争议的焦点问题主要有以下三个：第一，对交易双方平价转让股权的行为，税务机关发现后是否应进行特别纳税调整？第二，在交易双方解除股权转让协议后，对双方协议解除前的纳税义务产生什么影响，对税务机关企业所得税的征收会产生什么影响？第三，在非居民企业股权转让协议解除且未完成实际支付的情况下，税务机关是否有权对原股权转让行为进行特别纳税调整？

《企业所得税法实施条例》中规定了企业应纳税所得额的计算以权责发

生制为原则[①]。同时，《国家税务总局关于贯彻落实企业所得税法若干税收问题的通知》（国税函〔2010〕79号）中规定企业转让股权收入，应于转让协议生效、且完成股权变更手续时，确认收入的实现[②]，这是遵循权责发生制的体现。

本案中，美国某公司与某科技公司于2014年9月签订股权转让协议并于11月完成股权变更，因此对美国某公司的股权转让收入时间应当确认为11月。根据《企业所得税法》第二条的规定[③]，美国某公司属于非居民企业；根据《企业所得税法》第三条的规定[④]，该公司应就来源于中国境内的所得在中国缴纳企业所得税；根据《企业所得税法实施条例》第七条的规定[⑤]，该公司转让中国境内某设备公司的股权取得的所得属于来源于中国境内的所得，应当依法在中国缴纳企业所得税；根据《企业所得税法》第三十七条的规定[⑥]，受

① 权责发生制又称应收应付制原则，是指收入和费用的确认应当以实际发生为标准。也就是说，一切要素的时间确认，特别是收入和费用的时间确认，均以权利已经形成或义务（责任）已经发生为标准。权责发生制是我国企业会计确认、计量和报告的基础。《企业所得税法实施条例》第九条规定："企业应纳税所得额的计算，以权责发生制为原则，属于当期的收入和费用，不论款项是否收付，均作为当期的收入和费用；不属于当期的收入和费用，即使款项已经在当期收付，均不作为当期的收入和费用。本条例和国务院财政、税务主管部门另有规定的除外。"

② 《国家税务总局关于贯彻落实企业所得税法若干税收问题的通知》（国税函〔2010〕79号）第三条规定："企业转让股权收入，应于转让协议生效、且完成股权变更手续时，确认收入的实现。转让股权收入扣除为取得该股权所发生的成本后，为股权转让所得。"

③ 《企业所得税法》第二条规定："企业分为居民企业和非居民企业。本法所称居民企业，是指依法在中国境内成立，或者依照外国（地区）法律成立但实际管理机构在中国境内的企业。本法所称非居民企业，是指依照外国（地区）法律成立且实际管理机构不在中国境内，但在中国境内设立机构、场所的，或者在中国境内未设立机构、场所，但有来源于中国境内所得的企业。"

④ 《企业所得税法》第三条规定："居民企业应当就其来源于中国境内、境外的所得缴纳企业所得税。非居民企业在中国境内设立机构、场所的，应当就其所设机构、场所取得的来源于中国境内的所得，以及发生在中国境外但与其所设机构、场所有实际联系的所得，缴纳企业所得税。非居民企业在中国境内未设立机构、场所的，或者虽设立机构、场所但取得的所得与其所设机构、场所没有实际联系的，应当就其来源于中国境内的所得缴纳企业所得税。"

⑤ 《企业所得税法实施条例》第七条规定："企业所得税法第三条所称来源于中国境内、境外的所得，按照以下原则确定：（一）销售货物所得，按照交易活动发生地确定；（二）提供劳务所得，按照劳务发生地确定；（三）转让财产所得，不动产转让所得按照不动产所在地确定，动产转让所得按照转让动产的企业或者机构、场所所在地确定，权益性投资资产转让所得按照被投资企业所在地确定；（四）股息、红利等权益性投资所得，按照分配所得的企业所在地确定；（五）利息所得、租金所得、特许权使用费所得，按照负担、支付所得的企业或者机构、场所所在地确定，或者按照负担、支付所得的个人的住所地确定；（六）其他所得，由国务院财政、税务主管部门确定。"

⑥ 《企业所得税法》第三十七条规定："对非居民企业取得本法第三条第三款规定的所得应缴纳的所得税，实行源泉扣缴，以支付人为扣缴义务人。税款由扣缴义务人在每次支付或者到期应支付时，从支付或者到期应支付的款项中扣缴。"

让方某科技公司应为美国某公司此项股权转让所得的代扣代缴义务人，应当在支付或者到期应支付（确认收入实现时）的款项中代为扣缴企业所得税。

但是，本案中的非居民企业与居民企业之间的股权转让行为有两个明显特点：一是此次股权转让为平价转让，对美国某公司的收入全额减除取得股权的成本后的余额进行计算，其应纳税所得额为 0；二是在本次股权变更完成后，受让方某科技公司未支付股权款项的违约行为导致双方于 2016 年解除了原股权转让协议。对此，协议解除后，美国某公司在已经完成股权转让变更后是否还有纳税义务，税务机关是否还能够开展特别纳税调整值得探讨。

根据《税收征收管理法》第三十六条以及《企业所得税法》第四十一条的规定[①]，企业或者外国企业与其关联企业间的业务往来，应当按照独立企业间的业务往来收取或者支付价款、费用，这一规定也被称为“独立交易原则”。关联企业间违反这一原则的，税务机关有权对其交易价格进行合理调整。本案中，税务机关通过调查发现，从高级管理层人员的结构来看，本案三家企业的法定代表人均为同一人；从股权构架上来看，不论是在本次股权转让前还是转让后，三家企业都满足有关关联企业的持股比例条件[②]。因此，税务机关

---

① 《税收征收管理法》第三十六条规定：“企业或者外国企业在中国境内设立的从事生产、经营的机构、场所与其关联企业之间的业务往来，应当按照独立企业之间的业务往来收取或者支付价款、费用；不按照独立企业之间的业务往来收取或者支付价款、费用，而减少其应纳税的收入或者所得额的，税务机关有权进行合理调整。”《企业所得税法》第四十一条规定：“企业与其关联方之间的业务往来，不符合独立交易原则而减少企业或者其关联方应纳税收入或者所得额的，税务机关有权按照合理方法调整。企业与其关联方共同开发、受让无形资产，或者共同提供、接受劳务发生的成本，在计算应纳税所得额时应当按照独立交易原则进行分摊。”《税收征管法实施细则》第五十四条规定：“纳税人与其关联企业之间的业务往来有下列情形之一的，税务机关可以调整其应纳税额：（一）购销业务未按照独立企业之间的业务往来作价；（二）融通资金所支付或者收取的利息超过或者低于没有关联关系的企业之间所能同意的数额，或者利率超过或者低于同类业务的正常利率；（三）提供劳务，未按照独立企业之间业务往来收取或者支付劳务费用；（四）转让财产、提供财产使用权等业务往来，未按照独立企业之间业务往来作价或者收取、支付费用；（五）未按照独立企业之间业务往来作价的其他情形。”

② 《税收征管法实施细则》第五十六条规定：“税收征管法第三十六条所称关联企业，是指有下列关系之一的公司、企业和其他经济组织：（一）在资金、经营、购销等方面，存在直接或者间接的拥有或者控制关系；（二）直接或者间接地同为第三者所拥有或者控制；（三）在利益上具有相关联的其他关系。纳税人有义务就其与关联企业之间的业务往来，向当地税务机关提供有关的价格、费用标准等资料。具体办法由国家税务总局制定。”《企业所得税法实施条例》第一百零九条规定：“企业所得税法第四十一条所称关联方，是指与企业有下列关联关系之一的企业、其他组织或者个人：（一）在资金、经营、购销等方面存在直接或者间接的控制关系；（二）直接或者间接地同为第三者控制；（三）在利益上具有相关联的其他关系。”《国家税务总局关于完善关联申报和同期

对三家企业之间的关联关系判断正确。根据双方的股权转让协议，美国某公司将持有的中国某设备公司50%的股权以1 000万元价格平价转让给某科技公司，按照股权转让收入扣除股权投资成本后余额计税的规定①，本案中转让方美国某公司转让股权的应纳税所得额为0，应缴纳的所得税为0，不需要缴纳所得税。但是，在完成股权变更的1个月内，受让方某科技公司的资产负

资料管理有关事项的公告》（国家税务总局公告2016年第42号）第二条规定："企业与其他企业、组织或者个人具有下列关系之一的，构成本公告所称关联关系：（一）一方直接或者间接持有另一方的股份总和达到25%以上；双方直接或者间接同为第三方所持有的股份达到25%以上。如果一方通过中间方对另一方间接持有股份，只要其对中间方持股比例达到25%以上，则其对另一方的持股比例按照中间方对另一方的持股比例计算。两个以上具有夫妻、直系血亲、兄弟姐妹以及其他抚养、赡养关系的自然人共同持股同一企业，在判定关联关系时持股比例合并计算。（二）双方存在持股关系或者同为第三方持股，虽持股比例未达到本条第（一）项规定，但双方之间借贷资金总额占任一方实收资本比例达到50%以上，或者一方全部借贷资金总额的10%以上由另一方担保（与独立金融机构之间的借贷或者担保除外）。借贷资金总额占实收资本比例＝年度加权平均借贷资金/年度加权平均实收资本，其中：年度加权平均借贷资金＝i笔借入或者贷出资金账面金额×i笔借入或者贷出资金年度实际占用天数/365；年度加权平均实收资本＝i笔实收资本账面金额×i笔实收资本年度实际占用天数/365。（三）双方存在持股关系或者同为第三方持股，虽持股比例未达到本条第（一）项规定，但一方的生产经营活动必须由另一方提供专利权、非专利技术、商标权、著作权等特许权才能正常进行。（四）双方存在持股关系或者同为第三方持股，虽持股比例未达到本条第（一）项规定，但一方的购买、销售、接受劳务、提供劳务等经营活动由另一方控制。上述控制是指一方有权决定另一方的财务和经营政策，并能据以从另一方的经营活动中获取利益。（五）一方半数以上董事或者半数以上高级管理人员（包括上市公司董事会秘书、经理、副经理、财务负责人和公司章程规定的其他人员）由另一方任命或者委派，或者同时担任另一方的董事或者高级管理人员；或者双方各自半数以上董事或者半数以上高级管理人员同为第三方任命或者委派。（六）具有夫妻、直系血亲、兄弟姐妹以及其他抚养、赡养关系的两个自然人分别与双方具有本条第（一）至（五）项关系之一。（七）双方在实质上具有其他共同利益。除本条第（二）项规定外，上述关联关系年度内发生变化的，关联关系按照实际存续期间认定。"

① 《企业所得税法》第十四条规定："企业对外投资期间，投资资产的成本在计算应纳税所得额时不得扣除。"《企业所得税法实施条例》第七十一条规定："企业所得税法第十四条所称投资资产，是指企业对外进行权益性投资和债权性投资形成的资产。企业在转让或者处置投资资产时，投资资产的成本，准予扣除。投资资产按照以下方法确定成本：（一）通过支付现金方式取得的投资资产，以购买价款为成本；（二）通过支付现金以外的方式取得的投资资产，以该资产的公允价值和支付的相关税费为成本。"《国家税务总局关于加强非居民企业股权转让所得企业所得税管理的通知》（国税函〔2009〕698号）第一条规定："本通知所称股权转让所得是指非居民企业转让中国居民企业的股权（不包括在公开的证券市场上买入并卖出中国居民企业的股票）所取得的所得。"第三条规定："股权转让所得是指股权转让价减除股权成本价后的差额。股权转让价是指股权转让人就转让的股权所收取的包括现金、非货币资产或者权益等形式的金额。如被持股企业有未分配利润或税后提存的各项基金等，股权转让人随股权一并转让该股东留存收益权的金额，不得从股权转让价中扣除。股权成本价是指股权转让人投资入股时向中国居民企业实际交付的出资金额，或购买该项股权时向该股权的原转让人实际支付的股权转让金额。"

债表中对应该笔收购行为显示增加的长期股权投资为 6 160 万元，高出收购价格 5 160 万元，在如此短的时间内价格变化达到 500%，已远远超出一般市场规律下资产变化的区间范围，且某科技公司不能进行合理说明[①]，明显违反了关联企业间的独立交易原则要求。因此，税务机关有权据此对该转让行为进行调查，若相关证据表明交易双方为了配置股权构架等，确实利用关联关系而不合理地签订转让价格，应当对交易价格进行特别纳税调整[②]。

本案中，股权转让双方经法院调解解除了原股权转让协议，美国某公司向税务机关主张取消特别纳税调整，理由是双方的合同已经解除，股权将按照协议进行恢复，原股权转让方已没有纳税义务。对此，我们认为应当以《中华人民共和国合同法》（以下简称《合同法》）为依据具体分析。从合同效力的角度来看，合同分为有效合同、无效合同和可撤销或可变更的合同（《中华人民共和国民法总则》施行后取消可变更合同类型）。对于无效合同和可撤销或可变更的合同，是指合同双方或一方违反了《合同法》第五十二条[③]、第五十四条[④]的相关规定，由人民法院对合同的效力进行重新审查后，确定为无效、可撤销或可变更的合同，无效合同或者被撤销的合同自始没有法律约束力[⑤]。而合同的解除，是指已成立生效的合同因发生法定的或当事人约定的

① 某科技公司称，本次股权转让的目的主要为实现本企业股份在新三板上市，因此与关联公司进行了平价转让股权交易。

② 《税收征管法实施细则》第五十五条规定："纳税人有本细则第五十四条所列情形之一的，税务机关可以按照下列方法调整计税收入额或者所得额：（一）按照独立企业之间进行的相同或者类似业务活动的价格；（二）按照再销售给无关联关系的第三者的价格所应取得的收入和利润水平；（三）按照成本加合理的费用和利润；（四）按照其他合理的方法。"《企业所得税法实施条例》第一百一十一条规定："企业所得税法第四十一条所称合理方法，包括：（一）可比非受控价格法，是指按照没有关联关系的交易各方进行相同或者类似业务往来的价格进行定价的方法；（二）再销售价格法，是指按照从关联方购进商品再销售给没有关联关系的交易方的价格，减除相同或者类似业务的销售毛利进行定价的方法；（三）成本加成法，是指按照成本加合理的费用和利润进行定价的方法；（四）交易净利润法，是指按照没有关联关系的交易各方进行相同或者类似业务往来取得的净利润水平确定利润的方法；（五）利润分割法，是指将企业与其关联方的合并利润或者亏损在各方之间采用合理标准进行分配的方法；（六）其他符合独立交易原则的方法。"

③ 《合同法》第五十二条规定："有下列情形之一的，合同无效：（一）一方以欺诈、胁迫的手段订立合同，损害国家利益；（二）恶意串通，损害国家、集体或者第三人利益；（三）以合法形式掩盖非法目的；（四）损害社会公共利益；（五）违反法律、行政法规的强制性规定。"

④ 《合同法》第五十四条规定："下列合同，当事人一方有权请求人民法院或者仲裁机构变更或者撤销：（一）因重大误解订立的；（二）在订立合同时显失公平的。一方以欺诈、胁迫的手段或者乘人之危，使对方在违背真实意思的情况下订立的合同，受损害方有权请求人民法院或者仲裁机构变更或者撤销。"

⑤ 《合同法》第五十六条规定："无效的合同或者被撤销的合同自始没有法律约束力。合同部

情形，或经当事人协商一致，而使合同关系终止的民事行为。合同的解除是合同的权利义务终止的法定情形之一，其法律后果是合同双方权利义务自合同解除之日终止和消灭[①]。对于无效或者撤销的合同，因合同自始无效，其效力具有全面的溯及力，双方的交易行为也自始无效，税务机关的征税行为失去了依据，即使已经完税，如果纳税人提出申请，税务机关也应当退税。而对于合同解除的情形是否具有溯及力，对原合同的效力如何，《合同法》对此作出了比较灵活的规定。目前，合同解除的溯及力在学术界存在一定的争议，我国民法界比较认可的观点是按照立法目的解释《合同法》第九十七条规定[②]，一是取决于当事人是否请求恢复原状，二是合同性质是否是能够恢复原状的一次性合同，如果同时满足以上两点，则该合同的解除在民法上具有物权上的追溯力。但是，虽然合同的解除在满足一定条件时可以产生物权上恢复原状的溯及力，但并不能因此认定合同在订立和一方履行合同时点上的其他行为无效，因为该溯及力仅为物上的溯及力，基于合同订立和履行合同一方行为的有效性，不应影响双方已作出的与合同履行相关的其他行为的效力，比如纳税义务。我们认为这是合同无效或者撤销与合同解除之间的一个显著区别。因此，在协议解除前，如履行义务一方按协议规定完税，或者按照税务机关的特别纳税调整方案完税，在协议解除后，税务机关不应退税，守约一方可以按照规定要求违约方赔偿包括税款在内的相应损失。

通过上述分析，我们认为本案中美国某公司和我国某科技公司在实际完成股权变更后又解除协议的行为，虽然可以恢复原股权状态，但并不能否定其完成第一次股权变更时点的纳税义务，从另一个角度分析，双方在签订股权转让协议时，协议有效，且股权变更已完成，满足非居民企业产生纳税义务的法定要件。

非居民企业所得税源泉扣缴作为企业所得税征收管理的一种方式，在税收管理上有其自身的特点，支付方在向非居民企业支付交易对价时要按照规定向境外支付。本案中，按照《企业所得税法》第三十七条、《企业所得税法实施条例》第一百零五条对源泉扣缴的相关规定[③]，协议生效，股权实际发

分无效，不影响其他部分效力的，其他部分仍然有效。”

① 《合同法》第九十八条规定：“合同的权利义务终止，不影响合同中结算和清理条款的效力。”

② 《合同法》第九十七条规定：“合同解除后，尚未履行的，终止履行；已经履行的，根据履行情况和合同性质，当事人可以要求恢复原状、采取其他补救措施，并有权要求赔偿损失。”

③ 《企业所得税法》第三十七条规定：“对非居民企业取得本法第三条第三款规定的所得应缴纳的所得税，实行源泉扣缴，以支付人为扣缴义务人。税款由扣缴义务人在每次支付或者到期应支付时，从支付或者到期应支付的款项中扣缴。”《企业所得税法实施条例》第一百零五条规定：

生了变更，对外支付企业便实际产生了扣缴税款义务，税务机关对违反独立交易原则的价格应当进行特别纳税调整。但是，本案中一个重要信息是尽管双方完成了股权变更，但在税务机关调查过程中，转让方美国某公司以受让方某科技公司并未实际支付交易对价为由，在法院的调解下与对方解除了协议。虽然解除合同与撤销合同不同，解除合同并不否定原交易合同的合法性，但从本次交易的结果看，协议的解除导致美国某公司丧失了按照协议继续取得收入的权利，某科技公司也同时免除了继续支付款项的责任，交易双方的权利和义务终止，使税务机关失去了按照权责发生制原则和独立交易原则对双方的股权转让行为进行特别纳税调整的事实依据。同时，按照所得税是对收入净所得课税的性质，本案中，某科技公司最终没有完成对外支付，按照《企业所得税法实施条例》第六条的规定①，美国某公司未取得转让收入，该交易并未造成企业利润转移而侵蚀我国税基，也未形成延期纳税的后果。基于此，我们认为对此次交易实施特别纳税调整的依据不充分，对于因未完成实际支付而解除协议的股权转让交易不能进行特别纳税调整。

本案经北京市地方税务局研究，同时经向国家税务总局相关司局汇报，认为对此次交易实施特别纳税调整的依据不充分，最终某分局未对美国某公司与某科技公司的股权转让行为实施特别纳税调整。

13.21 境外个人所得税反避税案例分析

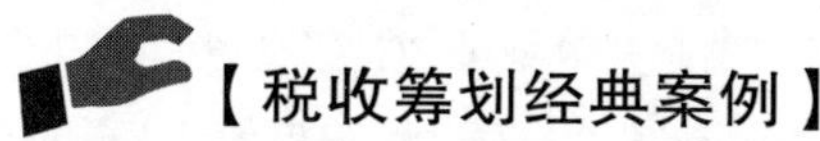

【税收筹划经典案例】

2015 年年底，北京市某区地税局国际科收到一名美国籍华人张某开具 2011—2014 年中国税收居民身份证明的申请。申请资料显示，张某自 2004 年开始在北京工作，从 2006 年开始在北京某信息技术有限公司任 CFO（首席财务官），从 2015 年开始任公司 COO（首席运营官）和总裁。

“企业所得税法第三十七条所称支付，包括现金支付、汇拨支付、转账支付和权益兑价支付等货币支付和非货币支付。企业所得税法第三十七条所称到期应支付的款项，是指支付人按照权责发生制原则应当计入相关成本、费用的应付款项。”

① 《企业所得税法实施条例》第六条规定：“企业所得税法第三条所称所得，包括销售货物所得、提供劳务所得、转让财产所得、股息红利等权益性投资所得、利息所得、租金所得、特许权使用费所得、接受捐赠所得和其他所得。”

在审核资料时，地税局发现了一张由天津市某税务所出具的张某的税收完税证明，该证明显示张某在2014年5月至2015年6月期间，共计在天津该税务所申报缴纳17笔合计52 385 911.63元个人所得税，单笔税额最高达3 100万之巨。如此巨额的异地纳税证明引起了区地税局的高度关注。

区地税局查询了张某2014年5月之后在该局的个人所得税的纳税情况，综合其2011—2016年纳税情况分析可知：2011—2013年其个人所得税分别为：89 612.5元，173 280.8元，136 753.4元，2014年1～5月缴纳个人所得税75 929.35元，2014年6月至2016年12月未在该区地税局申报缴纳个人所得税。区地税局通过约谈张某的代理人、北京某信息技术有限公司的财务经理和人力资源经理得知，2014年5月北京某信息技术有限公司在天津成立了北京某信息技术有限公司天津分公司（以下简称天津分公司），张某及其他7名高管和天津分公司签订了劳动合同，其中张某任总经理，上述8人在北京某信息技术有限公司和天津分公司同时任职，但实际工作地点以及社保缴纳均在北京。同月，8名高管累计取得的北京某信息技术有限公司上级母公司开曼某公司（以下简称开曼公司）的股票期权开始密集行权（开曼公司为纽交所上市公司）。同月，8名高管将全部行权收入转移到天津申报缴纳个人所得税。之后，张某一人行权所得累计高达2.1亿元，8名高管的行权所得合计3.26亿元，合计在天津缴纳个人所得税1.467亿元。次月，8名高管全部工资收入也全部转移到天津申报缴纳个人所得税。经取证核实，天津分公司在天津市某工业园，园区有明确且比例很高的个人所得税返还优惠政策。天津分公司成立至今，未能提供在天津有实际经营场所和具体经营活动的任何证据材料，无任何实际经营收入，除上述8名兼职高管外仅以几百元的月薪聘请了一个代理报税人员，再无其他雇员。张某本人根据其提供的海关出入境记录，已经构成中国税收居民并就其全球收入向中国税务机关申报纳税的条件。

该案的案件焦点有两个：一是北京某信息技术有限公司及张某是如何筹划规避缴纳个人所得税的？二是张某取得的行权所得的纳税地点如何确定？天津分公司是否是为筹划而专门成立的壳公司，是否有实际经营，此筹划是否已超越了合理筹划的底线？

（一）北京某信息技术有限公司及张某等人的税收筹划分析

通过对本案案情梳理不难发现，天津分公司于2014年5月成立，而张某恰好在同月开始大规模密集行权，并将个人所得税转移到天津分公司代扣代缴，而天津分公司所在的园区恰好有较高的个人所得税返还政策，如果张某

的个人所得税在北京某信息技术有限公司所在的北京缴纳，将会是一笔巨额税收，因此北京某信息技术有限公司及张某的此种安排明显不是巧合，而是经过精心策划的行为。

1. 在开曼群岛注册公司

通过对北京某信息技术有限公司的公司构架分析可知，北京某信息技术有限公司的上级公司为开曼公司。众所周知，开曼群岛号称企业的“避税天堂”。根据开曼群岛的税收规定，岛内税种只有进口税、工商登记税、旅游者税和印花税等几个简单税种。开曼群岛几十年来没有开征过个人所得税、企业所得税、资本利得税和不动产税。因此，对于各国投资者来说，将母公司注册在岛内，如果其下属实体经营公司所在的国家没有严密的反避税规定，意味着企业及员工的大部分收入都可以合理避税。本案中，所涉及的个人所得税的计税依据是张某的行权所得，该类所得与企业支付高级管理人员或员工的工资薪金在形式和性质上还存在一定的差异。股票行权的标的物是股票，股票等金融资产的特殊性和政策的复杂性，使得企业和员工在利用企业构架开展避税上具有一定的操作空间。根据开曼群岛的法律规定，岛内注册公司可以在岛外股票交易所进行上市，并且审核通过的条件和成本均较低。本案中的开曼公司已在美国纽约交易所上市，公司按照股权激励计划将纽交所的若干股权分配给张某等人，按照计划张某等人可以在满足行权条件后行使股票交易权利。

2. 个人所得税应纳税国度分析

本案分析至此，可以明确张某的股票行权所得收益无须在开曼群岛缴纳个人所得税，但是张某是否可以在中国缴纳个人所得税，还需要按照我国税法进行具体分析。按照《个人所得税法实施条例》第六条的规定[①]，在中国境内无住所，但居住超过五年的个人，从第六年起，应当就其来源于中国境外的全部所得缴纳个人所得税。在前述区地税局的调查中已经查明，张某自2004 年开始已经在北京工作，并且自 2011 年至今实际一直在北京工作，在中国连续居住的期间早已超过五年。因此可知，张某已经构成我国的税收居民，无论其在境外纽交所行权股票收益的所得是在我国境外支付还是在境内支付，均满足在我国缴纳个人所得税的条件[②]。

① 《个人所得税法实施条例》第六条规定：“在中国境内无住所，但是居住一年以上五年以下的个人，其来源于中国境外的所得，经主管税务机关批准，可以只就由中国境内公司、企业以及其他经济组织或者个人支付的部分缴纳个人所得税；居住超过五年的个人，从第六年起，应当就其来源于中国境外的全部所得缴纳个人所得税。”

② 《个人所得税法实施条例》第五条规定：“下列所得，不论支付地点是否在中国境内，均为

3. 中美双方税收协定确定的缴纳个人所得税原则分析

《个人所得税法实施条例》第八条规定，工资、薪金所得，是指个人因任职或者受雇而取得的工资、薪金、奖金、年终加薪、劳动分红、津贴、补贴以及与任职或者受雇有关的其他所得。根据《财政部　国家税务总局关于个人股票期权所得征收个人所得税问题的通知》（财税〔2005〕35号）的规定，企业员工股票期权（以下简称股票期权）是指上市公司按照规定的程序授予本公司及其控股企业员工的一项权利，该权利允许被授权员工在未来时间内以某一特定价格购买本公司一定数量的股票。员工行权时，其从企业取得股票的实际购买价（施权价）低于购买日公平市场价（指该股票当日的收盘价，下同）的差额，是因员工在企业的表现和业绩情况而取得的与任职、受雇有关的所得，应按“工资、薪金所得”适用的规定计算缴纳个人所得税。本案中，张某的股票期权行权属于企业支付给员工的报酬所得性质。企业员工股票期权行权所得的收益，在所得性质上实际应当属于企业支付给员工的报酬，并且其直接支付方是境内企业，因此，张某的收益按照企业支付员工报酬判断所得性质应当更为符合实际。

按企业支付员工报酬所得，按照《中华人民共和国政府和美利坚合众国政府关于对所得避免重征税和防止偷漏税的协定》（以下简称《中美税收协定》）第十四条第一款规定[①]，缔约国一方居民因受雇取得的薪金、工资和其他类似报酬，除在缔约国另一方受雇的以外，应仅在该缔约国一方征税。

综上分析，我国具有对张某股票行权征收个人所得税的征税权。同时，按照我国《国家税务总局关于开具〈中国税收居民身份证明〉有关事项的公告》（国家税务总局公告2016年第40号）规定，张某可以在我国缴纳个人所得税后，行使要求税务机关为其开具《中国税收居民身份证明》的权利。然后根据我国开具的《中国税收居民身份证明》中的纳税数据，按照《中美税收协定》第二十二条第二款的规定[②]，在美国抵免其就该笔行权收益应当在美国

来源于中国境内的所得：（一）因任职、受雇、履约等而在中国境内提供劳务取得的所得；（二）将财产出租给承租人在中国境内使用而取得的所得；（三）转让中国境内的建筑物、土地使用权等财产或者在中国境内转让其他财产取得的所得；（四）许可各种特许权在中国境内使用而取得的所得；（五）从中国境内的公司、企业以及其他经济组织或者个人取得的利息、股息、红利所得。”

① 《中美税收协定》第十四条第一款规定：“除适用第十五条、第十七条、第十八条、第十九条和第二十条的规定以外，缔约国一方居民因受雇取得的薪金、工资和其他类似报酬，除在缔约国另一方受雇的以外，应仅在该缔约国一方征税。在该缔约国另一方受雇取得的报酬，可以在该缔约国另一方征税。”

② 《中美税收协定》第二十二条第二款规定：“在美利坚合众国，按照美国法律规定，美国应允许其居民或公民在对所得征收的美国税收中抵免：（一）该居民或公民或代表该居民或公

缴纳的个人所得税。因此，张某要求区地税局为其开具 2011—2014 年《中国税收居民身份证明》的行为也就不难理解了。

4. 利用中国各地财政政策的不同选择个人所得税缴纳地点

在我国，一些地区政府为了吸引外资或优质企业资源带动当地产业发展，对进驻当地的某些领域企业在财政上给予一定的优惠政策。本案中，通过区地税局核实，天津市武清区京滨工业园对进驻园区的企业在员工的个人所得税上有较高的财政返还政策。

关于工资、薪金所得个人所得税的纳税申报地点，《个人所得税法》第八条仅规定“个人所得税，以所得人为纳税义务人，以支付所得的单位或者个人为扣缴义务人”，也就是说，个人所得税的纳税申报地点实际上为扣缴义务人所在地。关于如何判断“支付所得的单位”，《个人所得税法》及其实施条例并未作出明确的规定。根据《国家税务总局关于印发〈个人所得税自行纳税申报办法（试行）〉的通知》（国税发〔2006〕162 号）第十条第（二）项规定，在中国境内有两处或者两处以上任职、受雇单位的，选择并固定向其中一处单位所在地主管税务机关申报。因此，如果张某同时在北京某信息技术有限公司和天津分公司任职并取得收入，按照税法规定就可以选择在天津申报缴纳税款。本案中区地税局调查显示，北京某信息技术有限公司将张某的所有工薪和股票期权行权收益均转移到天津分公司发放，故在形式上满足由天津分公司代扣代缴个人所得税。北京某信息技术有限公司及张某等人正是利用以上政策规定，才在天津成立了空壳天津分公司，天津分公司成立的唯一目的显然是为张某等人代扣代缴个人所得税提供方便，然后通过当地的财政返还政策间接减少个税缴纳数额。

通过分析可知，北京某信息技术有限公司及张某正是通过以上一系列的税收筹划行为规避缴纳巨额个人所得税的。

（二）张某行权的国内纳税地点应在北京，张某等人的行为超越了合理筹划的底线

北京某信息技术有限公司及张某的行为，实际是为享受税收返还政策人为转移纳税地点的税收筹划，纳税人试图通过公司架构的设计使天津分公司

民向中国缴纳的所得税；（二）在美国公司拥有中国居民公司的选举权不少于百分之十，并且该美国公司从该公司取得股息的情况下，分配公司或代表该分配公司对于从中支付股息的利润向中国缴纳的所得税。本协定第二条的第一款第（一）项和第二款中所述的税种应认为是本款所述的所得税。”

在形式上成为张某等人的薪酬支付者，从而符合支付人为个人所得税扣缴义务人的条件，将张某的全部工薪和股票期权行权所得个人所得税由北京转移到天津，进而享受当地的财政优惠政策。这种行为看似严谨，但实际上违反了我国税法的相关规定。

根据国税发〔2006〕162号文件第十一条规定，从中国境外取得所得的，向中国境内户籍所在地主管税务机关申报。在中国境内有户籍，但户籍所在地与中国境内经常居住地不一致的，选择并固定向其中一地主管税务机关申报。在中国境内没有户籍的，向中国境内经常居住地主管税务机关申报。张某是美国人，在中国境内没有户籍，但根据其提供的租房合同及其实际工作地点均可证明其经常居住地在北京。因此应该向其经常居住地北京某区地税局申报股票期权行权收入并缴纳个人所得税。虽然，张某同时在天津分公司"任职"，但该任职行为仅仅是名义上的，其实质上并不能提供其在天津分公司实际履行工作职责的任何证据，天津分公司也无任何实质性的经营业务，天津分公司虽然为张某发放工资及股票期权行权收益所得，但按照实质课税原则，其个人所得税仍然不能由天津分公司进行代扣代缴，张某也无选择向天津分公司所在地税务机关申报纳税的权利。因此，北京某信息技术有限公司及张某的这种筹划行为，以及天津分公司为张某代扣代缴个人所得税的行为，已经超越了合理筹划的底线。

税收筹划，又称"合理避税"，它来源于1935年英国的"税务局局长诉温斯特大公"案。当时参与此案的英国上议院议员汤姆林爵士对税收筹划作了这样的表述："任何一个人都有权安排自己的事业。如果依据法律所做的某些安排可以少缴税，那就不能强迫他多缴税收。"这一观点得到了法律界的认同。经过半个多世纪的发展，税收筹划的规范化定义得以逐步形成，即在法律规定许可的范围内，通过对经营、投资、理财活动的事先筹划和安排，尽可能取得节税的经济利益。税收筹划的本质是纳税人在现行税制条件下，通过充分利用各种有利的税收政策，在法律规定许可的范围内，通过对投资、经营、理财活动的事先筹划和安排，适当安排投资行为和业务流程，通过巧妙的财务协调和会计处理，合理地安排纳税方案，在合法的前提下，以实现税后利益最大化为目标的涉税经济行为。税收筹划获得的利益不仅限于应纳税款的减少，也包括通过应纳税款延期缴纳而相当于取得无息贷款，进而解决暂时性的流动性不足问题，甚至通过增加应纳税款的方式来取得自身最大整体利益。

税收筹划的首要特征是符合法律规定。税收筹划的行为是法律所鼓励的行为或者是法律所不禁止的行为，这些行为都可以概括为合法行为。违法的行为是应当受到法律惩处的行为，即使事实上没有受到法律惩处，也不是税收筹划行为，只能算作侥幸逃脱法律制裁的违法行为。而所谓符合法律规定，不仅要求符合法律具体条款的规定，也应符合法律的基本原则和宗旨。

实质课税原则是税收执法的基本原则之一，该原则要求税务机关根据纳税人的真实负担能力决定纳税人的税负，不仅考核其法律形式在表面上是否符合课税要件。实质课税原则的意义在于防止纳税人的避税与偷税，增强税法适用的公正性。世界上很多国家的税法都有关于实质课税原则的规定，我国相关税收法律虽然没有对实质课税原则进行一般性规定，但在《税收征收管理法》以及《企业所得税法》《增值税暂行条例》《消费税暂行条例》《土地增值税暂行条例》等不同税种法中都有所体现。如《税收征收管理法》第三十五条、第三十七条对未按规定办理税务登记、未按规定设置账簿、逾期未办理纳税申报、申报数额明显偏低等情形的纳税人，赋予税务机关可以核定其应纳税额的权力；第三十六条对关联企业间不符合独立交易原则的业务往来，赋予税务机关合理调整应纳税额的权力。《企业所得税法》第六章以专章形式来规定“特别纳税调整”，这是实质课税原则最集中的体现①。《企业所得税法》第四十七条规定，企业实施其他不具有合理商业目的的安排而减少其应纳税收入或者所得额的，税务机关有权按照合理方法调整。其背后体现的指导思想就是实质课税原则。国家税务总局制定的文件中已经有不少明确规定实质课税原则，如《国家税务总局关于确认企业所得税收入若干问题的通知》（国税函〔2008〕875 号）第一条规定：“除企业所得税法及实施条例另有规定外，企业销售收入的确认，必须遵循权责发生制原则和实质重于形式原则。”《国家税务总局关于印发〈特别纳税调整实施办法（试行）〉的通知》（国税发〔2009〕2 号）第九十四条规定：“税务机关应按照经济实质对企业的避税安排重新定性，取消企业从避税安排获得的税收利益。对于没有经济实质的企业，特别是设在避税港并导致其关联方或非关联方避税的企业，可在税收上否定该企业的存在。”《国家税务总局关于境外注册中资控股企业依据实际管理机构标准认定为居民企业有关问题的通知》（国税发〔2009〕82 号）第三条规定：“对于实际管理机构的判断，应当遵循实质重

① 参见杨志强主编：《税收法治通论》，中国税务出版社 2014 年版，第 25 页。

于形式的原则。”《一般反避税管理办法（试行）》（国家税务总局令第32号）第五条规定：“税务机关应当以具有合理商业目的和经济实质的类似安排为基准，按照实质重于形式的原则实施特别纳税调整。”因此，对于北京某信息技术有限公司及张某的上述筹划行为，税务机关有权根据实质课税原则的要求，按照实质重于形式的标准来进行实质性判断，否定纳税人作出的没有经济实质的安排。

经过区地税局将近两年时间的调查取证和不断沟通约谈，北京某信息技术有限公司和张某最终承认了其筹划目的，希望能够通过享受当地财政对于个人所得税的高额返还政策降低高管个人所得税负担，尤其是高管股票期权行权所得需要缴纳的动辄几千万的巨额税款，地方财政个人所得税的高额返还政策非常有吸引力。张某以及其他7名高管取得的开曼公司授予的期权属于“从中国境外取得所得”，除张某外，其他7名中国籍高管可以根据户籍地或经常居住地选择其一向主管税务机关申报纳税。根据调查，其他7名高管实际在北京某信息技术有限公司任职，经常居住地基本可以认定在北京，其中5名户籍地也在北京。因此，上述8名高管均应符合在北京申报缴纳境外行权所得个人所得税的条件。

最终，企业同意将8名高管的全部个人所得税迁回区地税局申报缴纳，截至2017年9月底，8名高管已在区地税局缴纳入库个人所得税9 416余万元。区地税局根据企业提供的员工现有期权授予、行权信息及开曼公司股票价格的相关信息，对后期北京某信息技术有限公司员工（2017—2021年）行权所得的个人所得税进行了初步测算，后继员工的股票期权行权所得在2017年至2021年间将产生1.13亿元至6.68亿元的个人所得税。

本案是一起通过税收筹划试图利用地方财政税收返还政策规避纳税义务的典型案例，也是税务机关通过税收居民身份证明开具这一日常税收管理工作，从一张完税证明入手发现疑点强化征管的成功范本。目前，各地通过财政返还税款等方式吸引北京企业外迁的情况时有发生，很多外迁企业实际办公经营仍在北京，只是形式上在当地成立公司，这就导致北京市的很多优质税源流失，出现经营在北京税款缴外地的奇怪现象，如果不对上述通过税收筹划规避纳税义务的行为加强征管，将会“鼓励”更多企业及类似高净值个人在中介机构的帮助下通过税收筹划，采用同样或类似方法来转移纳税地点，规避纳税义务。这将会影响北京市税源和税基稳定，也会对税收征管造成不利影响。因此，本案的顺利结案具有两方面的意义：

本案是典型的通过在有个人所得税财政返还优惠政策的地区注册空壳企业后，由其员工和空壳企业新签订劳动合同从而改变纳税申报地以逃避缴纳个人所得税的具体案例。由于本案由著名会计师事务所筹划，加之本案涉税金额上亿元，本案的顺利结案会对企业和中介机构形成威慑，给其今后类似的筹划划定红线，保护北京市税基稳定与税源充足。

本案纳税人是通过对《财政部　国家税务总局关于在华无住所的个人如何计算在华居住满五年问题的通知》（财税字〔1995〕98 号）规定的“反向利用”，就其获得的全球收入在中国纳税后向中国申请税收居民身份，然后将纳税申报地点运作到有财政返还政策的地方从而实现规避个人所得税纳税义务的案例。张某未选择像其他外籍人一样利用政策“逢 5 破 5”（按照财税字〔1995〕98 号文件的有关规定，外籍人在中国境内居留时间即将超过 5 年时，即出国超过 183 天以避免就其全球收入向中国申报纳税）[①] 是有意而为之，其目的是避免就其在纽交所行权所得向美国税务机关纳税。此案是北京市首例外籍个人反向利用中国税收居民身份进行个人所得税避税案例，对今后通过《税收征收管理法》和《个人所得税法》的修订建立个人反避税法规体系，以及加强外籍个人特别是高净值外籍个人税收征管具有一定的借鉴意义。

【法律法规依据】

（1）《中华人民共和国个人所得税法》（1980 年 9 月 10 日第五届全国人民代表大会第三次会议通过，2018 年 8 月 31 日第十三届全国人民代表大会常务委员会第五次会议第七次修正）。

（2）《中华人民共和国个人所得税法实施条例》（1994 年 1 月 28 日中华人民共和国国务院令第 142 号发布，2018 年 12 月 18 日中华人民共和国国务院令第 707 号第四次修订）。

---

① 《财政部　国家税务总局关于在华无住所的个人如何计算在华居住满五年问题的通知》（财税字〔1995〕98 号）第一条规定：“关于五年期限的具体计算：个人在中国境内居住满五年，是指个人在中国境内连续居住满五年，即在连续五年中的每一纳税年度内均居住满一年。”第二条规定：“关于个人在华居住满五年以后纳税义务的确定：个人在中国境内居住满五年后，从第六年起的以后各年度中，凡在境内居住满一年的，应当就其来源于中国境内、境外的所得申报纳税；凡在境内居住不满一年的，则仅就该年内来源于境内的所得申报纳税。如该个人在第六年起以后的某一纳税年度内在境内居住不足 90 天，可以按《中华人民共和国个人所得税法实施条例》第七条的规定确定纳税义务，并从再次居住满一年的年度起重新计算五年期限。”

（3）《国家税务总局关于印发〈个人所得税自行纳税申报办法（试行）〉的通知》（国税发〔2006〕162 号，目前已经失效）。

（4）《财政部　国家税务总局关于在华无住所的个人如何计算在华居住满五年问题的通知》（财税字〔1995〕98 号，目前已经失效）。

（5）《财政部　税务总局关于非居民个人和无住所居民个人有关个人所得税政策的公告》（财政部　税务总局公告 2019 年第 35 号）。

第 14 章

企业涉税危机公关技巧与税企关系协调

14.1 税务人员刁难企业

税务机关的工作人员利用职权有时会故意刁难纳税人，有的刁难是税务人员个人行为，有的刁难是税务机关针对多数纳税人的普遍行为。下面我们来看几个刁难纳税人的案例。

【案例】个体户开票难

某纳税人投诉：俺一小个体户，真是服了 ×× 国税了，国家每次推出减税政策，俺一定得涨税，因为起征点提高了嘛，俺就被提高了。你涨税也就罢了，俺开点发票您咋还那么刁难俺，一年换一个地方，一年换一种开票方式，整得你云里雾里到处乱跑。俺是小个体户，买不起那开票软件和发票打印机，于是您就不给俺定额发票，俺要开点发票得先去客户那开具证明，再到国税开票，给您税钱您不要，还得去农信先交上钱再拿着小票去您那里开票，开票人员半天也开不出一张发票，俺为一千多块钱的发票去排了两天队都没开上，您说说，俺卖这点货能挣多少钱够俺跑腿的吗？俺实在不明白 ×× 国税局为什么就这么折腾刁难俺这些纳税人？这是什么工作作风？

关于 ×× 国税局办税大厅滥用职权故意刁难纳税人的投诉的回复：

根据国税总局关于修订《增值税专用发票使用规定》的通知（国税发〔2006〕15 号）中关于增值税专用发票使用规定和《×× 区国税局关于加强发票管理的规定》，发票的发售实行验旧购新的制度，即纳税人在领购发票时，必须提供以前领购使用的发票。经税务机关查验后，才可以领购发票。当征管软件上体现有空白发票仍然领购发票时，办税大厅人员有责任让企业提供剩余发票或发票存根进行核对，没有问题时才能正常发售。纳税人零报税时，税务机关在电脑上查不出当月发票使用情况，只有在下月的15日前报税后才能查询出来。因此，大厅主任通过征管软件查询发现该投诉人有未使用的空白发票。投诉人虽然解释发票已开完，但税务机关无法查询该信息，因此要求投诉人提供开具后的发票存根，致使纳税人回单位取发票存根。

从纳税人的反映和我们的调查情况看，导致投诉人投诉的主要原因是纳税人对我们的工作程序不了解，同时，税务人员的工作态度、方式方法等也存在一些问题。××市国家税务局将进一步加强税收政策宣传工作，让纳税人了解办税工作流程，方便办税；同时，进一步加强对税务人员特别是大厅人员的教育，树立纳税服务意识，更好地为纳税人服务。

【案例】地税局的某些人吃拿卡要，故意刁难纳税人

某纳税人投诉：××区地税局税收征收科的某些人吃拿卡要，故意刁难纳税人，希望有人管管。一大早接到地税局电话，说我态度不好，威胁要把我公司地税从三个点加到五个点。故意找碴，要我们送烟酒，请他们吃饭。纳税人在他们眼里都是小羔羊，希望有人出来管管。

14.2 政策模糊导致税企分歧

由于我国税收立法不完善，很多事项的税务处理方式在政策上并不明确，各地税务机关便各行其是，采取不同的处理方式。政策模糊是导致税企分歧的重要因素之一。

【案例】某房地产公司缴纳城镇土地使用税的协调

房地产企业在缴纳城镇土地使用税时，对于已销售商品房何时终止城镇土地使用税的纳税义务，总局政策就比较模糊，各地理解掌握也存在很大差别，有的以办理产权证为标准，有的以签订销售合同为标准（如桂地税字〔2009〕117号，西地税发〔2009〕248号），有的以办理入住手续交钥匙为标准（如青地税函〔2009〕128号），还有的以缴纳契税为标准等，如此，产生争议也就难免，企业应站在自身的角度，按照有利于企业的理解跟税务机关协调沟通。

某房地产公司成立于2011年10月，2012年6月开始签订房屋正式销售

合同，2012 年 12 月购房户办理完毕入住手续，交付钥匙，相关手续已全部到房管局备案。在 2013 年缴纳土地使用税时，该公司将已经办理完毕入住手续的一期房产占地面积从总土地面积中剔除，交纳了土地使用税。而税务局检查人员认为应从办理完毕土地使用证起才能确认产权转移，才能剔除一期房产占地面积，因而与企业在何时剔除一期房产占地面积上产生争议。

企业认为：财税〔2006〕186 号规定，以出让或转让方式有偿取得土地使用权的，应由受让方从合同约定交付土地时间的次月起缴纳城镇土地使用税；合同未约定交付土地时间的，由受让方从合同签订的次月起缴纳城镇土地使用税。财税〔2008〕152 号规定，纳税人因房产、土地的实物或权利状态发生变化而依法终止房产税、城镇土地使用税纳税义务的，其应纳税款的计算应截止到房产、土地的实物或权利状态发生变化的当月末。根据财税〔2006〕186 号及财税〔2008〕152 号的相关规定，房地产公司认为，购房户办理了入住手续，该公司就对房产不具备控制权了，属于税收文件中的"实物或权利状态发生变化"，就应该剔除其占地面积，是否取得产权证并不是确认"实物或权利状态发生变化"唯一标准。

关于土地使用税纳税义务截止时间问题，财税〔2008〕152 号文件确实容易产生争议，在税务实践中也比较难于统一。比如，青岛、广西、西安等地的规定就不同。

《青岛市地方税务局关于明确房地产企业商品房开发期间城镇土地使用税有关问题的通知》（青地税函〔2009〕128 号）规定：商品房交付使用，是指房地产企业将已建成的房屋转移给买受人占有，其外在表现主要是将房屋的钥匙交付给买受人。

《广西壮族自治区地方税务局关于房地产企业城镇土地使用税纳税义务终止时间的通知》（桂地税字〔2009〕117 号）规定：对房地产开发企业建造的商品房用地，城镇土地使用税终止缴纳的时间应以商品房出售双方签订销售合同生效的次月起。

《西安市地方税务局关于明确房地产开发企业房地产开发用地城镇土地使用税征收起止时间有关问题的通知》（西地税发〔2009〕248 号）规定：房地产开发企业房地产开发用地城镇土地使用税征收截止时间应为《商品房买卖合同》或其他协议文件约定房屋交付的当月末。

【案例】无发票是否可以结转成本

西方公司欠东方贸易公司 100 万元，2012 年 5 月，经过协商，双方达成一致意见，签订合同，西方公司以一批货物抵顶该100万元，东方公司做账务处理：

借：库存材料　　1 000 000

　　贷：应收账款　　1 000 000

2012年6月，东方公司以80万元的价格将该批顶账货物销售，结转了销售成本100万元。2013年6月，税务机关在对其检查中提出因该批货物没有发票，所结转的成本应调增应纳税所得额。

对此涉税问题，该企业应如何解释呢？其实，关于抵偿债务的存货处理问题，在所得税法及实施条例上有明确规定。《企业所得税法》第十五条规定，企业使用或者销售存货，按照规定计算的存货成本，准予在计算应纳税所得额时扣除。《企业所得税法实施条例》第七十二条明确规定，通过支付现金以外的方式取得的存货，以该存货的公允价值和支付的相关税费为成本；而公允价值，是指按照市场价格确定的价值，双方合同、协议确定的价值，是双方都能接受、认可的价值，因此该成本的结转，是否取得发票就不是关键问题了。没有发票，可以按照公允价值列成本。要说服税务人员，就得找到不需要发票的政策依据，依据所得税法及条例的相关规定跟税务机关解释。

【案例】某市所得税核定征收计算方法违背总局相关政策

2012年某市某公司企业所得税按照收入额核定征收，核定的应税所得率是10%，该公司当年正常收入100万元，已经正常申报缴纳税款，另外还取得股权转让收入80万元（股权投资成本50万元），企业将该80万元的收入并入收入总额按照核定的应税所得率缴纳了企业所得税，2012年度总计缴纳所得税4.5万元［（100＋80）×10%×25%］。

税务机关在对该企业纳税评估中，认为该企业非日常经营项目所得即股权转让所得不能直接并入收入总额，应该按照核定应税所得率换算成收入额，与除纯收益性所得之外的其他收入一并按核定征收方式纳税。具体计算是：该股权转让项目的应纳税所得额30万元［（80－50）÷10%×10%］，按照核定应税所得率换算成收入额就是300万元（30÷10%），并入收入总额缴纳所得税10万元［（100＋300）×10%×25%］，需要补交5.5万元。

税务机关所依据的政策是《某市国税局2013年企业所得税汇算清缴若干业务问题解答》，该问题解答规定：核定征收企业当年取得的非日常经营项目所得，包括土地使用权转让所得、股权转让所得、拆迁补偿收入、捐赠收入等超过收入总额20%的，应按照某国税发〔2008〕97号第五条的规定，在

扣除对应的成本后，应将纯收益性所得按照核定应税所得率换算成收入额，与除纯收益性所得之外的其他收入一并按核定征收方式纳税。换算公式为：

应纳税所得额＝（收入－成本）÷ 应税所得率 × 应税所得率

某局的这个规定就跟税务总局国税发〔2008〕30 号、国税函〔2009〕377 号的相关规定不一致。企业可以根据税法的效力层次跟税务机关争辩，要求税务机关严格执行总局的政策。

关于核定征收企业取得的非日常经营项目所得，国税发〔2008〕30 号第六条规定，采用应税所得率方式核定征收企业所得税的，应纳所得税额计算公式如下：

应纳所得税额＝应纳税所得额 × 适用税率

应纳税所得额＝应税收入额 × 应税所得率

如何确定应税收入额就是关键所在。《关于企业所得税核定征收若干问题的通知》（国税函〔2009〕377 号）规定，国税发〔2008〕30 号文件第六条中的“应税收入额”等于收入总额减去不征税收入和免税收入后的余额。用公式表示为：

应税收入额＝收入总额－不征税收入－免税收入

很明显，某市税务机关要求企业对非日常经营项目所得单独计算所得税是错误的，遇到该类问题就需要运用税法的效力层次来跟税务机关陈述申辩，下位法不能跟上位法相冲突。

14.3 企业税收筹划导致税务机关质疑

税收筹划是指在纳税行为发生之前，在不违反法律、法规（税法及其他相关法律、法规）的前提下，通过对纳税主体（法人或自然人）的经营活动或投资行为等涉税事项做出事先安排，以达到少缴税或递延纳税目标的一系列谋划活动。由于税收筹划与偷税漏税之间的界限比较模糊，有时税务机关会将企业的税收筹划行为视为偷税漏税行为，从而对企业采取反避税措施。

【案例】利用关联免税公司税收筹划

北京市国家税务局稽查局于 2007 年 6 月 14 日至 2007 年 10 月 25 日对北京 A 税务师事务所有限公司（简称 A 公司）2002 年 5 月至 2006 年 12 月 31 日的纳税情况进行了检查，发现 A 公司利用所控制的多家公司，将取得的劳务收入转移到互为关联的免税企业，共计转移应税收入810万元。

2006年6月，A公司协同北京B信息咨询有限责任公司（以下简称B公司）与甲公司签订代理业务协议书，同年7月出具加盖“北京A税务师事务所有限公司”印章的审计报告，共取得业务收入480万元，将其中460万元转移到B公司。

2004年11月16日，A公司协同北京某投资有限公司信息咨询分公司（以下简称C咨询分公司）与乙公司签订办理核销历史欠税业务的代理协议书，当日由C咨询分公司将预收款200万元作收入并开具发票。由于合同未履行，又于2006年1月协同北京某投资有限公司某区信息咨询分公司（以下简称D咨询分公司）与乙公司重新签订协议书。直至同年8月才由C咨询分公司退还乙公司预收的150万元，并将余款50万元转入B公司，由B公司作收入并出具发票。在此期间，一直由A公司委派本单位员工负责该项代理业务的实施。

2006年6月1日，A公司与丙公司签订代理协议书，6月15日由B公司收取150万元并出具了300万元的发票，同时作收入300万元。2006年12月26日，A公司协同B公司与丙公司签订三方协议书后，由B公司收取余款150万元。在此期间，一直由A公司委派本单位员工负责该项代理业务的实施。

现已查明A公司与B公司、C咨询分公司、D咨询分公司都为同一法人，在资金、业务经营等方面，存在直接或者间接的拥有或者控制关系，互为关联企业。其中B公司在2006年期间为免税企业，A公司利用对其的实质控制权，将自己的收入转移到免税公司欲以逃税，转移收入合计810万元。实际应调增应纳税所得额7 654 500元。

本案税收筹划失败的原因有两个：第一，未隔断A公司与B公司的关联关系；第二，未由B公司实际提供劳务。如果企业想享受免税待遇，应当设立免税公司，并由免税公司来实际提供劳务。不能由其他公司提供劳务，而由免税公司取得收入。此时的免税公司就成了一个收钱公司，这是非常明显的税收筹划行为，极易为税务机关察觉。企业在设立免税公司时，为了避免被认定为关联企业，应当对照关联企业的标准，在资金、人员等方面隔断二者之间的关联关系。

14.4 企业涉嫌行政违法行为

行政违法是指行政主体所实施的违反行政法律规范，侵害受法律保护的行政关系尚未构成犯罪的有过错的行政行为。《税收征收管理法》第五章规定了纳税人各类违法行为的法律责任。其中：

第六十条规定：纳税人有下列行为之一的，由税务机关责令限期改正，可以处二千元以下的罚款；情节严重的，处二千元以上一万元以下的罚款：①未按照规定的期限申报办理税务登记、变更或者注销登记的；②未按照规定设置、保管账簿或者保管记账凭证和有关资料的；③未按照规定将财务、会计制度或者财务、会计处理办法和会计核算软件报送税务机关备查的；④未按照规定将其全部银行账号向税务机关报告的；⑤未按照规定安装、使用税控装置，或者损毁或者擅自改动税控装置的。纳税人不办理税务登记的，由税务机关责令限期改正；逾期不改正的，经税务机关提请，由工商行政管理机关吊销其营业执照。纳税人未按照规定使用税务登记证件，或者转借、涂改、损毁、买卖、伪造税务登记证件的，处二千元以上一万元以下的罚款；情节严重的，处一万元以上五万元以下的罚款。

第六十一条规定：扣缴义务人未按照规定设置、保管代扣代缴、代收代缴税款账簿或者保管代扣代缴、代收代缴税款记账凭证及有关资料的，由税务机关责令限期改正，可以处二千元以下的罚款；情节严重的，处二千元以上五千元以下的罚款。

第六十二条规定：纳税人未按照规定的期限办理纳税申报和报送纳税资料的，或者扣缴义务人未按照规定的期限向税务机关报送代扣代缴、代收代缴税款报告表和有关资料的，由税务机关责令限期改正，可以处二千元以下的罚款；情节严重的，可以处二千元以上一万元以下的罚款。

第六十三条规定：纳税人伪造、变造、隐匿、擅自销毁账簿、记账凭证，或者在账簿上多列支出或者不列、少列收入，或者经税务机关通知申报而拒不申报或者进行虚假的纳税申报，不缴或者少缴应纳税款的，是偷税。对纳税人偷税的，由税务机关追缴其不缴或者少缴的税款、滞纳金，并处不缴或者少缴的税款百分之五十以上五倍以下的罚款；构成犯罪的，依法追究刑事责任。扣缴义务人采取前款所列手段，不缴或者少缴已扣、已收税款，由税务机关追缴其不缴或者少缴的税款、滞纳金，并处不缴或者少缴的税款百分之五十以上五倍以下的罚款；构成犯罪的，依法追究刑事责任。

第六十四条规定：纳税人、扣缴义务人编造虚假计税依据的，由税务机关责令限期改正，并处五万元以下的罚款。纳税人不进行纳税申报，不缴或者少缴应纳税款的，由税务机关追缴其不缴或者少缴的税款、滞纳金，并处不缴或者少缴的税款百分之五十以上五倍以下的罚款。

第六十五条规定：纳税人欠缴应纳税款，采取转移或者隐匿财产的手段，妨碍税务机关追缴欠缴的税款的，由税务机关追缴欠缴的税款、滞纳金，并处欠缴税款百分之五十以上五倍以下的罚款；构成犯罪的，依法追究刑事责任。

第六十六条规定：以假报出口或者其他欺骗手段，骗取国家出口退税款，由税务机关追缴其骗取的退税款，并处骗取税款一倍以上五倍以下的罚款；构成犯罪的，依法追究刑事责任。对骗取国家出口退税款的，税务机关可以在规定期间内停止为其办理出口退税。

第六十七条规定：以暴力、威胁方法拒不缴纳税款的，是抗税，除由税务机关追缴其拒缴的税款、滞纳金外，依法追究刑事责任。情节轻微，未构成犯罪的，由税务机关追缴其拒缴的税款、滞纳金，并处拒缴税款一倍以上五倍以下的罚款。

第六十八条规定：纳税人、扣缴义务人在规定期限内不缴或者少缴应纳或者应解缴的税款，经税务机关责令限期缴纳，逾期仍未缴纳的，税务机关除依照本法第四十条的规定采取强制执行措施追缴其不缴或者少缴的税款外，可以处不缴或者少缴的税款百分之五十以上五倍以下的罚款。

第六十九条规定：扣缴义务人应扣未扣、应收而不收税款的，由税务机关向纳税人追缴税款，对扣缴义务人处应扣未扣、应收未收税款百分之五十以上三倍以下的罚款。

第七十条规定：纳税人、扣缴义务人逃避、拒绝或者以其他方式阻挠税务机关检查的，由税务机关责令改正，可以处一万元以下的罚款；情节严重的，处一万元以上五万元以下的罚款。

第七十二条规定：从事生产、经营的纳税人、扣缴义务人有《税收征收管理法》规定的税收违法行为，拒不接受税务机关处理的，税务机关可以收缴其发票或者停止向其发售发票。

第七十三条规定：纳税人、扣缴义务人的开户银行或者其他金融机构拒绝接受税务机关依法检查纳税人、扣缴义务人存款账户，或者拒绝执行税务机关作出的冻结存款或者扣缴税款的决定，或者在接到税务机关的书面通知后帮助纳税人、扣缴义务人转移存款，造成税款流失的，由税务机关处十万元以上五十万元以下的罚款，对直接负责的主管人员和其他直接责任人员处一千元以上一万元以下的罚款。

第七十四条规定：《税收征收管理法》规定的行政处罚，罚款额在二千元以下的，可以由税务所决定。

【案例】偷税行为中哪些是具备从轻或者减轻行政处罚的条件的?

甲公司 2012 年 9 月 10 日按期申报缴纳了 8 月份应纳增值税款 12.5 万元。2013 年 6 月 12 日，国税稽查局对该公司 2012 年缴纳增值税情况进行检查，发现该公司在 2012 年 8 月份购进职工福利用品抵扣了增值税 3.2 万元，根据《增值税暂行条例》第十条规定，应做进项转出处理，要求企业补税 3.2 万元并根据《税收征收管理法》第六十三条规定处以 50% 罚款，加收滞纳金。财务人员经过跟检查人员沟通，在处理决定没出来之前，于 2013 年 6 月 14 日将这笔税款申报纳税了。该公司的行为构成了偷税，但属于《行政处罚法》第二十七条第一款规定的“主动消除或者减轻违法行为危害后果”的行为，具备应当依法从轻或者减轻行政处罚的条件。对偷税行为的处罚能否低于 50%？

在税收实践中，对有些问题或者违法行为，可能《税收征收管理法》与相关的法律都有规定，如果两者之间的规定不一致，那么应以《税收征收管理法》的规定为准，这是特别法优于一般法的原则体现。但对于处罚的实施问题，包括处罚的程序、处罚的实施规则，如简易处罚程序，从轻、减轻或者不罚的情节等，《税收征收管理法》并没有作出相应规定，在这种情况下，应适用一般法，即按照《行政处罚法》的规定执行。《行政处罚法》第二十七条第一款规定：当事人有下列情形之一的，应当依法从轻或者减轻行政处罚：①主动消除或者减轻违法行为危害后果；②受他人胁迫有违法行为的；③配合行政机关查处违法行为有立功表现的；④其他依法从轻或者减轻行政处罚的。

对税务机关来说，只要纳税人具有上述情形，就要依法对其从轻或者减轻处罚，也就是依据《税收征收管理法》等相关税收法律法规的规定对其从轻或减轻处罚，而减轻处罚的含义就是可以低于税收法律法规规定标准的下限实施。还有，税务机关在日常税收管理过程中发现的一些违法行为，譬如进行约谈后纳税人主动缴纳了税款，或者及时停止违法行为的，就属于从轻、减轻处罚的情节，税务机关在实施处罚时，便可以根据行政处罚法规定的几种情形，结合违法行为的情节、社会的危害程度等，可以低于《税收征收管理法》规定的下限进行处理。新的《税务稽查规程》第五十五条规定，认为税收违法行为轻微，依法可以不予税务行政处罚的，拟制《不予税务行政处罚决定书》。

14.5 企业涉嫌刑事犯罪行为

犯罪是对社会有危害性、触犯《中华人民共和国刑法》（以下简称《刑法》）且应受刑罚处罚的行为。《刑法》第三章规定了破坏社会主义市场经济秩序罪，其中第六节规定了危害税收征管罪，规定了以下几种涉嫌犯罪行为。

第二百零一条规定：纳税人采取欺骗、隐瞒手段进行虚假纳税申报或者不申报，逃避缴纳税款数额较大并且占应纳税额百分之十以上的，处三年以下有期徒刑或者拘役，并处罚金；数额巨大并且占应纳税额百分之三十以上的，处三年以上七年以下有期徒刑，并处罚金。扣缴义务人采取前款所列手段，不缴或者少缴已扣、已收税款，数额较大的，依照前款的规定处罚。对多次实施前两款行为，未经处理的，按照累计数额计算。有第一款行为，经税务机关依法下达追缴通知后，补缴应纳税款，缴纳滞纳金，已受行政处罚的，不予追究刑事责任；但是，五年内因逃避缴纳税款受过刑事处罚或者被税务机关给予二次以上行政处罚的除外。

【案例】成都“逃税罪”第一人 补缴税款免领刑

“逃税罪”新罪名实施一年以来，成都市曾发生一起“逃税”案，被告人小敏逃税十多万元，被起诉后经开庭审理，法院认定其罪名成立。由于被告人及时缴纳了税款和滞纳金，最终免予刑事处罚。“本案是新罪名实施以来我市第一起逃税案，具有典型意义。”

2010 年 6 月，小敏找到律师，称她因涉嫌逃税十万余元被提起公诉，将可能面临牢狱之灾。小敏向律师坦陈，她曾是成都某电子公司的法定代表人，2001 年，为节省开支，她伙同会计以“鸳鸯”发票的形式，为八家单位开具 43 份发票，并以记账联上填写的人民币 5 794 元的金额向税务机关申报纳税。案发后，经鉴定机构鉴定，公司 2001 年至 2003 年少缴税金共计金额为人民币 101 579.14 元。成都市国税局对此稽查立案，并于 2005 年 4 月将案件移送至公安机关。2007 年 2 月，小敏公司被成都市工商行政管理局吊销营业执照。事实上，此案案发后，小敏意识到事态的严重，积极采取了补救措施：2009 年 5 月，小敏向税务局补缴增值税人民币 94 933.77 元，缴纳滞纳金人民币 92 228.16 元。

在案件审理期间，小敏又主动向法院补缴了余欠税金 6 645.33 元。

2010 年 7 月，该案提起公诉，此前被告人小敏已如数缴纳增值税和滞纳金。然而，小敏一直未收到行政处罚通知。庭审中，辩护律师强调，案发后至移送公安机关期间，小敏曾主动找到稽查部门，称愿意配合调查接受处罚。稽查人员令其回去等候。事后，小敏始终没收到稽查结果通知，也没接到行政处罚通知。故至今未实际接受处罚非被告原因造成，不能将此责任归责于被告人。最终，法院依法判决其罪名成立，依照刑法修正案（七）的相关规定，免予刑事处罚。

【案例】宜兴审判首例逃税案　一企业被判处罚金 20 万元

宜兴首例逃税罪日前在宜兴市人民法院公开审理，这是宜兴市首个因偷逃税犯罪行为被追究刑事责任的案例。据判决书披露，宜兴市某机械有限公司因犯逃避缴纳税款罪被判处罚金 20 万元，其法定代表人许某被判处有期徒刑 2 年、缓刑 2 年，并处罚金 10 万元。同时，法院还将扣押在案的税款人民币 93.52 万元上缴国库。据悉，被告宜兴市某机械公司于 2010 年至 2011 年欠缴土地使用税 93.52 万元。几年来，宜兴地税局第六分局多次对该公司依法进行催报催缴，但纳税人多次推脱，一直未向地税部门缴清欠税。2012 年 8 月，宜兴地税局依法提请宜兴市公安局经侦大队查处此案。公安机关经立案侦查，确认该公司 2010—2011 年度存在逃避缴纳税款的行为，并将此案移送检察院，由市检察院依法向法院提起公诉。法院经审理后做出了以上判决，并对上述欠缴两年的土地使用税 93.52 万元采取强制执行措施清缴到位。

税务机关依法下达追缴通知后，企业进行虚假纳税申报或者不申报，逃避缴纳税款数额较大就可能构成“逃税罪”。且单位及其法定代表人往往同时构成此罪。公安机关一旦立案，即使纳税人补缴了应纳税款并接受了行政处罚，亦不影响刑事责任的追究。本案作为宜兴市首例逃税罪，对一些故意拖欠税款的纳税人将产生强烈震慑作用，同时也将为地税局强化依法行政、促进税收遵从度提升提供宣传和引导的有利契机。

第二百零二条规定：以暴力、威胁方法拒不缴纳税款的，处三年以下有期徒刑或者拘役，并处拒缴税款一倍以上五倍以下罚金；情节严重的，处三年以上七年以下有期徒刑，并处拒缴税款一倍以上五倍以下罚金。

第二百零三条规定：纳税人欠缴应纳税款，采取转移或者隐匿财产的手段，致使税务机关无法追缴欠缴的税款，数额在一万元以上不满十万元的，处三年以下有期徒刑或者拘役，并处或者单处欠缴税款一倍以上五倍以下罚金；数额在十万元以上的，处三年以上七年以下有期徒刑，并处欠缴税款一倍以上五倍以下罚金。

第二百零四条规定：以假报出口或者其他欺骗手段，骗取国家出口退税款，数额较大的，处五年以下有期徒刑或者拘役，并处骗取税款一倍以上五倍以下罚金；数额巨大或者有其他严重情节的，处五年以上十年以下有期徒刑，并处骗取税款一倍以上五倍以下罚金；数额特别巨大或者有其他特别严重情节的，处十年以上有期徒刑或者无期徒刑，并处骗取税款一倍以上五倍以下罚金或者没收财产。纳税人缴纳税款后，采取前款规定的欺骗方法，骗取所缴纳的税款的，依照本法第二百零一条的规定定罪处罚；骗取税款超过所缴纳的税款部分，依照前款的规定处罚。

第二百零五条规定：虚开增值税专用发票或者虚开用于骗取出口退税、抵扣税款的其他发票的，处三年以下有期徒刑或者拘役，并处二万元以上二十万元以下罚金；虚开的税款数额较大或者有其他严重情节的，处三年以上十年以下有期徒刑，并处五万元以上五十万元以下罚金；虚开的税款数额巨大或者有其他特别严重情节的，处十年以上有期徒刑或者无期徒刑，并处五万元以上五十万元以下罚金或者没收财产。单位犯本条规定之罪的，对单位判处罚金，并对其直接负责的主管人员和其他直接责任人员，处三年以下有期徒刑或者拘役；虚开的税款数额较大或者有其他严重情节的，处三年以上十年以下有期徒刑；虚开的税款数额巨大或者有其他特别严重情节的，处十年以上有期徒刑或者无期徒刑。虚开增值税专用发票或者虚开用于骗取出口退税、抵扣税款的其他发票，是指有为他人虚开、为自己虚开、让他人为自己虚开、介绍他人虚开行为之一的。

第二百零六条规定：伪造或者出售伪造的增值税专用发票的，处三年以下有期徒刑、拘役或者管制，并处二万元以上二十万元以下罚金；数量较大或者有其他严重情节的，处三年以上十年以下有期徒刑，并处五万元以上五十万元以下罚金；数量巨大或者有其他特别严重情节的，处十年以上有期徒刑或者无期徒刑，并处五万元以上五十万元以下罚金或者没收财产。单位犯本条规定之罪的，对单位判处罚金，并对其直接负责的主管人员和其他直接责任人员，处三年以下有期徒刑、拘役或者管制；数量较大或者有其他严重情节的，处三年以上十年以下有期徒刑；数量巨大或者有其他特别严重情节的，处十年以上有期徒刑或者无期徒刑。

第二百零七条规定：非法出售增值税专用发票的，处三年以下有期徒刑、

拘役或者管制，并处二万元以上二十万元以下罚金；数量较大的，处三年以上十年以下有期徒刑，并处五万元以上五十万元以下罚金；数量巨大的，处十年以上有期徒刑或者无期徒刑，并处五万元以上五十万元以下罚金或者没收财产。

第二百零八条规定：非法购买增值税专用发票或者购买伪造的增值税专用发票的，处五年以下有期徒刑或者拘役，并处或者单处二万元以上二十万元以下罚金。

第二百零九条规定：伪造、擅自制造或者出售伪造、擅自制造的可以用于骗取出口退税、抵扣税款的其他发票的，处三年以下有期徒刑、拘役或者管制，并处二万元以上二十万元以下罚金；数量巨大的，处三年以上七年以下有期徒刑，并处五万元以上五十万元以下罚金；数量特别巨大的，处七年以上有期徒刑，并处五万元以上五十万元以下罚金或者没收财产。伪造、擅自制造或者出售伪造、擅自制造的前款规定以外的其他发票的，处二年以下有期徒刑、拘役或者管制，并处或者单处一万元以上五万元以下罚金；情节严重的，处二年以上七年以下有期徒刑，并处五万元以上五十万元以下罚金。

《刑法》第三十条规定：公司、企业、事业单位、机关、团体实施的危害社会的行为，法律规定为单位犯罪的，应当负刑事责任。第三十一条规定：单位犯罪的，对单位判处罚金，并对其直接负责的主管人员和其他直接责任人员判处刑罚。

14.6 刁难型危机公关技巧

对于刁难型危机，首先要判断出现刁难的原因，如果是纳税人自身的原因，如有意或者无意中得罪了某位税务人员，则应当与其进行适当沟通，争取前嫌尽释，并在此基础上与该税务人员打好关系。如果是税务机关或者税务人员的原因，则首先仍然应与其进行适当沟通，争取能够避免对企业的刁难，正常对待企业。如果其得寸进尺，实在无法沟通，则可以考虑向主管领导或者上级税务机关反映问题，争取主管领导或者上级税务机关的支持。在处理刁难型危机时，切忌急躁和草率行事，不要认为自己有理，就得理不饶人或者采取过激的行为。因为企业要长期与税务机关或者某位税务人员打交道，即使纳税人在某次冲突中取得了胜利，并不代表在以后的冲突中就一定能够取得胜利。因此，与税务机关及其工作人员保持良好的关系仍然是纳税人的

第一选择和首要目标，只有在迫不得已的情况下，才能拿起法律武器与税务机关及其工作人员“较真”。

《税收征收管理法》第九条规定，税务机关应当加强队伍建设，提高税务人员的政治业务素质。税务机关、税务人员必须秉公执法、忠于职守、清正廉洁、礼貌待人、文明服务，尊重和保护纳税人、扣缴义务人的权利，依法接受监督。税务人员不得索贿受贿、徇私舞弊、玩忽职守、不征或者少征应征税款；不得滥用职权多征税款或者故意刁难纳税人和扣缴义务人。

2012 年 6 月 6 日由监察部、人力资源社会保障部、国家税务总局联合发布《税收违法违纪行为处分规定》，《处分规定》的出台，对于进一步完善税收违法违纪行为责任追究制度，确保国家税收法律法规的贯彻落实，保障公平竞争的市场经济环境，维护社会主义市场经济秩序和人民群众的根本利益具有重要意义。

有税收违法违纪行为的单位，其负有责任的领导人员和直接责任人员，以及有税收违法违纪行为的个人，应当承担纪律责任。属于下列人员的（以下统称有关责任人员），由任免机关或者监察机关按照管理权限依法给予处分：①行政机关公务员；②法律、法规授权的具有公共事务管理职能的组织中从事公务的人员；③行政机关依法委托从事公共事务管理活动的组织中从事公务的人员；④企业、事业单位、社会团体中由行政机关任命的人员。法律、行政法规、国务院决定和国务院监察机关、国务院人力资源社会保障部门制定的处分规章对税收违法违纪行为的处分另有规定的，从其规定。

税务机关及税务人员有下列行为之一的，对有关责任人员，给予警告或者记过处分；情节较重的，给予记大过或者降级处分；情节严重的，给予撤职处分：①违反法定权限、条件和程序办理开业税务登记、变更税务登记或者注销税务登记的；②违反规定发放、收缴税控专用设备的；③违反规定开具完税凭证、罚没凭证的；④违反法定程序为纳税人办理减税、免税、退税手续的。

税务机关及税务人员有下列行为之一的，对有关责任人员，给予记过或者记大过处分；情节较重的，给予降级或者撤职处分；情节严重的，给予开除处分：①违反规定发售、保管、代开增值税专用发票以及其他发票，致使国家税收遭受损失或者造成其他不良影响的；②违反规定核定应纳税额、调整税收定额，导致纳税人税负水平明显不合理的。

税务机关及税务人员有下列行为之一的，对有关责任人员，给予警告或者记过处分；情节较重的，给予记大过或者降级处分；情节严重的，给予撤

职处分：①违反规定采取税收保全、强制执行措施的；②查封、扣押纳税人个人及其所扶养家属维持生活必需的住房和用品的。

税务机关及税务人员有下列行为之一的，对有关责任人员，给予记过或者记大过处分；情节较重的，给予降级或者撤职处分；情节严重的，给予开除处分：①对管辖范围内的税收违法行为，发现后不予处理或者故意拖延查处，致使国家税收遭受损失的；②徇私舞弊或者玩忽职守，不征或者少征应征税款，致使国家税收遭受损失的。

税务机关及税务人员违反规定要求纳税人、扣缴义务人委托税务代理，或者为其指定税务代理机构的，对有关责任人员，给予记过或者记大过处分；情节较重的，给予降级或者撤职处分；情节严重的，给予开除处分。

税务机关干部的近亲属在本人管辖的业务范围内从事与税收业务相关的中介活动，经劝阻其近亲属拒不退出或者本人不服从工作调整的，给予记过或者记大过处分；情节较重的，给予降级或者撤职处分；情节严重的，给予开除处分。

税务人员有下列行为之一的，对有关责任人员，给予记过或者记大过处分；情节较重的，给予降级或者撤职处分；情节严重的，给予开除处分：①在履行职务过程中侵害公民、法人或者其他组织合法权益的；②滥用职权，故意刁难纳税人、扣缴义务人的；③对控告、检举税收违法违纪行为的纳税人、扣缴义务人以及其他检举人进行打击报复的。

税务机关及税务人员有下列行为之一的，对有关责任人员，给予记过或者记大过处分；情节较重的，给予降级或者撤职处分；情节严重的，给予开除处分：①索取、接受或者以借为名占用纳税人、扣缴义务人财物的；②以明显低于市场的价格向管辖范围内纳税人购买物品的；③以明显高于市场的价格向管辖范围内纳税人出售物品的；④利用职权向纳税人介绍经营业务，谋取不正当利益的；⑤违反规定要求纳税人购买、使用指定的税控装置的。

税务机关私分、挪用、截留、非法占有税款、滞纳金、罚款或者查封、扣押的财物以及纳税担保财物的，对有关责任人员，给予记大过处分；情节较重的，给予降级或者撤职处分；情节严重的，给予开除处分。

税务机关及税务人员有下列行为之一的，对有关责任人员，给予记过或者记大过处分；情节较重的，给予降级或者撤职处分；情节严重的，给予开除处分：①隐匿、毁损、伪造、变造税收违法案件证据的；②提供虚假税务协查函件的；③出具虚假涉税证明的。

有下列行为之一的，对有关责任人员，给予警告或者记过处分；情节较重的，给予记大过或者降级处分；情节严重的，给予撤职处分：①违反规定作出涉及税收优惠的资格认定、审批的；②未按规定要求当事人出示税收完税凭证或者免税凭证而为其办理行政登记、许可、审批等事项的；③违反规定办理纳税担保的；④违反规定提前征收、延缓征收税款的。

有下列行为之一的，对有关责任人员，给予记过或者记大过处分；情节较重的，给予降级或者撤职处分；情节严重的，给予开除处分：①违反法律、行政法规的规定，摊派税款的；②违反法律、行政法规的规定，擅自作出税收的开征、停征或者减税、免税、退税、补税以及其他同税收法律、行政法规相抵触的决定的。

不依法履行代扣代缴、代收代缴税款义务，致使国家税款遭受损失的，对有关责任人员，给予记过或者记大过处分；情节较重的，给予降级或者撤职处分；情节严重的，给予开除处分。

未经税务机关依法委托征收税款，或者虽经税务机关依法委托但未按照有关法律、行政法规的规定征收税款的，对有关责任人员，给予警告或者记过处分；情节较重的，给予记大过或者降级处分；情节严重的，给予撤职处分。

有下列行为之一的，对有关责任人员，给予记大过处分；情节较重的，给予降级或者撤职处分；情节严重的，给予开除处分：①违反规定为纳税人、扣缴义务人提供银行账户、发票、证明或者便利条件，导致未缴、少缴税款或者骗取国家出口退税款的；②向纳税人、扣缴义务人通风报信、提供便利或者以其他形式帮助其逃避税务行政处罚的；③逃避缴纳税款、抗税、逃避追缴欠税、骗取出口退税的；④伪造、变造、非法买卖发票的；⑤故意使用伪造、变造、非法买卖的发票，造成不良后果的。税务人员有前款第②项所列行为的，从重处分。

【案例】申请代开增值税发票事项难办

某纳税人投诉：×× 国税局人员服务素质太差，管理股人员尤为严重，处处为难纳税人，个体户都难生存，有事没事经常接到国税人员电话，不接待一下也不行。刚开始办登记时要看场地，第一次申请代开增值税发票也要去看场地，第一次申请普通发票还要去看场地，从办证到正常开票三个月时间就去看了三次，如果申请一般纳税人还要再看一次。每次都得花时间接待，×× 国税人员如此热衷下企业看场地，广大纳税人都明白其中意思，自然也不敢得罪，肯定热情接待，除非不在当地做生意了。国税人员上班作风懒散，态度冷漠，上午 9 点才看到人，中午 11 点过后就开始去吃饭，11 点半办公室

已走空，哪里像在办公？在深圳做一名纳税人是光荣的，可在 ×× 做一名纳税人觉得很窝囊，不但得不到尊重，还处处受气。望市国税局领导引起重视，加强基层教育，提高服务素质。

×× 国税局回复：感谢您对国税服务的监督。对您所提出的问题，我们将进行整改：第一，申请代开增值税专用发票只要提供规定要求的资料即可当场开具。第二，第一次申购增值税专用发票和普通发票或增加填写限额、领购数量的才需实地调查核实情况后进行审批。第三，办理税务登记只要提交的证件和资料齐全且税务登记表填写内容符合规定的，及时发放税务登记证件；提交的证件和资料明显有疑点的，经实地调查核实后予以发放税务登记证件。第四，对国税工作人员加强教育，改进工作作风，遵守作息时间，提高服务水平，促进征纳关系的和谐。

14.7 政策模糊型危机公关技巧

在与税务机关出现分歧时应当尽量通过沟通的方式来解决分歧。纳税人应当努力搜集能够证明自己主张的法律法规和其他地方的做法。在必要时，可以邀请相关专家进行论证并由相关专家出具意见书。如果真是疑难案件，则可以由主管税务机关向上级税务机关请示，请求进行个案批复。《税收个案批复工作规程（试行）》（国税发〔2012〕14 号）规定，税收个案批复，是指税务机关针对特定税务行政相对人的特定事项如何适用税收法律、法规、规章或规范性文件所做的批复。凡税收法律、法规规定的对税务行政相对人的许可、审批事项，不属于本规程适用范围。税收个案拟明确的事项需要普遍适用的，应当按照《税收规范性文件制定管理办法》制定税收规范性文件。税收个案批复必须以税务机关的名义作出。下级税务机关不得执行以上级税务机关内设机构名义作出的税收个案批复。办理税收个案批复，应当符合法律规定，注重内部分工制约，坚持公开、公平、公正、统一的原则。

有下列情形之一的，不得作出税收个案批复：①超越本机关法定权限的；②与上位法相抵触的；③对其他类似情形的税务行政相对人显失公平的。税收个案批复事项一般应由税务行政相对人的主管税务机关提出，并逐级报送有权作出批复的税务机关。上级机关交办、本机关领导批办、相关部门转办、纳税人直接提出申请，拟作出批复的，应当逐级发送至税务行政相对人的主管税务机关调查核实，提出处理意见后，逐级报送有权作出批复的税务机关。

必要时，拟批复机关可以补充调查核实。税收个案批复事项，应当由办公厅（室）统一负责登记、按照部门职责分发主办业务部门。各业务部门直接收到的税收个案批复事项，应当首先转送办公厅（室）统一登记。未经办公厅（室）登记、分发的税收个案批复事项，不得办理。

主办业务部门收到办公厅（室）分发的税收个案批复事项后，应当登记并明确主办人员。需要转送主管税务机关调查核实的，主办业务部门应当按规定转送主管税务机关处理。主办业务部门认为不应作出税收个案批复的，应当书面说明理由，经本部门负责人批准后，报办公厅（室）备案。主办业务部门拟作出税收个案批复的，应将批复文本送交负有税收执法监督检查职能的部门及其他相关业务部门会签。会签时应一并提供起草说明及其他相关材料。起草说明应包括申请事项、调查核实情况、征求其他相关机关意见情况、批复的必要性及依据、对其他税务行政相对人的影响等内容。会签后，主办业务部门应将全部案卷材料送交政策法规部门进行合法性审查。对会签、审查中存在不同意见且经过协商难以达成一致的，主办业务部门应将各方意见及相关材料报主管局领导裁定。

经会签、审查无异议，或主管局领导裁定同意批复的，主办业务部门应当自收到会签、审查或领导裁定意见之日起 5 个工作日内，按照公文处理程序送办公厅（室）核稿。未经负有税收执法监督检查职能的部门会签和政策法规部门合法性审查的税收个案批复，办公厅（室）不予核稿，局领导不予签发。除涉及国家秘密外，税收个案批复应当自作出之日起 30 日内，由批复机关的办公厅（室）在本级政府公报、税务机关公报、本辖区范围内公开发行的报纸或本级政府网站、本税务机关网站上公布。不具备前款规定公布条件的税务机关，应当自税收个案批复作出之日起 5 个工作日内，在办税服务场所或公共场所通过公告栏等形式，公布其作出的税收个案批复。

税收个案批复应当抄送监察部门。省以下税务机关应当于税收个案批复作出之日起 30 日内报送上一级税务机关负有税收执法监督检查职能的部门备案。负有税收执法监督检查职能的部门应将税收个案批复分送主管业务部门、政策法规部门以及其他相关业务部门审核。主办业务部门应当按档案管理规定将税收个案批复材料整理归档。

【案例】土地增值税合并核算与分开核算的判断标准

某企业开发一处小商品批发城，共三层，其中第一层为店面，第二层和第三层为住宅，土地使用期限为 70 年。三层楼房作为一个整体，取得一个房

产证。该企业汇算清缴土地增值税时，将商用的第一层与作为住宅的第二、第三层分开核算。由于该住宅属于普通标准住宅，且增值额未超过扣除项目金额 20%，因此，第二和第三层免缴土地增值税，仅第一层缴纳土地增值税约 1 000 万元。县地税局同意企业汇算清缴的方法。但在市地税局检查时，要求企业将三层作为一个整体来核算，这样就不符合普通标准住宅的条件了，因此，不能享受免征土地增值税的优惠，需要补缴土地增值税约 1 000 万元。此时，在土地增值税合并核算与分开核算的判断标准问题上，企业与税务机关出现了分歧。企业认为应当根据政府批准的房屋用途为标准，不同类型的房产应当分开核算，税务机关认为应当以房产证为准，既然三层楼作为一个整体发放一个房产证，应当作为一套房产来核算。

为此，企业首先收集了相关法律法规。《财政部　国家税务总局关于土地增值税若干问题的通知》（财税〔2006〕21 号）规定，关于纳税人建造普通标准住宅出售和居民个人转让普通住宅的征免税问题:《条例》第八条中“普通标准住宅”和《财政部、国家税务总局关于调整房地产市场若干税收政策的通知》（财税字〔1999〕210 号）第三条中“普通住宅”的认定，一律按各省、自治区、直辖市人民政府根据《国务院办公厅转发建设部等部门关于做好稳定住房价格工作意见的通知》（国办发〔2005〕26 号）制定并对社会公布的“中小套型、中低价位普通住房”的标准执行。纳税人既建造普通住宅，又建造其他商品房的，应分别核算土地增值额。在本文件发布之日前已向房地产所在地地方税务机关提出免税申请，并经税务机关按各省、自治区、直辖市人民政府原来确定的普通标准住宅的标准审核确定，免征土地增值税的普通标准住宅，不做追溯调整。

国办发〔2005〕26 号文中对普通标准住宅的规定为：住宅小区建筑容积率在 1.0 以上、单套建筑面积在 120 平方米以下、实际成交价格低于同级别土地上住房平均交易价格 1.2 倍以下。各省、自治区、直辖市要根据实际情况，制定本地区享受优惠政策普通住房的具体标准。允许单套建筑面积和价格标准适当浮动，但向上浮动的比例不得超过上述标准的 20%。各直辖市和省会城市的具体标准要报建设部、财政部、税务总局备案后，在 2005 年 5 月 31 日前公布。

该企业正属于财税〔2006〕21 号文所规定的“纳税人既建造普通住宅，又建造其他商品房的，应分别核算土地增值额”。虽然房产证是一个，但同一套房子中的确有两种不同用途，应当分别核算。

为进一步论证自己观点的正确性，该企业又开展工作调查收集其他省市类似情况的处理方式。经过多方打听，终于通过朋友关系找到主管土地增值税工作的国家税务总局财产和行为税司。通过国家税务总局查到的现状是，目前全国各地都有类似案例，各地处理方式不完全一致，有按照房产证合并核算的，也有按照政府批准的房屋性质分开核算的。目前国家税务总局并未对此问题进行统一规定，具体由各省地税局来规定。该企业申请市局向省局以及国家税务总局进行个案批复，但国家税务总局经过研究认为不宜出个案批复。该企业为进一步提高自己观点的合理性，邀请几位税法专家进行论证，论证意见是，按照政府批准的房屋性质分开核算更加合理。最终，经过企业与税务机关的多次沟通，市局终于同意按照房屋性质分开核算。为此，企业避免缴纳土地增值税 1 000 万元。

14.8 税收筹划型危机公关技巧

对于筹划型危机，首先要向税务机关证明其交易安排的合理性。《特别纳税调整实施办法（试行）》（国税发〔2009〕2 号）规定，税务机关应按照实质重于形式的原则审核企业是否存在税收筹划安排，并综合考虑安排的以下内容：①安排的形式和实质；②安排订立的时间和执行期间；③安排实现的方式；④安排各个步骤或组成部分之间的联系；⑤安排涉及各方财务状况的变化；⑥安排的税收结果。因此，企业可以从以上内容来论证其交易安排并不具有税收筹划的目的或者不以税收筹划为主要目的。

【案例】森马收购华人是否属于避税

森马服饰 2012 年 5 月 28 日公告，公司于 5 月 24 日召开第二届董事会第二十一次会议，审议通过了《关于使用募集资金以股权收购方式购买店铺的议案》，同意使用募集资金 1.56 亿元收购浙江华人实业发展有限公司 100% 股权并承继相应债务。其中，股权转让价格为 4 900 万元，承继债务 1.07 亿元。交易完成后，公司将取得位于浙江省杭州市上城区延安路 236 号的房屋所有权及土地使用权。

公告称，华人实业所拥有的延安路房屋，位于浙江省杭州市的核心商圈，地理位置、使用面积、交易价格等均符合森马服饰营销网络建设项目的要求，未来作为店铺投入使用后，将有助于提升公司森马品牌与巴拉巴拉品牌在杭州地区的品牌形象与销售业绩，具有重要的战略意义。

华人店铺价值约 1.56 亿元。如采取资产收购方式，华人大约要缴纳 500 多万元营业税及其附加，5 000 多万土地增值税，森马要缴纳 400 多万元契税，双方需缴纳 16 万元印花税，交易总税负超过 6 000 万元。如果采取股权收购方式，双方仅需要缴纳几十万印花税，节税高达 6 000 万元。

森马收购华人既可以采取资产收购的方式，也可以采取股权收购的方式。由于其收购华人的主要目的并不在于取得企业的股权继续经营华人，而是为了取得华人的不动产。因此，在不考虑税收成本的情况下，森马应该采取资产收购的方式。很明显，其采取股权收购的主要目的是节税。当地税务机关认为森马的收购行为涉嫌税收筹划。森马为证明其行为并非税收筹划行为，应当证明其交易的合理性。第一，股权收购的手续相对简单，仅需要进行股东的变更登记即可；第二，森马将继续保持华人的法人地位，并将继续从事生产经营活动；第三，股权收购和资产收购都是企业常用的收购手段，都是常规性商业交易行为，并非异常交易形式。最终，当地税务机关并未对该收购进行反避税调查。

14.9 行政违法型危机公关技巧

如果企业涉嫌违法，则首先应当尽量举证自己并不构成违法行为。如果已经构成违法行为，则应当尽量采取措施减轻违法行为的后果。《行政处罚法》（1996 年 3 月 17 日第八届全国人民代表大会第四次会议通过，2021 年 1 月 22 日第十三届全国人民代表大会常务委员会第二十五次会议修订）第三十二条规定，当事人有下列情形之一的，应当依法从轻或者减轻行政处罚：①主动消除或者减轻违法行为危害后果的；②受他人胁迫或者诱骗实施违法行为的；③主动供述行政机关尚未掌握的违法行为的；④配合行政机关查处违法行为有立功表现的；⑤法律、法规、规章规定其他依法从轻或者减轻行政处罚的。违法行为轻微并及时纠正，没有造成危害后果的，不予行政处罚。另外，《税收征收管理法》第八十六条规定，违反税收法律、行政法规应当给予行政处罚的行为，在五年内未被发现的，不再给予行政处罚。因此，如果企业的违法行为比较隐蔽，且企业已经认识到错误并保证以后不再犯类似错误，可以通过加强保密措施等方式使其违法行为不被税务机关发觉，从而避免行政处罚。当然，企业如能主动自首，税务机关将会从轻或者减轻处罚，也不失为一种好的选择。

《行政处罚法》第四十条规定，公民、法人或者其他组织违反行政管理秩序的行为，依法应当给予行政处罚的，行政机关必须查明事实；违法事实不清、证据不足的，不得给予行政处罚。由于相关举证责任在税务机关，因此，纳税人应当注意税务机关是否查明了事实。

《行政处罚法》第四十四条规定，行政机关在作出行政处罚决定之前，应当告知当事人拟作出的行政处罚内容及事实、理由、依据，并告知当事人依法享有的陈述、申辩、要求听证等权利。第四十五条规定，当事人有权进行陈述和申辩。行政机关必须充分听取当事人的意见，对当事人提出的事实、理由和证据，应当进行复核；当事人提出的事实、理由或者证据成立的，行政机关应当采纳。行政机关不得因当事人陈述、申辩而给予更重的处罚。因此，纳税人应当充分行使陈述权和申辩权，争取对自己有利的处理结果。

在符合法律规定条件时，纳税人还可以申请听证。《行政处罚法》第六十三条规定，行政机关拟作出下列行政处罚决定，应当告知当事人有要求听证的权利，当事人要求听证的，行政机关应当组织听证：较大数额罚款；没收较大数额违法所得、没收较大价值非法财物；降低资质等级、吊销许可证件；责令停产停业、责令关闭、限制从业；其他较重的行政处罚；法律、法规、规章规定的其他情形。当事人不承担行政机关组织听证的费用。

《行政处罚法》第六十四条规定，听证应当依照以下程序组织：①当事人要求听证的，应当在行政机关告知后五日内提出；②行政机关应当在举行听证的七日前，通知当事人及有关人员听证的时间、地点；③除涉及国家秘密、商业秘密或者个人隐私外，听证公开举行；④听证由行政机关指定的非本案调查人员主持；当事人认为主持人与本案有直接利害关系的，有权申请回避；⑤当事人可以亲自参加听证，也可以委托一至二人代理；⑥当事人及其代理人无正当理由拒不出席听证或者未经许可中途退出听证的，视为放弃听证权利，行政机关终止听证；⑦举行听证时，调查人员提出当事人违法的事实、证据和行政处罚建议，当事人进行申辩和质证；⑧听证应当制作笔录。笔录应当交当事人或者其代理人核对无误后签字或者盖章。当事人或者其代理人拒绝签字或者盖章的，由听证主持人在笔录中注明。

如果纳税人对税务机关的处理决定不服，可以申请行政复议。《税务行政复议规则》（2010 年 2 月 10 日国家税务总局令第 21 号公布，根据 2015 年 12 月 28 日《国家税务总局关于修改〈税务行政复议规则〉的决定》和 2018 年 6 月 15 日《国家税务总局关于修改部分税务部门规章的决定》修正）规定，公民、法人和其他组织（以下简称申请人）认为税务机关的具体行政行为侵犯其

合法权益，向税务行政复议机关申请行政复议，税务行政复议机关办理行政复议事项，适用该规则。税务行政复议机关（以下简称行政复议机关），指依法受理行政复议申请、对具体行政行为进行审查并作出行政复议决定的税务机关。行政复议应当遵循合法、公正、公开、及时和便民的原则。行政复议机关应当树立依法行政观念，强化责任意识和服务意识，认真履行行政复议职责，坚持有错必纠，确保法律正确实施。行政复议机关在申请人的行政复议请求范围内，不得作出对申请人更为不利的行政复议决定。申请人对行政复议决定不服的，可以依法向人民法院提起行政诉讼。行政复议机关受理行政复议申请，不得向申请人收取任何费用。各级税务机关行政首长是行政复议工作第一责任人，应当切实履行职责，加强对行政复议工作的组织领导。行政复议机关应当为申请人、第三人查阅案卷资料、接受询问、调解、听证等提供专门场所和其他必要条件。各级税务机关应当加大对行政复议工作的基础投入，推进行政复议工作信息化建设，配备调查取证所需的照相、录音、录像和办案所需的电脑、扫描、投影、传真、复印等设备，保障办案交通工具和相应经费。

各级行政复议机关负责法制工作的机构（以下简称行政复议机构）依法办理行政复议事项，履行下列职责：①受理行政复议申请；②向有关组织和人员调查取证，查阅文件和资料；③审查申请行政复议的具体行政行为是否合法和适当，起草行政复议决定；④处理或者转送对本规则第十五条所列有关规定的审查申请；⑤对被申请人违反行政复议法及其实施条例和本规则规定的行为，依照规定的权限和程序向相关部门提出处理建议；⑥研究行政复议工作中发现的问题，及时向有关机关或者部门提出改进建议，重大问题及时向行政复议机关报告；⑦指导和监督下级税务机关的行政复议工作；⑧办理或者组织办理行政诉讼案件应诉事项；⑨办理行政复议案件的赔偿事项；⑩办理行政复议、诉讼、赔偿等案件的统计、报告、归档工作和重大行政复议决定备案事项；⑪ 其他与行政复议工作有关的事项。

各级行政复议机关可以成立行政复议委员会，研究重大、疑难案件，提出处理建议。行政复议委员会可以邀请本机关以外的具有相关专业知识的人员参加。行政复议工作人员应当具备与履行行政复议职责相适应的品行、专业知识和业务能力。税务机关中初次从事行政复议的人员，应当通过国家统一法律职业资格考试取得法律职业资格。

行政复议机关受理申请人对税务机关下列具体行政行为不服提出的行政复议申请：①征税行为，包括确认纳税主体、征税对象、征税范围、减税、免税、退税、抵扣税款、适用税率、计税依据、纳税环节、纳税期限、纳税地点和税款征收方式等具体行政行为，征收税款、加收滞纳金，扣缴义务人、受税务机关委托的单位和个人作出的代扣代缴、代收代缴、代征行为等；②行政许可、行政审批行为；③发票管理行为，包括发售、收缴、代开发票等；④税收保全措施、强制执行措施；⑤行政处罚行为：罚款；没收财物和违法所得；停止出口退税权；⑥不依法履行下列职责的行为：颁发税务登记；开具、出具完税凭证、外出经营活动税收管理证明；行政赔偿；行政奖励；其他不依法履行职责的行为；⑦资格认定行为；⑧不依法确认纳税担保行为；⑨政府信息公开工作中的具体行政行为；⑩纳税信用等级评定行为；⑪ 通知出入境管理机关阻止出境行为；⑫ 其他具体行政行为。

申请人认为税务机关的具体行政行为所依据的下列规定不合法，对具体行政行为申请行政复议时，可以一并向行政复议机关提出对有关规定的审查申请；申请人对具体行政行为提出行政复议申请时不知道该具体行政行为所依据的规定的，可以在行政复议机关作出行政复议决定以前提出对该规定的审查申请：①国家税务总局和国务院其他部门的规定；②其他各级税务机关的规定；③地方各级人民政府的规定；④地方人民政府工作部门的规定。上述规定不包括规章。

对各级税务局的具体行政行为不服的，向其上一级税务局申请行政复议。对计划单列市税务局的具体行政行为不服的，向国家税务总局申请行政复议。对税务所（分局）、各级税务局的稽查局的具体行政行为不服的，向其所属税务局申请行政复议。对国家税务总局的具体行政行为不服的，向国家税务总局申请行政复议。对行政复议决定不服，申请人可以向人民法院提起行政诉讼，也可以向国务院申请裁决。国务院的裁决为最终裁决。

对下列税务机关的具体行政行为不服的，按照下列规定申请行政复议：①对两个以上税务机关以共同的名义作出的具体行政行为不服的，向共同上一级税务机关申请行政复议；对税务机关与其他行政机关以共同的名义作出的具体行政行为不服的，向其共同上一级行政机关申请行政复议；②对被撤销的税务机关在撤销以前所作出的具体行政行为不服的，向继续行使其职权的税务机关的上一级税务机关申请行政复议；③对税务机关作出逾期不缴纳罚款加处罚款的决定不服的，向作出行政处罚决定的税务机关申请行政复议。但是对已处罚款和加处罚款都不服的，一并向作出行政处罚决定的税务机关的上一级税务机关申请行政复议。申请人向具体行政行为发生地的县级地方人民政府提交行政复议申请的，由接受申请的县级地方人民政府依照行政复议法第十五条、第十八条的规定予以转送。

合伙企业申请行政复议的，应当以核准登记的企业为申请人，由执行合伙事务的合伙人代表该企业参加行政复议；其他合伙组织申请行政复议的，由合伙人共同申请行政复议。上述规定以外的不具备法人资格的其他组织申请行政复议的，由该组织的主要负责人代表该组织参加行政复议；没有主要负责人的，由共同推选的其他成员代表该组织参加行政复议。股份制企业的股东大会、股东代表大会、董事会认为税务具体行政行为侵犯企业合法权益的，可以以企业的名义申请行政复议。有权申请行政复议的公民死亡的，其近亲属可以申请行政复议；有权申请行政复议的公民为无行为能力人或者限制行为能力人，其法定代理人可以代理申请行政复议。有权申请行政复议的法人或者其他组织发生合并、分立或终止的，承受其权利义务的法人或者其他组织可以申请行政复议。

行政复议期间，行政复议机关认为申请人以外的公民、法人或者其他组织与被审查的具体行政行为有利害关系的，可以通知其作为第三人参加行政复议。行政复议期间，申请人以外的公民、法人或者其他组织与被审查的税务具体行政行为有利害关系的，可以向行政复议机关申请作为第三人参加行政复议。第三人不参加行政复议，不影响行政复议案件的审理。非具体行政行为的行政管理相对人，但其权利直接被该具体行政行为所剥夺、限制或者被赋予义务的公民、法人或其他组织，在行政管理相对人没有申请行政复议时，可以单独申请行政复议。同一行政复议案件申请人超过 5 人的，应当推选 1 至 5 名代表参加行政复议。

申请人对具体行政行为不服申请行政复议的，作出该具体行政行为的税务机关为被申请人。申请人对扣缴义务人的扣缴税款行为不服的，主管该扣缴义务人的税务机关为被申请人；对税务机关委托的单位和个人的代征行为不服的，委托税务机关为被申请人。税务机关与法律、法规授权的组织以共同的名义作出具体行政行为的，税务机关和法律、法规授权的组织为共同被申请人。税务机关与其他组织以共同名义作出具体行政行为的，税务机关为被申请人。税务机关依照法律、法规和规章规定，经上级税务机关批准作出具体行政行为的，批准机关为被申请人。申请人对经重大税务案件审理程序作出的决定不服的，审理委员会所在税务机关为被申请人。税务机关设立的派出机构、内设机构或者其他组织，未经法律、法规授权，以自己名义对外作出具体行政行为的，税务机关为被申请人。

申请人、第三人可以委托 1 ～ 2 名代理人参加行政复议。申请人、第三人委托代理人的，应当向行政复议机构提交授权委托书。授权委托书应当载明委托事项、权限和期限。公民在特殊情况下无法书面委托的，可以口头委托。口头委托的，行政复议机构应当核实并记录在卷。申请人、第三人解除或者变更委托的，应当书面告知行政复议机构。被申请人不得委托本机关以外人员参加行政复议。

申请人可以在知道税务机关作出具体行政行为之日起 60 日内提出行政复议申请。因不可抗力或者被申请人设置障碍等原因耽误法定申请期限的，申请期限的计算应当扣除被耽误时间。行政复议申请期限的计算，依照下列规定办理：①当场作出具体行政行为的，自具体行政行为作出之日起计算；②载明具体行政行为的法律文书直接送达的，自受送达人签收之日起计算；③载明具体行政行为的法律文书邮寄送达的，自受送达人在邮件签收单上签收之日起计算；没有邮件签收单的，自受送达人在送达回执上签名之日起计算；④具体行政行为依法通过公告形式告知受送达人的，自公告规定的期限届满之日起计算；⑤税务机关作出具体行政行为时未告知申请人，事后补充告知的，自该申请人收到税务机关补充告知的通知之日起计算；⑥被申请人能够证明申请人知道具体行政行为的，自证据材料证明其知道具体行政行为之日起计算。税务机关作出具体行政行为，依法应当向申请人送达法律文书而未送达的，视为该申请人不知道该具体行政行为。申请人依照行政复议法第六条第（八）项、第（九）项、第（十）项的规定申请税务机关履行法定职责，税务机关未履行的，行政复议申请期限依照下列规定计算：①有履行期限规定的，自履行期限届满之日起计算；②没有履行期限规定的，自税务机关收到申请满 60 日起计算。税务机关作出的具体行政行为对申请人的权利、义务可能产生不利影响的，应当告知其申请行政复议的权利、行政复议机关和行政复议申请期限。

申请人对征税行为不服的，应当先向行政复议机关申请行政复议；对行政复议决定不服的，可以向人民法院提起行政诉讼。申请人按照上述规定申请行政复议的，必须依照税务机关根据法律、法规确定的税额、期限，先行缴纳或者解缴税款和滞纳金，或者提供相应的担保，才可以在缴清税款和滞纳金以后或者所提供的担保得到作出具体行政行为的税务机关确认之日起 60 日内提出行政复议申请。申请人提供担保的方式包括保证、抵押和质押。作出具体行政行为的税务机关应当对保证人的资格、资信进行审查，对不具备法律规定资格或者没有能力保证的，有权拒绝。作出具体行政行为的税务机关应当对抵押人、出质人提供的抵押担保、质押担保进行审查，对不符合法律规定的抵押担保、质押担保，不予确认。

申请人对征税行为以外的其他具体行政行为不服，可以申请行政复议，也可以直接向人民法院提起行政诉讼。申请人对税务机关作出逾期不缴纳罚款加处罚款的决定不服的，应当先缴纳罚款和加处罚款，再申请行政复议。

申请人书面申请行政复议的，可以采取当面递交、邮寄或者传真等方式提出行政复议申请。有条件的行政复议机关可以接受以电子邮件形式提出的行政复议申请。对以传真、电子邮件形式提出行政复议申请的，行政复议机关应当审核确认申请人的身份、复议事项。申请人书面申请行政复议的，应当在行政复议申请书中载明下列事项：①申请人的基本情况，包括公民的姓名、性别、出生年月、身份证件号码、工作单位、住所、邮政编码、联系电话；法人或者其他组织的名称、住所、邮政编码、联系电话和法定代表人或者主要负责人的姓名、职务；②被申请人的名称；③行政复议请求、申请行政复议的主要事实和理由；④申请人的签名或者盖章；⑤申请行政复议的日期。申请人口头申请行政复议的，行政复议机构应当依照规定的事项，当场制作行政复议申请笔录，交申请人核对或者向申请人宣读，并由申请人确认。

有下列情形之一的，申请人应当提供证明材料：①认为被申请人不履行法定职责的，提供要求被申请人履行法定职责而被申请人未履行的证明材料；②申请行政复议时一并提出行政赔偿请求的，提供受具体行政行为侵害而造成损害的证明材料；③法律、法规规定需要申请人提供证据材料的其他情形。申请人提出行政复议申请时错列被申请人的，行政复议机关应当告知申请人变更被申请人。申请人不变更被申请人的，行政复议机关不予受理，或者驳回行政复议申请。申请人向行政复议机关申请行政复议，行政复议机关已经受理的，在法定行政复议期限内申请人不得向人民法院提起行政诉讼；申请人向人民法院提起行政诉讼，人民法院已经依法受理的，不得申请行政复议。

行政复议申请符合下列规定的，行政复议机关应当受理：①属于该规则规定的行政复议范围；②在法定申请期限内提出；③有明确的申请人和符合规定的被申请人；④申请人与具体行政行为有利害关系；⑤有具体的行政复议请求和理由；⑥符合该规则规定的条件；⑦属于收到行政复议申请的行政复议机关的职责范围；⑧其他行政复议机关尚未受理同一行政复议申请，人民法院尚未受理同一主体就同一事实提起的行政诉讼。

行政复议机关收到行政复议申请以后，应当在 5 日内审查，决定是否受理。对不符合本规则规定的行政复议申请，决定不予受理，并书面告知申请人。对不属于本机关受理的行政复议申请，应当告知申请人向有关行政复议机关提出。行政复议机关收到行政复议申请以后未按照上述规定期限审查并作出不予受理决定的，视为受理。对符合规定的行政复议申请，自行政复议机构收到之日起即为受理；受理行政复议申请，应当书面告知申请人。

行政复议申请材料不齐全、表述不清楚的，行政复议机构可以自收到该行政复议申请之日起 5 日内书面通知申请人补正。补正通知应当载明需要补正的事项和合理的补正期限。无正当理由逾期不补正的，视为申请人放弃行政复议申请。补正申请材料所用时间不计入行政复议审理期限。上级税务机关认为行政复议机关不予受理行政复议申请的理由不成立的，可以督促其受理；经督促仍然不受理的，责令其限期受理。上级税务机关认为行政复议申请不符合法定受理条件的，应当告知申请人。上级税务机关认为有必要的，可以直接受理或者提审由下级税务机关管辖的行政复议案件。

对应当先向行政复议机关申请行政复议，对行政复议决定不服再向人民法院提起行政诉讼的具体行政行为，行政复议机关决定不予受理或者受理以后超过行政复议期限不作答复的，申请人可以自收到不予受理决定书之日起或者行政复议期满之日起 15 日内，依法向人民法院提起行政诉讼。依照该规则规定延长行政复议期限的，以延长以后的时间为行政复议期满时间。行政复议期间具体行政行为不停止执行；但是有下列情形之一的，可以停止执行：①被申请人认为需要停止执行的；②行政复议机关认为需要停止执行的；③申请人申请停止执行，行政复议机关认为其要求合理，决定停止执行的；④法律规定停止执行的。

行政复议证据包括以下类别：①书证；②物证；③视听资料；④电子数据；⑤证人证言；⑥当事人的陈述；⑦鉴定意见；⑧勘验笔录、现场笔录。在行政复议中，被申请人对其作出的具体行政行为负有举证责任。

行政复议机关应当依法全面审查相关证据。行政复议机关审查行政复议案件，应当以证据证明的案件事实为依据。定案证据应当具有合法性、真实性和关联性。行政复议机关应当根据案件的具体情况，从以下方面审查证据的合法性：①证据是否符合法定形式；②证据的取得是否符合法律、法规、规章和司法解释的规定；③是否有影响证据效力的其他违法情形。行政复议机关应当根据案件的具体情况，从以下方面审查证据的真实性：①证据形成的原因；②发现证据时的环境；③证据是否为原件、原物，复制件、复制品与原件、原物是否相符；④提供证据的人或者证人与行政复议参加人是否具有利害关系；⑤影响证据真实性的其他因素。行政复议机关应当根据案件的具体情况，从以下方面审查证据的关联性：①证据与待证事实是否具有证明关系；②证据与待证事实的关联程度；③影响证据关联性的其他因素。

下列证据材料不得作为定案依据：①违反法定程序收集的证据材料；②以偷拍、偷录和窃听等手段获取侵害他人合法权益的证据材料；③以利诱、欺诈、胁迫和暴力等不正当手段获取的证据材料；④无正当事由超出举证期限提供的证据材料；⑤无正当理由拒不提供原件、原物，又无其他证据印证，且对方不予认可的证据的复制件、复制品；⑥无法辨明真伪的证据材料；⑦不能正确表达意志的证人提供的证言；⑧不具备合法性、真实性的其他证据材料。行政复议机构依据该规则规定的职责所取得的有关材料，不得作为支持被申请人具体行政行为的证据。

在行政复议过程中，被申请人不得自行向申请人和其他有关组织或者个人收集证据。行政复议机构认为必要时，可以调查取证。行政复议工作人员向有关组织和人员调查取证时，可以查阅、复制和调取有关文件和资料，向有关人员询问。调查取证时，行政复议工作人员不得少于 2 人，并应当向当事人和有关人员出示证件。被调查单位和人员应当配合行政复议工作人员的工作，不得拒绝、阻挠。需要现场勘验的，现场勘验所用时间不计入行政复议审理期限。申请人和第三人可以查阅被申请人提出的书面答复、作出具体行政行为的证据、依据和其他有关材料，除涉及国家秘密、商业秘密或者个人隐私外，行政复议机关不得拒绝。

行政复议机构应当自受理行政复议申请之日起 7 日内，将行政复议申请书副本或者行政复议申请笔录复印件发送被申请人。被申请人应当自收到申请书副本或者申请笔录复印件之日起 10 日内提出书面答复，并提交当初作出具体行政行为的证据、依据和其他有关材料。对国家税务总局的具体行政行为不服申请行政复议的案件，由原承办具体行政行为的相关机构向行政复议机构提出书面答复，并提交当初作出具体行政行为的证据、依据和其他有关材料。

行政复议机构审理行政复议案件，应当由 2 名以上行政复议工作人员参加。行政复议原则上采用书面审查的办法，但是申请人提出要求或者行政复议机构认为有必要时，应当听取申请人、被申请人和第三人的意见，并可以向有关组织和人员调查了解情况。对重大、复杂的案件，申请人提出要求或者行政复议机构认为必要时，可以采取听证的方式审理。

行政复议机构决定举行听证的，应当将举行听证的时间、地点和具体要求等事项通知申请人、被申请人和第三人。第三人不参加听证的，不影响听证的举行。听证应当公开举行，但是涉及国家秘密、商业秘密或者个人隐私的除外。行政复议听证人员不得少于 2 人，听证主持人由行政复议机构指定。

听证应当制作笔录。申请人、被申请人和第三人应当确认听证笔录内容。行政复议听证笔录应当附卷，作为行政复议机构审理案件的依据之一。

行政复议机关应当全面审查被申请人的具体行政行为所依据的事实证据、法律程序、法律依据和设定的权利义务内容的合法性、适当性。申请人在行政复议决定作出以前撤回行政复议申请的，经行政复议机构同意，可以撤回。申请人撤回行政复议申请的，不得再以同一事实和理由提出行政复议申请。但是，申请人能够证明撤回行政复议申请违背其真实意思表示的除外。行政复议期间被申请人改变原具体行政行为的，不影响行政复议案件的审理。但是，申请人依法撤回行政复议申请的除外。

申请人在申请行政复议时，依据规定一并提出对有关规定的审查申请的，行政复议机关对该规定有权处理的，应当在 30 日内依法处理；无权处理的，应当在 7 日内按照法定程序逐级转送有权处理的行政机关依法处理，有权处理的行政机关应当在60日内依法处理。处理期间，中止对具体行政行为的审查。行政复议机关审查被申请人的具体行政行为时，认为其依据不合法，本机关有权处理的，应当在 30 日内依法处理；无权处理的，应当在 7 日内按照法定程序逐级转送有权处理的国家机关依法处理。处理期间，中止对具体行政行为的审查。

行政复议机构应当对被申请人的具体行政行为提出审查意见，经行政复议机关负责人批准，按照下列规定作出行政复议决定：①具体行政行为认定事实清楚，证据确凿，适用依据正确，程序合法，内容适当的，决定维持；②被申请人不履行法定职责的，决定其在一定期限内履行；③具体行政行为有下列情形之一的，决定撤销、变更或者确认该具体行政行为违法；决定撤销或者确认该具体行政行为违法的，可以责令被申请人在一定期限内重新作出具体行政行为：主要事实不清、证据不足的；适用依据错误的；违反法定程序的；超越职权或者滥用职权的；具体行政行为明显不当的；④被申请人不按照规定提出书面答复，提交当初作出具体行政行为的证据、依据和其他有关材料的，视为该具体行政行为没有证据、依据，决定撤销该具体行政行为。

行政复议机关责令被申请人重新作出具体行政行为的，被申请人不得以同一事实和理由作出与原具体行政行为相同或者基本相同的具体行政行为；但是行政复议机关以原具体行政行为违反法定程序决定撤销的，被申请人重新作出具体行政行为的除外。行政复议机关责令被申请人重新作出具体行政行为的，被申请人不得作出对申请人更为不利的决定；但是行政复议机关以原具体行政行为主要事实不清、证据不足或适用依据错误决定撤销的，被申

请人重新作出具体行政行为的除外。

有下列情形之一的，行政复议机关可以决定变更：①认定事实清楚，证据确凿，程序合法，但是明显不当或者适用依据错误的；②认定事实不清，证据不足，但是经行政复议机关审理查明事实清楚，证据确凿的。有下列情形之一的，行政复议机关应当决定驳回行政复议申请：①申请人认为税务机关不履行法定职责申请行政复议，行政复议机关受理以后发现该税务机关没有相应法定职责或者在受理以前已经履行法定职责的；②受理行政复议申请后，发现该行政复议申请不符合受理条件的。上级税务机关认为行政复议机关驳回行政复议申请的理由不成立的，应当责令限期恢复受理。行政复议机关审理行政复议申请期限的计算应当扣除因驳回耽误的时间。

行政复议期间，有下列情形之一的，行政复议中止：①作为申请人的公民死亡，其近亲属尚未确定是否参加行政复议的；②作为申请人的公民丧失参加行政复议的能力，尚未确定法定代理人参加行政复议的；③作为申请人的法人或者其他组织终止，尚未确定权利义务承受人的；④作为申请人的公民下落不明或者被宣告失踪的；⑤申请人、被申请人因不可抗力，不能参加行政复议的；⑥行政复议机关因不可抗力原因暂时不能履行工作职责的；⑦案件涉及法律适用问题，需要有权机关作出解释或者确认的；⑧案件审理需要以其他案件的审理结果为依据，而其他案件尚未审结的；⑨其他需要中止行政复议的情形。行政复议中止的原因消除以后，应当及时恢复行政复议案件的审理。行政复议机构中止、恢复行政复议案件的审理，应当告知申请人、被申请人、第三人。

行政复议期间，有下列情形之一的，行政复议终止：①申请人要求撤回行政复议申请，行政复议机构准予撤回的；②作为申请人的公民死亡，没有近亲属，或者其近亲属放弃行政复议权利的；③作为申请人的法人或者其他组织终止，其权利义务的承受人放弃行政复议权利的；④申请人与被申请人经行政复议机构准许达成和解的；⑤行政复议申请受理以后，发现其他行政复议机关已经先于本机关受理，或者人民法院已经受理的。依照规定中止行政复议，满 60 日行政复议中止的原因未消除的，行政复议终止。

行政复议机关责令被申请人重新作出具体行政行为的，被申请人应当在 60 日内重新作出具体行政行为；情况复杂，不能在规定期限内重新作出具体行政行为的，经行政复议机关批准，可以适当延期，但是延期不得超过 30 日。公民、法人或者其他组织对被申请人重新作出的具体行政行为不服，可以依法申请行政复议，或者提起行政诉讼。

申请人在申请行政复议时可以一并提出行政赔偿请求，行政复议机关对符合国家赔偿法的规定应当赔偿的，在决定撤销、变更具体行政行为或者确认具体行政行为违法时，应当同时决定被申请人依法赔偿。申请人在申请行政复议时没有提出行政赔偿请求的，行政复议机关在依法决定撤销、变更原具体行政行为确定的税款、滞纳金、罚款和对财产的扣押、查封等强制措施时，应当同时责令被申请人退还税款、滞纳金和罚款，解除对财产的扣押、查封等强制措施，或者赔偿相应的价款。

行政复议机关应当自受理申请之日起 60 日内作出行政复议决定。情况复杂，不能在规定期限内作出行政复议决定的，经行政复议机关负责人批准，可以适当延期，并告知申请人和被申请人；但是延期不得超过 30 日。行政复议机关作出行政复议决定，应当制作行政复议决定书，并加盖行政复议机关印章。行政复议决定书一经送达，即发生法律效力。

被申请人应当履行行政复议决定。被申请人不履行、无正当理由拖延履行行政复议决定的，行政复议机关或者有关上级税务机关应当责令其限期履行。申请人、第三人逾期不起诉又不履行行政复议决定的，或者不履行最终裁决的行政复议决定的，按照下列规定分别处理：①维持具体行政行为的行政复议决定，由作出具体行政行为的税务机关依法强制执行，或者申请人民法院强制执行；②变更具体行政行为的行政复议决定，由行政复议机关依法强制执行，或者申请人民法院强制执行。

对下列行政复议事项，按照自愿、合法的原则，申请人和被申请人在行政复议机关作出行政复议决定以前可以达成和解，行政复议机关也可以调解：①行使自由裁量权作出的具体行政行为，如行政处罚、核定税额、确定应税所得率等；②行政赔偿；③行政奖励；④存在其他合理性问题的具体行政行为。行政复议审理期限在和解、调解期间中止计算。

申请人和被申请人达成和解的，应当向行政复议机构提交书面和解协议。和解内容不损害社会公共利益和他人合法权益的，行政复议机构应当准许。经行政复议机构准许和解终止行政复议的，申请人不得以同一事实和理由再次申请行政复议。

调解应当符合下列要求：①尊重申请人和被申请人的意愿；②在查明案件事实的基础上进行；③遵循客观、公正和合理原则；④不得损害社会公共利益和他人合法权益。行政复议机关按照下列程序调解：①征得申请人和被申请人同意；②听取申请人和被申请人的意见；③提出调解方案；④达成调解协议；⑤制作行政复议调解书。

行政复议调解书应当载明行政复议请求、事实、理由和调解结果，并加

盖行政复议机关印章。行政复议调解书经双方当事人签字，即具有法律效力。调解未达成协议，或者行政复议调解书不生效的，行政复议机关应当及时作出行政复议决定。申请人不履行行政复议调解书的，由被申请人依法强制执行，或者申请人民法院强制执行。

【案例】税务行政复议机关是谁?

某县大成出租汽车有限公司系 37 辆出租车的挂靠单位，37 辆出租车所有权属各辆出租车车主，每辆出租车每月客运营业所得收入均归各出租车车主所有，大成出租汽车有限公司每月收取每辆出租车车主管理服务费 300 元，全年收取管理服务费 13.32 万元。该县地税将各车主视为个体工商户，每车每月按核定营业额 4 000 元征收营业税、同时征收 100 元的个人所得税。由大成出租汽车有限公司代收代缴。

在 2009 年以前，县国税局均按该公司实际管理服务费收入征收企业所得税每季 82 080 元。2010 年 3 月县国税局对该公司下达《企业所得税核定征收鉴定表》，将挂靠在大成公司的每辆出租车车主营业收入同时纳入大成出租汽车有限公司收入来征收企业所得税核定 2010 年度每季应纳税所得税额 6 660 元。该公司不按照所核定的税额申报缴纳企业所得税。该县国税局江北分局对该公司发出《责令限期改正通知书》。该公司对此不服，向市国税局申请复议。

在本案件中，申请人选择了错误的复议机关。实践中，以税务所或分局名义做出的具体行政行为比较少。在行政复议中，县区级税务机关也经常以被申请人身份出现。在产生税务争议时，纳税人往往认为税务所或分局没有独立的执法权，其做出的具体行政行为由县区局税务机关承担。实际上，《税收征收管理法》第十四条规定："本法所称税务机关是指各级税务局、税务分局、税务所和按照国务院规定设立的并向社会公告的税务机构。"税务分局、税务所有权在职权范围内以自己名义做出具体行政行为。2010 年 4 月 1 日起施行的《税务行政复议规则》第十九条第一款第 2 项也明确规定："对税务所（分局）、各级税务局的稽查局的具体行政行为不服的，向其所属税务局申请行政复议。"在第一个案件中，做出《责令限期改正通知书》的是该县国税局江北分局。因此大成出租汽车有限公司应当向县国税申请复议，而不是向市国税局申请复议。

【案例】经上级税务机关批准的行政处罚以谁为被申请人?

某市国税稽查局在房地产企业专项检查中，发现某房地产企业存在滞后确认开发产品销售收入、多结转配套设施施工成本、未按规定列支财务费用等问题，应补企业所得税1 251万元。由于该案金额达到重案审理标准、案情复杂且涉案企业对证据存在较大异议，市局稽查局将案件提请市局重大案件审理委员会审理。经过审理后，市国税稽查局按照市国税局重大案件审理委员会《会议纪要》意见，于2013年1月25日以市国税稽查局名义做出对该公司补缴税款的《税务处理决定书》。该公司不服，以市国税稽查局为被申请人向市国税局申请行政复议。

本案问题则在于申请人选择了错误的被申请人。该案中，做出对该公司补缴税款的《税务处理决定书》的是该市国税稽查局。从表面上看，按照向上一级行政机关申请复议的原则，该申请人以市国税稽查局为被申请人向市国税局申请复议没有问题。《税务行政复议规则》第十六条亦规定，对各级国家税务局的具体行政行为不服的，向其上一级国家税务局申请行政复议。但是，该案的特殊性在于，虽然《税务处理决定书》是以市国税稽查局名义做出的，但该涉案经过了市国税局重大案件审理程序并且是按照重大案件审理委员会的《会议纪要》做出的。也就是说，市国税局参与了该案的审理，并且直接影响了该案的处理结果。如果纳税人对《税务处理决定书》不服，由市国税局作为复议机关，必将导致程序上的不公，无法真正保护纳税人的合法权益。针对税务实践中普遍存在的这一问题，《税务行政复议规则》第二十九条做了一项特殊规定，税务机关依照法律、法规和规章规定，经上级税务机关批准作出具体行政行为的，批准机关为被申请人。申请人对经重大税务案件审理程序作出的决定不服的，审理委员会所在税务机关为被申请人。因此，该案应当以市国税局为被申请人，向省国税局申请行政复议。

【案例】自由裁量权不能滥用

张某是从事小百货零售的个体工商户。经主管税务机关批准，该户实行定期定额方式征收税款，其应纳税款核定为每月120元。2009年4月，主管税务机关对辖区内零售行业的税收定额进行了调整，张某应纳税额调整为每月200元。5月10日，张某以定额过高为由未办理纳税申报，主管税务分局经调查取证，并报县国税局批准后依法送达处罚事项告知书后，于5月16日对张某下达了《税务行政处罚决定书》，对其未按规定期限办理纳税申报行为责令限期改正，并处以1 800元的罚款。张某后来在税务机关规定的期限内办理了纳税申报手续，缴纳了应缴税款及滞纳金，但对罚款有异议，没有缴纳罚款，在法定期限内未申请行政复议，也未提出行政诉讼。2009年7月26日，税务

分局将处罚决定书及相关材料提交人民法院，申请法院对张某应缴纳的罚款进行强制执行。人民法院对该强制执行申请及相关材料进行审查后，于 8 月 20 日向税务分局下发裁定书，认为该行政处罚显失公正，裁定不予执行。

裁定书送达税务分局后，在当地税务系统引起了强烈的反响。税务机关认为《税收征收管理法》第六十二条明确规定："纳税人未按规定期限办理纳税申报和报送纳税资料的，或者扣缴义务人未按照规定的期限向税务机关报送代扣代缴、代收代缴税款报告表和有关资料的，由税务机关责令限期改正，可以处以二千元以下的罚款；情节严重的，可以处二千元以上一万元以下的罚款。"本案中张某的违法事实清楚，对张某的行政处罚适用程序正确，课处的罚款金额没有超过法律规定的限度，应属有效的处罚决定，人民法院应当依法予以执行。

人民法院则认为，行政处罚应遵循的一条重要原则就是"过罚相当"。该当事人虽然存在违法事实，但当事人违章的出发点并非拒缴税款，客观上也没有造成不缴或少缴税款的后果，且对正常的税收征管秩序也没有造成大的危害，应视为违法行为情节轻微，违法后果较轻。根据《行政处罚法》第二十七条规定，对张某可给予较轻的行政处罚或免予行政处罚。退一步讲，即使张某未按期办理纳税申报的目的是偷税，其偷税额也仅有 200 元，对其偷税行为最多也只能处以所偷税款五倍以下的罚款，即不超过 1 000 元的罚款。该当事人未按规定期限办理纳税申报的违法行为跟偷税行为相比，情节显著轻微，所处罚款额不应高于偷税行为可处罚款的上限 1 000 元，而税务分局对其处以 1 800 元的罚款畸高，显失公正，损害了当事人的合法权益。根据《最高人民法院关于执行〈中华人民共和国行政诉讼法〉若干问题的解释》第九十五条规定，人民法院不能予以执行。

【案例】合法权益受损可以申请赔偿

某市食品有限责任公司是一家中型食品生产企业。2016 年 11 月 25 日，市稽查局在对该公司的税务检查尚未结束时，以该公司有重大偷税嫌疑为由，通知银行冻结了该公司为准备春节供应而采购原料的 30 万元存款。检查至 2017 年 1 月 10 日结束，稽查局查补该公司税款 5.6 万元，从冻结的存款中扣缴查补的税款后，才予以解冻。该公司无法如期采购原料安排春节食品生产，造成经济损失。对此，公司经理认为稽查局在检查尚未完结的情况下，冻结银行存款的行为是违法行为。要求对公司造成的经济损失申请赔偿。

焦点问题：在这种情况下给公司造成的经济损失是否应予以赔偿，如何申请赔偿？

《税收征收管理法》第五十五条规定："税务机关对从事生产、经营的纳税人以前纳税期的纳税情况依法进行税务检查时，发现纳税人有逃避纳税义务行为，并有明显的转移、隐匿其应纳税的商品、货物以及其他财产或者应纳税的收入的迹象的，可以按照本法规定的批准权限采取税收保全措施或者强制执行措施。"根据该条规定，采取税收保全措施的前提是发现纳税人有逃避纳税义务行为，并有明显的转移、隐匿其应纳税的商品、货物以及其他财产或者应纳税的收入的迹象。从上述情况可以看出，该公司在稽查局进行税务检查期间并没有逃避纳税义务的行为，也没有明显的转移、隐匿其应纳税的商品、货物以及其他财产或者应纳税的收入的迹象，因此，稽查局对其采取的税收保全措施是违反《税收征收管理法》的。

《税收征收管理法》第四十三条规定："税务机关滥用职权违法采取税收保全措施、强制执行措施，或者采取税收保全措施、强制执行措施不当，使纳税人、扣缴义务人或者纳税担保人的合法权益遭受损失的，应当依法承担赔偿责任。"稽查局违法冻结银行存款47天，致使该公司无法按期进行原材料采购，影响了正常生产，给公司造成了经济损失，稽查局应当依法承担赔偿责任。该公司可以依照《国家赔偿法》的规定申请赔偿。

《国家赔偿法》第九条规定："赔偿请求人要求赔偿应当先向赔偿义务机关提出，也可以在申请行政复议和提起行政诉讼时一并提出。"根据上述规定，该公司应当先向税务机关单独提出赔偿请求，也可以与行政复议、行政诉讼一并提出赔偿请求。如果采取单独提出方式，可以直接向市稽查局提出赔偿请求。如果稽查局不予赔偿，或赔偿金额发生争议使公司不能接受，该公司可以向上一级税务机关申请复议或在3个月内向人民法院提出赔偿的诉讼请求。如果采取一并提出方式，该公司可以在对稽查局的税收保全措施向上一级税务机关申请复议或向人民法院提起行政诉讼时，一并提出赔偿请求。

14.10 刑事犯罪型危机公关技巧

如果企业涉嫌犯罪，首先应当尽量举证证明自己不构成犯罪。如果是因偷税而构成犯罪，则应当在税务机关依法下达追缴通知后，尽快补缴应纳税款，缴纳滞纳金，并接受税务机关的行政处罚。此时，根据《刑法》

规定，不予追究刑事责任。如果因其他行为构成犯罪，则应当尽量配合公安机关的调查，如有可能自首，应当尽量自首。《刑法》第六十七条规定：犯罪以后自动投案，如实供述自己的罪行的，是自首。对于自首的犯罪分子，可以从轻或者减轻处罚。其中，犯罪较轻的，可以免除处罚。被采取强制措施的犯罪嫌疑人、被告人和正在服刑的罪犯，如实供述司法机关还未掌握的本人其他罪行的，以自首论。犯罪嫌疑人虽不具有前两款规定的自首情节，但是如实供述自己罪行的，可以从轻处罚；因其如实供述自己罪行，避免特别严重后果发生的，可以减轻处罚。

如果有可能揭发他人（如同伙）犯罪行为，可以考虑以此建功，争取对自己减轻处罚。《刑法》第六十八条规定：犯罪分子有揭发他人犯罪行为，查证属实的，或者提供重要线索，从而得以侦破其他案件等立功表现的，可以从轻或者减轻处罚；有重大立功表现的，可以减轻或者免除处罚。

【案例】偷逃税款 78 万元，建筑老板先“失踪”后自首

2016 年 11 月 28 日，石柱警方接到群众写来的一封匿名举报信，该匿名信称，重庆某建筑有限公司承建的佳博雅苑工程在完工后，没有向国家缴纳应缴税款，且数额较大。

接到报案后，石柱警方高度重视，立即联系相关部门对匿名举报信所反映内容进行了调查。经调查，警方了解到，佳博雅苑工程位于石柱县城闹市区，属于商品住宅小区，建筑面积 5 万多平方米。该工程于 2012 年 4 月开始建设该工程，2015 年 5 月工程竣工并交付使用。该工程完工以后，开发商已经将工程款 4 900 多万元全部支付谭某。谭某总共应纳税款是 160 多万元。然而，在此期间，身为法人代表的谭某在收到工程款后，却没有按实际收到的款项按时申报并缴纳税款，而是在税务机关多次下达责令限期缴纳税款通知书后只交了 90 多万元，还有 78 万元的税款没交。

2016 年 10 月，税务机关再次对该公司法人代表谭某下发限期缴纳税款通知书，但谭某依然没有按期缴纳余下税款。直到后来税务机关无法与其联系。

2017 年 2 月，石柱警方对谭某的行为立案侦查。民警很快掌握到谭某的活动信息，并对其进行了电话传唤。迫于警方的压力，犯罪嫌疑人谭某于近日到石柱投案。经讯问，谭某交代自己由于法律意识的淡薄，企图以故意拖延的方式来逃避应缴纳国家税款的犯罪事实。目前，嫌疑人已涉嫌逃税罪被警方依法采取强制措施。警方目前已经追回了全部税款，案件也正在进一步办理之中。谭某如今身陷囹圄，对自己的行为后悔不已。他说：“以后就不会这样了，我现在做工程就已经有警觉了，必须先交税才做事（工程）。”

14.11 纳税人的权利与义务

《国家税务总局关于纳税人权利与义务的公告》（国家税务总局公告2009年第1号）规定，纳税人在履行纳税义务过程中，依法享有下列权利。

第一，知情权。纳税人有权向税务机关了解国家税收法律、行政法规的规定以及与纳税程序有关的情况，包括：现行税收法律、行政法规和税收政策规定；办理税收事项的时间、方式、步骤以及需要提交的资料；应纳税额核定及其他税务行政处理决定的法律依据、事实依据和计算方法；与税务机关在纳税、处罚和采取强制执行措施时发生争议或纠纷时，纳税人可以采取的法律救济途径及需要满足的条件。

第二，保密权。纳税人有权要求税务机关为纳税人的情况保密。税务机关将依法为纳税人的商业秘密和个人隐私保密，主要包括纳税人的技术信息、经营信息和纳税人、主要投资人以及经营者不愿公开的个人事项。上述事项，如无法律、行政法规明确规定或者纳税人的许可，税务机关将不会对外部门、社会公众和其他个人提供。但根据法律规定，税收违法行为信息不属于保密范围。

第三，税收监督权。纳税人对税务机关违反税收法律、行政法规的行为，如税务人员索贿受贿、徇私舞弊、玩忽职守，不征或者少征应征税款，滥用职权多征税款或者故意刁难等，可以进行检举和控告。同时，纳税人对其他纳税人的税收违法行为也有权进行检举。

第四，纳税申报方式选择权。纳税人可以直接到办税服务厅办理纳税申报或者报送代扣代缴、代收代缴税款报告表，也可以按照规定采取邮寄、数据电文或者其他方式办理上述申报、报送事项。但采取邮寄或数据电文方式办理上述申报、报送事项的，须经纳税人的主管税务机关批准。纳税人如采取邮寄方式办理纳税申报，应当使用统一的纳税申报专用信封，并以邮政部门收据作为申报凭据。邮寄申报以寄出的邮戳日期为实际申报日期。数据电文方式是指税务机关确定的电话语音、电子数据交换和网络传输等电子方式。纳税人如采用电子方式办理纳税申报，应当按照税务机关规定的期限和要求保存有关资料，并定期书面报送给税务机关。

第五，申请延期申报权。纳税人如不能按期办理纳税申报或者报送代扣

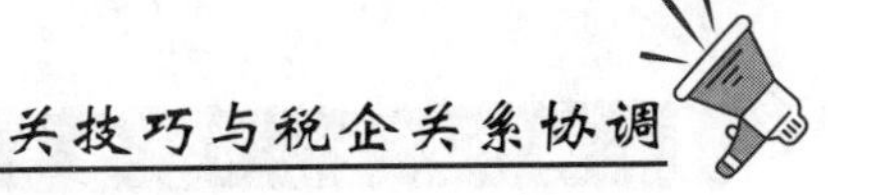

代缴、代收代缴税款报告表，应当在规定的期限内向税务机关提出书面延期申请，经核准，可在核准的期限内办理。经核准延期办理申报、报送事项的，应当在税法规定的纳税期内按照上期实际缴纳的税额或者税务机关核定的税额预缴税款，并在核准的延期内办理税款结算。

第六，申请延期缴纳税款权。如纳税人因有特殊困难，不能按期缴纳税款的，经省、自治区、直辖市国家税务局、地方税务局批准，可以延期缴纳税款，但是最长不得超过三个月。计划单列市国家税务局、地方税务局可以参照省级税务机关的批准权限，审批纳税人的延期缴纳税款申请。纳税人满足以下任何一个条件，均可以申请延期缴纳税款：一是因不可抗力，导致纳税人发生较大损失，正常生产经营活动受到较大影响的；二是当期货币资金在扣除应付职工工资、社会保险费后，不足以缴纳税款的。

第七，申请退还多缴税款权。对纳税人超过应纳税额缴纳的税款，税务机关发现后，将自发现之日起 10 日内办理退还手续；如纳税人自结算缴纳税款之日起三年内发现的，可以向税务机关要求退还多缴的税款并加计银行同期存款利息。税务机关将自接到纳税人退还申请之日起 30 日内查实并办理退还手续，涉及从国库中退库的，依照法律、行政法规有关国库管理的规定退还。

第八，依法享受税收优惠权。纳税人可以依照法律、行政法规的规定书面申请减税、免税。减税、免税的申请须经法律、行政法规规定的减税、免税审查批准机关审批。减税、免税期满，应当自期满次日起恢复纳税。减税、免税条件发生变化的，应当自发生变化之日起 15 日内向税务机关报告；不再符合减税、免税条件的，应当依法履行纳税义务。如纳税人享受的税收优惠需要备案的，应当按照税收法律、行政法规和有关政策规定，及时办理事前或事后备案。

第九，委托税务代理权。纳税人有权就以下事项委托税务代理人代为办理：办理、变更或者注销税务登记、除增值税专用发票外的发票领购手续、纳税申报或扣缴税款报告、税款缴纳和申请退税、制作涉税文书、审查纳税情况、建账建制、办理财务、税务咨询、申请税务行政复议、提起税务行政诉讼以及国家税务总局规定的其他业务。

第十，陈述与申辩权。纳税人对税务机关作出的决定，享有陈述权、申辩权。如果纳税人有充分的证据证明自己的行为合法，税务机关就不得对纳税人实施行政处罚；即使纳税人的陈述或申辩不充分合理，税务机关也会向纳税人解释实施行政处罚的原因。税务机关不会因纳税人的申辩而加重处罚。

第十一，对未出示税务检查证和税务检查通知书的拒绝检查权。税务机关派出的人员进行税务检查时，应当向纳税人出示税务检查证和税务检查通知书；对未出示税务检查证和税务检查通知书的，纳税人有权拒绝检查。

第十二，税收法律救济权。纳税人对税务机关作出的决定，依法享有申请行政复议、提起行政诉讼、请求国家赔偿等权利。纳税人、纳税担保人同税务机关在纳税上发生争议时，必须先依照税务机关的纳税决定缴纳或者解缴税款及滞纳金或者提供相应的担保，然后可以依法申请行政复议；对行政复议决定不服的，可以依法向人民法院起诉。如纳税人对税务机关的处罚决定、强制执行措施或者税收保全措施不服的，可以依法申请行政复议，也可以依法向人民法院起诉。当税务机关的职务违法行为给纳税人和其他税务当事人的合法权益造成侵害时，纳税人和其他税务当事人可以要求税务行政赔偿。主要包括：一是纳税人在限期内已缴纳税款，税务机关未立即解除税收保全措施，使纳税人的合法权益遭受损失的；二是税务机关滥用职权违法采取税收保全措施、强制执行措施或者采取税收保全措施、强制执行措施不当，使纳税人或者纳税担保人的合法权益遭受损失的。

第十三，依法要求听证的权利。对纳税人作出规定金额以上罚款的行政处罚之前，税务机关会向纳税人送达《税务行政处罚事项告知书》，告知纳税人已经查明的违法事实、证据、行政处罚的法律依据和拟将给予的行政处罚。对此，纳税人有权要求举行听证。税务机关将应纳税人的要求组织听证。如纳税人认为税务机关指定的听证主持人与本案有直接利害关系，纳税人有权申请主持人回避。对应当进行听证的案件，税务机关不组织听证，行政处罚决定不能成立。但纳税人放弃听证权利或者被正当取消听证权利的除外。

第十四，索取有关税收凭证的权利。税务机关征收税款时，必须给纳税人开具完税凭证。扣缴义务人代扣、代收税款时，纳税人要求扣缴义务人开具代扣、代收税款凭证时，扣缴义务人应当开具。税务机关扣押商品、货物或者其他财产时，必须开付收据；查封商品、货物或者其他财产时，必须开付清单。

【案例】税务机关工作人员侵权应赔偿

某税务稽查局王某，在对A软件设计有限公司进行税务检查时，因工作需要调阅了该公司的纳税资料，发现该公司的核心技术资料，正是其朋友所在的B电脑网络有限公司所急需的技术资料，于是就将A软件设计有限公司的技术资料复印了一套给朋友，王某的这一做法给A公司造成了无可挽回的经济损失。

A 软件设计有限公司发现此问题后，认为税务干部王某的行为，侵害了企业的合法权益，决定通过法律途径来维护企业的保密权。

王某作为税务检查人员，在税收执法过程中有责任对 A 软件设计有限公司的核心技术资料保密，王某将自己所知道的 A 公司的技术秘密告知了其朋友，给 A 公司的生产经营造成了损害，违反了纳税人请求保密权的有关法律规定，应当承担相应的法律责任。

国家税务总局《关于纳税人权利与义务的公告》（2009 年第 1 号）规定，税务机关依法为纳税人的商业秘密和个人隐私保密，主要包括技术信息、经营信息和主要投资人以及经营者不愿公开的个人事项。

《税收征收管理法》第八条规定："纳税人、扣缴义务人有权要求税务机关为纳税人、扣缴义务人的情况保密。"请求保密权具有法律强制性，它既是法律赋予纳税人的一项基本权利，也是税务机关的法定义务。纳税人具有请求税务机关及其工作人员为自己保守秘密的权利，税务机关及其工作人员如果因自己的粗心大意或其他原因，泄露了纳税人的商业秘密或个人隐私，给纳税人的生产经营或个人名誉造成了不应有的损害，应当承担相应的法律责任。

纳税人请求保密权主要通过以下两条途径来实现：一是依靠法律的保护。通过国家颁布的保密法律、法规，对违法行为进行严厉的处罚；二是建立严格的保密制度。税务机关要建立起内部的为纳税人保密的制度，对纳税人资料管理实行保密等级制，并建立保密档案的等级提取制度。

王某因为泄露了 A 软件设计有限公司的生产技术秘密，使 A 公司在竞争中处于不利的地位，并因此蒙受了不必要的经济损失，依法应受到相应的处罚。

依照宪法、税收法律和行政法规的规定，纳税人在纳税过程中负有以下义务：

第一，依法进行税务登记的义务。纳税人应当自领取营业执照之日起 30 日内，持有关证件，向税务机关申报办理税务登记。税务登记主要包括领取营业执照后的设立登记、税务登记内容发生变化后的变更登记、依法申请停业、复业登记、依法终止纳税义务的注销登记等。在各类税务登记管理中，纳税人应该根据税务机关的规定分别提交相关资料，及时办理。同时，纳税人应当按照税务机关的规定使用税务登记证件。税务登记证件不得转借、涂改、损毁、买卖或者伪造。

第二，依法设置账簿、保管账簿和有关资料以及依法开具、使用、取得和保管发票的义务。纳税人应当按照有关法律、行政法规和国务院财政、税务主管部门的规定设置账簿，根据合法、有效凭证记账，进行核算；从事生产、经营的，必须按照国务院财政、税务主管部门规定的保管期限保管账簿、记账凭证、完税凭证及其他有关资料；账簿、记账凭证、完税凭证及其他有关资料不得伪造、变造或者擅自损毁。此外，纳税人在购销商品、提供或者接受经营服务以及从事其他经营活动中，应当依法开具、使用、取得和保管发票。

第三，财务会计制度和会计核算软件备案的义务。纳税人的财务、会计制度或者财务、会计处理办法和会计核算软件，应当报送税务机关备案。纳税人的财务、会计制度或者财务、会计处理办法与国务院或者国务院财政、税务主管部门有关税收的规定抵触的，应依照国务院或者国务院财政、税务主管部门有关税收的规定计算应纳税款、代扣代缴和代收代缴税款。

第四，按照规定安装、使用税控装置的义务。国家根据税收征收管理的需要，积极推广使用税控装置。纳税人应当按照规定安装、使用税控装置，不得损毁或者擅自改动税控装置。如纳税人未按规定安装、使用税控装置，或者损毁或者擅自改动税控装置的，税务机关将责令纳税人限期改正，并可根据情节轻重处以规定数额内的罚款。

第五，按时、如实申报的义务。纳税人必须依照法律、行政法规规定或者税务机关依照法律、行政法规的规定确定的申报期限、申报内容如实办理纳税申报，报送纳税申报表、财务会计报表以及税务机关根据实际需要要求纳税人报送的其他纳税资料。作为扣缴义务人，纳税人必须依照法律、行政法规规定或者税务机关依照法律、行政法规的规定确定的申报期限、申报内容如实报送代扣代缴、代收代缴税款报告表以及税务机关根据实际需要要求纳税人报送的其他有关资料。纳税人即使在纳税期内没有应纳税款，也应当按照规定办理纳税申报。享受减税、免税待遇的，在减税、免税期间应当按照规定办理纳税申报。

第六，按时缴纳税款的义务。纳税人应当按照法律、行政法规规定或者税务机关依照法律、行政法规的规定确定的期限，缴纳或者解缴税款。未按照规定期限缴纳税款或者未按照规定期限解缴税款的，税务机关除责令限期缴纳外，从滞纳税款之日起，按日加收滞纳税款万分之五的滞纳金。

第七，代扣、代收税款的义务。如纳税人按照法律、行政法规规定负有代扣代缴、代收代缴税款义务，必须依照法律、行政法规的规定履行代扣、

代收税款的义务。纳税人依法履行代扣、代收税款义务时，纳税人不得拒绝。纳税人拒绝的，纳税人应当及时报告税务机关处理。

第八，接受依法检查的义务。纳税人有接受税务机关依法进行税务检查的义务，应主动配合税务机关按法定程序进行的税务检查，如实地向税务机关反映自己的生产经营情况和执行财务制度的情况，并按有关规定提供报表和资料，不得隐瞒和弄虚作假，不能阻挠、刁难税务机关的检查和监督。

第九，及时提供信息的义务。纳税人除通过税务登记和纳税申报向税务机关提供与纳税有关的信息外，还应及时提供其他信息。如纳税人有歇业、经营情况变化、遭受各种灾害等特殊情况的，应及时向税务机关说明，以便税务机关依法妥善处理。

第十，报告其他涉税信息的义务。为了保障国家税收能够及时、足额征收入库，税收法律还规定了纳税人有义务向税务机关报告如下涉税信息：①纳税人有义务就纳税人与关联企业之间的业务往来，向当地税务机关提供有关的价格、费用标准等资料。纳税人有欠税情形而以财产设定抵押、质押的，应当向抵押权人、质权人说明纳税人的欠税情况。②企业合并、分立的报告义务。纳税人有合并、分立情形的，应当向税务机关报告，并依法缴清税款。合并时未缴清税款的，应当由合并后的纳税人继续履行未履行的纳税义务；分立时未缴清税款的，分立后的纳税人对未履行的纳税义务应当承担连带责任；③报告全部账号的义务。如纳税人从事生产、经营，应当按照国家有关规定，持税务登记证件，在银行或者其他金融机构开立基本存款账户和其他存款账户，并自开立基本存款账户或者其他存款账户之日起 15 日内，向纳税人的主管税务机关书面报告全部账号；发生变化的，应当自变化之日起 15 日内，向纳税人的主管税务机关书面报告；④处分大额财产报告的义务。如纳税人的欠缴税款数额在 5 万元以上，纳税人在处分不动产或者大额资产之前，应当向税务机关报告。

14.12 税务机关的职权与义务

税务机关是依法设立代表国家行使税收权利的国家行政管理机构。《税收征收管理法》第十四条对税务机关的含义作了规定：“本法所称税务机关是指各级税务局、税务分局、税务所和按照国务院规定设立的并向社会公告的税务机构”。按照这一规定和我国现实税务机关设置情况，我国现行的税务机关包括税务局、税务分局、税务所和按照国务院规定设立的并向社会公告的其他税务机构。

目前，地方各级国家税务局和地方税务局已经实现合并。税务局包括国家税务总局，省、自治区、直辖市税务局，地、市、州、盟税务局，县税务局。税务分局是各级税务局的分支机构。税务所（征收处）是税务机构的基层单位，是税务局的派出机构。税务所具体负责税款征收的税务机构，根据税务机构设置方案，税务所按经济区划设置。按照国务院规定设立的并向社会公告的其他税务机构主要是指各级税务局设立的稽查局，目前市级及其以上税务局均设有稽查局。

税收执法工作是由税务管理、税款征收、税务稽查、行政复议等多个方面共同组成。它们在税务工作中处于不同的环节，是相互联系、相互制约的有机整体。为了防止这些部门的工作人员在工作上出现相互扯皮、推诿等现象，《税收征收管理法》规定税务机关负责征收、管理、稽查、行政复议的人员的职责应当明确，并相互分离相互制约。

税务管理机构是税务机关内部负责税务管理的机构，其主要的工作内容包括：税务登记；账簿凭证管理；纳税申报等。税款征收机构是税务机关内部负责税款征收的部门，是直接向有关单位或个人收取税款、接受纳税申报的机构，如税务员、征管员。税务稽查机构是指税务机关内部依法对纳税人的纳税事项进行审核、检查及对纳税人纳税违法行为进行查办的机构。税务稽查机构在整个税收工作中的地位很重要，过去税务机关重收轻查，今后必须建立和完善税务稽查监督制约机制，强化税务稽查，加大税务稽查力度，转变过去重征收轻监控的观念。税务行政复议机构是税务机构内部负责处理纳税人、扣缴义务人对税务机关作出的具体行政行为不服，要求行政复议的案件给予再次审理的行为。税务行政复议可以防止和纠正违法或不当的税务行政行为，保护纳税人及其他税务当事人的合法权益。

《税收征收管理法》第四章规定了税务检查制度，规定了税务机关在税务检查中的职权和职责。

税务机关有权进行下列税务检查：①检查纳税人的账簿、记账凭证、报表和有关资料，检查扣缴义务人代扣代缴、代收代缴税款账簿、记账凭证和有关资料；②到纳税人的生产、经营场所和货物存放地检查纳税人应纳税的商品、货物或者其他财产，检查扣缴义务人与代扣代缴、代收代缴税款有关

的经营情况；③责成纳税人、扣缴义务人提供与纳税或者代扣代缴、代收代缴税款有关的文件、证明材料和有关资料；④询问纳税人、扣缴义务人与纳税或者代扣代缴、代收代缴税款有关的问题和情况；⑤到车站、码头、机场、邮政企业及其分支机构检查纳税人托运、邮寄应纳税商品、货物或者其他财产的有关单据、凭证和有关资料；⑥经县以上税务局（分局）局长批准，凭全国统一格式的检查存款账户许可证明，查询从事生产、经营的纳税人、扣缴义务人在银行或者其他金融机构的存款账户。税务机关在调查税收违法案件时，经设区的市、自治州以上税务局（分局）局长批准，可以查询案件涉嫌人员的储蓄存款。税务机关查询所获得的资料，不得用于税收以外的用途。

税务机关对从事生产、经营的纳税人以前纳税期的纳税情况依法进行税务检查时，发现纳税人有逃避纳税义务行为，并有明显的转移、隐匿其应纳税的商品、货物以及其他财产或者应纳税的收入的迹象的，可以按照本法规定的批准权限采取税收保全措施或者强制执行措施。

纳税人、扣缴义务人必须接受税务机关依法进行的税务检查，如实反映情况，提供有关资料，不得拒绝、隐瞒。税务机关依法进行税务检查时，有权向有关单位和个人调查纳税人、扣缴义务人和其他当事人与纳税或者代扣代缴、代收代缴税款有关的情况，有关单位和个人有义务向税务机关如实提供有关资料及证明材料。税务机关调查税务违法案件时，对与案件有关的情况和资料，可以记录、录音、录像、照相和复制。税务机关派出的人员进行税务检查时，应当出示税务检查证和税务检查通知书，并有责任为被检查人保守秘密；未出示税务检查证和税务检查通知书的，被检查人有权拒绝检查。

14.13 税企关系的基本类型

根据不同的标准，可以对税企关系进行不同的分类：从企业纳税环节的角度可以分为税务日常管理中的税企关系、纳税申报与税款缴纳中的税企关系、税务稽查中的税企关系、税务处罚中的税企关系、税务复议与诉讼中的税企关系；从企业与税务机关关系好坏的角度可以分为亲密型税企关系、和谐型税企关系和对立型税企关系。

从基层税务机关的角度出发，构建和谐型税企关系应处理好以下四对关系：

一是处理好涵养税源与大力组织收入的关系。经济是税收的基础，经济兴则税源兴。一方面要牢固树立正确的税收经济观，始终将服务经济建设作为改善税收征纳关系的出发点和落脚点；另一方面要注重涵养经济税源，为地方经济发展营造良好的税收环境，给党委政府提供科学的建议，利用各种税收政策促进生产要素流动，引导资源优化配置，推动经济持续健康稳定增长，加快地方经济发展。

二是处理好征税与维护纳税人合法权益的关系。征纳是一个统一体，不是分开的，是有机结合的，要构建和谐的征纳关系，首先要强化税源管理，准确掌握纳税人的生产经营状况，依法组织收入，同时，要广泛宣传国家的税收政策，为纳税人释疑解惑，让纳税人明白交税、放心交税，变被动交税为主动交税。

三是处理好依法治税与优化服务的关系。依法组织收入是税收工作的前提，要牢固树立依法治税的观念，树立服务观念，在执法中服务，在服务中执法。一方面要严格按照税收法律征税，坚决杜绝“人情税”“关系税”的发生，维护税法的权威，提高税法的遵从度；另一方面要为纳税人提供优质高效的服务，简化办税手续，落实好国家相关税收政策，提供多样化、人性化的服务，加强税企沟通和交流，解决纳税人的实际困难，切实为纳税人服好务，让纳税人满意，实现依法治税与优化服务的融合。

四是正确处理规范管理与队伍建设的关系。税收征管科学化、精细化给我们的管理水平和干部队伍素质提出了新的更高的要求，要正确处理好二者的关系，一方面要强化税收征管，狠抓征管薄弱环节，提高征管质量和水平，向管理要收入；另一方面要坚持走人才兴税的道路，加强干部队伍建设，通过业务讲学、全员大练兵和各种教育培训的方式，狠抓业务学习，全面提高全体干部的业务能力和水平，增强创新意识，让全体干部善于创新、勇于创新，在具体工作中要做到教育要有针对性，监督要有实效性，机制要有长效性，促进干部素质与治税水平的同步提高，从而更好地为经济发展服好务。

14.14 税企关系协调的基本方法

从纳税人的角度来看，税企关系协调的方法包括日常沟通法、特殊事项请教法、讲座与座谈会法、交友联谊法等。从税务机关的角度来看，税企关

系协调的方法包括日常沟通法、要求纳税人自查法、日常税务检查法、座谈会法等。纳税人应当根据自身实际，综合运用多种方法进行税企协调，争取与主管税务机关建立亲密型税企关系。由于税企关系协调需要付出一定的成本，如果企业规模比较小，则可以保持一种和谐型税企关系。无论是何种类型的纳税人，都尽量不要与税务机关形成对立型税企关系，这对企业的长远发展肯定是不利的。